XUN HUA WEN SHI CONG SHU

循化文史丛书

主 编　韩大全

副主编　彭　忠　唐　钰

政协循化撒拉族自治县委员会　编

积石古风

JI SHI GU FENG

中国文史出版社

图书在版编目（CIP）数据

积石古风 / 政协循化撒拉族自治县委员会编 . -- 北京 ：中国文史出版社，2022.11
（循化文史丛书）
ISBN 978-7-5205-3860-2

Ⅰ．①积… Ⅱ．①政… Ⅲ．①人物－先进事迹－循化撒拉族自治县－现代 Ⅳ．① K820.844.4

中国版本图书馆 CIP 数据核字（2022）第 197038 号

责任编辑：王文运　李晓薇

出版发行：**中国文史出版社**

社　　址：北京市海淀区西八里庄路 69 号　　邮编：100142
电　　话：010-81136606　81136602　81136603（发行部）
传　　真：010-81136655
印　　装：深圳市国际彩印有限公司
经　　销：全国新华书店
开　　本：889mm×1194mm　1/16
印　　张：32.5
字　　数：448 千
版　　次：2024 年 1 月北京第 1 版
印　　次：2024 年 1 月第 1 次印刷
定　　价：460.00 元（全四册）

增强中华文化认同　构筑共有精神家园

习近平总书记在党的二十大报告中指出："中华优秀传统文化源远流长、博大精深，是中华文明的智慧结晶，其中蕴含的天下为公、民为邦本、为政以德、革故鼎新、任人唯贤、天人合一、自强不息、厚德载物、讲信修睦、亲仁善邻等，是中国人民在长期生产生活中积累的宇宙观、天下观、社会观、道德观的重要体现，同社会主义核心价值观具有高度契合性。我们必须坚定历史自信、文化自信，坚持古为今用、推陈出新，把马克思主义思想精髓同中华优秀传统文化精华贯通起来、同人民群众的共同价值观念融通起来，不断赋予科学理论鲜明的中国特色，不断夯实马克思主义中国化时代化的历史基础和群众基础，让马克思主义在中国牢牢扎根。"习总书记2023年6月2日在全国文化传承座谈会上进一步指出："中国文化源远流长，中华文明博大精深。只有全面深入了解中华文明的历史，才能更有效地推动中华优秀传统文化创造性转化、创新性发展，更有力地推进中国特色社会主义文化建设，建设中华民族现代文明。"县政协征集编纂的《积石古风》《福天宝地》《泉润四庄》《时空回响》四部反映各民族历史文化史料著作即将与读者见面，这是新一届政协为全县民族文化事业奉献的倾情之作，也是我县近百年文化遗珍的一次拾遗和汇集，对于保护和传承文化遗产、推动文化事业繁荣发展具有十分重要的意义。

循化是全国唯一的撒拉族自治县，是春天的使者踏访高原最早的一方热土，是黄河上游流动的风情画廊。多年以来，撒拉族、藏族、回族、汉族等各民族交往交流交融，手足相亲、守望相助、休戚与共、和衷共济，共同演绎了你中有我、我中有你的生动历史，共同创建了全国民族团结进步示范县。在这片热土上，循化各族儿女在清水湾的惊涛骇浪里演绎了"英雄救英雄"的壮举，在红光村的悲壮历史中赓续传承红色基因，诞生了十世班禅大师额尔德尼·确吉坚赞、爱国老人喜饶嘉措等爱党爱国爱教名人及邓春兰、邓春膏博士等文化先驱，留下了"各民族像石榴籽一样紧紧抱在一起"的深厚根基，凝结成了中华民族多元一体、团结融合的一个缩影。

存史资政，继往开来，是中华民族的优良传统，也是时代文明进步的重要标志。县政协征集、编纂的四部历史文化专辑，以新的视角挖掘民族文化的题材，提炼民族文化的丰厚资源，全面系统介绍各民族社会文化、交流交往等，笔墨生动，图文并茂，创意新颖，富有时代感，是可信度较高的史料。该系列书籍的付梓问世，既吸收了传统史料之精华，又凝聚了现代发展之新篇，是一部展示各民族辉煌发展历程的成就展，也是一部记述各民族开拓进取推动时代变迁的奋斗史，更是一部描绘各民族热爱生活、追求生活、创造生活的生动写照，四部著作犹如四片连接紧密的拼图，填补了循化汉族、藏族、回族文史资料著作空白，向读者呈现出了一幅全面反映循化社会、经济、文化状况的宏伟历史画卷，提供了高品质的文化产品和精神食粮。

历史是一面镜子，文化是精神、是脊梁。前事不忘，后事之师，通过大量阅读和深刻认识全县各民族的文化与发展，才能更进一步增强中华民族的认同感，提升中华民族的凝聚力，为建设"黄河上游丹山碧水、浓郁风情、产业鲜明、宜业宜居现代化和美循化"做出积极贡献，惟勤惟实，把"十四五"规划擘画的美好蓝图变为现实。希望这套丛书能够给读者呈现出各民族丰富多彩、波澜壮阔的美丽画卷，愿勤劳、智慧、勇敢的循化各族人民在中国共产党的领导下，承先辈之壮志，穷集体之智慧，尽民众之力量，施发展之大计，展富裕之蓝图，人尽其才，物尽其用，浓墨重彩地描绘和美循化美好的明天！

中共循化撒拉族自治县委书记 黄　

2023 年 6 月 18 日

以史为鉴　开创未来

在蒙昧初开的洪荒年代，大禹率众抡斧斫山，疏浚导河，开启了这一方土地的文明先河。公元13世纪初，撒拉族先民拔寨起营，从遥远的中亚举族东迁，沿着古丝绸之路万里辗转，来到祁连山东南脚下的黄河谷地——循化，将这一方风景秀丽、气候宜人的温润河川选择为无数次转场的最后一站，在东方乐土上续写一个民族新的生命之歌。

新中国成立后，获得新生的撒拉族、藏族、回族、汉族等各族人民共同依偎在伟大祖国的怀抱，沐浴着党的阳光雨露，在沿着中国特色社会主义阔步前行的征途中，守望相助，互鉴共荣，共同见证了积石山下、黄河岸畔的沧桑巨变，聆听了华夏盛世、九州太平的百年乐章。从争取国家独立到建设社会主义，再到全面建成小康社会，回望一个世纪的来时路，多少风卷云舒，沧海桑田，在历史的大舞台一次次拉开帷幕，又一次次终场谢幕。而在跌宕起伏的历史进程中，被大禹治水的史前文明浸润过的这片土地从来没有缺席过，一代代循化人紧跟时代潮流，融通四方，博采众长，在黄河浪尖上表达生存的姿态，谱写气势如虹的生命壮歌，在丹山碧水间创造风情卓著的民族文化、瑰丽多彩的民俗文化、深邃悠远的黄河文化、感天动地的红色文化、高山仰止的人文景观，为博大精深的中华文化增添了独特亮眼的活力。

值此党的二十大胜利召开、全面开启中华民族伟大复兴第二个百年奋斗目标新征程之际，由县政协组织编纂的文史资料《积石古风》《福天宝地》《泉润四庄》《时空回响》即将付梓，这是继《兴旺之路》《中国撒拉族百年实录》《凝固的乐章》《筑梦之路》等文献后，循化文史工作又一项丰硕成果，为审视循化的前世今生提供了新的历史坐标，打开了崭新的视觉维度。

这套文史资料是历史见证人亲力亲为、所见所闻的实录，也是考究者对循化各民族历史文化的追寻探索、研究考证、抢救挖掘的重要成果，其时间跨度之大、人物类型之多、选材角度之宽、内容涉猎之广，无疑是循化文史宝库的重要收获。借此，我们不仅能够直观感受到循化多元文化交织相融的瑰丽与厚重，更是对研究循化历史文化提供了比较丰赡的第一手资料，在宣传循化、增强地域文化自信方面必将产生积极意义。

县政协调集各方力量，在不到一年时间里，能完成如此宏大的史诗性文化工程，实属不易。我们应当感谢参与此次文史编纂工作的同志们，是他们在历史深井中的钩沉，在时光河流中的淘洗，在阡陌村巷间的捡拾，用一行行文字擦亮尘封的岁月，用四部书的纵横度采撷那些在大时代大变革大发展波峰上闪耀的浪花，释放岁月缝隙里的光芒，使那些不该忘记的、可圈可点的人物鲜活如初地呈现在我们面前，使那些游弋在我们的记忆之外的事件变得清晰如昨，使循化历史人文底蕴变得更加深厚，文化循化的魅力得以充分彰显。

作为黄河上游历史文化资源相对富集之地，循化在全省乃至全国都有不可忽略的吸引力和关注度。希望政协文史工作以这套丛书的出版为契机，进一步增强文化使命感，不断延伸探寻历史的目光，挖掘整理好尚未面世的珍贵文史资料，为建设"黄河上游丹山碧水、浓郁风情、产业鲜明、宜业宜居的现代化和美循化"提供历史经验、精神动力和智力支持。

祝贺《循化文史丛书》出版。

中共循化撒拉族自治县委员会副书记、县长

2023 年 6 月 20 日

留住历史记忆　回望百年沧桑

循化县政协文史资料征编工作始于 20 世纪 80 年代初，当时征编的两本油印本《循化文史资料专辑》《循化文史》开启了循化文史资料的先河。从此，历届政协高度重视文史资料征编工作，先后征集出版了《兴旺之路》《凝固的乐章》《筑梦之路》等八辑文史专辑，发挥了文史资料"存史、资政、团结、育人"的作用，为研究循化的近现代历史留下了真实、鲜活的珍贵资料，对挖掘地方文化资源、弘扬爱国主义精神、繁荣文化事业、促进民族团结发挥了积极作用，获得了社会各界的广泛好评。

循化是全国唯一的撒拉族自治县，历史悠久，人杰地灵，文化独特。长期以来，各民族在长期交往交流中相互尊重、相互欣赏、相互学习、相互借鉴，形成了你中有我、我中有你、谁也离不开谁的和谐民族关系。循化是撒拉族、藏族、回族和汉族等各民族文化和情感记忆的载体，是各民族休戚与共、荣辱与共、生死与共、命运与共的共同精神家园，各民族历史源远流长，文化底蕴深厚，民族风情浓郁，这些丰富的遗产为循化县创建民族团结进步事业打下了良好的基础。如何保护、挖掘、整理和开发循化各民族丰厚的文化底蕴和优秀文化，提升循化历史文化品位，振奋民族精神，传承民族文化，是人民政协文史资料工作面临的重要课题。为此，循化县十六届政协以对历史负责、为各民族负责的求实态度，在广泛听取各族各界人士的意见、建议后，结合循化历史传承、区域文化、民族特点，本着创建民族团结进步事业、促进各民族交往交流交融、构建中华民族共有精神家园、铸牢中华民族共同体意识的精神，为进一步增进民族团结，增强民族自信心，填补汉族、藏族、回族文史专辑空白，决定征编以四个世居民族为主体的系列文史专辑，最终形成《积石古风》《福天宝地》《泉润四庄》《时空回响》四部全面展示循化各民族的史料著作，并将之政协历年来征集的存稿编入《时空回响》专辑中一并出版。

各专辑的撰稿人，大多是循化近百年来重大历史事件的亲历、亲见、亲闻者，内容涵盖了循化各民族社会变迁、名人贤士、社会贤达、重大历史事件、重要历史人物和各界人士艰苦创业兴办企业、从事金融外贸、潜心科研、致力教育、关注民生的事迹史料及研究成果。协助当事人整理史料或代笔撰稿的同志，有许多是资深的专家、学者和文史爱好者。

此次征集和编纂文史资料，在短短一年时间内征集了近200万字的稿件，这得益于县委、县政府的关心和支持，特别是县委书记黄生昊，原县长韩兴斌，县长何林多次听取工作汇报，提出指导意见，为征集工作的顺利进行给予了大力支持。同时得益于各位专家、学者的无私帮助，凝聚着编纂工作者的心血和汗水，融入了广大文史爱好者的爱心。青海民族大学党委副书记、校长、博士生导师马维胜教授，从文史征集思路、定位、策划及人才支援等方面给予了指导和帮助；青海民族大学党委常委、副校长、博士生导师马成俊教授，致力反哺家乡文史事业，充分发挥研究撒拉族历史文化的专业特长，亲自参与征集、撰稿、编辑、审稿工作；青海省政协学习和文史委员会原副主任韩新华同志，充分发挥30余年征集、编辑政协文史资料的深厚功底和丰富经验，全程参与征集、撰稿、审稿及版式设计等各环节工作，不遗余力、无私奉献；青海民族大学经济管理学院黄军成教授，负责征编《泉润四庄》专辑，牺牲个人的业余时间，多次深入循化，走村入户征集史料，保质保量地完成了该专辑的征编任务；青海省《群文天地》执行主编侃本同志，将长期以来研究藏族文化历史的心血倾注到《福天宝地》的征编工作中，使得该专辑内容全面，丰富多彩；县政协文史委员会原主任彭忠同志和《中国青年报》驻青海记者站原站长、著名记者唐钰同志，联手深入挖掘循化地区汉族的历史故事、著名人物、民俗风情等内容，展示出了循化汉族深厚的文化底蕴。

为了在较短的时间里高质量完成文史资料的征编和出版工作，2021年暑假期间，马成俊教授带领黄军成教授、韩学俊老师、姚鹏、方玮蓉、刘子平等几位博士深入循化县帮助撰写文史资料。在最后的审稿环节，马成俊副校长还邀请青海民族大学唐仲山、张科、李建宗、王刚等教授，姚鹏、方玮蓉、刘子平、冶敬伟四位博士以及马汀楠等，集中精力进行审稿，为此次文史资料的顺利完成做出了贡献。终稿阶段，马成俊、韩新华二位同志进行全面统稿，在严格把好政治关、史实关的基础上，从文章结构、字词句段、标点符号等方面全面把关。文稿审定后，韩新华同志又参与了整部丛书的装帧设计与图文录入工作及出版的后期工作。

此次呈现给大家的四本文史资料专辑凝聚了大家的心血和汗水，比较全面地反映了循化县各民族近现代以来的重要人物、重大事件，特别是被历史遗忘或者是在历史的尘埃中即将消失的重要人物和事件，为大家呈现出了很多原始的资料。在这套文史资料丛书即将付梓面世之际，我谨代表循化县政协向所有参与征集、编辑、审阅、修改、校对、编印的各位专家、学者和工作人员致以崇高的敬意和衷心的感谢！

文史资料工作是人民政协一项富有统一战线特色的基础性工作，发挥着"存史、资政、团结、育人"的重要作用。期待此次出版发行的四部文史资料，能为循化县新时代社会主义文化建设、增强文化自信发挥积极的作用。

我们要深入学习贯彻习近平总书记关于加强和改进人民政协工作的重要思想，深刻把握时代要求、深化规律性认识，推动政协文史工作从以抢救挖掘为主，向抢救挖掘与做好经常性文史工作并重转变，从重视史料征集向更加重视史料研究、利用转变，使之更好成为人民政协专门协商机构特色优势的基础支撑，成为促进中华儿女大团结的有利抓手，成为发挥委员主体作用的有效载体。要继续积极、主动地开展抢救性保护工作，启动循化县口述史的采集编辑工作，进一步深入挖掘循化地区社会变迁、生产生活、民风民俗、民族语言、文化艺术等史料，运用现代化的音像存储手段，将面临消失的珍贵历史、文化资源，生动、直观地保存下来，留住历史记忆，发挥社会效益，为打造人文循化、书香政协做出积极的贡献。

是为序。

循化县政协党组书记、主席

2023 年 6 月 30 日

○目录 CONTENTS

七　书香人文 ……………………………………………… 415

八　故园春风 ……………………………………………… 449

循邑名宿

西北推广国语教学第一人

牛 乐*

　　20 世纪初，在甘肃循化（今青海循化县）一位武举人家中，诞生了一位在近代西北教育史上功勋卓著的教育家，他就是甘青地区第一代大学生、西北地区辛亥革命的先驱、民国时期甘肃著名教育家邓宗。

　　邓宗（1882—1955），字绍元，号翰清，别号汉卿，清光绪九年（1882）出生于循化县起台堡。邓宗之父邓效忱（1859—1929）曾中清末武举，后居家务农经商，他重视本理和同堡子弟读书，在家设立私塾三间。清光绪三十三年（1907）废除科举制度后改此私塾为循化县立初等小学堂，迁址于起台堡城内，民国元年（1911）改校名为"循化东正起台堡立富文初等小学校"。①

　　邓宗幼年入私塾学习，清光绪二十六年（1900）考中循化厅廪生，名列第一，后参加录遗乡试，又位列第一。清光绪二十八年（1902）以廪生资格考入甘肃文高等学堂，邓宗在这里首次接触博物、理化、心理学等西方现代科学课程，产生了极大兴趣，随勤奋努力，学业随之精进。

　　清光绪三十三年（1907），邓宗以优异成绩毕业，是第一批保送至北京深造的学生，经过复试考入京师大学堂（北京大学前身）优级师范科就学，为后来投身教育事业奠

---

* 牛 乐，西北民族大学教授。

① 吴绍安：《从前清至民国时期的循化县民族教育（上）》，《青海民族研究》1999 年第 1 期，第 71 页。

定了坚实的基础。

加入同盟会　参加辛亥革命

邓宗在京求学期间，中国正值内忧外患之际，目睹山河破碎的景象，他接受了孙中山先生的民主主张，萌发了反清思想，成为一名爱国者和革命者，并秘密加入同盟会，成为西北地区最早一批同盟会成员。此外，他还担任《秦陇》（后改名为《关陇》）、《夏声》[1]等进步刊物的名誉成员，并多次捐资相助。

清宣统二年（1910）正值辛亥革命前夕，邓宗毕业回乡之初即积极投入传播进步思想，拥护共和，宣传革命的事业中。他与慕寿祺、水梓、聂守仁等进步人士热忱推进地方政治民主化活动，积极参政议政，行使监督省行政当局职权，[2]筹建甘肃省临时议会，有力地推动了甘肃辛亥革命的发展。

1911年春，邓宗在兰州庄严寺（今兰州晚报社）倡设阅报社，与慕寿祺一同捐资购买京沪等地的报纸杂志，使金城人民了解了祖国东方的革命形势，大大开阔了时人眼界。

1911年12月，清政府诏征国民对于政体的意见，陕甘总督长庚召集在省官绅及谘议局[3]议员进行讨论，意在窥测人心。在无人附议的情况下，邓宗、王之佐不顾个人安危在会上慷慨陈词，提出赞成共和的言论，[4]并同王之佐、慕寿祺、孙炳元致书谘议局议长张林焱，谓"东南各省以铁血创共和之局，甘肃不能相随反正，已足贻同胞羞。

---

① 由在东京成立的同盟会陕西分会及陕甘留日学生共同编辑出版，传入国内宣传革命。

② 水梓：《民初甘肃省临时议会琐忆》，《甘肃文史资料选辑》第4辑，甘肃人民出版社1982年版，第15页。

③ 1905年，清政府宣布实行"预备立宪"，1909年全国21个行省成立"谘议局"，作为正式议会尚未成立之前民众练习议政的场所。

④ 许宪隆、韦甜：《论辛亥革命前后西北诸马军阀的角色转换》，《民族研究》2002年第2期。

此时如犹不表赞同，恐一省之力不能抵抗二十余省，识时如公者当必见及于此"。① 长庚被激怒，四人为此险遭不测。

1912年初，邓宗同慕寿祺、王之佐等积极策动清军建威营军统柴洪山、方有松、刘佐寅等发动武装起义。2月12日，清帝宣告退位，南北达成议和。2月26日，在多数省份都已独立的政治形势下，邓宗与慕寿祺、聂守仁等28位省内开明士绅在甘肃法政学堂集会，选举代表四人谒见总督长庚并提出承认共和政体、停止攻陕之战、改用民国年号等三项提议，要求当局承认共和，废除封建统治，在甘肃上层社会扩大了革命影响。

1912年3月24日，甘肃省临时议会在兰州文庙教育会旧址举行成立大会，推选李镜清为议长，张林焱、刘尔炘为副议长，邓宗、王之佐、聂守仁、慕寿祺、马福祥、周务学等30余人为议员。临时议会和以赵维熙为首的甘肃都督府进行了激烈的斗争。4月，邓宗等捐资邮购京、津、沪、汉等市出版的《民报》《革命军》等各种进步报刊，在兰州庄严寺开设阅报社，宣传民主思想和全国各地革命活动，鼓舞了甘肃民众的革命斗志。同年，邓宗、聂守仁还以国民党甘肃支部政事部干事的身份筹建《大河日报》，与马安良、聂守仁等撰文抨击袁世凯投机革命的行径，宣传孙中山先生的民主主义革命主张。1913年11月因宣传三民主义，揭露袁世凯投机革命被封闭。

献身教育事业　造福桑梓

作为教育家，邓宗先生怀着教育兴国之心，毕生奉献于甘肃教育事业的发展，桃李遍布河湟谷地。他培养并输送了甘青地区第一代女大学生，在女子教育、师范教育、学前教育等多个领域开创了甘肃近代教育之先河，并成为西北地区普及外语教学和国语教学的先驱。

民国初年的甘肃教育落后，教学模式和知识体系陈旧，邓宗回甘即被甘肃提学使

---

① 慕寿祺：《甘宁青史略正编》卷46，第26页。

聘为优级师范学堂教习。优级师范学堂设于兰山书院（今兰州市第二中学），邓宗在此讲授教育学、伦理学、心理学、英语等课程。1912 年，甘肃优级师范学堂改为甘肃省立师范学校，9 月邓宗被任命为校长。其间为保证教学工作的高效开展，邓宗依据近代高等学校的教育管理模式实施了一系列整肃措施，为甘肃近代教育的规范化发展奠定了基础。在教学生涯中，邓宗培养出一大批德才兼备的学生，他们毕业后均分赴甘肃各地中学堂和初级师范学堂任教习，民国初年甘肃省教育界名师杨汉公、谢斌都是其学生。

早在京师大学堂时，邓宗就主张男女平等的思想，决心改变甘肃女子教育落后的情况。1912 年，时任甘肃教育司第三科科长的邓宗、省公署科员王之佐以及李德贻、田育璧等人在兰州创办了甘肃第一所女子小学，命名为"淑慎女子小学校"，首先招收亲属子女入学，作为女子师范学校的学生基础。[1] 淑慎女子小学校尽管简陋，但是开创了甘肃女子教育之先河。此后，邓宗与李德贻被推选为经理，发布募款公告，开始捐募经费筹备女子师范学校，以下为公告原文。

创办甘肃第一女子师范学校募款公告 [2]

盖闻坤元资生，河图列对待之位，妇道立极周官培化育之源，是以闺仪称于二南，女教见于内则。先民有作事盖彰彰己，乃自中古以还，浸失修道之真旨，而海洋万里，转开母教之先河。所以商舶东来地运南至，实行均权，一视同体，女校总林，裙屐跄济乎盛教育之枢。虽应世界潮流，实发乾坤精蕴，女学之时义大矣哉。我甘肃僻在边徼，风气晚开，急起仿办，责在同人。愿每有师难之叹，年来多楚材是资，男师尚然，女范可知，同人等深惟女校之不可以已也。今日与其临渊羡鱼，何若及今树木，庶几小成大成，取诸宫

---

[1] 沈滋兰：《回忆甘肃第一女子师范学校》，1990 年油印本，甘肃省图书馆藏。

[2] 《甘肃省立第一女子师范学校一览》，民国十一年 7 月印刷，甘肃省图书馆藏。

中而用，是以有创设甘肃第一女子师范之建议。然事属创始，筹款聿艰。诸君子或关心桑梓，或托谊苔岑，当此国运焕发，人心踊跃之际，必能慨解余囊，襄兹要举，树陇上先天教育之模型，为各县后起女学之权与，九百万人皆拜嘉贶矣。谨启。

与此同时，留京甘肃籍学生赵元贞、水梓、杨培源等亦在京设立机构接收募捐相助，两地募款共得银 297.5 两，银圆 493 元。至 1913 年 4 月，女子师范筹备工作就绪并开始招生，首期招收师范科学生 18 人，高小科学生 16 人，初小学生 22 人。先后聘任邝李佩贞、吴畹兰、陈柳辉、李奂林等女性教师从事教学管理并担任教师，开设国文、历史、地理、手工等课程。6 月 2 日，学校在兰州南府街（今金塔巷）租得民房为教室，甘肃第一所女子师范学校正式成立，定当日为学校纪念日，由邝李佩贞任校长，邓宗出任主事（兼职校长，校外负责人）。此后，甘肃平凉、临洮、天水陆续成立了县立女子师范，仅 1913 年到 1933 年 20 年间就为西北地区甘青一带培养女子师范生 1300 余人。

女子师范学校最初为预科班性质，开设历史和国文两门主要课程，主要培养小学师资。由于当时男女平等的新风气尚未普及西北地区，适龄女生家庭男女"授受不亲"的封建思想仍然较重，故少有家长送女生入学。为打消家长顾虑，邓宗设法聘请女教员授课，聘女学监管理学生，[①] 但因无人应聘，最终由邓宗夫人梁熙女士担任首任教务主任，李钰为学监，邓宗的女儿邓春兰，侄女邓春藻、邓春岑率先入学。经过努力，女子师范终于招到 30 名学生，初步形成规模。其后，女子师范由于男性教师授课而引起学生家长的误解，学生一度流失，仅余邓氏三姐妹学习，邓宗为此奔走于各家之间做女生家长的思想工作，才逐渐稳定了局面。

1914 年 4 月，国民政府教育部裁甘肃省教育司，设置教育科，邓宗任甘肃省教育

---

① 中国人民政治协商会议甘肃省委员会文史资料和学习委员会编：《甘肃文史资料选辑》第 47 辑，1997 年版，第 153 页。

科科长,掌管全省文教事务。邓宗因此辞去女子师范的校务工作,聘田育壁为校长。同年,邓宗在兰州学院街创办合兴印书馆,为解决甘肃各地学校教科书陈旧的问题,曾从上海采购商务印书馆的各种新式教科书,以优惠价格在全省各县发行。

1917 年,甘肃省教育司长马邻翼呈请巡按使张广建批准,经甘肃省议会决议将女子师范学校改立为甘肃省立第一女子师范学校,迁往兰山书院旧址 (今兰州市第三中学)。该校自 1913 年至 1936 年共历 23 年之久,是甘肃最早的女教师培训机构。起初由于条件限制,女子师范只占用了校园西北角 4 间教室和 2 间宿舍,经费亦十分局促。邓宗于两年后被正式任命为校长。任职期间,邓宗多方努力申请经费,募集社会捐助,使学校日常经费倍增。同时聘请各方名师教学,有效提高了教学质量,每年招生人数也由最初的 20 人增至 50 人左右。[①] 经过邓宗和教育界同人的不断努力,甘肃第一女子师范学校教学体系、基础设施逐步完备,校园文化丰富,有校歌、校训传承,师生着装均端庄得体,学习风气浓厚。除教授知识外,邓宗还极为重视女学生们的身心健康,常组织郊游等课外活动陶冶学生性情,培养学生的民族自豪感。

1915 年,邓宗奉国民政府教育部命令检查兰州改良私塾的教学情况,为每所私塾作出评案。邓宗利用此次检查活动普及了算术中阿拉伯数字的使用,严格了汉文数字与阿拉伯数字混合使用的规范,同时提出了注重儿童思维培养,强化应用文字训练等多项教学改革举措。

从甘肃省图书馆藏评案原本可见,当时的改良私塾参照新式国民教育体例,开设国文、算术、手工、图画 4 门主干课程,每一课程均细分科目并计分评定,评语内容严谨但不乏幽默感,兹将部分评语摘录如下:

查该塾只有丙丁两级学生,国文算术成绩各两,三艺手工成绩数件,而

---

① 王九菊:《甘肃女子教育发展的经过》,《甘肃教育半月刊》第一卷第 22 期,兰州国民印刷局 1940 年版,第 12–13 页。

甲乙两级学生成绩反付阙如，殊不可解。

查该塾将国文算术手工图画各科成绩混于一谈，又无教师批改之处，其非庐山面目可知，惟国文作法尚能按切，儿童心理命题亦非于教育全无研究者。[①]

1919年，北京女子高等师范向各省招生，经过考试，韩玉珍、孟自芳、田维兰、吴瑞霞、邓春兰、邓春岑6名女学生以优异的成绩被录取，开甘肃女学生出省深造的先河。为避嫌，邓宗并未让女儿占用其中的官费名额，而是让她以自费生名义先入补习班学习。

1920年，全国推行国语教学，邓宗响应号召。在推行国语教育方面，邓宗不仅是甘肃之最，更是西北之最，开创了西北诸省国语教育之先河，他撰写的《甘肃省立第一国语学校第三届毕业同学录序》一文是极为珍贵的西北国语文献。[②]

1921年，邓宗在省立第一女子师范学校中筹建"蒙养园"，成为甘肃第一所幼儿园，曾于1919年被保送至北京女子高等师范学校学习的邓春岑、韩玉贞毕业回兰州母校工作，积极开展学前教育。后于1930年改为"兰州女师幼稚园"，新中国成立后改称"兰州女师幼儿园"。

1923年，邓宗被选为甘肃教育会会长，多方努力建成教育会会议厅，为开展教育活动提供了场所。同年，甘肃省开始实行北洋政府在前一年所制定的"壬戌学制"，即小学六年、初中三年、高中三年的"六三三"学制。兰州的学校没有能适应新学制的教科书，邓宗立即托人从上海购来商务印书馆印制的教科书应需，以低价供应甘肃各中小学，同时购置出售各种进步学刊以传播新思潮。

1928年，邓宗被任为中山大学（今兰州大学）评议员，为兰州大学的草创做出了积极贡献。

---

① 收录于《皋兰县小学成绩展览会评案》，甘肃省图书馆藏。
② 刘超、李沛珂：《他们，改变了历史——辛亥革命时期的甘肃风云人物》，《兰州日报》2011年10月10日第三版。

热心公益　参与抗日救亡工作

在献身教育事业的同时，邓宗也是一位热心的社会活动家和慈善家，在社会公益事业中投入了大量精力，如1920年西海固大地震，他积极发起赈灾活动，并率先捐款150元大洋救济灾民。1923年甘肃大旱，他组织民众集资制造水车三辆引黄河之水缓解旱灾。1926年，邓宗还曾亲赴循化县调解纠纷，成功化解了一场严重的民间冲突。

20世纪30年代，持续的军阀混战使邓宗逐渐对国民党的统治失去信心，于1930年脱离政界隐居兰州下沟亦园。抗战期间，他仍积极参与抗日救亡工作，出面与赵元贞、孙炳元等北大校友组织成立了"兰州北京大学同学会"，会址设在兰州中街子43号，主要联络甘青宁和流亡到兰州的沦陷区校友，著名学者顾颉刚、杨向奎等先生曾是该会会员。[1]

1955年，邓宗先生在兰州病逝，享年73岁。

注：本文以青海省、甘肃省相关文史资料（主要为邓明先生于20世纪90年代撰写）为基础，结合甘肃省图书馆藏历史资料及邓宗先生后裔口述资料汇编而成。

---

① 引自青海新闻网：甘青宁地区辛亥革命老人——邓绍元。

首倡冲破大学"女禁"的循化女杰

牛　乐

邓春兰（1898—1982），字友梅，20世纪初北京大学的第一批女大学生之一。五四运动时期，邓春兰致信北京大学校长蔡元培要求解除"女禁"，成为中国近代主张男女教育平等的先行者和实践者。

家学渊源

清光绪二十四年（1898），邓春兰出生于甘肃省循化县（今青海循化县）道帏乡起台堡村。循化县是撒拉族、藏族、回族、土族、汉族等多民族聚居的地方，当时的地方经济、文化、教育事业非常落后。邓春兰的祖父邓效忱曾中清末武举，后务农经商。父亲邓宗是邓效忱之四子，是甘肃第一代大学生，辛亥革命的先驱。邓宗毕业于京师大学堂（北京大学的前身），后回到甘肃投身教育事业。他因大力兴办女子教育，创办甘肃省女子师范学校，通过女子教育促进男女平等而成为民国时期著名的教育家。

由于父亲思想开明，反对旧传统、崇尚新文化，邓春兰自幼便受到了良好的新式教育。1905年，邓春兰7岁时在循化县入初等学校读书，当时整个学校仅有邓春兰及两位堂姐邓春藻、邓春岑3个女生。在家里人的支持下，邓氏姐妹没有屈服于社会舆论，坚决不缠足，不束闺阁，一心读书求学。

1909 年，邓春兰的父亲邓宗从京师大学堂回到兰州，邓春兰随与两位堂姐赴省城兰州求学，作为插班生进入兰州淑慎女子高等小学读书。1913 年，邓宗与教育界同人在兰州创办甘肃第一所女子师范学校，邓春兰与两位堂姐成为学校的第一批学生。后因社会风气未开，女学生纷纷离校。据邓春兰回忆："同班的学生都走了，只剩下我和姐姐邓春藻，还有一个孙梦兰，就给我们三人上了一个多月课。"① 尽管时局艰难，邓春兰仍在兰州接触了比县城更广阔的天地，她刻苦求学，不断鞭策自己："青春容易过，一去不能留。少小不勤学，恐贻后日忧。"② 邓春兰的青年时代深受父亲邓宗新思想的熏陶，正如她所说，"我的家庭很开通，不重男轻女，甚至把姑娘还看得重一些。我们受家庭的影响很深。"③ 这为她日后接受新事物、开创新思想奠定了基础。

1915 年，甘肃风气渐开，原甘肃省教育厅在原址上兴办了女子甲种师范讲习所，邓春兰入校求学。学成之后，邓春兰在其父亲倡办的小学负责教学，学校一直办到 1919 年 7 月邓春兰赴京之前。

1916 年，邓春兰与在兰工作的革命者蔡晓舟（1885—1933）相识，二人志同道合，遂自由恋爱并于暮春结婚。邓春兰此后上书蔡元培及婚后继续求学，特别是从兰州上京求学，冲破"女禁"的行动，无不得力于蔡晓舟的支持、鼓励和帮助。

冲破"女禁"

20 世纪初的中国便有有识之士提出男女教育平等的思想。辛亥革命后，作为南京临时政府大总统的孙中山赞同男女平等，主张振兴女学。政府颁布了一系列弃旧图新的政策法令，积极倡导在全国各省创设女子小学、中学、师范、专门学校及实业学校。

---

① 孟国芳：《邓春兰吁请大学解除女禁》，《甘肃文史资料选辑》第 17 辑，1983 年版，第 114 页。
② 何端中：《邓春兰》，甘肃教育出版社 2014 年版，第 8 页。
③ 何端中：《邓春兰》，甘肃教育出版社 2014 年版，第 113 页。

在政府的推动下，各地纷纷创办各类女子学校。蔡元培、李大钊、胡适等人也多次重申男女受教育平等的主张。1912 年 2 月，教育总长蔡元培发表《对于新教育之意见》，从共和政体和民主自由的理念出发，公开否定以"忠君"和"尊孔"为核心的封建教育宗旨。袁世凯篡夺辛亥革命成果后，提倡尊孔复古，对女子教育持否定态度。其后北洋政府颁布的《国民学校令》对男女同校问题作出新的规定，只允许小学一、二年级学生男女生同班，三年级以上男女学生只可同校不可同班，到中学后男女学生不可同校，女子只可进入女子中学。尽管如此，女子教育已深入人心，接受初、中等教育的女子数量逐年增加，追求妇女解放的呼声日益高涨。如 1916 年，全国在北京召开的第二次大会决议提请政府设立女子高等师范学校等方案，并于次年向教育部提出推广女子教育的议案。1918 年，教育部通知各省区酌量地方情形，分别办理全国教育会联合会的"请推广女子教育案"并且得到了积极响应。

可以看到，民国初年的女子教育已深入人心，但是关系到性别平等的"男女同校"问题仍矛盾重重。尽管 1918 年初已有进步人士提出大学男女同校的思想，但是直至 1919 年，中国的大学中仍没有女学生。1919 年 3 月，时任北大校长的蔡元培先生于北京青年会发表演讲《贫儿院与贫儿教育的关系》，提出了实行男女同校的思想，他认为要改良男女关系，改善男女之间不交朋友只有恋爱关系的现状，最好的地方就是学校。但蔡元培先生仍被时局和社会舆论所束缚，未真正推行他的主张，但是此后越来越多的教育界、知识界人士开始在报刊上发表文章，就此问题展开了热烈讨论。

邓春兰虽然从甘肃女子师范学校毕业，并成为一名小学教师，但因她目睹了身边的男女不平等现象感到不平，故渴望继续获得知识，接受高等教育。邓春兰看到蔡元培先生的演讲全文后情绪激动，遂产生了致信蔡元培申述自己主张的想法。她的计划很快得到了丈夫蔡晓舟和弟弟邓春膏、邓春霖的热烈支持，邓春兰便以自己的满腔热血而奋笔疾书，给蔡元培先生写了一封呼吁信，公开提出"国立大学增女生席""实行男女同班"的主张，由此成为全国第一个请求大学开放"女禁"的女子。

在这封《春兰上蔡校长书》中写道：

> 春兰早岁读书，即慕男女平等之义，盖职业上、政权上一切平等，不惟提高吾女界人格，合乎人道主义，且国家社会多一半得力分子，岂非自强之道？欧美往事可借鉴矣。……万事平等，俱应以教育平等为基础。……倘因循锢陋，不加改正，势必至天然淘汰，亡国灭种而已。……今阅贵校日刊，知先生在贫儿院演说，仍主张男女平等，然则我辈欲要求于国立大学增女生席，不于此时，更待何时？……春兰拟代吾女界要求先生于此中学添设女生班，俟升至大学预科，即实行男女同班。春兰并愿亲入此中学，以为全国女子开一先例。①

对于上书一事，邓春兰后来回忆道：

> 我是一个女子，当时我感觉最有兴趣的是妇女解放运动。虽然我本身在家庭中没有受到封建压迫，但是在社会上处处看到的是男女不平等的现象。我想到男女既然应该平等，为什么在教育方面存在的男女不平等现象还不革除呢？就高等教育说，男子可以入各式各样的学校，学习各种专业，而我们女子则只有一个高等师范学校可入，其他的高等学校都不能入呢？这不是太不平等吗？我要打破这个不平等的局面，要做到各个学校一律招收女生。②

信写成之后，原定由蔡晓舟于北京转交给蔡元培先生，但蔡元培此时因反对北洋军阀在"巴黎和约"及镇压学生运动的行径去职离京，邓春兰的上书并未取得实际作用。

① 中国人民政治协商会议西宁市委员会文史资料研究委员会编：《西宁文史资料》第1辑，1984年版，第75—77页。
② 孟国芳：《邓春兰吁请大学解除女禁》，《甘肃文史资料选辑》第17辑，1983年版，第117页。

但邓春兰并未放弃，再拟一份《请报界诸先生转全国女子中学毕业暨高等小学毕业诸位同志书》和《春兰上蔡校长书》一并寄给北京的新闻界，继续呼吁大学解除"女禁"，呼吁教育平等。北京《晨报》在 1919 年 8 月 3 日第六版刊登了《邓春兰女士来书请大学解除女禁》一文，上海《民国日报》在 8 月 8 日第八版刊登了《邓春兰女士男女同校书》，上述文章一经发表即引起了社会各界的广泛关注和巨大反响，《新青年》《少年中国》《少年世界》《妇女杂志》《平民教育》《解放与改造》等著名刊物竞相刊载相关文章，有的还开辟了"男女同校问题"的专栏。在邓春兰的带动下，山西省教育联合会也通过了"男女共学"的提案，30 多位湖南、上海、南京等地的女青年亦联名呼吁北京大学解除"女禁"，即将赴法留学的向警予亦和蔡和森联名声援。

作为五四运动的领导人，李大钊、胡适呼吁解除"女禁"的文章很快形成了男女教育平等的社会声势，较有影响的文章如李大钊在《新青年》发表的《战后之妇人运动》、胡适在《少年中国》发表的《大学开"女禁"的问题》。胡适在读到邓春兰的信之后，认为应加快对于女子学校的改革，使有资格进大学的女子增多，他主张在中国实现女子进入高校可以分三步走：第一步，由大学聘请女教授；第二步，大学先收旁听生；第三步，使女子中学、女子师范在课程上与大学预科相衔接。

赴京求学

1919 年 6 月，北京女子师范来甘肃招考官费赴京学生。邓春兰毅然报名，并以优异的成绩成为 6 名官费生之一。但父亲邓宗因时任甘肃省教育厅的科长，又亲自主持了这次招考，为避嫌未让邓春兰享受官费优待，但是邓宗"自费送女进京求学，与其他五人同行"。[①]赴京前，兰州女子师范学校为她们举办了欢送会，省教育厅派康屏侯护送。

7 月 26 日一早，邓春兰一行人乘坐羊皮筏子，踏上赴京的旅途。她们自带食物与

---

① 孟国芳：《邓春兰吁请大学解除女禁》，载《甘肃文史资料选辑》第 17 辑，1983 年版，第 118 页。

炊具在羊皮筏子上做饭。因邓春兰自幼体弱，还带了多种药物以备使用。她们乘筏抵达中卫，改乘舟船抵达包头，最后到丰镇改乘火车抵京。

> 八年七月，陇右第一次送女生晋京留学，考选已毕，行将就道，余因家父司职教政，远避嫌谤，不令入选，仅以留学而已。是行共六人，皆旧日同学。东路崎岖多匪，乃决定乘木筏由黄河北绕内蒙入京。我辈学业，虽尚幼稚，难与他省女学界角一日之长短，然特自吾陇右外出留学，如吾六子女者，实为生民未有之壮举。且此行经地甚多，其山川草木之奇异，风土人情之不同，有为吾未尝梦见者，故为是日记，以志雪鸿之迹。

（邓春兰《晋京旅行记》）

《晋京旅行记》"后记"中写道：

> 余等此行，历时三旬，记程数千里，困苦艰难，备尝之矣。穷念幼时体质虚弱，娇养成性，离家百里，别旧盈怀，出门兼旬，归心似箭；而此次离亲别乡，长驱异域，所经困难，更甚男子，精神体力，反日健旺，此生理方面，未必逊于男子之表征也。且今后世界，日新月异，吾辈女子复岂可常处闺阁，以自放弃其责任耶？故此后当振我精神，致力于学术，以为服务社会之备，岂不快哉？[①]

8月27日，邓春兰抵达北京，此时北京爱国学生正与北洋政府进行抗争，邓春兰立即与爱国学生一起游行，亲身参与了这场斗争，更加坚定了冲破旧制度的决心。

---

① 根据邓春兰胞弟邓春膏手抄本《晋京旅行记》整理，中文版由邓光瑜于1988年翻译成英文收录于哥伦比亚大学巴纳德妇女中资料集（The Barnard Centerfor Researchon Women,Vol.IV,No.2,1988）。

邓春兰认为，大学解除"女禁"只不过是妇女解放运动的第一步，其后又多次在报刊发表文章，如在《少年中国》上发表《我们妇女解放之计划同我个人进行三方法》，进一步呼吁妇女解放，争取男女平等，提出"至于妇女解放的顺序"。在邓春兰看来，妇女解放要先解放学校，然后再解放职业，但是只有妇女参政的问题解决了，其他一系列问题才会从根本上迎刃而解。除此之外，邓春兰与弟弟邓春膏、邓春霖，堂姐邓春岑一同成立了"春晓学社"，创办《春晓学社季报》，学社以"研究学术，改良社会"为宗旨，开展了许多有益的工作。邓春兰还参加了《新陇》杂志创刊，撰写文章探讨妇女解放问题。

1919年冬天，蔡元培重回北京，他为邓春兰的坚忍精神所打动，向上海《中华新报》记者公开答复："北京大学明年招生时，倘若程度相当之女学生尽可能投考，如程度及格，亦可录取也。"

1920年2月，邓春兰已在北京女子师范补习班就读一个学期。北京大学在社会舆论与各界人士的共同努力下，先后招收了邓春兰、王兰、奚祯、韩询华、赵懋芸、赵懋华、杨寿璧、查晓园、程若勤9名女学生入学。这也是我国历史上男女合校的第一批女大学生，邓春兰便名列其中，于哲学系学习。邓春兰入读北大时，正值美国著名教育家、哲学家杜威博士（John Dewey，1859—1952）来华讲学，杜威对9名女学生表示祝贺，并携妻女与这批中国女大学生在王府井大街举行茶会并合影留念，北大总务长蒋梦麟也接见了她们。至此，"大学女禁"终于被打破，全国各地的重要报刊都报道了这一消息，尽管争议和阻力尚存，但是全国高校纷纷效仿，中国教育领域的男女平等运动已蔚然成风。

回报家乡

1922年，邓春兰因怀孕临产而休学，与丈夫蔡晓舟路过南京时，教育家陶行知特意宴请了这对革命夫妇。蔡晓舟将邓春兰安顿在合肥，便赶往安庆工作。邓春兰分娩后身体状态不佳，为了不影响丈夫，她回到了阔别多年的兰州，在甘肃省立女子师范学校从事教育工作。

任教期间，邓春兰积极靠拢中国共产党，为革命做了大量工作。在中共甘青宁特别支部负责人宣侠父等的支持下，邓春兰主办《妇女之声》杂志，积极参加中共领导的甘肃第一个进步青年组织，因此遭到反动当局的打压。1936年，邓春兰的丈夫蔡晓舟去世，邓春兰备受打击，但仍没有放弃参加进步活动。1938年，邓春兰被校方无理由辞退。邓春兰闲居家中，母子三人与邓宗夫妇生活在一起。

新中国成立后，邓春兰一直在党和政府的关怀下生活、工作。1957年，邓春兰受聘为甘肃文史馆馆员，成为当时唯一的女馆员。1980年，邓春兰当选为甘肃省政协委员。1982年6月9日，邓春兰于兰州逝世，享年84岁。甘肃省政协为邓春兰举办了追悼会，社会各界高度评价与赞扬了这位首倡冲破大学"女禁"、为妇女解放事业而无私奉献的女英雄。

注：本文以青海省、甘肃省相关文史资料（主要为孟国芳女士于20世纪90年代撰写）为基础，结合相关文史资料及邓春兰女士后裔口述资料汇编而成。

才华横溢的邓博士

牛 乐

邓春膏（1900—1976），字泽民，号哲民，又号哲明，甘肃循化（今青海循化）起台堡人，邓宗之子。甘肃近代著名教育家，美国芝加哥大学教育哲学博士，兰州大学创始人之一，五四新文化运动的亲历者和积极参与者。

热血青春　求学之路

清光绪二十六年（1900），邓春膏出生于循化县起台堡，幼年时期在循化县小学读书。1911年，11岁的邓春膏跟随父亲邓宗移居于甘肃省兰州市，先后在兰州两湖小学、甘肃省立第一中学就读。1917年，邓春膏因成绩优异被保送至北京大学攻读哲学专业。

1919年，在北大读书期间，恰逢五四运动爆发，学生们因不满北洋军阀政府接受"巴黎和会"的屈辱协议而组织罢课、示威游行。90多位在京求学的甘肃籍学生一同加入学生游行队伍，他们高呼"外争国权，内惩国贼"的口号，反对签订《巴黎和约》。邓春膏与甘肃籍学生组成演讲团在街头慷慨演讲，进行反帝反封建的爱国宣传活动。军警驱散群众，逮捕了大批爱国学生，邓春膏与王自治、张明道、张心一、王和生、冯翰英、田昆山7名甘肃籍学生被捕，随后被送至北京大学法科监禁。在各界人士的共同努力下，

7 名学生终被释放，并受到了同学们的热烈欢迎。①

同年 12 月，受五四运动中"科学、民主、自由"口号的影响，邓春膏与其姐邓春兰、堂姐邓春岑、弟邓春霖在北京三眼井成立了"春晓学社"，以"研究学术、改良社会"为宗旨，创办了《春晓学社季报》，并提出"自由、平等、奋斗、坚忍"的信条，邓春膏发表论文《文化之循环状况》，翻译小说《一根皮条》（莫泊桑短篇小说，今译名为《绳子的故事》）。②

1920 年 2 月，由于深感西北家乡文化的闭塞与落后，为"传播现代之思潮"，邓春膏与甘肃籍的在京学生张明道等 40 人共同创办了《新陇》杂志，王自治为编辑部主任，邓春膏、维树靠、田炯锦为编辑兼校对。王自治在《发刊词》中写道："呜呼！人则一日千里，我犹故步自封；人则采摘精华，我犹株守旧物。律以适者生存之理，将见文野之分，更判然矣。同人等睹此情况，心焉忧之。于是集合同志，发刊杂志，名曰《新陇》。藉课余之暇，勉尽绵薄，其庶几乎有补于万一也。"

刊物发往兰州合兴及西宁、武威、宁夏、天水、酒泉等地，一直办到 1930 年，因经费问题而停刊。《新陇》杂志起初的宗旨是"宣传三民主义，革新陇上文化"。刊载的内容十分丰富，如介绍世界文化思潮的《英美现代教育思潮》《欧美联邦有实现的可能么？》，关于自然科学发现的《最近对于火星的观察》等，亦包括大量实事评论，如 1926 年"三一八"惨案后发表的《悼三月十八国务院门前的死者》,抨击地方军阀的《甘肃种烟以后》《两件失望事》,1928 年发表的《山西政治概况》《现代生产评论》等。③《新陇》杂志在 10 年发行期间不断向西北地区输送新文化、新思想,宣传反帝反封建的革命理论,弘扬科学民主精神,倡导思想解放、妇女解放、婚姻自由，对西北地区近代社会变革

①　邓明：《甘肃早期高等教育的兴办者邓泽民事略》，《兰州文史资料选辑》第 1 辑，1992 年版，第 166 页。

②　元瑞：《甘肃早期高等教育的兴办者邓春膏先生事略》，《兰州日报》2005 年 7 月 20 日，第七版。

③　邓春膏、朱镜堂：《五四运动时期甘肃旅京学生刊物〈新陇〉》（1963），《甘肃文史资料选辑》第 17 辑，内部资料，1983 年版。

起到了积极的推动作用。

邓春膏任杂志社编辑兼校对的同时，发表多篇文章表达了"要求进步、追求科学、民主和自由的崇高愿望"。[1] 如在《我们怎样预备创造新文化》中，主张文化无国界，应当积极吸收对中国有益的欧美文化；在《甘肃的留学问题》中，主张应直接到欧美留学而非日本，因为日本文化多从欧美流入，因此不如直接去欧美吸收；《求雨》一文批判和讽刺了祈雨的行为，并言："这样大的世界，不知要多少雨神才能分配？"[2]

1921年7月，邓春膏从北京大学毕业。1922年7月，邓春膏考取了留美官费生，同船赴美的留学生中，有吴有训（后为中国科学院院长）、张闻天（后为中共中央总书记）、杨武之（著名教授，科学家杨振宁之父）。优秀的学子们在漫长的海上航行中互相交流思想，抒发爱国救国壮志。邓春膏抱着教育救国的信念考入斯坦福大学，于1924年获得文学学士学位。次年，邓春膏又获硕士学位并考入芝加哥大学师从哲学大师杜威（John Dewey，1859—1952）攻读教育哲学博士，并于1928年获博士学位。邓春膏的博士学位论文题为《古代道家的生命哲学》，论文甄别了"道家"作为中国本原哲学和"道教"作为本土宗教的区别，并从东西方文明比较视角辨析了古中国、古希腊和古希伯来社会形态、政治、哲学的异同，充满浓厚的五四新文化精神和实用主义哲学思想。

学成归国　投身教育

五年间，邓春膏发愤读书之余，到农场打工以换取劳务费补贴自己的生活费用，以此完成了学业。在此期间，他还在芝加哥大学参加中国同学会，常常和留美同学讨论振兴中华问题。

1927年，邓春膏乘船回国。到了上海，当地的一所大学以高薪聘请他做教授，邓

[1]　青海省地方志编纂委员会编，马万里主编：《青海省志·80人物志》，黄山书社2001年版，第163页。
[2]　何端中：《邓春兰》，甘肃教育出版社2014年版，第71页。

春膏婉言谢绝并回到了甘肃兰州。1928年，邓春膏被兰州中山大学聘请在教务处工作，后调任教务处长，5月任代理校长，7月任校长。1930年，兰州中山大学改名为甘肃大学，邓春膏仍任校长。1931年，甘肃大学改为省立甘肃学院，邓春膏继续任院长一职，直到1936年。

邓春膏主持这所甘肃最早高校长达8年，是新中国成立前历任院（校）长中任职时间最长的一位，也是这所甘肃唯一高校从草创走向发展的重要阶段。这期间，国内正值军阀混战之际，经济凋敝，国库空虚，而甘肃此时连年干旱，地震等自然灾害不断，民不聊生，办学经费常年无法到位。甘肃籍的大学毕业生和留学生不敷聘用，而外地优秀毕业学子不适应甘肃的气候，且甘肃教师待遇比东南沿海地区低，因此教师严重缺乏。面对一系列难题，邓春膏迎难而上，根据实际情况，采用专职与兼职相结合的方式，聘请有专长的名流学者，并采取选拔本校优秀毕业生留校任教等措施，逐步解决了经费不足与教师匮乏的问题。"到1931年，专职教师已达39人，其中留学生11人，获博士学位的5人。"①

在此期间，邓春膏不仅帮助省立甘肃学院渡过难关，而且在他的管理下，学校始终稳步发展。文学系、法律系、教育系、文史系、政治经济系、银行会计系与医学、农学、人事管理等皆为邓春膏主持学校事务期间新设的专修科。与此同时，邓春膏多方筹集经费，主持兴建了礼堂、教室、办公室、师生宿舍、图书馆、实验室、解剖室、浴室、游艺室等，大大丰富了学校的基础设施。②

邓春膏先生在留美期间即热爱体育运动，尤其擅长网球，故在任期间十分重视体育运动的开展，还专门开辟了网球、垒球、排球、篮球与田径场地，添置各项体育器材，使学生在学习之余有了锻炼身体的场所。为保证学生的身体健康，邓春膏身体力行，每日坚持打网球以示倡导，并要求学生每日下午都要到操场锻炼。他每年举办全院师

---

① 李瑾：《循化起合堡村志》，循化县道帏乡起合堡村内部资料，2010年版，第83页。
② 李玉民、钟福国、裴娟、张学江：《百年萃英门》，兰州大学出版社2013年版，第182页。

生运动会以促进体育锻炼活动。在 1933 年，邓春膏进一步组织了省城各机关学校球类运动会，他亲临现场，用自己的工资给球队队员买牛肉、水果、糕点以补充营养。[①]

邓春膏先生对于教育哲学有很深的造诣，著有《西洋教育史》《何谓道德》《何谓哲学》等学术论文及《低能儿童之心理教育》《智慧测验》等教学论文，并亲自主讲哲学概论、西洋哲学、法律哲学、英语等课程。另外，每年拨出资金丰富学校的藏书，并从上海购置铅印机，主持创办了多种刊物，如《兰州中山大学月刊》《甘肃大学季刊》《甘肃大学半月刊》等学术刊物，有力推动了西北地区的学术发展。

在教学方面，邓春膏聘请了诸多知名学者授课，如美国哥伦比亚大学哲学博士赵宗晋教《法律哲学》《英文》，聘日本明治大学法学士皋兰杨清汉为教务长，聘日本早稻田大学文科毕业生会宁王维屏（1887—1956）教日语，聘北平私立中国大学政治经济系毕业生谢斌教社会学纲要等课程。值得称道的是，尽管邓春膏先生反对封建腐朽文化，但对于中国传统优秀文化十分尊重，曾聘请慕寿祺（1875—1948）、杨巨川（1873—1954）、周应沣（1861—1942）、李鼎超（1894—1931）等前清举人及著名学者讲授经学概论、音韵学、诗学、国文诗词、文字学等国学课程，聘请冯国瑞（1901—1963）、司秋沄（1892—1937）等学者从事文史资料辑录及甘肃地域文化研究，[②]聘请曹蓉江、曹照镜、赵西岩等著名画家教授国画课程，孙培珍讲授音乐课程。此外，邓春膏还排除守旧势力的舆论压力，聘用因自由婚姻问题引起社会争议的高抱诚（1887—1954，曾任临洮师范校长）为秘书主任，体现了邓春膏尊重人权、尊重个性的思想。

此外，为增加学校的学术氛围，开阔学生眼界，邓春膏在甘肃学院任职期间经常邀请社会名流到学校进行演讲，如王庚山、赵元贞、田炯锦等。另外，邓春膏常组织在校内开展演讲比赛以增强学生的口头表达能力和敏捷的思维能力，曾在暑期讲习会

---

① 邓明：《甘肃早期高等教育的兴办者邓泽民事略》，《兰州文史资料选辑》第 1 辑，1992 年版，第 173 页。
② 邓明：《邓春膏先生与甘肃学院》，《档案》2015 年第 12 期，第 44—47 页。

上作过《理想与人生》的报告，勉励学生树立远大思想，专心研求学问。

1936 年 5 月，邓春膏为了抗议教育部对甘肃学院系科设置的不合理撤并辞去院长职务，专任文史系主任兼教授。任教期间，他针对学生的不同特点，因材施教，关心学生学习中的实际困难，对个别学生给以财物相助，并鼓励学生应树立远大理想，而且应怀有对社会有益的理想，专心研求学问，勤勤恳恳为人民服务。

爱国敬业　奉献家乡

九一八事变后，国内开发西北的呼声渐高，邓春膏做了很多有助于西北建设的工作。1932 年底，邓春膏与王庚山、金汉章、朱镜堂等 34 名教育界人士发起了宗旨为"研究学术，促进西北建设"的"民嵒（岩）社"，创办期刊《民嵒》，发行至兰州各学校，交流对时局的看法。提出开发西北的建议，并发表了《一年来列强之政治经济》等论文，分析了1932 年世界经济危机中，英、法、德、日等资本主义列强在政治与经济上急剧变动的情况。

1933 年，邓春膏与刘汝瑶、郭维屏、谭克敏被推为"西北问题研究会兰州分会"常务干事。他们主要开展了三项工作：其一是在甘肃学院举办的"西北问题暑期学术演讲会"，邓春膏与水梓、邓宝珊等 18 人被推为讲师，演讲有关西北开发的诸多问题；其二是创办《西北问题研究会会刊》；其三是在五泉山、萧家坪一带栽种植物，引水灌溉。②

1936 年，抗战全民总动员时期，已经卸任甘肃学院院长的邓春膏还召集文史系学生，在兰州下沟邓氏亦园举行"国民精神总动员之实施"讨论会，学生评论此讨论会颇有"牛津导师之 teapary 风味"①。

1940 年，邓春膏离开甘肃学院到南京，在于右任的介绍下到监察院任监察委员，1947 年冬出任甘青宁监察使。任职期间，邓春膏时常轻车简从，到各地视察，先后视

①　李玉民、钟福国、裴娟、张学江：《百年萃英门》，兰州大学出版社 2013 年版，第 181-183 页。
②　邓明：《邓春膏先生与甘肃学院》，《档案》2015 年第 12 期，第 44-47 页。

察了青海民和、乐都、西宁、湟中、甘肃的永登、河西各县、兰州阿干镇煤矿等地，每到一地，接受诉状数十件。对于官吏贪污舞弊的案件，邓春膏不畏强权，勇于揭发奸贪，在当时起到了匡正压邪的作用。

1948年，监察使制度取消，邓春膏应聘出任兰州大学教授。当时，兰州大学由于甘肃籍教师与外省籍教师发生矛盾，外省师生纷纷欲离开兰州，邓春膏及水梓、张鸿汀等受顾颉刚的委托，从中调解矛盾，最终外省教师在邓春膏等人的劝解下不计前嫌，继续任教。

新中国成立后，邓春膏在1950年应邀参加了甘肃省首届人民代表大会。次年3月，邓春膏加入民革。4月，邓春膏当选为民革甘肃省委社会联系工作委员会主任委员、省政协委员。

1958年，邓春膏任兰州市政协驻会委员，从事搜集整理研究地方文史工作，著有《清末至抗战期间茯茶行销西北简述》《五四运动时期甘肃旅京学生刊物〈新陇〉》等文史资料。

"文革"期间，邓春膏一家未免洗劫，数千册中西图书荡然无存。1969年，邓春膏全家被疏散于甘肃省西和县。1972年，邓春膏因病返回兰州李家湾寓所，晚年常在寓所读英文版《天方夜谭》，或以桥牌自娱。1976年因心血管病发作逝世，享年76岁。

注：本文以邓明先生于20世纪90年代撰写的相关文史资料为基础，结合最新发现的史料及邓春膏先生亲属口述资料汇编而成。

科学报国　造福桑梓

——邓春霖博士生平事略

牛　乐

邓春霖（1903—1931年），字济民，笔名春龄，甘肃循化（今青海循化）起台堡人，邓宗之次子，邓春兰、邓春膏胞弟。清华留美预备学校毕业，爱荷华州立大学（Iowa State University）兽医学博士。

邓春霖出生于1903年（清光绪二十九年），幼年即酷爱读书，时常端坐床头，手不释卷，吟诵不休。1909年入循化县立初级小学读书，1913年入兰州两湖高级小学，1915年考升甘肃省立第一中学。在中小学阶段，邓春霖发奋读书，尤其酷爱诵读《庄子》《楚辞》《陶渊明集》，并在1917写短文《皋兰山旅游记》（刊于上海《学生杂志》），初步表达了作为青年学生应为国尽责的思想，之后以优异成绩被甘肃巡按使署教育科保送清华留美预备学校学习[①]。

留美预备学校的学习生涯使邓春霖眼界大开，随更加勤奋钻研，尤其痴迷在图书馆博览各学科藏书，为之后文理兼通的学业打下了牢固的知识基础。在京期间，邓春霖经常与其姐邓春兰、兄长邓春膏一同阅读报刊书籍，作文赋诗，相互激励。在兄长邓春膏"素怀凌云志"的影响下，邓春霖萌生了出国求学以造福家乡的想法。

---

① 邓明：《邓春霖》，载《青海学人录：1920—1949年青海就读高校学生事略》，1997年3月版，第47—48页。

1919年五四运动之后，邓春霖更加发奋阅读中外书籍，树立改革社会的愿望，广泛参加群众运动，被选为本级评议员干事及干部长、清华学生会评议员、干事部长，并被聘为《清华周刊》编辑。同年12月，受五四运动中科学、民主、自由口号的影响，邓春霖与其兄长邓春膏、姐邓春兰、堂姐邓春岑在北京三眼井成立"春晓学社"，以"研究学术、改良社会"为宗旨，创办了《春晓学社季刊》杂志，提出"自由、平等、奋斗、坚忍"的信条。因财力匮乏，该刊印行困难，只印刷了一期便停刊，但开创了甘肃籍旅京学生办刊之先河。其中邓春霖在《春晓学社季刊》发表论文《我的白话文学谈》，呼吁创造"活的、现实的新文学"[1]，同时发表小说《鬼世界》。1920年，北大陇籍学生张明道倡导创办《新陇》杂志，王自治为编辑主任，邓春膏任编辑兼校对，邓春霖与其姐邓春兰皆为刊物的骨干力量。该杂志提倡白话文，宣传科学民主与思想自由，倡导新文化运动。邓春霖发表文章《在廿年来之回顾》，揭露甘肃在民国仍用举人、进士的怪现象，另外发表《为夫难》，批判女子不宜就读高级小学以上的谬论。

邓春霖先生素有文艺才能，琴棋书画无不兼通，性格幽默，尤其擅长谐剧表演，在校期间更积极参与组织管理工作。1925年，五卅惨案在上海发生以后，清华留美预备学校的学生编写反帝爱国剧本，排练节目演出，同时筹款援助罢工工友。邓春霖在其中扮演角色，形神皆备，激发了观众的爱国热情。1926年在"三一八"惨案中，北洋临时政府卫队开枪镇压示威群众，邓春霖被挤倒在尸堆中，被践踏伤损鼻梁。经此事件之后，邓春霖意识到革命之刻不容缓，随萌生政治救国的理想。

1927年，邓春霖从留美预备部毕业，抵美考入芝加哥大学，选习政治。然而，邓春霖很快发现美国的"政治"学科多基于欧美国情和意识形态，与中国之国情和政治传统并不适应，经过慎重考虑，邓春霖转入爱荷华州立大学学习兽医科。虽然修习自然科学与其最初的志趣向左，且兽医学在中国传统观念中常受鄙视，招致同乡的不少

---

[1] 甘肃省社会科学院文学研究所、甘肃历代文学概览编写组编：《甘肃历代文学概览》，敦煌文艺出版社1994年5月版，第333页。

非议，邓春霖则认为"学术平等，何贵何贱？……以为劳力不如劳心，此真所谓封建思想，吾国积弱病正坐此"。[1] 并言："吾国西北，最适牧畜，然若不精通兽医，则一病传染，千群立毙，大规模之畜牧场，即碍难兴办，故立愿学习，以备后用。"[2] 秉持学贵以致用的态度，邓春霖立志用科学服务社会、造福桑梓，更同时选修了生物、生理卫生、牲畜、细菌等学科，经四年如一日悉心苦读，于1931年获得博士学位。

归国前夕，邓春霖听闻美国专家在菲律宾设置机关研究牛瘟预防及治疗法，故请母校报送前往考察，很快获得批准。邓春霖于当年7月回国，到中国留美监督处报到，本应9月抵达菲律宾，然而在北平办理考察手续时却突然罹患急性肝病，延医无效于10月5日在北平病逝，享年28岁。

兹摘录张曦[3]撰《邓济民博士墓碑》[4]全文如下：

> 民国元年，余始识循化邓绍元先生于北京时，先生方加入同盟会，奔走国事，而一见如旧。后二十年，余到兰垣，赁庑于先生之亦园[5]，并得与其家督泽民君在大庠为同事，两世频频过从，且闻泽民之弟，济民君尤贤，难兄难弟，联璧辉映，深憾不获一交其人。

> 盖济民由清华而海外十余年，仅一归省，无从邂逅。客岁闻毕业返国，将取道言旋，私幸因元方而季方有日矣。未几而讣耗传来，溟海云归，阊风引去，终于一失交臂，徒叹差池，岂非所谓缘耶？

> 君名春霖，济民其字，绍元先生之仲子也。生而颖异，三四岁往往手持

---

① 　引自张曦《邓济民博士墓碑》。

② 　引自安立绥《邓济民博士传》。

③ 　张曦（1887—1970），字晴麓，号云石，天水人，拔贡，江苏省第二师范学校毕业。曾任教甘肃学院、兰州大学。甘肃省文史研究馆馆员、甘肃省政协委员，著有《天水地方政事官制》等。

④ 　原碑位于兰州七里河黄峪沟阴洼邓氏墓地，1967年平田整地，碑佚。转录自张曦《邓春霖博士行状》，内容有适当删减。

⑤ 　位于城关区下沟东段，民国初年由邓绍元购置，以牡丹名种姚黄、魏紫而驰名，1958年改为民居。

一卷，端坐床头，吟诵不休。六岁入县立小学，二年入兰州两湖小学[①]，卒业又考升第一中学，均见称于师长，目为大器。七年，经教厅考送清华大学肄业，时应试者伙，君与同学安静侯[②]君，名列一二。

居恒谓甘肃教育落后，更历多校，所学所教，俱不足以激发志气，旁行文字，尤瞠乎其后。人比到清华，环境顿异，眼界大开，发愤向上，一洗从前疏懒之习。清华富藏书，中西不下六七万卷，君恣意涉猎，圕馆门限，几为踏穿。各科稠适，上遂学业之成，实基于此时也。

八年，病假旋里，寻即瘥，遂与詹女士世南[③]行结婚礼。女士亦卒业师范，娴雅有度，君之良匹也。君虽新乐宴尔，而向学之心，不为稍骤，随即返校。

十六年毕业留美预备部，抵美入芝加哥大学，选习政治，俾将来实现主义，改善西边。继而察见美国情况与吾大异，其关政治之科，多为解决本国问题，若移中土，未必悉合，乃转入阿奥瓦邦之农工大学，研兽医科，精研其术，得博士学位。又以彼土牛不生瘟，必有深邃学理，为之救济，有美国专家某，在菲利滨特设机关，研究牛瘟预防及治疗法，乃转请母校保送，前往考察，得邀批准。

七月，偕同学安君归，俟九月当赴菲岛，竟于十月五日，病殁北平。伤哉！

君体纤弱，平居寡言笑，工属文，善戏谑。曩在小学旅行作记，笔劲思新，钞帖堂庑，老手无以过。其在清华先后出版《新陇》及《清华校刊》，多君主笔。十二年，演双簧，谐态百出，观者无不捧腹咍噱屡日，骤膺滑稽大王之号。

[①] 位于城关区贤后街两湖会馆，民国初年由两湖人设立小学。

[②] 安静侯（1902—1958），名立绥，甘肃景泰人。清华留美预备学校、美国塞台得大学毕业。历任天水专员兼天水校长、军令部第二厅科长等。1950年，任西北军区参议室参议、甘肃省参事室参事、民革甘肃省委会社联会副主任等。

[③] 詹世南（1901—1951），字稚方，青海循化人。甘肃省立女子师范学校毕业，任女师教员、甘肃驿运处职员等。

尤多才艺，能干事，精烹调，工弈，音乐无不精妙。在校迭充重要职员。

其入阿奥瓦学兽医也，或视为贱技，尼止之，君以为学贵有用，若艺等屠龙，虽精何益？吾国西北天然牧场，医牛正是需要，且学术平等，何贵何贱？横梗一治，人食人之见，以为劳力不如劳心，此真所谓封建思想，吾国积弱病正坐此，当力矫其失也。其器识之超如此。

早岁，性稍介。在清华数年，待人能恕，接物能诚，处己以谨，倜傥大方，咸以为有寿者相，而竟不永其年，何也？

尝慨吾甘地处边隅，距海七八千里，交通迟滞，士乏远志，或抱乘桴之愿，则限于财，阻于家庭，不克迈往。其幸能留学，西驰域外之观，又或蕴蓄虽富，而按诸故土情况，扞格难行。下焉者，徒博头衔有鹜虚荣。君独认定目标，力挽用非所学、学非所用之积陋，不惮躬执鄙杳，生面独开，乃将本所学习，改造乡邦，不图年方盛壮，一暝千古，此则就国家育材计，为甘肃前途计，同深悼惜者也！

张曦谨撰文
金益乾书丹

注：本文以邓明先生（邓春霖嫡孙）撰写于20世纪90年代的文史资料为基础，参考张曦先生著《邓春霖博士行状》，安立绥[1]先生著《邓春霖博士传》等文献资料汇编而成。

---

[1] 安立绥（1900—1960），字靖侯，甘肃省景泰县人。清华高等学堂、美国西点军校、美国康奈尔大学毕业。曾任甘肃省人民政府参事，民革甘肃省委社会联络委员会副主任。

父亲的坎坷人生

吴 志[*]

  他，身正为范，以德树人，是给子女及后代以精神浸润和价值引领的长者；他，深受传统文化熏陶，是坚持创新理念，将建筑设计融入乡村振兴的先行者；他，身体力行，以慈善服务社会，是有责任、有担当的社会公益践行者。他，就是循化县传说中的"子衡阿爷"、我的父亲——吴子衡。

  父亲吴子衡，名"连科"，又名"秉权"，"子衡"乃字号。父亲出生于1903年12月2日，卒于1987年7月24日，享年84岁。他出生于循化县积石镇一个家境殷实的书香门第。自幼家教严格，深受传统文化熏陶，遵循"吴氏家训"，非常重视优秀传统文化的传承与教育，重视家德家风建设，秉持"承继先贤，泽被后世"的理念。记忆中的父亲，对于唐诗宋词和文言散文，博闻强记，过目成诵。谈起历史人物和历史事件，津津乐道；讲起天文地理，娓娓道来。琴棋书"数"，无所不会、无所不能。擅长珠算，精于口算，几十位数字的加减乘除，计算结果即刻可脱口而出。父亲还是位建筑设计师，是乡村振兴的先行者。他负责设计的建筑独具匠心，结合传统的榫卯结构工艺，设计了循化县的人民银行大楼、贸易公司大楼、循化县人民政府办公室、县政府大礼堂等。父亲胸怀大爱，秉承先祖积善从德。父亲同时也是促进民族团结的爱国人士。

  父亲多次提到董其昌的原话："读万卷书、行千里路"，认为多读书与有广阔的视

---

* 吴 志，青海民族大学退休教师。

野同等重要。因此，他多次亲历祖国的名山大川，见多识广，被当地人亲切地称为循化的"活地图""活历史"。

立德树人 教育为先

我的祖父吴寿堂，是清朝秀才，当地人称"吴绅士"。他极为重视教育，同时也是为循化庙宇及学校建设给予诸多公益赞助和捐献的热心人士之一。"父亲对孩子成长的影响，最重要的是家风传承，身教胜于言传"。在这种理念下，我的父亲吴子衡认为工、农、商等百行百业中，教育是最重要的，是社会发展和进步的前提。家庭教育、学校教育和社会教育，这三者密不可分、缺一不可。家庭教育和家风尤为重要，因为家庭是社会的细胞，是社会的基石。家风直接影响着社会风气，家风正了社会风气就自然正了。这就进一步说明教育与强国之间的重要关系，同时也体现出父亲博大的家国情怀。

1986年9月28日，《青海日报》记者李实在该报的头版头条，以《以当教师为光荣，以育才强国为家训》为题，介绍了我的家庭为"教师之家"的情况。

父亲早年是循化县积石小学的教导主任，兼任语文、数学、音乐的教学工作，立德树人、桃李天下。记忆中，父亲除了深厚的文化素养外，还极具音乐天赋，听过的音乐，几乎都可用不同的乐器弹奏出来。记得那年，年老的父亲在霞光辉映下，用脚踏风琴边唱边弹古典民乐《苏武牧羊》，声情并茂，令人陶醉，至今仍旧记忆犹新。

在文明的传承中，书籍、文物发挥的作用是很大的。华夏文明从甲骨文开始，一直被记录至今。不管是中国的儒家文化，还是西方的文艺复兴，书籍、文物总是不可被替代的记录媒介。重视文化传承、重视后代教育的先祖和父亲毫不吝惜地置办了大量的藏书和文物，其中有线装版本的《资治通鉴》《韩昌黎全集》《杜工部全集》等700多册珍贵书籍；国宝级文物江西端溪古砚、宁夏贺兰砚、甘肃洮砚；宋徽宗赵佶创作的《花鸟图》、明代画家唐伯虎的《江山图》、清初画家王石谷的《山水图》，江西珍贵景德镇官窑系列花瓶，等等。不过，这些作为无价之宝的文物和珍贵书籍、丝绸衣物，也包括《吴氏家谱》，均在特殊年代被抄、被烧或被盗。为此，父亲惋惜万分。

父亲生有九子三女，他秉承以"培育天下英才为己任"的家训，想方设法，煞费苦心，积极鼓励和支持我们下一代继承和延续前辈的意愿，从事教育事业。父亲很少苛责我们，却用言传身教的方式让我们明白立德树人、身正为范、积极向上、进德修业、自强不息的道理。在他的影响下，10多位后辈从事大学、中学、小学的教学工作和地方教育工作，都取得了一定的成绩，其中不乏有名校毕业的博士生、硕士生、教育专家、省级优秀教师和国家级优秀教师，他们为本地区的社会进步和经济发展做出了应有的贡献。

多年来，父亲身正为范，他虽然未给我们留下什么物质财富，但给我们留下了更为珍贵的精神财富，即热爱国家、善待他人、以德为人、修身齐家，做一位对国家、社会、家庭有担当和责任的人。父亲作为我们的楷模，将永世难忘。

匠心设计　惠泽故乡

1949年，中国人民解放军解放了循化县城。为了迎接和拥戴人民子弟兵入城，以实际行动体现地方百姓的衷心和善意，父母经商量后决定，将自家院里六间大房中的东厢房、南房和东南角的大厨房腾出来，让一个连的士兵居住和就餐使用。其间，士兵们经常将运送的黄河水供我们一家老小使用。母亲还为有骨伤的士兵正骨疗伤，他们深为感激，与我家和睦相处的时间长达两年之久，后这支部队因换防被调走，这一举动彰显了浓浓的军民鱼水情，也赢得了当地各族群众的盛赞。

新中国成立不久的1951年、1952年，循化县正值百废待兴、万象更新。时任循化县委书记的郭若珍同志，以县委、县政府的名义，指派父亲带队设计并修建循化县人民银行大楼和贸易公司大楼的任务。这对于父亲来说，是个全新且极具挑战的事情。

虽然父亲在木材等方面略有设计天赋，经常在家设计并制作桌椅等家居用品，但是对于设计并修建建筑工程这类需要深厚的专业知识和精湛技能的工作，的确从未接触过。最终，父亲经过多日慎重考虑，欣然接受了这一艰巨的任务。他认为，这是中国共产党和人民对他的高度信任和肯定，加之当时循化县的确找不出相关专业人士，他理当排除万难、竭尽全力带领团队高质量完成这一党和人民的重托。随后的日子里，父亲刻苦钻研，认真学习建筑设计相关的专业知识，搜寻相关的数据资料，多方召集设计团队人员、施工团队人员，策划大楼的设计方案，筹备建筑所需的各类土木材料，最终提出最佳设计方案。同时，为完成这一重任，他"招兵买马"，不畏数百公里的路途艰辛，亲赴甘肃省临夏市永靖县的白塔寺（因他了解，白塔寺的工匠是建造过北京故宫的著名工匠），特此聘请该地区有名的建筑工匠来循化当地施工。烈日炎炎，不远百里。这些大国工匠被父亲的真诚态度所打动，毅然一同前往循化进行现场指导并施工。经过近两年的辛劳施工，共两层的循化县人民银行大楼和两层的循化县贸易公司大楼（循化城西转角大楼）圆满竣工。这是循化县有史以来修建的两座大楼，凝聚着父亲艰辛劳作的设计成果。可惜的是，这两座用传统工艺设计的大楼，毁于1958年的匪徒叛乱，这不仅使国家的财产受到重大损失，更是毁掉了父亲的心血。

20世纪50年代，循化县人民政府建立，需要建造县政府办公场所。基于父亲前期成功的建筑设计工程案例，县政府再次委托父亲负责设计并修建循化县政府办公室、县政府会议室和县政府大礼堂。父亲再次精心设计和施工，最终圆满地完成了工程任务。尤其值得一提的是，当时的县政府办公室和县政府大礼堂中所有的长条木椅，同样来自父亲和工匠们的精心设计，均采用了中国传统建筑工艺中最为经典的榫卯结构套制整体而成，这些不用一根铁钉、不用任何黏合剂、数十年后仍然坚固耐用的设计，堪称奇迹。同时，他还撰写了《循化县清水河及古什群峡建修木桥的经过》等有关地方史料。

由于种种原因，父亲当年设计并完成的那些建筑作品已所剩无几。多年后回想起来，父亲那种热爱家乡、不畏艰难、迎难而上的精神仍旧时刻鼓舞着我们。这不就是用自身知识报答家乡、惠泽家乡、践行乡村振兴的理念吗？

善德大爱　慈济桑梓

父亲胸怀大爱，秉承先祖积善从德之举而乐此不疲。

清光绪年间，当地发生灾荒，面对突如其来的灾难，先祖吴允恭扶危济急，积极主动投入当地抗灾救急的公益中，捐赠大量的衣物并向灾民提供大量的米粥和粮食。时任循化地方长官的长赟（黑龙江省长白山人）对此深为感动，特此颁赠"恤灾好善"匾额一方。匾额两边赐有长赟亲笔书写的"妙算谙通、禀乎仁义、英资惇厚、行以宽和"十六字对联。其跋语曰："余任此六年，雅重商首吴君允恭，颇知大体，能耐劳怨，盖绅商中万不少之人也，爰以宣素求书，拟以十六字为状其为人，俾作后米家中秉之佳话也。光绪癸巳年仲秋月长白长赟。"由此可知先辈们的光荣善举。

20世纪50年代，循化地区民众时有骨折、骨伤之事发生，为解决此事，父亲经深思熟虑之后，主动联系当地政府，在当地政府及居委会的支持下，组建了"循化接骨疗伤小组"，特将木牌挂在家门口和商铺门前对群众予以公益治疗。这样一来，既可以充分发挥母亲世代传承的正骨技术，又可以达到为百姓救治骨伤的目的。记忆中，无论是春秋寒暑，还是深更半夜；无论是汉族还是撒拉族、回族，方圆百里的受伤百姓均来我家疗伤。而父亲和母亲毫无怨言，默契配合，不遗余力、一视同仁地为他们进行骨伤治疗，有时为了尽快救治伤者，甚至全家人正在吃饭之时，父亲与母亲也立即放下碗筷进行治疗。治疗过程中（仅象征性收取一些伤者用于感谢的食品等物）他们从来不收取任何费用，甚至还免费提供治疗所需的止痛药品、纱布、碘酒、绑带、夹板物等。对此，少时的我们无法理解，父亲和母亲却经常用朴素、深刻的语言告诫我们："人到难处要救一把"，"天在上，人在下，人在干，天在看，善恶是有报应的，善有善报、恶有恶报，若要不报，时候未到，做了善举的人一定有好结果的"，"宁做雪中送炭的事，不做锦上添花的人"，这些俗语犹如金玉良言至今仍深深地影响着我们。父亲和母亲仁心仁术，不仅为成千上万家乡的父老治愈病痛而无一伤残，更使我们明白了做人的道理。

父亲认为民以食为天，通过学习先进的饮食技术，可以提升家乡父老的饮食结构和生活品质。20 世纪 50 年代，父母首次引进南方的醪糟、米糕等饮食烹制技术，同时在当地进行美食工艺制作的传授和推广，使当地人民享受到中华民族的美味佳肴。至今，有些当地长者仍会提及此事。

父母不畏精神重压而勇于创新的精神，令我们钦佩不已。在特殊时期的 20 世纪六七十年代，由于父母蒙受冤案，一家老小 12 人迁居到离县城 40 多华里偏僻的撒拉族小村庄，接受监督劳动历经 14 年。为了摆脱政治、经济和生活的多重压力，父母不畏被批斗、监督劳动的遭遇和困境，依然创意研制灯笼和钟罩。这类看似简单的手工工艺，对当时贫穷落后的小山村来说，筹措材料却是一件极为困难的事。制作时须备玻璃、铁条、铁皮、木材、木胶等物件。制作手续也较为繁杂，要在灯笼的四根木柱上凿出玻璃槽，将铁条截短做出一个个"8"字形的链条作为提手，为防风雨还要把铁皮捶打成半圆形的铁片作为顶盖。钟罩除了精致的底座外，还需要用黏合剂将玻璃黏合起来。父母花费了不少心血，研制成"胶糨"黏合剂。这是经多次实验，将木胶和糨糊按照一定的比例精心熬制，再将"胶糨"涂在红色布条之上粘接玻璃。这样即使玻璃碎了"胶糨"布都不会掉落，牢固耐用且美观大方。灯笼是百姓夜间出行和浇灌田地时的必备工具。那时在浇灌田地时节，随处可见其踪影，为当地群众提供了极大的方便。当地多为穆斯林群众，多数人家备有做礼拜的闹钟，钟罩作为家庭摆设品，雅观好看，都想求得。因当地当时经济紧张，百姓只能以物换物，每个灯笼可换 10 斤粮食，每只钟罩可换 15 斤粮食。这样，父母不仅为当地群众做了十分有意义的善举，也为家庭解决了困境，一举两得。

父亲高度重视民族团结，尊重各民族的风俗习惯，认为一个地区的民族团结，可以促进社会和谐发展。1983年10月1日，在十世班禅大师的新居建成之际，他积极召集当地汉族群众，为新居捐款捐物。他亲自精心设计、筹划匾牌的制作，同时亲自题词"恭贺班禅副委员长新居落成之禧"，其主词为"河源须弥"，落款为他和乡亲们的姓名及"公元一九八三年十月一日敬献"字样。据说，他还为西宁市东关清真大寺设计、制作、赠送了牌匾。

父亲是民族团结的典范、行善积德的长者，他永远活在我们的心中，永远激励我们前行……

操业各千秋　奋志谱新篇

——吴绍安生平述略

谈　光[*]

◎吴绍安先生在会议上　（彭忠　提供）

说起吴绍安老先生，生活在循化县城的老人们没有不认识的。他善良耿直，为人诚恳笃实，谦逊和蔼，道德高尚，学识渊博，勤学不辍。尤其退休之后为桑梓公益事业勤恳奋斗，乐此不疲，忍辱负重，解困排难，孜孜不倦，深得众望，颇受乡邻敬重。回顾他的一生，有不少令人起敬、赞誉、学习的优良品行和务实作风。在众多的事迹中归纳梳理，主要体现在以下三个方面。

艰难不移奋斗志　为公心诚意难改

吴绍安原名吴宁，字绍安，出生在积石山下、黄河之滨的循化东街一个农户家庭。那是 1931 年农历八月初二的夜晚，呱呱坠地的婴儿使这个家庭新添了第七个男丁。在

＊　谈　光，海东市人防办综合科原科长。

那"多一张嘴少一份粮"的年代，老七并没有给这个生活拮据的家庭没带来多大欢喜，一家人起早摸黑，面朝黄土背朝天地为温饱忙碌着。后来幼小的他父亲早逝，几位哥哥陆续成家立户，他和母亲相依为命，过着十分清贫的生活。长大后他辛劳付出，陪同并赡养母亲直至九十高龄仙逝，深得族亲和乡人们的赞许。

每个人都有自己的少年时代，都有着各自不一样的经历。心酸的往事和奋斗中的跌打滚爬，是他人生青春时的沉吟。往事如烟，峥嵘岁月，可谓坎坷与磨砺、进取与执着的交替结合。一盏小油灯，照不亮昏暗的小土屋，在一丝亮光的小炕桌边，一边是母亲不停地纳着鞋底，一边是孜孜不倦写作业的学子。在这张小炕桌边，吴绍安度过了他的小学，进入了循化师范学校。不久循化师范合并于青海省立简易师范学校（以下简称青海简师），眼下他要告别故乡，远离朝夕相伴的母亲，渡过黄河去遥远的西宁就读。

那是1946年的深秋，他和几位同学爬上羊皮筏子，向陌生的西北方迈进。自此他们经历了冬夏雪雨，高山峡路，饥渴疲乏，徒步绕山400余里，行走在求学的路上。人烟稀少，野狼呼啸，无处借宿，石崖篝火伴寒衣，已成学子旅程的记忆。就这样，他背负着破旧的行装和家人的嘱托，绕山蹚河地走过了四个春秋。

读完青海简师的他在求学路上仍未停步，旋即考入省立西宁中学读高中。在那个年代，高中是青海省最高的学府，是有志青年的渴望和目标。他实现了，他在刻苦求学的路上又迈出了一大步。然而当时社会黑暗无光，学子们看不到人生的前程。

霹雳一声震天响，红旗招展乌云散。1949年9月，青海得到了解放，在黑暗中寻找真理的人们看到了光明和未来。吴绍安和千百万有志青年一样，积极果敢地投入社会主义革命和建设中去，为建立新中国增砖加瓦，奉献力量。

1950年他回故里参加革命工作，在他的母校——积石小学当了一名教师，教师是历代人们普遍向往的崇高职业，他站在三尺讲台上，看着渴望启蒙的故园孩童对知识渴求的眼光，认真"授之书而习其句读"，孜孜不倦地"传道、授业、解惑"。由于工作成绩突出，于 1952 年 4 月调到科哇小学任校长，其间获全省"优秀教师"称号。

积极工作，努力上进，是他谱写人生的"主打曲"。无论在什么岗位、在什么环境下，他都能服从组织分配，任劳任怨，勤勤恳恳，以诚待人，积极向上。1950 年冬，刚解放不久的循化县社会治安差，敌特分子活动十分猖獗。为解放大军和地方公职人员解决粮秣，他不怕危险，服从组织决定，决然跟随一名解放军同志前往文都乡中库地区逐户计征税赋。在密林深沟，群兽狂叫的空旷山野，白天他和解放军同志挨家挨户地向刚刚解放的人民群众讲解革命道理，宣传党的政策，帮助人民群众提高认识，让他们了解中国共产党，了解中国人民解放军。夜晚，他们在油灯下拨拉算盘珠子，计算已征粮秣税负，即使睡觉也搂着枪，如有动静，就轮换值班，以防不测。就这样小心翼翼地把征集了的粮秣用骡马分批驮运到县城，每次都警觉地、荷枪实弹地行走在山间小道上，认真护送，历时一个月之余，圆满完成了任务。

1955 年 7 月，吴绍安擢升循化县教育科副科长，分管全县民族教育工作。他宏观运筹，微观日理，依靠群众，不畏困难，循化民族教育在短短几年中迅速发展，各乡陆续办起了初小、高小，群众性"扫盲"工作也轰轰烈烈地开展起来了。1958 年在他的亲自筹办下，循化中学的建设在东门荒滩地上破土动工，从征用土地、修建教室、学生宿舍，到购买教学设备，他事必躬亲，就连去西宁招接合格师资、去城乡招生等具体工作都要亲手来抓。经过种种的忙碌之后，一所初级中学终于建成了，从此结束了循化没有中级学校的历史。

他严谨务实、认真负责的工作作风，激励着自己不断向更高目标进发。1960 年全国自然灾害频发，粮食产量大幅下降，出现全国性粮荒。正值生活困难时期，文卫系统组建农场，以此解决职工生活困难的问题，组织上考虑再三，将这艰巨的任务交给了务实拼搏的吴绍安同志。他义不容辞，兼任场长后，在红旗公社阿河滩领导 50 多名职工开荒种田、放牧养羊、艰苦创业。这是一项"度荒"的举措，然而困难重重，天干地旱，草枯羊瘦，尽管付出了应有的劳动强度，但收效甚微。他们在吃苦耐劳中锻炼了坚韧不拔的毅力,坚持生产,与困难作顽强的斗争,其奋斗精神日益递增。经过"大度荒"的劳动锻炼,他和那个时期的多数干部一样,在历练中更为成熟,在他们的心中永远燃烧着新中国的火焰,永远坚实地走向理想的终端。

一名知识分子,在国家建设的工作"大熔炉"里逐步成为工农干部一分子。无论经历什么样的困难环境,他都是不卑不亢,不屈不挠,务实肯干。"文革"中他受到冲击,说他是"循化教育系统的祖师爷",后去"五七"干校劳动。白天干农活,夜晚政治学习,有时还要接受批判教育。他都习以为常,以苦为乐,毫无怨言,看淡一切,做好工作。把心中的"想不通"全搁在一边,不停地参加种田、拔草、植树、养羊的繁忙劳动。负责人分配他去干操作电磨的工作,他认真学习操作,兢兢业业地磨好每一斤面粉。后来又叫他干果园推销员,他跑东跑西,不停地联系销售业务,风餐露宿,颠簸往复。在这三年的集体劳动中,他和干部们一道吃食堂,睡通铺,按他的话说:"累了一整天,一挤上四五个人的大土炕,就呼呼入睡,少愁少虑,也是一种福分!"

有人说"扎实肯干,务实求真,是他们那一代人追捧的优良作风",这话不假。1979年10月,农村社队企业随改革春风悄然兴起,吴绍安同志被任命为县社队企业局副局长,时无正职,由他主持工作。在一无办公地址、二无人员的情况下,他主动挺进,不拖不靠,积极作为,在较短的时间内建立科室,配备干部,开展工作。根据当时农村养殖业的条件,选中重点,从东北远道运来梅花鹿,首次在孕楞、文都等公社办起了养鹿场,陆续在县城、街子、白庄等商品流通条件较好的地方办起了饭馆、修理铺等适应农村经济发展的集体、个体经济,为以后全县乡镇企业的迅猛发展铺垫了基础,开创了工作局面。

敢干敢拼是改革者勇往直前的不竭动力。1981年当他再次回到阔别已久的教育系统时,他心潮澎湃,感触颇深。他以局长的身份担起了拨乱反正时期循化县民族教育的历史重任。着力于教育教学改革,整顿校风学风,建立健全学校规章制度,大力培训师资,恢复汉藏"双语"教学,积极争取教学经费的投入,大刀阔斧地普及中小学教育。短短几年，兴建了县积石小学教学楼和15所乡村小学校舍，建起了循化师范学校，修建了县城2所教师住宅楼。在他的任期内，积极筹建起循化撒拉族女子中学、循化县藏文中学、县机关幼儿园和数所农村初级中学。他草拟《循化县教育体制改革方案》《循化县教学改革方案》《循化县师资培训意见》，上报县委、县政府获批，召开全县教育工作会议并在会上传达贯彻，收到良好效果，极大地振兴和推动了循化的民族教育事业。学生入学率、巩固率大增，教育教学质量显著提高，报考大中专的各民族学生大幅度增加，在海东市位列中游，得到省、地、县有关领导部门及循化各民族群众的好评。

当他退休后，乡邑众多乡亲到他家燃放鞭炮，送来一方"乐育英才"的木匾，以示他毕生育才之功绩。

曾任循化县县长的韩永东先生有感而言："吴绍安先生20世纪50年代和80年代曾两度担负起恢复和发展循化民族教育的重任，从整顿教学秩序到普及中小学教育，从创办师范到发展撒拉族女子教育和藏文教育，在教育局领导岗位上倾注了大量心血，付出了艰辛努力，建树颇多，赢得了后人赞誉。"对吴老工作的评价恰当准确。

学子满怀桑梓情　明志不弃公益心

1992年4月，吴绍安同志光荣退休。退休后的吴老先生是闲不住的大忙人，白天他主动投身公益事业、参加社会活动，晚上秉灯阅读、执笔疾书。不久担任积石宫管委会主任、老干部第一党支部书记、县关心下一代工委会委员、县志编委会委员、县老年书画协会副会长、县委县政府党风廉政建设督导员、县教育部门行风评议员等社会职务。

自担任积石宫管委会主任以来，他多方奔走，解决资金不足的棘手问题。1997年，他带领群众集资，寒冬腊月与7名老人去西宁等地募捐，不顾年老多病，冒着严寒，以"四多"（多上门、多求情、说好话、多鞠躬）要求自己。认为"化缘"不是讨债，他们谦和礼貌地讲道理，说缘由，得到了多数故土乡亲们的支持，但也有碰钉子、吃闭门羹的时候。为了众人的利益，他们继续奔走募捐，最终集资 20 余万元，建成积石宫具有地方特色的"老年人活动室"和"青少年文化补习室"，积石宫面貌焕然一新。当"两室"落成后，他欣喜之余，挥毫吟道："众老欣娱乐晚景，白头立身对苍天。少年意气酬夙愿，学子高攀唱翠园。"为修建积石宫钟鼓楼，他带头捐款，同时动员子女捐款 17000 余元，并动员亲戚们捐款 3000 元。2003 年，在他的带动下，乡亲们踊跃捐款 30 余万元，经日夜忙碌，一座古朴典雅的钟鼓楼矗立在循化街头，这是一座雕梁画栋、金碧辉煌的仿古建筑，已成为循化县城旅游景点之一。

接着他又东奔西跑，解决了学生桌凳 50 套和其他设施，使老年人和青少年有了活动和补习的场所。自开放了图书阅览室、棋牌室，组建了积石宫秧歌队后，吴老把服务群众的视野投向教育事业。2000 年，他们自发地成立了"关心下一代工作小组"，邀请县中学的优秀教师，利用寒暑假面向社会招生，有针对性地开办了青少年文化课补习班。8 年举办了 8 期，有 680 多名学生参加了学习，其中少数民族占 60%。

2004 年，他们再次向社会发起倡议，开展了热心救助贫困学生行动。这些年逾七十的老人，工作起来毫不含糊，他们所救助的学生，分布在 5 个乡镇 12 个村。为了建立档案，让贫困学生真正得到实惠，几位老人逐村逐户调查核实，访问贫困家庭。开学时，他们还亲自登门，到路途较远的学生家中去，把学费送到特困学生家长手中。积石镇尕庄村张德英之孙张建雄，是一支部党员救助的学生，患有白内障。吴老和支部成员得知青海省人民医院医疗队来循化县开展"光明行动"的消息后，主动与县残联取得联系，最终，张建雄手术成功，重见光明。

一滴水能折射出太阳的光芒。吴老和一支部老干部就是通过一些点点滴滴的小事，逐渐在群众当中树立起了崇高的威望。十多年来吴老一心扑在家乡公益事业上，矢志不渝，像不知疲倦的耕牛，默默奉献，带动了一大批退休老干部和父老乡亲们，让一个生龙活虎的老年活动中心植根于黄河之滨。他们一道组建老年协会、夕阳红演出队、巾帼文明演出队，开展丰富多彩的书法、诗歌等文化活动，积极组织参与赈灾捐款，在故园吹起了一股强劲有力的"黄河风"。

老有所为是当代老者所追求的人生理念，越来越多的老年人从自家的小土地走向社会的大天地，和同龄人一起健身、接触、交流，这些追求健康有为生活的长者们对生活充满了热情。春天刚刚来临，他们就组织元宵灯会、社火表演、燃放礼花爆竹，给古朴的小镇带来节日欢乐的气氛；夏天的炎热阻挡不住他们的外出，在黄河岸边，在丛林泉边，他们摄影写生，把锦绣家园装进老年摄影书画展室里；年复一年的积石宫夏令营活动，使众多的参与者度过了一个个美好的夏日；秋天重阳日，他们把自家的花卉搬到积石宫参展，老人们在芬芳斗艳中开怀欢笑；时而他们心血来潮，登上山丘，去领略"会当凌绝顶，一览众山小"的情怀；在冬日的严寒中，他们雇车跑遍全县的乡村，慰问80岁以上高龄老人，老人们无不称赞。在《积石宫赋》中有这样的赋词："慰问耄耋老人，不分民族；友情往来，礼仪笃行；同生共息，呵护民族团结。"多么简朴的语言，归纳总结了他们多年有意义的繁忙。

一次有人问他："成天忙忙碌碌的，不累吗？"他回答道："累！但我是班长，肩上担着双副担子。只要把工作干好，得到众人的认可，我就心满意足了。"在谈到自己的工作时，他深沉地说："十几年来，我对支部和积石宫的发展有过喜悦，有过欣慰，也多次获得过全国和省、地、县先进个人、模范党务工作者等嘉奖。我做了一点工作，党和人民就给予了崇高的荣誉，我深感自豪，也深感汗颜，总感到为党为人民做的工作还不太多、不太好。看着成绩，有过欢乐和收获，也有过烦恼。为了办好一件事，绞尽脑汁，担着风险搞集资，建两室、建钟楼。在困难的岁月里，睡不好觉，吃不好饭，有时反遭人攻击，受人诬蔑，费力不讨好，觉得很委屈，曾经打过退堂鼓。"但他不后悔，他说："我在支部和积石宫的工作上有成绩，也有不足，也有失误和悲伤。为工作得罪了一些人，失去了原来的一些朋友和同事，但我问心无愧。人各有志，为了民众的事，不计得失，只要是自己认准的路，一定要坚定不移地走下去；只要是自己认为对群众有利的事，不论别人说什么，我只抱'认真'二字，坚定不移地干下去，无怨无悔，义无反顾。我始终坚信，有党的领导，有这么多党员和委员共同努力，有广大群众的信赖和支持，自己行得端，走得正，思路正确，身体力行，众人的事我定能办好。"

不服老的他，面对困难和委屈，决不动摇，他说："群众推选我担任党支部书记和积石宫管委会主任，我要对得起群众的信任。"其实在任职之初，吴老也有过退缩的想法，按他的话说，家人希望叫他少干吃力不讨好的事，在家安安稳稳享福度晚年，思想的波澜在他的心头奔涌，进退两难中他选择了"知难而进"。退休后的他在心底埋藏着一个美好的心愿，那就是在有生之年为党的事业再尽一分力，为当地群众办些力所能及的实事。因此，他一直努力寻找支部和积石宫之间的结合点。在这之前，一支部没有一个像样的活动地点，经常流动到私人家或河边开会学习。夏天还可以"流动一下"，到了冬天只好"冬眠"休息了。支部想有所作为，却没有活动平台，他以积石宫为依托，在抓青少年工作和开展文体活动的同时，把支部活动室安排在积石宫，实现了两项工作一起抓的构想。

吴老担任了十多年支部书记，就认真抓了十多年的支部政治学习和支部民主生活会。在支部生活中，他十分关心老人们的学习和生活。关心到什么地步？老党员双目失明，他就把文件拿到床边上去读去讲去讨论；党员病倒住院，他就带领支部成员去医院慰问探视；个别老党员年岁很大，腿脚不便，无法参与正常的支部生活，他就派人到家中辅导学习。在他看来这是政治生活，每一个党员都不能落下。因此，一支部的政治学习质量很高。如他们在开展构建和谐社会、落实科学发展观、提高执政党能力建设、搞好先进性教育等讨论中，紧密联系当地实际，有针对性地提出问题，并拿出整改措施，其认真程度绝不亚于一般的机关单位。

他不仅重视支部生活，也关心党员家庭生活。当他得知抗战老干部苏亚奎的儿子在乡下工作，家中无人照顾，便坐立不安，多次找领导建议，将其调到县城，解决了老人生活上的困难；他时常给老人们写些生日贺词，增进老人间的联络和友情；党员病逝他带领全体党员到灵前吊唁，并诵读祭文；对有"失落感"的老干部，他用"拉家常"

◎吴绍安（右一）慰问社区老人 （彭忠 提供）　◎吴绍安（右七）所在的党部荣获中组部表彰 （彭忠 提供）

的方式不断开导，解决思想问题；几位积极申请入党的老人在他的帮助下完成了一生最大的夙愿，老人们颤抖地抓住他的手久久不语，老泪纵横。

他常说："人活着要有点精神，要做一个精神明亮的人。一个人能力有大小，但要有良知，要时刻想着为党和人民回报些什么。即使干点平凡事，做个平凡人，也不能做平庸人。要心里有群众，情系下一代，不只喊在口头上，更重要的是体现在行动上。"这就是一名老共产党员的人生追求。他老说："一个人的心灵像花园，既要及时栽植名贵花木，还要经常修枝剪叶，否则就会杂草丛生。尤其是党员同志，必须要经常换洗脑筋，与时俱进，否则将会落后于普通群众。"一次，有个退休干部不经意间流露出了退党的想法，吴老得知后明确地告诉他："这很简单，你先退了共产党发给你的工资，然后再退党也不晚。"一席话，说得那人羞愧难当，再也不提"退党"的话了。这件事说明不学习、不上进，就会落后，就会掉队，像花园里的花木，不修枝剪叶，就会杂草丛生。自此他抓紧了党员生活会的政治学习，使广大党员始终保持着"我是党员，我在前行"的思想观念，一步步向前，共同进步。

政治上不甘落后，思想上不甘寂寞，关心国内外大事，顾全大局。在这一点上，吴老和老干部一支部做出了表率。循化县本是一个贫困县，财政状况可想而知，不能按期发工资、不能报销老干部医疗费的情况时有发生。每到此时，支部就组织党员开会，让他们体谅政府之难，鼓励他们为政府分忧。因此，一支部党员保持清醒的头脑，从不传播小道消息，也没有为此发过牢骚。相反，在1998年南方城市发生百年不遇的洪灾之后，老党员们从微薄的工资当中凑出1600多元捐给了灾区人民。2000年，他们再次组织全体党员向一所希望小学捐款。"非典"时期，25位老党员又一次慷慨捐款，慰问了奋战在一线的县医院白衣战士，表达了对他们的关爱之情。清明时节，他组织党员到烈士陵园扫墓、宣誓，有空就组织老党员参观循化县的重点工程，将支部组织生活搞得有声有色。

在一般人眼里，一个老干部支部还能有什么作为？年迈体弱且手中无权无势。但是循化老干部一支部70余名老党员用自己的一腔热忱和火热的心，在群众当中树起了一面面旗帜。在积石宫里，人们清楚地看到，有关党员先进性教育的墙报办得非常规整，有文字、有图片。很多老党员已非常认真地书写了上万字的读书笔记，大院内四面墙上的黑板报已办了上百期。其中"循化历史名人""循化风光"等栏目格外醒目，且文笔不俗，可见主办者的良苦用心。就这样，他们坚持了整整10年。他们办黑板报绝对不是为了走过场或者"作秀"，因为这样做对离退休人员来说毫无意义。他们是借助积石宫这样一个公众场所，及时地向群众宣传党的路线、方针、政策，把它作为一个传播先进文化和弘扬精神文明的窗口。"党员就是党员，他们比一般老百姓思想先进，觉悟高"，循化的群众这样评价一支部的党员们。

2003年的一个夏日，老干部一支部的党员们纷纷议论着一件事：东门北街有条小巷道，一到雨天，污水泛滥，泥泞难行，多少年无人过问，群众怨声载道。吴老得知后与众党员一合计，决定由一支部来挑头修路。会后，大家纷纷行动，由懂业务的老党员徐万龄亲自测量设计，吴老和其他党员跑资金，通过各种渠道筹集5万元，带领施工队奋战2个多月，铺成了循化县城东街第一条硬化道路。

吴绍安先生一心为公，事事走在前面。在他主管青少年工作时，积极提倡并组织党员和"五老"年年开展为贫困生"献爱心"活动，带头捐资，买学习用具，送给乡下学校。对贫困家庭的学生，他和支部成员确定帮扶对象、帮扶金额、帮扶时间，认真落实，给予经济、精神方面的关爱。长期做好扶贫助学活动，每年资助贫困生从原有的48名增加到68名，表彰奖励品学兼优贫困生20名，资助特困生20名。以"八荣八耻"和参观活动为主旨内容，多次举办暑期青少年夏令营、寒假青少年文化补习班，召开报告会、座谈会，做好青年志愿者的思想教育工作。

不放弃对"失足青年"的教育改造。通过探监采访活动，做好少年犯和"失足"青少年的思想教育工作。在县委政法委和县公安局的支持和协助下，他带领老干部一支部的成员和县关心下一代工委小组的老党员们，多次对"失足"青少年进行教育谈话。他怀着一颗企盼的心和一股难言的痛心，语重心长地给他们讲道理，讲法律，讲家人的痛苦和希望，帮教他们深刻地反思自己，认罪伏法，争取早日回到社会、回到学校。在帮教中，对家长和学校曾提出如何呵护教育下一代的意见和建议，他语重心长地说："我认为对学生应该是严中有爱，严中有意，严中有信，严中有度。要严师，也要慈母，失去严、教、管的底线，结果总是违背心愿而适得其反。"

由于他本人在关心下一代事业上成绩突出，党和政府先后两次授予他"全国关心下一代先进工作者"和省、地、县"先进个人"荣誉称号。

多年来，他所在的老干支部和关心下一代工作小组先后12次荣获全国及省、地、县"先进党支部""先进集体"称号。闪闪发亮的奖章和一张张荣誉证，便成了他退休后最珍贵的纪念物，使他感到莫大的激励和鞭策。有人说他领导的党支部成为退休党员的"贴心娘家"、困难群众的"坚定依靠"、党委政府的"好助手"，基层党建工作走在了全县乃至全省的前列，无愧于全国优秀党支部的光荣称号。他是老干部的楷模，是积石宫的骄傲！

笔耕不辍文苑情　桑梓春秋曲未尽

退休后的吴老先生，在忙碌的工作中始终不放弃学习和写作。稍有闲暇，便把自己关进书屋，读书看报。其内容广泛，涉猎政治、理论、历史、地理、民族、宗教、文学等。始终坚持三寸羊毫"爬格子"，笔耕不辍"勤为本"，充分体现了人老志不老、勤奋好学、埋头秉笔的老"学究"精神，激情满怀地在文学的天地里辛勤耕耘，把一腔热血献给了生他养他的黄河故里。黄河水滋养出他奔腾不息的黄河儿女气质，像黄河岸边巍峨的积石山，永无言老。出外忙完无休止的公益事宜，回到家又开始了无休止的写作。他完全把自己当成了一匹永不停息的老骥，长年累月地奔驰在向往的征途上。放情案头的诗稿似一曲曲家乡的赞歌，伴他度过繁星闪耀的夜晚，他为黄河歌唱，为黄河岸边的山山水水歌唱。歌声中饱含了无尽的乡情、无尽的憧憬和无尽的激情。他从800余首创作的诗词中选出一半，出版了自己的第一部专集《吴绍安诗词选》，受到了读者的广泛赞誉。

不服老而又闲不住的他，长期进行社会调查，在村头的核桃树下，在农舍的土炕头上，在田园的小渠旁边，他与知情人促膝长谈；在书店，在阅览室，在书案边，他认真翻阅众多资料，广泛搜集，缜密思索，先后撰写了有一定学术价值的多篇力作，其中《从明清到民国时期的循化民族教育》《加入村简史》《追忆喇钦·贡巴饶赛》《循化藏族历史述略》《建国后的循化民族教育》《循化历史沿革和建置》等具有历史和学术价值的文章曾被省内刊物采用，有些著作填补了当地历史研究方面的空白。从1989年起，先后创作诗词、散文、传记、歌词、楹联达千首之多，撰写讲座、学术论文等20余篇，歌词57首，其中有15首谱写成歌曲并传唱。在他的作品中，有200多首诗词、42副楹联和部分散文在省内外刊物上发表。

1998年他被循化县委授予"优秀文学作者"称号，2000年名列《青海文艺家传略》。他尽心竭力地完成了《积石宫二十年纪实》《循化县老干一支部党建历程回顾》《甘为桑梓育桃李》等单行本的主编、撰稿并印发成册。退休后的近20年中，他深入社会调查研究，认真翻阅历史资料，先后撰写了约百万字的文章，撰写并上报了一批反映循化地区传记和史略的论文、专述，内容涉及循化教育、循化藏族历史人物和循化人文、文化资源、自然风光等。除正式出版的作品外,自辑有《吴绍安文选集》《吴绍安歌词集》。这些文集为当地撒拉族、藏族兄弟民族赋诗撰史,填补了本地史料方面的空白,也为循化青少年一代留下了一笔精神财富。这些作品凝聚着吴老的汗水与心血,也充实升华着他无愧的人生。时光流水,日月如梭,那年吴老已 76 岁了,自问余下的岁月还有多少:"时人莫笑夕照斜,犹有黄花晚节香。"

黄河水永无停息地朝着太阳升起的地方奔腾,黄河儿女永不停歇地向着理想闪现的归宿追逐。吴老就是这样一位徜徉激流黄河的子孙,就是这样一位践行理想执着的笃行者。有人说老汉身板子硬朗,其实不然,他几次住院手术,高血压、冠心病害得他几乎成了药罐子,严重的腰肌劳损和骨质增生疼得他不能在桌前久坐,而他坚强地挺着,年复一年地挺着。他乐观向上的情怀和坚韧不拔的禀性,使他成为病魔不能屈、困难不能阻的强悍老人。有人这样评价吴老:"这就是黄河汉子的不屈之躯,这就是黄河的浪涛摔打出的筋骨。我们爱黄河,爱她不畏险阻一泻千里的豪放;我们爱流霞,爱她红晕光耀的美丽。黄河的子孙,强悍执着的子孙,他就是汹涌奔流的黄河中的浪涛,他就是虹染天涯的流霞中的云丝。"

2009 年 9 月 5 日,吴绍安老先生因病猝然辞世。哀痛未消,其儿女及文友们不忍心将老先生笔耕心育的文稿散落书橱,商定收集残页,编纂成书,以此告慰先严的在天之灵,并以此书作为永久的收藏,纪念已故的亲人。经唐钰先生、陈琇先生、海忆水先生编辑,由青海人民出版社出版了《吴绍安文集》,这些文稿中渗透着吴老的所思、所爱,寄托着一个从风雨中走来的老人的人生情感。读它,如同见到逝去的老人,在和颜悦色地讲着深含哲理的往事,和你共同探讨故园的过去和未来。

在他的文稿中,《循化赋》深受当地读者推崇,已刻石为记,矗立于黄河之滨。在《循化赋》中作者这样吟道:"循化,人文昌耀,俊颜画卷。街子宝寺双塔高耸,藏传佛寺经幡飞扬。民风淳朴,民俗独特。撒拉婚宴,藏式鼓乐。诗人墨客,佳作纷呈。"

吴老作品的特点是什么?我认为他的作品内容丰富、形式多样,归纳起来主要有

吴绍安文集
Wu Shao'an Corpus

吴绍安 著

青海人民出版社

◎《吴绍安文集》书影 （彭忠 提供）

五个方面。

一是讴歌家乡山川风貌。 他以不同的文体，赞美家乡的风光，赞美家乡的变化。如《循化，美丽的家园》《人说循化山水美》《循化新八景咏》《奥土斯魂》《乌山池之歌》《登南屏山》等诗歌，在他的笔下，褒扬故乡的高山峡谷、黄河清流、天池碧波、古刹名胜，就连家乡的花草都寄有无限的情思。他在《大美循化》中盛情吟道："如梦似幻的孟达林区，美得神秘，美得多彩，美得丰盈，美得醉人。孟达天池，如镜悬天，波光云影，松柏青青，绿气袭人。"他赞美循化不仅有秀丽之美，更有高原的雄浑之美，"积石、达里加、雷积山的雄峻、苍凉之美，令人豪气硕生，阳刚之美，大气磅礴之美。"他赞美小江南循化，"山川雄浑而秀丽，人物豪爽而柔美。更有班禅、喜饶喜措大师故居、骆驼泉、公伯峡水电站等独特的风韵，形成了有别于外地的循化美。游遍高原九十九，不如循化走一走。"如此朴实的语言，蕴含了真实的循化情。

值得一提的是，他用闲暇时光对循化故园的名胜古迹、风光景点深入采集挖掘，写出《十世班禅大师故乡》一文，得到《青海导游词》编委会的高度重视并采用作为全省标准导游词教材进行推广。其文内容简要、文笔流畅、资料翔实，地方特色浓郁。从十世班禅大师故乡说起，介绍了循化的历史、社会、经济、人文及发展现状。身临其境地把我们带进活佛故园、文都林场、街子大寺、道帏古雷寺、孟达天池。笔锋一转，积石峡、野狐桥、杜鹃林、断崖瀑布、虎啸泉等大小十多处景点历历在目。此书于 2001 年 6 月由青海人民出版社出版，至今已 20 多年。20 多年来，游客们只要到了循化这块风水宝地，从导游口中听到的有关循化景点的导游词，就是吴老的《十世班禅大师故乡》一文，按省旅游局解释，此文具有权威性，导游必须予以遵守。

二是以史鉴今，描写乡俗民情。如《文史论述》《文化是一个民族的灵魂》等，用翔实的历史资料，记载了生活在循化这片土地上不同民族的生活习俗和变迁历程。尽其文墨，详细而有条理地将历史渊源、变迁历程、生产方式、生活习俗、宗教信仰及今昔变故等内容写得清晰明了。在叙述上，他始终坚持实事求是的原则，坚持详今略古的原则，重质量，重调查研究，尽力发挥历史文章"资政、教化、存史"的作用，使作品精益求精。

在《文化是一个民族的灵魂》一文中他这样写道："循化历史悠久，源远流长。在禹贡为雍州地，在殷周为羌戎地。秦为塞外地，唐宋元明为驻军所地，清初为循化厅，民国二年（1913）循化厅改为县。在历史的长河中，多民族世代繁衍，艰苦创业，共同开发了这片古老而神奇的土地，创造了自己的物质文明，同时也创造了璀璨独特的民族文化，为后人留下了丰硕的文化资源。"

他重视考古挖掘，以此阐明循化历史的悠久，是祖国西部文明发祥地之一，"从境内古文化遗存看，如红土坡嘴子遗址和仓库遗址中发现了与中原相同的仰韶文化。出土石斧、石骨铲，还有精美的陶器等，内涵丰富，为仰韶文化分布的最西端。以棺材沟遗址、加玛山墓地、苏乎撒站地和阿哈特拉山考古发掘出的陶器、石器、铜器等证明，和辛店文化、卡约文化相近，充分显示了循化悠久的历史渊源和中原文化的融合与联系。"他进一步指出："循化县历史源远流长，各族人民在这块土地上世代相伴，繁衍生息，艰苦创业，改天换地，积淀下了丰厚的文化资源。从民间收集到的撒拉族先民遗存的手抄珍本《古兰经》，发掘整理的传统舞剧《对委奥依纳》和民间音乐等，以及开发街子清真大寺附近的骆驼石、骆驼泉，作为撒拉族地区的一大名胜古迹，不仅成为游览胜地，而且也为研究撒拉族族源提供了线索。从撒拉族语言、服饰、生活习俗及民族建筑艺术等方面看出，撒拉族文化不仅有自己的特殊性，还显示了它的包容性和对其他民族文化精华的吸收性，揭示了撒拉族之所以不断发展壮大的深层原因。"

在他的笔下几乎囊括了循化所有的大小名胜古迹，"以人文景观看，有撒拉族发祥地的骆驼泉和远近闻名的青海省第二清真大寺——街子清真寺；有古雕刻闻名的河东清真寺；有藏传佛教领袖班禅大师的故居和纪念塔；有著名爱国老人原中国佛教协会会长喜饶嘉措大师纪念堂、古雷寺、道帏塔；有来吾山拱北等绚丽美妙的自然风光和人文景观，加上撒拉族、藏族、回族和汉族多姿多彩的语言、民间文学、音乐、舞蹈、绘画、雕刻、装饰及独具特色的民族风情，是自治县十分宝贵的文化资源。"对遗址无存的"记忆中的"古建筑，尽力述清原址方位，作为历史记忆，以便后人寻根。如"娘娘庙坐落在城关城隍庙南侧，和武胜庙相对，占地约 2 亩，前后两院，松柏花绘，大殿供碧霞元君"等。这种描述，为考古者提供了较翔实的地理方位。娘娘庙、城隍庙、武胜庙，只要确定其中一庙，三庙位置便一目了然。

三是赞扬故乡历史人物。如《追忆喇钦·贡巴饶赛》一文中，引经据典，以简练的文字，叙述他禅修佛业、复兴佛教、招徒弘法的光辉一生，记载故园人民对这位藏传佛教"下路宏传"创始人的怀念和尊敬。在《赞邓春兰》中，他用"万花丛中一馨香"赞誉这位寻求知识、摆脱封建束缚的中国第一代女大学生的情操，为家乡有这样一位奇女子而骄傲。《心中的十世班禅大师》，深怀情感地颂扬"高大伟岸""爱国爱教"的佛教领袖。他在记载中讴歌他们的杰出与贡献，赞美他们给故乡带来了荣耀及故乡人们缅怀他们的真实情感。

他深情地赞美和诚挚地叙述故园爱国人物和历史知名贤达多名，有的已被人们淡忘，他用较翔实的文字，叙述了大德们的生平，纪实喜饶嘉措、才旦夏茸·久美柔贝洛珠等宗教人物的同时，对已故循化各民族宗教、政治、文化先辈亦作简要叙述，不忘乡中人杰。如徐勉，在武昌参加同盟会，被马仲英俘获，大骂不止，被匪徒割舌残害而死，誉为"积石人杰，河湟英烈"。邓宗（邓春兰之父），武举邓效忠之第四子，光绪三十三年考为贡生，曾办甘肃《大河日报》，其子邓春膏、邓春霖获取美国博士学位。杨希尧（同盟会会员），北京大学政法学院毕业，记忆力惊人，82 岁仍能熟背《唐诗三百首》，曾任西宁县县长，后任教育厅长。他用记述生平，概述了人杰地灵的边远小县历史中的可歌人物，其意永垂青史，为后辈所铭记。

四是以负责的态度搜集整理故乡的历史资料。《从明清到民国时期的循化民族教育》《建国后的循化民族教育》等文章，文字与图表相结合，资料翔实，史料价值可贵。拿韩永东县长的话来讲："填补了我县文化教育领域的诸多研究空白，具有丰富的史料和重要的现实参考价值，无疑是一项不可多得的文化工程。"这些记载历史性的文章，其时间跨度大，上下六七百年，要想搞清来龙去脉，就要进行大量的书籍查阅和社会调研，可见其劳动强度之大，是一般人不敢涉足的。尤其是对解放前及解放初期循化教育历史的详细调查，知情人寥寥无几，且年龄老迈。他不顾劳累，抢救性地抓紧调查挖掘，使珍贵的历史资料得以保存下来。他的一些记载历史的文章写成后，被青海民族大学校报刊用。

他搜集史料，对当地历史遗迹有深入的了解和叙述。如起台堡周围三城的讲述，以数字详细记录了"起台堡黑城在起台堡村西 1 公里，东距达里加山口约 3 公里，东南距循化县城 35 公里"。对旧址这样叙述："其城现仅存轮廓，呈长方形，东西长 124 米，南北长 117 米，夯土层厚 12 厘米，城内出土四系陶罐等唃厮啰遗物，估计筑于唐代，在宋时被使用。"他引经据典，据《青海古城考辨》载："循化城又名一公城、移公城，唃厮啰政权称一公城，宋崇宁二年改为循化城，金沿用。"

他在研究史料时充分尊重专家的观点，对一些有疑问的史料也提出自己的看法："据一些专家研究考证，循化城原属河州管辖，湟州设立后，划归湟州管辖，同时由河州划入湟州的堡寨有安疆、通津和大通三城。史载，在循化城与河州间有骨廷岭（达里加山）为界，此山应是河州与湟州的界山。这里提到的骨延岭无疑为分水岭，循化城在分水岭两侧，距岭仅五六里，周围形势与起台堡附近极其相似，是起台堡三城中一城的可能性极大。以上两种说法，究竟哪一种说法更确切，有待进一步考证。"他的《从循化最古老的一座城堡说起》，对移居循化的汉族来源进行了探究："起台堡的先民大都是出身行伍的营兵。如邓宗的先祖是今河南南阳的军人，明洪武年间随征西将军邓愈经略河州，戍守循化，遂落籍起台堡，世代以耕读为生。又如何家、王家等祖籍山西，也是营兵始迁河州又到循化的。如循化城，始于清雍正八年（1730），次年建成（至今266年），驻兵八百，这些营兵来自陕、甘、河南及江南一带的汉族，退役后留居县城，成了汉族聚居的群体。"

《循化最古老的村庄》一文，将"加入村"藏族的历史渊源、村址变迁、民族来往、从游牧到农牧兼营及人户、信仰、婚丧习俗都给予探讨深究，有一定的建树。同时，对该村已故人物作了简要撰述，多为不见经传的本村贤达。

《古什群桥之历史变迁》一文，从一座古老的小桥谈古论今，追述古今之变。汉代为军事、生产往来修建了此桥，经南北朝、宋、元、明、清至解放，其变迁均作记述，于今"众平锁蛟龙，高峡出平湖"。去此地观光，将会看到晚清时期修建的"庵古鹿拱北"（藏族称勒吾拱北），登临山崖六角飞檐"观澜亭"，滔滔黄河奔腾而下，古什群桥——从往昔简陋的小木桥到如今现代化的钢筋水泥大虹桥，是历史的见证，社会的进步。

从《循化藏族历史述略》《关于编修〈循化新县志〉之浅见》等文，不难看出吴老花费了不少精力，从资料收集、整理、核实、归纳、论证等方面都作了严谨、认真、负责的苦熬，其论述可谓卓识独见，崇论闳议亦不为过。

五是作品富有情感，蕴含了对家乡人文地理深厚的情愫。吴老的文章朴实无华，抒发真情实感。如《喜赋电话通我家》一诗中这样写道："老伴问按钮，孙儿发童音；余拨四数码，互通姓和名。"改革开放，治穷致富，家家安装了电话，欣喜之情，跃然而生。句子简朴，给人以实在的、家乡巨变带来的欣喜之情。再以写景为例，仅对循化八景的描写就有24首，分旧八景、新八景和八景，字里行间渗透着桑梓春秋、岁月流云的美好景色，散发着一种爱恋居其间。他赞美积石耸翠："巍峨翠黛耸高空，峰下黄河九曲雄。"班禅故居："古杨溪水拥山庄，须弥仰止永留芳。"石峡狂澜："千古斧痕歌禹圣，平湖起处锁蛟龙。"在人物情感的描述中，情景交融，相辅相成。如《岗察草原纪游》一诗描述"大原呈新意，牧女歌悠扬"的草原风貌及"莽莽绿海翻，点点牛羊藏。帐外云雀歌，帐内奶茶香"的牧区生活。在《白驼映泉》一诗中，他吟出"昂首挺胸阅沧桑，波梳大寺两煌煌。白驼映泉泉更美，亭榭飞花花复芳"的民俗风情，其情感基于他深邃的思想。他爱憎分明，胸襟坦荡，有"大河东去破重关，万里泽灵阅海天"的气魄，在《黄河岸遐思》中高歌"巨浪淘沙任沉浮，喜今河岸看征帆"。晚年的诗中更显老当益壮之气，"今岁春华红似火，又看秋实满神州。金风送爽我长啸，谁挽黄河万里流？"他把对故园的爱化为投身公益事业的具体行动中去，"雄关傍湍流，前景大可观。莫谓峡道险，兴利别有天。"老有所望，老有所为，言行一致，文如其人。

吴绍安老先生生前留存的大量文稿，是他一生孜孜不倦、精益求精的结晶，是他晚年思想智慧的成果，是他老人家留给我们的一笔宝贵的精神财富。这笔财富不仅属于我们，也属于家乡，属于时代和历史。吴老《文集》对后辈而言，是追昔抚今、存史资政、缅怀先者、激励后人的力量之源；是秉承贤达遗志、发扬优良传统、积极开拓进取的精神食粮，他对后世的教育将被铭记于心。

做一个有理想、有抱负、有作为的人，就要像吴老那样不守旧，不断追求新知识，树立新思想、涵养新道德。

做一个对社会有用的人，就要像吴老那样热爱家乡、先人后己、大道为公、无私奉献，投身公益事业。

做一个有品位、有修养的人，就要像吴老那样正直刚强、宽宏大量、心底坦荡、学识渊博。

做一个实干而不虚度年华的人，就要像吴老那样废寝忘食、殚精竭虑、顽强拼搏、勤奋自立。

◎幸福的晚年时光 （彭忠 提供）

做一个对家庭、家族、乡邻有奉献的人，就要像吴老那样孝老爱幼、仁慈善良、文雅谦和、团结和睦、不计得失。

《河湟》编辑部的同人们解析吴老诗作背景特点时指出：吴绍安先生在"老之将至"之时，能创作出如此丰富的诗词作品，是有其社会背景的。第一，他从事革命工作数十年，对党、对社会主义充满着敬仰与热爱之情，长期在教育部门工作造就了他尊师重教、关怀青少年的良好风范；第二，他成长并工作在巍巍积石山下和滔滔黄河岸边，形成了对故乡山山水水的眷恋；第三，儿女们琢玉成器，有一个幸福、温暖的家庭；第四，有一大帮亲朋好友，可与之交流、切磋诗词创作。这些特有的条件，使诗人从内心深处萌发出如此充沛的热爱祖国，热爱家乡，热爱社会主义建设，热爱青少年一代及抨击封建迷信，鞭挞腐朽落后事物等佳作，展示了一位退休老干部的高风亮节。

《青海省地方志》主编谢佐先生为《吴绍安诗词选》作序，题名《日娇秋阳暖》，他感慨：

> 在近现代史上，循化多出文才。今读《吴绍安诗词选》，始知积石宫文化活动为绍安先生鼎力所为。绍安先生笔耕不辍，十余年吟诗作词，畅叙胸襟，真是日娇秋阳暖，月明晚霞红。观绍安老诗词，涉猎的内容很丰富，但总的以歌颂家乡山川风貌、乡俗民情为多，对重大的时事政治事件，亦有所反映。他的诗词，朴实无华，抒发真情实感，读来引人共鸣。《喜赋电话通我家》有句云"楼上又楼下，电话又电灯。改革开放好，感恩谢春风"。只要稍微了解青海历史的人都知道，50年代以来的很长一段时期，对农民们宣传美好远景的就是'楼上楼下，电灯电话'两句顺口溜。对为吃穿奔波的农民来说，楼上楼下，电灯电话的日子如海市蜃楼，可望而不可即。只有改革开放，治穷致富，县城首先实现了楼上楼下，电灯电话，绍安先生描述了家家安装电话的心情，真实动人。他的诗作，寄情于山水，热爱大好河山，热爱家乡的一石一草，热爱乡亲父老，这又是绍安先生诗词作品的又一特色。在他的笔下，赞美高山

峡谷、黄河东流、孟达天池，循化特产，还有古刹名胜，甚至名花异草，尽在他的笔下生发出无限的情思。应该说，退休后生活有保障，身体基本健康，儿女孝顺，家庭和睦，这是一个人晚年幸福的要素。绍安先生具备了这些条件，知足者常乐，并要求自己老有所为，这是难能可贵的。他自勉说："不喜酒和烟，嗜书昏晓种砚田。时人莫笑夕照斜，余年、咏诗舞拳唱珠还。"还常常回首往事，自我得到慰藉的是"平生回首无汗颜"。我在这里奉劝老年朋友们就应该这样洁身自爱，将有限的时光倍加珍惜，做一些于己于人有益的事情。

乡友陈半农评说：

莫嫌老圃秋容淡，犹有黄花晚节香。绍安老友，素爱诗作，年逾五旬后，倍加勤奋，研读古体格律，循古创新，笔耕诗田数载，用心血凝练出诗词数百首，汇集成卷。其诗词内容广阔新颖，体裁多样，意境深远，热情豪爽。具有诗歌艺术的传统风格，也有浓郁的乡土气息。还有明显的时代特征，他是社会主义祖国昌盛时期，出现在循化的一位"咏诗舞拳兴亦澜"的老年作者，精神可贵，硕果在望。

乡友黎坚白致评：

绍安诗作，取材广泛，体势浑厚，大都意境新颖，具有形象而辞意明显之作品。首首可读，实为故乡艺苑一枝奇葩。观其题材，以循邑山川名胜游记之作为多。其中《重游积石峡》《香玉石门》等均为佳品，尤以《垂钓》可谓惊人之杰作也："曾钓江河云，今观垂钓人。何须美鱼情，怡然放歌行。"作者亲历危崖绝壑，升降于险峰鸟道之间，故诗言有稽，文辞繁委，不失质实详密之体。既寄情于形岩物态，摹绘象景，又非无意于托兴抒怀，明我之志大可雅丽而共赏，宜其手录以存之耶。

韩永东县长对其人其文这样评价：

吴绍安先生是深受我县各族群众尊敬的文化工作者，他以一腔赤诚和饱满的热情投身于研究和实践我县教育文化事业，为发展民族教育、繁荣民族文化做出了独特贡献，留下了弥足珍贵的精神财富。他深深眷恋着循化这片历经沧桑又充满希望的土地，热爱着这片土地的各民族兄弟姐妹。他用深情的目光注视着这里的一山一水、一草一木，用深厚的文学功底和情真意切的文字，挖掘沉淀在历史深处的地域文化风貌，给循化的山川大地赋予了厚重的内涵和丰富的灵性。以天下为己任的宽广胸怀，讴歌改革开放以来取得的巨大成就。用华美的乐章赞美积石山下、黄河岸边的美丽循化。给我们呈现出一幅物华天宝、风光秀丽、人杰地灵的循化影像。他用手中的笔，书写了自己勤学深思，睿智博学的无悔人生。

陈琇先生读吴老诗文慨叹而言：

其诗寓意深刻，爱憎分明，有"志同松柏节同竹，言可经纶行可钦"之感，其文章表达了对生活、事业、家乡的无限热爱和眷恋，以及对人生完美的追求。

省报记者唐钰先生赤忱寄语：

细读吴老文集，感慨良多。他不是作家，但他饱含深情，用手中的笔尽情讴歌美丽的循化山川；他不是学者，但他深邃的思想，从来没有停止过对循化历史的探究与思考；他不是记者，但他一直在用睿智的目光，关注着循化旅游文化产品资源的开发与研究，并为之鼓与呼。其中有不少见解闪烁着智慧的光芒。

吴老在《随笔杂谈》中写道："老牛自知夕阳晚，不用扬鞭自奋蹄。人生在世，大都默默地来，默默地去，不可能人人都有可歌可泣、惊天动地的功勋，这就是平凡。但我们走过的人生轨迹，哪怕只有星星点点的闪光和痕迹，如一串脚印，一种思想，一种精神，一种人品，一种功德，尽管表现的深浅不同、高低不一，必定是平凡中的新奇。"我赞成他的"平凡"，赞成他的"新奇"。

他用他的努力，谱写了平凡人的"平凡"和"新奇"。

总之，吴老作品是非专业性的业余之作，为广大中老年业余创作者树立了精神榜样，在求索和历练的苦熬中，日臻成熟，其晚年作品内涵丰富，文风朴实，文笔流畅，说理透彻，是一部启迪思想、发人深思、激人奋进的文学力作，是值得我们认真学习领悟的。

在这里我借用积石宫老人们的话结束此文吧：

绍安先生老有所学，老有所为，生命不息，奋斗不止，无私奉献的精神堪称我辈楷模。'我是共产党员，我没忘记'的誓言，为他平凡的人生画上了圆满的句号。绍安先生在垂暮之年，以坚韧不拔的毅力，顽强拼搏，在平凡的岗位上谱写了不朽的篇章，并把夕阳的余晖洒向人间。他是老干部的楷模，积石宫的骄傲，活得坦荡，走得潇洒，他的英名将永远载入故园循化的史册。

吴老用他的实干为我们树立了学习的楷模，我们都要像他那样活到老学到老、刻苦钻研、自强不息、拼搏奉献。

夕阳依旧红　晚霞暖心中

陈玉立 *

很早就想写一篇关于父亲的文章，基本框架已在脑海里酝酿已久，但一直未能如愿。当文章的构思内容越来越清晰时，正遇青海日报社著名记者唐钰先生前来登门拜访家父，委托我提供父亲生平的一些素材，促我终于提笔，写下我作为女儿所知道的家父逸事，也了却我多年的心愿。

父亲，在我们子女心中，就是今生今世无时无刻的牵挂。以父亲为原点，全家人亲密地在相互关怀与鼓励中，度过春夏秋冬。如今，父亲腰已弯、背已驼，虽年事已高，但他依然精神矍铄，身体康健，仍似一缕阳光，让我们感觉家庭的温暖，感知亲情的珍贵，感受生活的幸福。

生平经历

家父陈显科，字剑品，祖籍青海省循化县。1928年1月6日出生于循化县城耕读传世之家。父亲兄妹七人，他排行老七。3岁时不幸丧父，由母亲朱氏辛勤操持艰难生计。仰仗大哥在县政府谋职的微薄收入贴补家用，帮衬母亲维持生活。七兄妹不辍学业，在全家上下书声琅琅的氛围中，父亲幼小的时候便已经学会好多文章片段和诗词，令人称奇。

---

* 陈玉立，中国工商银行海东分行退休职工。

◎ 陈显科先生全家合影 （陈玉立 供）

1934 年春，他 7 岁时入读县立小学，因聪颖好学深受先生喜爱。1941 年夏，他以优异的成绩毕业；是年秋天，入甘肃省临夏市韩家集"私立云亭中学"就读，以第一名的成绩初中毕业，且荣获"品学兼优"奖状。1944 年暑期，投考"国立湟川中学"高中被录取，苦读三年，名列前茅，于 1947 年夏毕业，时年 19 岁。

随着年龄的增长，父亲继续求学深造的决心更加迫切，与循化董培深、乐都邓复翰等青海籍同学结伴同行，在旧社会家庭境况一般、交通落后的状况下，立志赶赴上海、南京等地报考大学，于 1947 年被录取到上海"国立复旦大学"经济系就读，至 1949 年初。在校期间，正值全国解放形势一片大好，学校的民主气氛对他有所感染。当时，上海各大学学生举行"反对美帝国主义扶植日本军国主义势力再起"的爱国示威游行，父亲主动参与其中，表达对帝国主义的满腔愤慨和华夏儿女、莘莘学子的爱国之心。此后，因为当时的社会形势，当地许多学校动员师生"疏散"回家，学校开具证明让学生按祖籍就近配套转学继续学习。当时，青海无大学可转接，父亲只好辍学返里，未能如愿完成大学学业而成终生遗憾。

1949 年 8 月，循化解放，县积石完小和女子完小先后开学。应时任循化籍女校校长孟毅伯先生之邀，父亲担任授课教师。11 月，县上成立复学委员会，父亲被选为委员之一，参与共商学政，部署全县各中心学校复学事宜。之后，全县各校相继恢复，父亲被任命为循化县白庄完全小学校长。

1950 年初，父亲又任循化县循阳完小校长；同年秋，转调为积石完小校长；年底，入选为县"抗美援朝"分会委员。1951 年秋，父亲被评为"模范教师"，光荣地出席了在省城西宁一并召开的庆贺省图书馆重建落成及全省首届"模范教师"大会。后来，以文教界代表的身份参加县"各族各界人民代表会议"。

鉴于培养革命人才之急需，省上决定在原来无一所中等学校的化隆、循化、同仁三县的中心地点——甘都镇成立第一所师范学校，父亲被聘为筹委会委员。同年秋天，首届 72 名各族学生就学，父亲任班主任，授语文课，后被提升为教导主任。在条件艰苦、任务繁重的情况下，父亲和同人们一道将"甘都师范学校"打造成了省内有一定影响力、教风正、学风浓的培养人民教师的摇篮。

1957 年暑期，化隆县开始"整风反右"运动，父亲被打成"亲右派分子"批斗多次，被给予"降职、降级、降薪"的处分调往化隆县文卫局"监督工作"。从此离开了钟爱的教师职业。

1960 年，父亲被调到县委统战部参加《化隆回族自治县概况》一书的编写工作，后又调到化隆县扎巴公社开展政策研究工作；1962 年冬，在当时极"左"路线施压下，父亲被迫返回原籍，务农长达 16 年之久。

1978 年，党的十一届三中全会的春风滋润了神州大地亿万人民的心田，年逾半百的父亲终获平反昭雪，于同年 12 月复职，招回化隆县甘都中学任教导主任，再次返回校园。

1981 年春，父亲调到循化县中学任副校长；次年，带领县上 28 位优秀教师赴北京、天津、青岛、西宁等地参观学习。

1984年,父亲与青海省海东教育处领导和八县教育局长、职中校长等一同前往北京、天津、青岛、济南等地学习交流职业教育经验。

1984年,父亲光荣地加入中国共产党,1985年秋正式退休。

退休以后,父亲曾任循化县离退休干部书画协会副理事长,多次组织开展老年人书画活动,数次获得各主办方颁发的优秀奖和纪念奖;应邀参加循化县"重阳节"活动,热情洋溢地给老年人祝词;热心社会公益事业,为县域积石宫多次捐款,获积石宫回赠"乐为桑梓"牌匾。此录父亲为循化县积石宫大殿东、西两侧墙所题"七律"二首:

庆贺积石宫大殿落成

积石雄宫峙河源,佳城景色蔚壮观。

咕咕灵鸽栖画栋,叮叮铁马悬飞檐。

公益重兴四方悦,盛世沐浴万民欢。

耆宿运筹集群力,胜迹从此添新颜。

与诸乡友共勉

唐述古洞累书简,笔架峰峻参蓝天。

高山大河寄壮怀,沃野肥田毓淑贤。

前哲翰墨遗馨香,后辈跻踵留风范。

若非立下凌云志,那堪赢得青胜蓝。

又题楹联一副:"馨香翰墨飒溢黄河岸,丰赡文化滋润积石人",刻于积石宫西文化中心楼北柱之上。

◎年轻时的陈显科 （陈玉立 提供）　◎陈显科与董培深老师合影　　◎富士山下留影 （陈玉立 提供）
　　　　　　　　　　　　　　　　　　（陈玉立 提供）

家庭教育和才学

　　父亲养育四男三女，作为教育工作者，对下一代从学习生活、为人处世等各个方面都严格要求。父亲人生经历丰富，识见广博，文学底蕴深厚，至理名言、成语典故、诗词歌赋、名人逸事都信手拈来，时常用孔子《论语》、朱柏庐《朱子家训》等典籍伦理思想潜移默化地引导孩子们人格品行的成长。

　　父亲酷爱书法，写得一手好字，也注重培养我们的学习兴趣和习惯。我们从小就在他手把手教写毛笔字的日积月累下，掌握了汉字的间架结构，也知道了文房四宝和"真、草、隶、篆"等各种书体，父亲总是不厌其烦地灌输给我们许多知识和技能。生活中所遇的诸多小事他都会结合诗词讲解一番，他还用古腔调哼唱诗词，如"唧唧复唧唧，木兰当户织。不闻机杼声，唯闻女叹息……"至今儿孙们都会哼唱全文。父亲不时用"之乎者也亦然哉，安顿好了当秀才"等通俗、形象、直观的趣言妙语和方式方法，让大家在不知不觉中增长知识，为我们学好汉语言打下坚实的基础。

父亲着眼于培养孩子们的责任和担当意识，切不可"手不能提篮，肩不能挑担"；常教育我们面对挫折时要勇敢，面对困难时要坚定意志，始终以乐观积极的心态对待生活。

父亲还用自己的亲身经历教育孩子们认识社会、理解社会、感恩社会、奉献社会，引导我们一步步走向成功。没有父亲严厉的督促，我们可能不会有自主的学习习惯；没有父亲充满期望的激励，我们就很难从困难中走出来；没有父亲这座雄伟的大山，我们就无从依靠；没有父亲博大的爱，我们就不会有今天的幸福生活。父亲像一缕阳光，让我们的心灵即使在寒冬也能感到温暖如春。父亲用瘦弱的肩膀硬是扛起儿女们头上蔚蓝的天空……

对于我们来说，最大的幸福是：父亲在世家还在，父亲健康我所愿；感知父亲一辈子的良苦用心，享受父亲的温暖呵护，坚守亲情的弥足珍贵，共享盛世下的天伦之乐，这便是千金万金不换的幸福！

寿辰庆典　与人情结

在我们的记忆中，父亲好像没有过过什么像样的生日。每年到阴历腊月十四，善良的母亲会为父亲做一碗长寿面聊表心意，家里条件不允许，也从未摆过宴席，或许是那个时候没有这个能力，主张做个寿什么的，也就过了很多年。一直到 2006 年父亲 80 岁时，全家人才商量要为父亲做个"八十寿辰庆典"，以这种方式表达儿女们由衷的敬仰与孝顺之心，我们也深知这是父亲心中所想之事。

2008 年 8 月 13 日，儿女们在青海省西宁大厦"八角宫"为父亲举行精心准备的盛大寿宴。除了全家大小及陈家至亲外，还邀请了父亲的同人、同学、挚友、学生等欢聚一堂。

寿宴庆典由祝寿、拜寿、贺寿、寿星致答谢词、文艺节目表演、会餐、叙旧等几个环节组成。

长女陈玉华在主持词中讲道："是父母用超过常人的艰辛养育了我们；是父母在无比艰苦的岁月中，用成龙成凤的严爱，奠定了我们的人生起点；是父母用永不气馁的鼓励和高标准的要求激励我们，用开阔的视野造就了我们。虽然他们不是达官显贵，但他们的爱是最无私、最伟大、最神圣的，我们为有这样博爱的父母而倍感幸福；我们为有这样团结和睦的家庭而快乐；我们为有这样良好的家风熏陶而知足。"

长子陈琰代表儿女们向父亲祝寿："八十个春夏秋冬，八十载风风雨雨，您饱受岁月沧桑。您自幼勤奋，自强不息，教书育人，慷慨随和，桃李芬芳，受人敬仰，孙亲子孝，克继书香，喜擅书法，慨允书赠；您酷爱诗词歌赋，喜欢弦歌不绝；您的慈爱，倾滔滔黄河水诉之不尽；您的功德，似巍巍积石山壁立儿女心中；您是我们的启蒙老师，是我们生活的楷模……"

孙子、孙女辈致辞："回想爷爷手把手教我们练习书法、讲述历史、引经据典、唐诗宋词、琴棋书画，对我们的培养如春风化雨，润物无声。"

父亲的老兄长、老同学、老同事马哲生先生在贺词中这样讲道："他天资聪颖，兴趣广泛，吹拉弹唱，无所不爱，特别是超人的记忆力，真使人倍感钦佩；虽已八十高龄，但仍苦练书法，喜爱唐诗宋词，对白居易的《琵琶行》《长恨歌》等朗朗上口，一气背完，且一字不落，使我钦佩又羡慕。他教书育人，兢兢业业，一丝不苟，知识渊博，语言生动形象，教学深入浅出，深得学生的喜爱和同人的好评，他开朗乐业，品德高尚，是我永远学习的榜样。"

循化籍老朋友、老同学庞宜生先生素日和家父来往频繁，无话不谈，也是知根知底的老乡，他以崇敬之意送上贺寿诗：

八旬陈寿翁，学高为人师。

才艺尤卓越，文脉奠家基。

风雨人生路，君其志不移。

痴心育桃李，执着觅真知。

贯兄盈昃替，怪得无人机。

老来长吟咏，养心入正题。

往昔相知意，今上南上辞。

愿君夕阳美，长歌还天碧。

唐正人先生与夫人和父亲交往多年，"乡亲加朋友，更是好玩伴"。他热情洋溢地致辞：

我喜欢剑品，我崇拜剑品：
他，思维敏捷，知识渊博，处事谨慎，待人谦和；
他，淡泊明志，自信自强，勤于事业，育人有方；
他，身板硬朗，精力充沛，活气袭人，笑面人生；
他，意志坚强，忍耐自制，痛饮孤独，独擎家事。

又道：

人生难得一知己，千古知音最难觅。我们有往日的骄傲，我们有今天的宁静，我们不是神仙，但胜似神仙，我们在哪里？我们在天堂！

父亲的朋友章宪君先生和夫人前来祝贺并献诗一首：

华山论剑，剑品高尚。
剑锋犀利，文锋激昂。

诗词歌赋，博识记强。

砚田笔耕，长留墨香。

为人师表，受人敬仰。

循循善诱，化育八荒。

成人成才，三代同光。

雨风霜雪，岁月无殇。

神采潇洒，精气清扬。

黄河荡荡，积石苍苍。

福寿绵绵，山高水长。

　　还记得章老 1987 年来访循化老家与父亲叙旧时，激情澎湃，情意浓浓。
他仔细观察完家父书法作品后即书题诗三首：

题一

春风桃李四十春，小城何人不识君。

为国育得英才在，不能枉教白发生。

题二

笔走龙蛇势蜿蜒，浓入点漆淡如烟。

若非功力透纸背，娇娆直上九重天。

题三

白首相聚忆年华，灯红酒酣夜未阑。

四十余载多少事，波翻浪涌到眼前。

父亲回赠诗一首：

> 积石苍苍，大河洋洋。榆柳成荫，瓜果飘香。
> 邑人好客，多蒙向往。君既应邀，贲临我乡。
> 纵谈八景，又论天光。小楼剪烛，激情荡漾。
> 甘做春蚕，愿为烛光。切磋琢磨，相得益彰。
> 三十年来，天各一方。咫尺天涯，难聚一堂。
> 韶光易逝，两鬓成霜。丁卯春月，见君来访。
> 奕奕神采，炯炯目光。口若悬河，才华溢扬。
> 回首当年，一举十觞。忆昔抚今，情绵意长。
> 欣赞盛世，心胸舒畅。何愁黄昏，无限夕阳。

"有朋自远方来，不亦说乎"，阔别几十载才得以会晤。"一壶粗茶胜佳酿，推心置腹诉衷肠"，老友间赋诗畅叙，岂不快哉？

父亲的老同学、老同事徐建德老师偕夫人李玉兰（父亲学生）也致以衷心的祝贺：

> 仗朝之年金不换，
> 喜奔期颐节更高。
> 南山献寿享遐龄，
> 东海添寿增鹤算。
> 黄发鲐背在人间，
> 晚霞灿烂尚满天。
> 花甲重开有期望，
> 古稀双庆更心欢。

受许多人敬仰的董培深老师，年长父亲几岁，是一同赴沪求学的回族同学，与父亲共事多年，结下了深厚的友谊。也是我们几位兄弟姊妹的导师之一。所憾因身体原因未能亲临庆典，但他深表热忱，特寄赠七绝四首：

一

人云七十古来稀，剑翁八旬似童稚。

鹤发童颜笑常开，百岁寿星当何期。

二

忆昔沪上游学时，豪情壮志相砥砺。

何当风云突变幻，从此劳燕各东西。

三

剑翁胸怀素坦荡，遇事辄每能自强。

晚岁儿孙竞绕膝，抚琴挥毫乐未央。

四

耕耘教坛五十载，门前桃李芬芳开。

儿孙相继承衣钵，教育世家名实归。

父亲的学生代表徐佐人先生在寿宴上回忆 20 世纪 50 年代初"甘都师范学校"学习生活时说道："在人生的长河中，陈老师虽几经风雨，路途坎坷不平，但辛勤耕耘、诲人不倦的教学作风，深入浅出、融会贯通的教学方法却历历在目，广大的学生因此受益匪浅，它奠定了我们走向社会、服务人民的知识基础……"

数十年岁月，父亲拥有了成百上千的学生，他经常引以为荣的是甘都师范的许多优秀学子，最注重的也是这段师生情。2005 年的夏天，父亲应邀与这些师生相聚，撰诗曰：

与甘师同学相聚省垣

五十年后聚省垣，笑逐颜开心底甜。

欣看桃硕李又盛，更喜赢得青胜蓝。

赞甘师诸学子尊师

耕耘甫几春，学子称莘莘。

爱生力未尽，愧无见奇功。

后起好自学，尊师书新风。

人皆交口赞，甘师好传统。

五十年的师生情结，五十年的心潮起伏，五十年间桃李芬芳，五十年来喜获荣光。无论是师生休闲相聚，还是畅谈吟诗、笑忆当年，总是谈笑风生，其乐融融，也充分体现出父亲甘做春蚕、为人师表的初心。虽下放劳动，历经磨难，精神未泯。一缕阳光暖大地，映红明亮霞满天。值得欣慰的是他教育的学子们尊敬师长、刻苦奋斗、学有所长、砥砺前行，"青出于蓝"，用自己的成就奉献社会，成为栋梁之材。

父亲现场感慨赋诗一首：

八十弹指一挥间，惯看白发笑颜开。

亲朋赤诚撼人心，夏都盛暑庆我诞。

畅胸开怀见肺腑，欢歌笑语耸云端。

喜得雪泥印鸿爪，频忆当年颂来年。

宴会上本家子孙及家族至亲们敬献歌舞、吹拉弹唱，间之即兴表演，气氛活跃，甚是圆满。

自此以后，每年父亲生辰之际，子女们轮番在适当的时候，以不同风格和方式为父亲过一个个快乐而富有温情的生日。多年如此，从未间断。全家老少谈笑风生，和美团圆，共同陪伴父亲颐养天年。

父亲一生严谨处事，两袖清风，他的行为影响和带动着一代人，也鼓励着一代人为事业而奋斗。我们家庭成员中有九人分别在小学、中学、县师范学校、党校从教，都是优秀的教育工作者。大家相互切磋，改进教学，不断创新，立足岗位，勇于担当，承接父亲教育工作的接力棒，"甘为桑梓育桃李"，为教育事业挥洒汗水，为循化等地方民族教育事业做出了各自应有的贡献。一家有这么多人民教师且有三位校长，极为难得。家里曾出现过一声"陈校长"，三人同时应声的趣事。

不知从何时起，本家得以"教师之家"的殊荣，抑或是自父亲开始从事教育工作几十年来在教育战线上默默无闻的奉献而得来的名望。循化县文化馆、西宁市城东区文化馆馆长陈衍生先生书赠父亲诗赞云：

名利浮云不屑求，安愚守拙度春秋。
育苗喜得园丁乐，卖力甘为孺子牛。
两袖清风心坦坦，一身洁净志悠悠。
笑看桃李芬芳艳，鱼跃鸟飞到白头。

父亲，您养育我们长大，我们陪您慢慢变老……

学界名流

XUE JIE MING LIU

均承鸿鹄志　独抱岁寒心

——纪念藏学家吴均先生

程颐工 *

20世纪80年代的一个清晨，湟水河畔的西宁宾馆正在召开一场关于"唐蕃古道"的全国性学术会议。会场上气氛活跃，几个青年学者争相发表了自己对"唐蕃古道"的实地考察报告，谁也没有注意到一位佝偻着身躯的七旬老人静静地坐在会场的角落，一边听一边认真地做着笔记。听着听着，老人饱经沧桑的脸上神色越来越凝重，突然他按着桌子站了起来，对着一位兴高采烈、高谈阔论的学者问道："请问你们到过这些地方吗？"被打断的青年学者信心满满地回答："到过呀，我们已经考察了多次了。"老者又问："你们考察时是骑马还是乘车呢？"青年学者说是坐车由恰卜恰经

◎《吴均藏学文集》书影　（程颐工　提供）

* 程颐工，青海省藏语系佛学院党委书记。

玛多、玉树去西藏的。老人一下子有些愠色："汽车一日数百公里，沿途的地名你们是怎么知道的？有没有实地多方核实过？古今交通工具的不同，选择的路线会有很大的差别。"青年学者无言以对，会场气氛顿时有些波动，有不服气的嘟囔道："那您是怎么考察的呀？"老人平静而自信地回答："我是骑马、步行，拉着木车走过的。"接着，老人拿出一张500:1的地形图,在地图上一一标记了自唐代以来,各段入藏线路的走向、地标地名的变迁，并对一些沿线发生的重大历史事件作了评述。一语惊人，满座肃然起敬。大家纷纷打问老人的来头，才知道他就是早在民国时期已经成名，被学界誉为甘青地区"早期藏学开拓者之一"的吴均老先生。

多年后，笔者作为吴均的学生，受《中国藏学》杂志社委托采访吴均，老先生依旧说："研究藏学不实地考察不行，不访问当地的原住民也不行。过去我们骑马（实地调查）每日只能前进20~30里地，就这样还是错过许多，误差不少。"先生一生治学尤重实考，严谨之风由此一见。

博贯经史　蜚声庠序

"导河积石，至于龙门。"相传，大禹劈开积石山，黄河一泻千里，露出一串串褐红色的台地，旧时的循化城就坐落在积石山下，城前漓水如带，背依积石为屏。明清以来，循化城作为羁縻西陲要地和地区文化中心，一时间商贾云集、英杰辈出。雍正八年（1730），清朝于今循化县草滩坝建循化营驻绿营军，一户吴姓人家随军自河州迁来循化营盘，自此开枝散叶，人丁渐旺。吴家既为军籍，本为军人，但多生性质朴、勤奋好学，到清光绪年间，吴姓先祖始充任军中文职，后辈渐渐多在书法、文字上有些造诣。1914年1月30日，吴均诞生在这样一个既有军人严肃忠勇之性情又有文人书香气质的家庭。

吴均父亲吴子化因生性刚直、守正不阿，时与循化乡绅杨鼎臣被推为街长，在兵匪出没不绝、灾祸纷至沓来的年代艰难度日。吴子化感幼时遇兵燹而失学之憾，十分重视子女教育，对作为长子的吴均更是严格要求。吴均尚幼，即与堂兄吴垠一道，被送往循化城中宿儒大家韦俊丞门下读私塾。家境虽寒，然吴子化束脩无缺，吴均因而在启蒙阶段接受了良好的汉学教育，为其一生严谨治学打下了坚实基础。吴家不远处是开启循化现代教育的积石初等学校（积石小学），以培育出参加辛亥革命的罗凤林、北大第一期毕业生邓春兰等近现代名士而闻名于世。吴均学暇之余也常于小学徜徉，在校园茂密的椿树林中耳濡目染了一些现代气息。

束发之年，吴均赴省会西宁负笈求学。1930 年，考入青海省立第一师范学校。学校坐落在市中心西大街，教风朴厚、学风扎实。吴均沉浸在知识的海洋里，学业突飞猛进。此时，一个影响吴均一生的新型学术团体浸入他的心田，这就是黎丹先生创办的旨在"学习藏族文字，沟通藏汉文化"的西宁藏文研究社。黎丹于 1914 年任甘肃省西宁道尹，在与帝国主义数次分裂与反分裂的较量中，深感学习研究少数民族语言文字和边疆史地对于国家统一和民族团结之万分重要。于是年近五旬的他身体力行，自己苦学藏语文，同时立下宏愿，献出个人薪俸，于 1922 年先后招收一批有藏文基础的各族青年及社会有志之士，成立了西宁藏文研究社。1929 年青海建省，黎丹被任命为省政府秘书长。为适应新的形势，黎丹将西宁藏文研究社改组为青海藏文研究社，扩大招收社员 40 余人。其间，风华正茂、勤奋好学的吴均进入了研究社基本社员、中央政校（南京）蒙藏班藏文教师杨质夫的视线。

吴均到西宁时已有一些藏语基础，因其家在汉藏混居之地，历辈皆有学习藏语的传统。吴均高祖自幼随父长期在川西北作战，语言、风俗藏化，后于清道光二十二年（1842）率甘勇 900 余赴浙东沿海抗击英国侵略军，竟以麻尼本之藏名壮烈殉国于慈溪大宝山。清同治三年（1864）循化兵乱，吴均曾祖携老小逃难于化隆县卡日岗山哇喜庄，幸得当地藏族人收留。时吴均祖父年仅 14 岁，靠打零工、捡"朵玛"、拾穗头以养双亲及诸弟。光绪元年（1875），循化战乱始平。当时湘军在循化城西瓦匠庄树旗招抚流离难民，12年藏区艰苦生活使得吴均祖父基本藏化，以至于不能用汉语回应家庭情况，差点不准回城落户，幸好尚记幼时所学诗文，情急之下以树枝在地皮上书写"皇恩浩荡"四字才拨给城中一小块宅地，得以全家栖身。此后，吴家一直与卡日岗藏族有来往，吴均父亲和吴均本人都会说一口较为流利的藏语。

杨质夫时任研究社教务部主任，负责研究社的藏语文教学工作，正苦于双语人才之匮乏，而品学兼优的吴均出现很是及时。同时，吴均也被黎丹、杨质夫等人立志边地的爱国热情所感染，加上他自己对藏语文感兴趣，很快就被吸收为研究社的普通社员，做了杨质夫先生的得力助手。研究社以青海一些名宿和对藏文有造诣的人士为基本社员，如藏族古浪仓、罗桑更登、智化达杰、先灵仓、罗桑香趣等，蒙古族嘉雅仓、柯柯旗贝勒八宝王、官保加等，汉族杨质夫、陈显荣、陈文、蒲涵文等，接着又从当时青海一中、青海师范、蒙藏师范等学校招收了一批对学习藏文有兴趣、成绩较好的学生为普通社员，共有社员60余人。吴均就读的省立第一师范学校地处西宁市西大街，与地处城隍街（今解放路）的藏文研究社不远。吴均每天下午5时放学后，疾步赶到研究社，与20余名普通社员听杨质夫讲授古典藏文，如《萨迦格言》《王行箴言》《噶旦格言》《文成公主进藏记》《猴鸟故事》《水木喻》等经典文学，有时听陈文（智博）讲《司徒文法大疏》、海善言讲《藏语会话》等，每次学习2小时之多，这些篇目不仅语言文字典雅优美，而且充满智慧与做人的道理。社员们都是自愿参加、自觉学习，经过一段时间的勤奋攻读，吴均的藏文水平有了很大提高。

1933年，吴均以优异成绩从第一师范毕业。此时，黎丹主持青海多位汉藏学者精诚合作、倾尽心血的巨作《藏汉大辞典》已进入终审、总校的关键阶段。黎丹得到藏学家吕澄先生提供的日本学者编订的《瑜伽师地论法数》。这是将《瑜伽师地论》100卷各类词汇整理成条（含汉文）、便于查找使用的词汇类工具书。黎丹立刻意识到这本工具书的重要性，遂于此年秋冬，由杨质夫负责，组织社员欧阳鸷（无畏）、吴均、沈桐清、温存永、纳朝玺等人，按《藏汉大辞典》体例，对照《瑜伽师地论》分类进行藏汉文对勘，一一摘录全部藏汉文词条和释义，制成卡片，补充到大辞典各词条中。经过三个月的不懈努力，《藏汉大辞典》得到进一步完善。

出色完成对勘任务后，为了更好地把吴均等社员培养成为藏汉精通的人才，1933年底，黎丹、杨质夫介绍吴均与温存永、纳朝玺三人到藏文化渊薮的同仁县隆务寺深造。吴均与同学住在寺主第七世夏日仓的佛府，按照普通学僧的要求入寺专攻藏文，并参加一定的寺院活动。在这里，他遇到了与喜饶嘉措大师并称格鲁派"安多双杰"的格塘·洛桑华丹大师。大师早年曾参与《藏汉大辞典》编纂工作，与黎丹、杨质夫等人熟知。大师欣赏吴均的聪慧好学，为他赐名"阿旺曲哲"（妙音法成之义），带他到大师主持的因明扎仓夏日拉章（兼文学院）精研藏语文。吴均得到大师亲传，学习了大量的藏文文法、藏地史地及宗教等方面的知识，并于1935年在隆务寺文学院毕业，取得"柔艾巴"（相当于文学士）。从此，吴均日渐成长为一名杰出的藏汉翻译家和史地学家。

殚精竭虑　　招抚难民

1936年，吴均学成回到西宁，此时藏文研究社已随着黎丹、杨质夫、欧阳鸷等主要社员参加西藏巡礼团的离开而渐次沉寂。吴均在中央政治学校西宁分校及西宁蒙藏师范学校谋了一份职，从事藏语文教学工作。本以为生活就此淡淡而过，没承想刚刚一年多，就发生了意外。

1937年7月，全面抗战爆发，国内经济萧条，国民生计愈加艰难。青海省主席马麟感到自己年迈，侄子马步芳为夺权而咄咄逼人，自知在任不长，遂想在离任前大捞一笔。在市面上大量发行甚至仿制本已大幅贬值的"青海省临时维持券"（俗称省钞），巧立名目，搜刮民脂民膏。到了11月，物价一日数涨，省钞崩溃，先是发生挤兑潮，又是宣布省钞作废。一时间民情愤起，民众聚集城隍庙焚烧省钞，骂声、哭声充斥街道。吴均所在的学校经费被长期克扣，教职员工资停发11个月之久。下旬，省级各中等学校教职员忍无可忍，吴均与许多教师联名索薪，集合列队到马麟私邸前请愿。初马麟推诿不见，后见又以"财政困难"搪塞。此时请愿队伍推举代表多人，严词诘问，据理力争。恼羞成怒的马麟竟纵容其子马步荣开枪示威，打伤一名教员，拘押数名。事后不仅讨薪未成，吴均与马师孔等数位教员被开除教职，并在西宁三棵榆前悬罪状牌示众。吴均教育救国的梦想戛然而止。

1938 年，杨质夫协助喜饶嘉措大师组织抗日宣传团，深入青、康、宁及蒙古牧区、寺院等处宣传抗日救国、抗战必胜。杨听说吴均落难，遂以吴是难得双语人才为由，介绍吴均、纳朝玺等人到青海省政府秘书处蒙藏股工作。不久，杨质夫回到重庆，也调任国民党中央组织部翻译科科长。师徒上下同心、声气相通，积极从事团结蒙藏民族的事务，翻译了大量汉藏文抗日文件、书刊，编写了一些民族学校教材等。吴均工作业绩突出，很快就从藏文秘书升任蒙藏股主任。

1942 年 7 月，西藏地方噶厦政府在帝国主义的怂恿下，突然宣布成立"外交局"，通知蒙藏委员会驻藏办事处及各国驻藏人员，称以后涉藏外交事务必须与该局联系，并以英国暗中装备新式武器的藏军陈兵青藏、康藏边界。这实际上是变相宣布外交独立，中央与西藏地方关系急剧恶化。国民政府正困于抗日危局中无暇西顾，只能一面开展政治斡旋，一面要求青康地方政府调整军事部署，向噶厦施压。为加强青藏边界的政治军事威慑，防范帝国主义和民族分裂主义向玉树地区渗透，青海方面将原设在西宁的青南边区警备司令部移驻玉树，派骑兵团进驻结古、囊谦地区戒备；成立青海省第六行政督察专员公署（辖玉树）；又成立国民党玉树区党务指导员办事处，下设玉树、称多、囊谦三个县党部。1943 年 1 月，国民政府任命吴均为国民党玉树区党务指导员兼青南边区警备司令部中校藏文秘书、国民党玉树县党部书记长。

情况紧急，吴均立即打点行装，2 月 23 日（正月十九）随新设置的玉树军政机构从西宁出发，赶往玉树。经一个月的跋山涉水，3 月 27 日抵达玉树结古镇。吴均迅速组织原有的玉树县党部人员，筹建玉树区党务指导员办事处，并广泛参与民情调查、地区勘界及上层人士联络等工作。按当时战时体制，区党部受警备司令部节制。司令马步銮见吴均通晓藏汉双语，精明强干，常派吴均前往青藏边界交涉处理两边的纠纷和往来事宜。当时噶厦政府在昌都设立所谓"西藏边防督办公署"，在丁青以东的青藏边界部署大批藏军和民兵，沿线各个山口均被封锁，双方剑拔弩张、一触即发。前期抵达的四个骑兵团已进入前沿阵地，自囊谦香达以南的白扎至苏莽一带的哨所不时受到藏军挑衅，引发小规模冲突，不断有枪声传来。

为稳定地区形势，吴均代表青南警备司令部致函西藏昌都"边防督办"禹图总管，要求双方尽快会面，商议共同维持青藏和好局面。但顽固不化的禹图自恃有英国人撑腰，迟迟不予回复，吴均为此煞费心思。3月的一天，恰逢国民政府请一位美飞虎队技师驾驶一架 B-17 轰炸机，前来检验刚刚建成的玉树巴塘机场，粗懂英语的吴均负责接待。一番推杯换盏之后，双方交谈甚欢。吴均突然灵光一闪，问飞行员能不能驾驶飞机在昌都上空兜一圈，飞行员拍着胸脯满口答应了。吴均连夜书写了一些诸如"团结一致 共御外侮"之类的藏文宣传单请飞行员在昌都上空散发，此举昌都为之震动。省府闻讯觉得此法有效，遂电请国民政府派两架飞机到巴塘机场，数次飞往昌都上空及前沿阵地侦察。禹图没想到国民政府竟然派轰炸机前来助阵，有些惊慌，又不敢贸然行动，气焰顿时有所收敛。禹图开始频频向青方发电，除抗议飞机飞临昌都外，表示了"停止冲突，重归于好"之意。7月30日，藏方终于派一名僧官孜仲（县级僧侣官员）为代表一行十余人，到玉树结古就缓和双方对峙紧张局面进行谈判，时住吴均所在的党务指导员办事处。玉树督察专员马峻、警备司令部秘书长李庆芬、司令部上校副官马生寿和吴均作为青方代表，与藏方协商。青方代表中数吴均学识深、见识广，自然成了首席谈判代表。他历数藏方挑起事端，致使商团受困、百姓遭难，义正词严又圆满得体，藏方代表终以理穷而无言以对，迫于压力，双方很快达成谅解。双方一致同意国难当头，应以国家民族大义为重，青藏边界的紧张气氛应该缓解，不宜扩大，以达到团结对外、救亡图存的目的。到了8月，双方各自向后撤军10公里，一场兵灾消弭于无形之中。当时正值抗战紧要关头，"青藏地处国防重镇，又为陪都大后方"（蒋介石语），维持青藏地区稳定，对支持全国抗战大局是有一定的积极意义的。

战乱的阴霾一时间烟消云散，然而玉树人民的悲惨生活却让吴均触目惊心。原来自马家军阀统治玉树地区以来，对玉树人民长期施以残酷剥削和血腥统治，在长达 20多年的暴政与反暴政的激烈斗争中，玉树许多部落遭到惨无人道的大屠杀，被迫逃亡西康德格、西藏黑河及河源、江源一带的难民达 1 万余人之多，他们与青马军阀结下了血海深仇，不共戴天。待到青藏战事一开，西藏方面利用逃到西藏黑河一带的玉树拉秀、总举、秀玛、麦玛等部落反马情绪，组织其中少壮发给枪支，集中训练，作为藏军辅翼支援前线。为达到"收拾人心，免为藏方利用"的目的，马步芳指示马步銮在加强军事威慑的同时，开展难民招抚工作。于是，刚到玉树的吴均就承担了招抚流民的重要职责，在结古镇新设立的党务指导员办事处也就成了"招抚办公室"。

起初，吴均带人深入各部落残部，详细调查了逃亡人数、起因、落脚地及回归意愿等，向军政府报告流散难民的悲惨遭遇，痛心疾首地呼吁尽快招抚难民回家。之后，随着战事趋于缓和，"安定内部、招抚难民"的时机也渐渐成熟了。5 月，马步銮接受布庆百户蔡作桢等人的建议，对三年前遭马绍武劫掠而逃亡江源曲麻莱河的称多县下年措族百户巴丁占德部、逃亡西康玉龙县的白日多玛族百户仁青部及逃亡西康邓柯县的布庆族一支先进行招抚。由于这几个部落牧民思乡心切，很快巴丁占德等就率本属残部回到原牧地。

在巴丁占德受抚归来后，6 月中，吴均奉命在党务指导员办事处召集玉树县上拉秀族残部各级头目开会。拉秀族原为玉树县最大的部落，此时却有仍半数以上的人在外逃亡。当问及逃亡于西藏的百户江吉时，全体声泪俱下，百长苏柔沉痛申诉道："我们遭到空前浩劫，现在亲人们还流落荒野，受着饥寒煎熬，我们日夜盼望有那么一天他们返回家乡亲人团聚。"于是会上决定为消除逃亡西藏的拉秀部疑虑，7 月初由在玉树的拉秀残部派扎哈格居本等两人赴藏宣传巴丁占德等已受招抚的情形，并派警备司令部副官卡德祥化装成普通牧民潜入黑河，一同劝导玉树难民不要受藏方的利用，早日返乡，安居乐业。同时向逃亡黑河的总举部百户旺秀多吉传递消息，只要回来，一律欢迎，概不追究过往。

7月中，吴均奉命到下年措、色航寺、上年措、巴干寺等处慰问，借机动员上年措部百户及夏日寺派人到江源深处招抚上年措部百户散珠旺加（已故）的儿子夏日寺活佛夏日智格和然江智格返乡。这些人是1922年为躲避马家军的剿杀逃进无人区的，其中有20多岁的年轻人甚至没有尝过炒面的味道，经年以野生动物为食，以兽皮为衣，形同野人，惨不忍睹。吴均忍住心中的悲痛，苦口婆心，几番安抚，终于让两位年轻的活佛带着所属30余户牧民于第二年春返回了上年措。

1943年11月，喜饶嘉措大师受国民党中央委派，与杨质夫等人以组织"西藏宣慰团"名义，准备进藏宣传抗日，缓和西藏地方和中央政府的关系。途经玉树结古，见到既是同乡、又是高徒的吴均十分高兴，当即向吴均面授了做好西藏方面工作的机宜。很快吴均派到拉秀部活动的人带回了消息。当时随着战事的缓和，西藏地方政府觉得逃亡西藏的玉树各部落渐渐没了可利用价值，不仅收回了发给他们的枪支、弹药，对他们的歧视和排斥也越来越严重。拉秀百户江吉、总举百户旺秀多吉等人感到长期寄人篱下非长久之计，加之思乡心切，表示愿意回归。但同时又对青马军阀的残暴统治顾虑重重，担心回来后没有保障。为了彻底稳定玉树地区局面，打通青海经西藏出口印度的通道，省府指示青南警备司令部以省政府名义向西藏地方政府交涉，提出派员到黑河一带招抚玉树难民返回家乡。很快西藏地方政府表示同意，派其黑河总管帕拉为代表，与青海方面所派的代表会商有关玉树难民的问题，双方商定在黑河开会商讨。

吴均熟悉情况，又精通藏语文，是会谈代表的不二人选。1944年5月初，吴均作为全权代表，携带玉树千百户及活佛写给逃亡部落的信前往黑河，与西藏代表帕拉交涉归还拉秀等部难民。当时喜饶嘉措大师一行因噶厦政府阻挠，在黑河停滞不前，只好返回结古，正好驻锡吴均的办公地——玉树区党务指导员办公处。临行前，大师告诚吴均："你是我的学生，又是同乡，祝愿你方便善巧地把难民招抚回来。噶厦官员多狡诈奸险、口是心非，你要特别小心。帕拉这人，是个狡猾的狐狸，这次他迫于形势，不得不与青方对话，但这个家族的人从来是靠外国人向上爬的。谨防他在会议上做文字手脚，留下后遗症！"并再三嘱咐要注意行路安全。

一到黑河，吴均首先把工作重心放在做拉秀等部思想工作，消除他们的顾虑，并代表青南警备司令部保证他们回去后不受任何形式的报复和迫害。由于拉秀百户江吉和总举百户旺秀多吉等人仍存戒备心理，对回去后可能面临的部落内部矛盾疑虑重重，为了进一步做好工作，吴均返回玉树，深入拉秀等部落，再一次征询意见。部落内一致表示，欢迎江吉等返回家园，并选出百长苏柔等六人为该部落代表，再赴西藏黑河。吴均采纳布庆百户蔡作桢父亲蔡有寿的建议，调囊谦县上中坝部落百长点却为顾问，同赴西藏。苏柔耿直沉毅，熟悉逃亡部落内情；点却机智善谈，在藏北霍尔三十九族交识颇广，两人在此后的工作中出力不少。

西藏地方政府虽接受了在黑河开会商讨的约定，但又心怀疑虑。因此，5月初，帕拉提出会议地址改在查午拉山以南索宗的旁哇杨增，青方表示同意。当月底吴均到达该地时发现，帕拉已紧急通知唐古拉山脉之间夏季牧地的牧民，说有大批青马军尾随青方代表而来，严令牧民们坚壁清野，向南转移。同时，藏方派人守候在查午拉山口，送信建议会议的地点改在沙买拉山以南百里之遥的巴青宗，称帕拉已专程前往彼处等候。原来这位总管怕旁哇杨增地势平坦，无险可依，距青海地区只有30里许，万一发生不测，青海骑兵易于掩袭；而巴青宗则处于山谷之间，又离青海地段较远，便于应变。吴均从心底里鄙视这些胆小如鼠的贵族老爷，但又无可奈何，只能穿越唐古拉的崇山峻岭，于6月中抵达沙买拉山南的沙买兰参。帕拉派索宗孜仲和巴青宗孜仲及两名仲考尔（七品官）前来迎接。这些人假装殷勤，但掩饰不住内心的恐慌，一再暗地询问前来参加会议的拉秀百户江吉和拉秀百长苏柔等，探询后面究竟跟着多少部队？隐蔽在哪里？哪知吴均却是单刀赴会。

　　吴均通过苏柔、点却等人，开始与拉秀百户江吉、总举百户旺多秀吉的儿子、称多百户及上戎布、休玛、麦玛等部落的代表会晤。由于吴均精通藏语文，能直接交谈，并以诚待人，很快就消除了难民的怀疑和戒备。部落头人们诚恳地发誓，已经看清藏方利用他们的阴谋，愿意无条件返回家乡，过和平的日子。吴均见时机成熟，即向藏方商议，希望藏方准许玉树难民返乡，并在沿途予以方便。孜仲们眼见事态逆转，只好请吴均到巴青宗协商。

　　到了巴青，帕拉节外生枝，提出拉秀等部请求藏方保护他们回程安全。吴均牢记喜饶嘉措大师的叮咛，当即驳斥了这种无理要求，坚决表示应尊重拉秀等部难民愿意无条件返回家乡的意愿。经过一番唇枪舌剑，双方终于达成八条协定，主要内容为藏方保证全部送回黑河一带的青海拉秀等部难民，不加任何阻挠，并在沿途予以方便；青方向拉秀等部落难民保证，他们返回家乡后妥善安置，不咎既往，不处理任何人；青藏双方维持和好，安定青藏边境秩序，群众自由往来，保护往来商人；双方公务人员往来时，一如既往地给予便利；双方互相协助，约束各自属民，不得越境抢劫滋事；等等。

　　7月中旬，协议开始生效，拉秀等部陆续踏上回乡的路。到1944年12月初，拉秀等各部落和称多县其他部落的零星逃亡户1100余户在冰天雪地中全部越过唐古拉山口，返回当木云、毛云等处，分别回到自己的家园。其间，吴均在考察长江源直曲公卡以东唐古拉山一带草原情况时，又劝导早年因不满囊谦千户统治而逃至高吾日松山区的囊谦尕吾百长部30余户返乡。就这样，一场持续多年的青藏边境难民问题宣告解决，吴均圆满完成了招抚任务。

　　深冬的唐古拉白雪皑皑，宛如一幅巨大的玉屏横亘北方，延绵不绝。吴均与藏方派来沿途协助难民返乡的孜仲在唐古拉最大的山口——查吾拉大道上完成了交接手续，各自分道扬镳。站在冰冻如铁的当曲河畔，望着数以千计的牧民赶着牲畜缓慢地融入雪山，想到山的那边就是阔别已久的故土，吴均深深感受到劳苦大众的悲伤与喜悦，发愿一定要让这些牧民过上好日子。

1945 年 2 月吴均回到玉树后，立刻投入安置难民的工作中，然而现实却让吴均大失所望。当各路难民陆续返回原牧地后，青马军阀却突然变脸，不再全面履行当初给逃难部落的承诺。这让生性耿直、守信重诺的吴均难以接受，多次找马步銮据理力争，谴责当局出尔反尔，最终恼羞成怒的军阀竟将吴均所任国民党玉树区党务指导员等本兼各职一并撤除。吴均成了一文不名的老百姓，无官无职，也没了饭碗。身在乱世的他壮志难酬，不禁扪心问天，天理何在？公道何存？苍天默默无言，吴均只好黯然离开玉树。

多年后，吴均在回忆这一段时，写下诗篇："濯足长江源，策马当拉岭，冲开积雪，抚劫后孑遗千余帐，返寥落故土，斯为生民立命耳！"

乱世投簪　盛年讲筵

1945 年 5 月，吴均回到西宁。他对旧军阀的野蛮暴行深恶痛绝，不愿再为这样的政府工作，愤然辞去青海省政府秘书处的职务，到国立西宁师范做了一名教员。抗战胜利后，吴均又到国立湟川中学兼做专任教员，讲授藏文及边政。

湟川中学是当时青海进步知识分子最为集中的学校，吴均在这里接触到很多救亡图存、振兴中华的新思想，深深地感到国家要强盛，必须建设好边疆，而建设边疆的关键是要做好民族工作，培养一批对中华各民族怀有深厚真挚认同感、熟悉边情、尊重各民族文化和风俗习惯的骨干力量到边疆去工作。他把希望寄予青少年，在教学中以极大的热情传授民族宗教知识。他特别重视少数民族学生的教育，想方设法多招一些少数民族学生，培养和树立他们的祖国意识和中华民族是一家的理念。当时各级学校的民族宗教知识教材十分匮乏或存在大量的偏见和误解，有鉴于此，吴均开始着手编写一本名为《青海》的教科书，以个人亲自调查所积累的第一手资料，参考文史等各方有关资料，阐述青海各地区山川河流、气候土壤、民族变迁、部落及分布、人文、宗教与寺院等史、地概况，还以个人调查所收集的数据资料分析研究了青海蒙古族、藏族的人口问题。1948年《青海》完成了上卷，即于国立西宁师范石印出版，在当时的大西北引起了不小的反响，师生们争相捧读，好评如潮。由于内容丰富，紧接地气，逻辑清晰，论证有据，学术严谨，被当时学界公认为是史地研究、方志编纂的范本。直到40年后，《辽宁省志通讯》《青海西宁市志通讯》等刊物在评价《青海》时，仍称赞它在地方史志编纂中"颇有参考价值"。

1947年春，甘肃拉卜楞寺第五世嘉木样活佛圆寂，国民政府蒙藏委员会副委员长喜饶嘉措大师前往甘南致祭，吴均的恩师杨质夫先生随行。之后，杨质夫辞去了在国民党中央组织部的任职，回到青海。阔别三年，再次重逢，师徒二人不免唏嘘一番，对国民政府违背人民意愿、发动全面内战的时局深感失望，认为只有把希望寄托于未来，抓好教育是救国之首要。这年秋，受水梓先生推荐，杨质夫应国立兰州大学之聘，担任边疆语文学系主任和教授。正值边疆系初创，百事待兴。杨质夫想到自己的爱徒好友吴均，就劝吴均到兰州大学应聘讲师，讲授藏文及藏族史等课程，同时兼任《和平日报》《西北世纪》边疆周刊的编辑。兰州大学是当时全国研究边疆特别是西部少数民族地区实力最强的高等学府之一，吴均欣然前往，如鱼得水，畅游在知识和学术的海洋，迸发出惊人的创作热情。在短短不到两年的时间里，他用藏文编写《藏文读本》、汉文编写《西藏古代史》等校本教材，同时以"振天""志一"等笔名，为《和平日报》及《西北世纪》周刊撰写有关青海民族、宗教问题的学术文章，先后发表《青海蒙族户数今昔之比较》《青海省环海及黄河南北之藏族》《撒拉族移青经过》《果洛族名称的由来》《玉树——康藏高原之枢纽》等多篇论文，并著《玉树区藏族部落之变迁》两册，完成《青海》（下卷），主要论述了藏传佛教寺院制度、经济等方面内容。

1949年，吴均因工作业绩突出，受聘兰州大学副教授。6月，他带领边疆系应届生到西宁塔尔寺实习。待结束时，兰州已是战云密布。于是吴均送学生回家度暑假，自己则回循化探亲。

重燃心火　迎接解放

1949 年 8 月，中国人民解放军第一野战军一兵团二军西进，翻越达里加山进入循化境内。27 日，为防止马匪溃兵骚乱，维持治安，迎接解放，循化城内开明人士周文焕出面，组织串联包括吴均在内的各界代表十多人，举标语、带礼品，出城以隆重的民族礼节迎接人民解放军的到来。当天下午，一兵团二军进驻循化县城。人民解放军十分重视民族统战工作，当听说吴均是个"民族通"时，二军政治部主任左齐将军特意住在了吴均父亲吴子化家中。将军诚恳地向吴均请教了许多西北地区民族状况、族际关系、历史问题等，并就做好西北民族工作向吴均征询了意见建议。一连数日，双方相谈甚欢，气氛融洽。左将军临离开时告诉吴均，大军将移师新疆，解放大西北，问吴均愿不愿意随二军西征。吴均望着这位和蔼可亲、礼贤下士、乐观向上的独臂将军，心中充满了钦佩和向往，但又考虑到自己还是兰州大学一名教师，不忍不辞而别，只好婉拒了将军的邀请。二军在循化驻留期间，吴均参加了王震司令员、王恩茂政委、郭鹏军长在县城草滩坝中庄召开的城关地区各族群众大会，聆听王震司令员宣讲了中国共产党的政治主张、民族平等团结政策和解放循化的伟大意义，给他以极大的震撼和鼓舞。他积极向往革命工作，在王恩茂将军的领导下，满怀热情地帮助解放军向藏族群众宣传中国共产党的民族政策，动员社会各界及各族群众帮助解放军抢渡黄河。虽然此时的吴均对共产党还不是很了解，但他第一次见到与民秋毫无犯的义师，与为民担当的将军交谈，让他对未来充满了憧憬，心中重新燃起了立志边疆、开发与建设西北的希望之火。

9 月，青海省省会西宁解放。西北局指示中共青海省委，做好青海的工作首先要做好民族团结的工作。为此，青海省委成立伊始，立即责成省委民族部部长周仁山（后为统战部部长）着手筹办"青海省青年干部训练班"，这个班起初是为了从军转地方的干部中快速培养一批了解青海民族宗教状况、会做民族宗教工作的工作队伍，后面逐步变成了一所专门培养少数民族青年干部的新型学校，也就是今青海民族大学的雏形。

当时，新生的人民政权急需熟悉青海省情特别是民族宗教情况的人员，新成立的西北军政委员会也在四处寻找这方面的人才。9月中的一天，西宁工作团团员董璞来到循化县，带来了中国人民解放军一军政治部副主任、西宁市军事管制委员会副主任张国声写给循化县临时政府的信函，信上要求尽快将喜饶嘉措大师和吴均护送到西宁市。当时喜饶嘉措大师尚在兴海县赛宗寺，于是县临时政府一方面派人陪同大师的汉文秘书陈木天赴赛宗寺做工作，一方面由县长周文焕（周新吾）安排吴均随董璞回到西宁。吴均从此怀着拳拳报国之心，欣然参加了革命工作。

吴均抵达西宁后，受到省人民军政委员会主任、一军政委廖汉生将军的热情接见，经市军管会副主任张国声委派，协助周仁山在原国立西宁师范学校内筹办青海省青年干部训练班。省军政委员会专门发布了任命书，任命周仁山为训练班主任，吴均为副主任，谢高峰为秘书，王耀生为学生指导员。这是吴均政治生涯的巅峰，他以饱满的热情一连向解放军中上级军官、干部讲了好几期青海民族分布、现状、风俗习惯等，为全省各地建政迅速培养了一批民族工作干部。到了10月，干部培训告一段落，青年干部训练班登报开始招收少数民族青年，重心转向培养熟悉党的民族、宗教政策，会做民族宗教工作的少数民族干部，为全省各地建立民族区域自治政府奠定组织基础。吴均满怀对新社会的憧憬，认真组织教学，讲授少数民族语言、民族学、宗教学和地方史志，并积极发挥自己在青海政界、学术界及民族宗教界的影响，联络与原国立西宁师范等学校的师生关系，招收了一大批少数民族青年到训练班学习，其中宦爵才郎、王树忠、余世忠、多吉坚赞等不少才俊参加革命工作，相继成长为青海各级党政领导干部和优秀知识分子。

囹圄献技　铅椠南滩

1950 年初，正当吴均以极大的热情投入革命工作之时，命运却对他开了一个大大的玩笑。先是从兰州大学放假回青的杨质夫先生（时兼西宁师范校长）被错判入狱，接着与杨质夫关系密切的吴均竟也遭到陷害，于当年 3 月银铛入狱先后在西宁南滩、海西都兰等地服刑。

刚解放的青海非常注重向少数民族群众宣传党的政策，急需大量高素质的汉藏翻译人才，于是刚入狱的吴均在 1952 年被安排到西宁新生印刷厂劳动改造。在这里，吴均见到了杨质夫先生和李文实先生等师长、同窗，在狱方的安排下，很快就形成了一个技术力量过硬的汉藏文翻译团队。吴均虽感冤枉，但自信就是以囚犯之身，也能通过积极劳动为社会主义建设服务，他积极投入翻译工作，认真严谨，从未懈怠。

吴均在西宁新生印刷厂接受了大量的翻译任务。这一时期，青海牧区发行和印发的许多政策文件、理论著作、宣传读本等，甚至是中小学教材都出自吴均的翻译，如《中国共产党简史》（1953）、《毛泽东同志少年时代的故事》（1954）、《〈中国共产党三十年〉学习参考提纲》（1955）、《雪山草地行军记》（1955）、《和爸爸一起坐牢的日子》（1956）、《小英雄嘎娃》（1957）、《刘胡兰小传》（1958）、《中国人民解放军的三十年》（1958）、《朗萨姑娘》（1958）、苏联彼斐·柯洛尼茨基的《马克思主义哲学唯物主义是与宗教斗争的理论武器》（1959）、弗·普罗科菲耶夫的《科学与宗教的斗争》（1959）、《〈实践论〉〈矛盾论〉名词解释》（1959）、《三面红旗万岁》（1960）等，不胜枚举。为青海中小学翻译《中学语文课本》《物理学》《化学》《历史》《自然和地理》等多种教材，又为省政府翻译室、《青海政讯》编辑部、省人大办公厅等党政部门翻译了大量的藏文文件、会议资料等，以用词准确、翻译迅捷、无政治性错误而见长。吴均与杨质夫先生合作，为西北民族学院、青海民族学院等高等院校编译了本科生用藏文课本多种，《中国共产党党章问答》《谁是最可爱的人》等政论文章、文学作品多部，并将才旦夏茸所著《藏语词汇》编译为《藏汉词汇》（上、下册），成为当时牧区工作和学习最重要的工具书之一。吴均在狱中按照有关方面要求，翻译和编译了大量的著作、文件等，但由于当时的身份特殊，除极少数作品外，绝大多数未能署名，而是冠以青海人民出版社或青海省公安厅译的字样出版发行的。数十年后，每每谈及此事，吴均都是呵呵一笑说："我算是尽了一份力了。"

藏文是使用地域很广的古老文字，是我国重要的少数民族文字。传统上藏文使用雕版印刷，这种工艺适用于佛经等文字的传播和出版。但在信息量日益增加的现代社会，雕版印刷明显无法满足实际需求。自19世纪末以来，藏文现代印刷工艺一直被西方和日本所垄断。新中国成立后，党和政府十分重视少数民族文化教育事业发展，随之藏文印刷出版业得到快速发展。1949年，中国人自创的新藏文字模在北京诞生，但受到当时技术条件的限制，字模的设计、制作均较国外版本并无多大改进，字体字号虽有所增加，但字体单一、笨拙；铅坯高低不一，尤其是带有元音 $\sim$ 和 ν 的字，必须在排字、拼版时两旁加补空铅，增加工时不说，还容易产生元音移位，形成张冠李戴的错误；分字符·和句号┃单独成模，字体粗放，单片排拼，费时费力，且影响印刷品质量。

西宁新生印刷厂一成立，由于技术力量较为雄厚，很快就使青海成为当时全国藏文翻译、印刷藏文文件和书报刊物的中心地区之一。刚解放的青海一穷二白，印刷厂虽然生产任务繁重，却设备简陋，无钱购置藏文铅字模。在这种情况下，杨质夫、吴均等人一方面采取翻模的土办法排字、拼版，完成繁重的日常生产任务；一方面集思广益，群策群力，自己刻制铅坯，并联系上海华丰厂加工铜模，逐步摸索出宝贵的经验。藏文字母的书写有其独特性，而适用于汉字和拉丁字母的铅坯体积有着以千分卡计量的固定规格，两者之间的矛盾长期困扰着藏文印刷业的发展。找到一种既不妨碍藏文字形美观，又能以较为简易的工艺制造字模的方案，是一项难度很高的攻关项目，印刷厂号召"自力更生，艰苦奋斗"，把这一艰巨的任务交给了杨质夫先生。杨质夫认真总结前一阶段铸模、刻字、排版等方面的经验教训，首先提出了创制新型藏文铜模的设想。杨质夫带领技术员吴均、排版技工渭建中、刻铸技工李常盛、刻字技工瞿守一（杨质夫人冯云仙女士的养子）等技术人员一起切磋研究、精心设计，根据藏文实际，吸收汉、英文字模优点，经过无数次的研制失败，最终成功制定出了一套刻制藏文正楷体字模方案。

这套新型字模第一次规范了藏文印刷字号序列。以汉字 3 号字的 1/2 铅坯为藏文正楷字模的基础刻坯，刻出的字模称为藏文 3 号字。接着又陆续补铸了 1 至 7 号的各体字模，形成了藏文铅字系统，大大促进了藏文印刷事业的发展。突破性创新了藏文字模的刻法。同字号的刻坯上所有字母大小一致，杜绝了过去大小不一的弊病；字母均刻在字坯正中，上下左右留有适当空间，按照需要在同一字坯上刻上元音 ˜ 或 ྭ，既克服了元音移位的可能，又在铸字、选排、拼版中减少工序，节约工时，提高了工效。杨质夫按照藏文的组织法反复研究，于 1953 年提出"藏文加点法"，筛选出一定数量的字母，刻上常用的标点，尤其是在后缀字母上加刻带分字符·的字模，大大简化了排字工序，效率提高了一倍。这套字模还确立了藏文印刷的通用字体。杨质夫、吴均等人悉心研究藏文字体，对传统上塔尔寺体、拉卜楞体、德格体、拉萨体及国外的新约体等印刷字体进行对比，精心筛选，最终创制了一套独具特色且美观大方，又便于刻制的藏文楷体。由于当时杨、吴、瞿等人的特殊身份，只能以推出这套字模的单位——西宁新生印刷厂厂名，为这种崭新的藏文楷体定名"新生体"（台湾等地区则称"杨体"）。

经过杨、吴等人的不懈努力，1954 年这副新颖、方便且规格统一的藏文 3 号字模终于在上海铸成铜模。当第一批美观、大方的印刷品问世之时，大家欢呼雀跃，额手相庆，吴均早就忘记了牢狱之苦，以自己为国家发展民族文化事业做出了贡献而深感欣慰。

藏文 3 号字模的成功，引起国内同行业的广泛好评和关注，也为青海赢得了荣誉。之后，向全国敞开供应各体藏文铜模，作为一项政治任务压在了杨质夫、吴均等人的肩上。研制组不畏艰难、奋勇直前，很快补齐 1~7 号及初号等系列字号，还刻制了黑体、行书、长体等字体，进一步丰富了新生体藏文字模系统。他们针对藏文特点，创制连串字模，除藏文的一般介词外，还刻制了一些常用的连串名词，如国家、政府、共产党、社会主义等，吴均提出刻制句号┃和空铅连串在一起的排法。这些在藏文印刷史上划时代的技术革新，提高藏文排字功效30%以上，成品质量好评如潮。到1955年，西藏、甘肃、四川、北京等地藏文印刷厂及《西藏日报》《青海藏文报》《甘孜藏文报》等均开始推广采用新生体藏文字模。青海新生印刷厂加工的各体藏文铜模一时间成了抢手货，甚至有的单位直接从青海购买各体铅字，乃至脱销。在此后的很长一个时期，新生体藏文字模成为全国藏文书刊报纸使用的唯一字体，当时有人夸张地评论："新生体藏文字模已独霸藏文印刷行业！"

时至今日，藏文印刷早已被激光照排系统所替代，但数字化的藏文印刷字体仍然留有新生体深深的烙印，杨质夫、吴均等人发明的"藏文加点法"特别是特号长体等，依旧是印刷行业的操作规程，深得业界认可。

1958年，按照党的八大"利用现代的科学文化来整理我国优秀文化遗产"的精神，吴均因精通汉藏文，在狱中受命整理、翻译、修订、校订新中国成立以来各地抢救挖掘出的藏族史诗《岭·格萨尔王传》。在此后的6年中，吴均除了承担繁重的劳役工作外，先后整理、翻译《岭·格萨尔王传》19部24册，修订、校订20余册。吴均对待学术十分严谨，一丝不苟，每当翻译、校订完一部（册），即就资料来源、版本异同及特点、编者出处、翻译经过和学术问题作出说明或辨析，写成《译后记》。青海省文联民间文学研究会作为内部资料，在汇集格萨尔说唱资料各部印成《格萨尔传奇》总集时，各附印在每册后，以供研究整理之参考。由于十年浩劫中，史诗《格萨尔》被视为毒草，吴均所译及修订的40余册及其他整理本、研究期刊等共计74册，以及历年收集的藏文手抄本、木刻本和图片皆被付之一炬，吴均当年究竟完成了多少文字量已很难估计了。但从改革开放后，有关部门多方征求，在民间收集到残卷20余册（部），其所附《译后记》残卷有19篇，文字量就达12万字，原总量可想而知了。

吴均所著的这些《译后记》"具有相当的研究参考价值"（蒲文成语），1959年4月，青海省文联专门在内部研究资料上发出启事，称"为了多方面搜集有关青海藏族文学史的资料，我们曾从各个方面进行采集与访问。现将西宁新生印刷厂劳改犯吴均所提供的一些情况介绍给藏族文学史的研究者，以便作为进行研究时的参考"，几乎代表了同时期格萨尔研究的最高水准。吴均对各种版本的出处及流传地域作了详尽的考证，对每一部《格萨尔》产生的历史背景、文学价值、社会基础等都作了较为系统的研究，他是我国最早将《格萨尔》与各民族交往交流历史文化相联系的学者之一，也是将藏族与境外民族交往历史研究与《格萨尔》研究联系起来的学者，如他指出《索多玛城》反映的是藏族人与中亚粟特人交往的历史等。

吴均与其同人对《格萨尔》的翻译、修订，是国内首次大规模系统翻译、整理《格萨尔》的学术活动，在新中国民族文化发展中具有重要的历史意义和政治意义。虽然这些译作绝大多数最终没有保留下来，但吴均依然认为"能在挖掘、研究扬名于世界的英雄史诗《格萨尔》的工作中，做一块垫脚石，为以后的学者、文艺工作者铺路搭桥，亦是一件幸事"。身为阶下囚的吴均，当时何其荣，又何其哀哉！

在狱中，吴均笔耕不辍。以 5 种藏文手抄本整理了格萨尔史诗中《霍岭大战》《平服霍尔》等部，并译成汉文，于 1962 年 6 月由上海文艺出版社出版汉文版《格萨尔——霍岭大战》（上）；1957 年夏，与杨质夫奉命负责新印藏文《甘珠尔》大藏经西宁版的校对工作，在才旦夏茸等藏传佛教高僧指导下，校印了经部《般若》《宝识》《华严》等续部《时轮》《密集》等诸经 40 余函。1963 年，吴均有感藏语翻译出现的粗陋之时弊，在狱中编写了汉藏合文的《藏文文法简释》，供初、中级藏语翻译培训之用。这是参照现代文法分类结合藏语特点，全新解释藏文文法的一本工具书，吴均还在文中探究了藏文文法摆脱印度古梵文束缚的可能性。书一经出版，学界反响良好，被争购一空，当时有些民族院校学生因购买不到而自行抄录成册。吴均出狱后，应当时社会需求，经多方寻找到一本，拟重新修订并署名出版（原书未能署名），怎料稿件及原书竟被传者丢失。

在狱中，吴均听说国家正在建设青藏公路、川藏公路，十分兴奋。原来 1943 年 1 月吴均受命赴玉树途经兴海县大河坝，收到国民政府行政院来电，要求他立即组织一个小组，自大河坝起，详细勘察宁玉道路情况，以备日后修建青藏公路之参考。吴均当时既无仪器，又无专业人员，他经过认真思考后，决定成立一支约 20 人的勘测队伍，以一辆 4 人拉的宽距大车（运输汽车的双轮）为测量工具，跟在大队之后徒步行进，每日视察记载沿途道路的险阻和地质、山川平易程度，河流大小和河床的宽窄及两侧部落的分布、草原利用状况、燃料供给和水源有无等资料。有的地方马队能走过去，但路宽或坡度不能符合汽车行驶要求的，勘测队又要拉着大车多找几个路口试试，直到完全过去。就这样，吴均详细了解了西宁至玉树到囊谦及西藏黑河（那曲）的路况，为青藏公路建设提供了第一份勘查报告，堪称青藏公路勘测先驱之一。后来，他在玉树又详细勘察了由川进藏的古路，所以对川藏道路也十分熟悉。有此经历，身在狱中的吴均立即向有关方面提交了他的研究成果，特别提出川藏公路的修建要打破省域地块的局限，不穿横亘在川藏之间的横断山脉和数条大江，而是绕开陡峭的雀儿山，沿着历史上川藏大宗货物沿用的"藏大路"，由川西北，经石渠、玉树，再绕过澜沧江上游，经杂多从唐古拉山查吾拉山口入藏，沿途无特别陡峭的高山峻岭，也没有特别湍急的河流，比较适合在当时艰苦建设条件下施工，而且建成后需要维修的成本也较低。但困于吴均当时的身份，报告终无人问津。然川藏公路自修成后，长年处于时通时断，修修补补的状态，这让多年后还在地图上一再标注沿途地名的吴均唏嘘不已。

1969 年，"文革"形势愈加动荡，西宁新生印刷厂被撤销，吴均被转移到海西州都兰县香日德劳改农场服刑，从此无缘文字工作近 10 年，直到 27 年后才在落实政策中恢复了自由身。

近 30 年的牢狱之苦，对吴均的身心造成严重损害，他的腰椎因此受伤而从此不能完全直立，但吴均并未心灰意冷，只说是命运对自己的考验。有诗为证："慨歌静观园，铅椠南山路，筚路蓝缕,译雄狮王传念多册,为余子搭梯,署名于我何有哉? 长笑得此不究!"

苍龙行雨　老树著花

1975 年 9 月，在毛泽东、邓小平同志的关怀下，中共中央下发《关于宽大释放在押的国民党县团级以上党、政、军、特人员实施方案》。吴均是因曾担任国民党玉树区党务指导员而被捕的，本应当属于宽大释放范围。但由于当时的工作人员对国民党党务系列职务不熟悉，导致吴均手下几名玉树各县的党部书记长得到释放，而吴均却因漏报未能获释。直到 1976 年 5 月，中共青海省委批复省委统战部等部门的报告，对包括吴均在内的 99 名漏报国民党军官予以宽大释放和就业安置。

吴均终于结束了长达 27 年的囹圄岁月，带着一套棉衣、被褥和 100 元零花钱回到家中，被安置在西宁市城中区商业总店下属的南关街饮食店做了一名服务员，每天端盘洗筷、扫地擦桌，定期还要接受公安派出所询问。但吴均非常开心，他又能自由自在地读书，从事自己钟爱的翻译工作了。

1978 年夏，青海省教育出版社请吴均翻译中学《物理》（上册）课本为藏文。吴均白天当服务员，晚上做翻译家，很快完成了任务。

同年 8 月，青海省药品检验药物研究所慕名而来，请吴均为该所翻译藏医药最全面、最优秀的古典文献《四部医典》。为了让吴均全身心投入翻译工作，研究所与西宁市城中区商业总店签订合同，将吴均借调到研究所工作。《四部医典》是一部体量超大的藏文典籍，内容丰富而玄奥，吴均因此十分慎重。他经过认真研究和思考后，先向研究所致函《关于翻译藏文〈四部医典〉中一些问题的确定》，提出诸如"病名以意译为主，音译为辅，避免与现代通行病名相抵触""已通行或约定俗成的药物意译""多版本分主次对照译"等意见。在得到研究所同意后，才开始着手翻译。但当吴均按照信、达、雅的翻译原则，将《四部医典》中《论释续》部译定后，交研究所审阅，所方却又不认可吴均的译文，而且所方代表言语轻慢，对有劳改经历的吴均口出不逊，遭到年逾花甲的吴均严厉斥责。在这种情况下，合作被迫中止，交给研究所的译稿也不知所终，吴均原本想借此机会，推进汉藏医药加强交流和藏医药与时代进步发展的设想最终没有实现。

1979 年 3 月，吴均被青海省教育出版社相中，借调到该社从事民族中小学藏文教材的译审工作。先后翻译了中学《数学》第二、三、四册,《中国历史》第二册,《世界地理》第二册,《政治》第二册,《生理卫生》第二册,《化学》第二册等汉译藏文教材，并参与当时省教育出版社大部分汉译藏教材的审订工作。也就在这一年，青海民族出版社陆续出版了吴均在 20 世纪 60 年代整理、编辑的《格萨尔传奇——霍岭大战》（上、下册），吴均第一次堂堂正正有了署上自己大名的著作。此后，吴均笔耕不辍，汉、藏文著作、译作源源不断，成为我省藏学界、史学界的大成就者。

1980 年，吴均开始为省政协文史资料委员会撰写有关青海历史、藏事、人物的文史资料，以丰富的阅历、渊博的学识、严谨的学风成为文史资料委员会的重要约稿人。同年，国家出版局决定协助出版单位组织编译界的力量，促进各类图书出版。8 月，青海省新闻出版局以"聘字第 1 号"聘书,聘请吴均为《青海出版志》的特约审稿。12 月，成为青海省民族学会首批特邀会员。1981 年初，青海民族学院民族研究所聘请吴均为副研究员（业余），开始向该院少语系藏族研究生讲授"藏族史"，并在青海师范学院历史系从事地方志教学和学术研究工作。1983 年，省社会科学院聘请吴均为"塔尔寺藏族文献研究所顾问"。1984 年，省人民出版社聘请他为《青海历史纪要》的校审；经省政府批准，省地名委员会聘为"青海省地名词典编委会学术顾问"。

吴均 1950 年入狱前的公职为省青年干部训练班副主任，干训班后来逐步演变为"青海省民族公学"，进而升格为"青海民族学院"。可以说，吴均是青海民族学院的创办人之一，出狱后恢复公职也应该在民族学院。但由于民族学院为吴均恢复公职的工作进展缓慢，1981 年 3 月，省教育厅报经省人事厅批准，将吴均以社会闲散技术人员重新录用，在教育厅民族教材编译处从事中小学教材的译审工作，并取得"译审"中级职称。虽然重新录用给吴均一个正式工作，但也使他损失了不少应该补发的工资。再者，吴均在 1949 年已是兰州大学的副教授了，出狱后也多次作为政府聘请的大中专院校教师职称评定委员会委员，为多位大学教师甚至是自己的学生评定教授或副教授职称，而他自己却因尚未得到全面平反只做个中级"译审"，造化弄人啊！当时的吴均顾不上这些，他满怀信心，加倍努力，希望能把丢失的数十年光阴追回来。直到 1988 年，吴均才被有关部门补认为教授职称。15 年后，吴均回首往事，百感丛生，对自己出狱后的岁月总结道："喜获五千日，灯火挥毫，不傍门户，是是非非，身将逝兮鬼终雄！"

1984 年 10 月，省高法一纸"撤销本院 1951 年 8 月 13 日对吴均的刑事判决书"，吴均终于在政治上得到完全平反，笼罩头顶 34 年之久的阴霾终于散去。这一年，吴均已年逾古稀，但他壮心不已，誓将逝去的时间抢回来，要把平生之学奉献给国家。就从这一年起，吴均先是在《青海民族学院学报》上发表了学术巨篇《关于藏区宗教一些问题的辨析》，此后又马不停歇，陆续发表《日月山与大非川》《论西月河、列驿与食堂之驿路》等 5 篇重头论文，发起了与国际著名藏学家佐藤长关于《西藏历史地理研究》的系列学术论战，发出破除西方学术垄断与迷信、恢复藏学首先是中国之学的呼声；历时三年，主持翻译被国际藏学界誉为"史海"的甘肃拉卜楞寺藏本《安多政教史》，不仅承担了这部巨著过半的翻译量，还负责全书的修改、考订、注释等工作和最后的定稿，使之成为国内外藏学界学术研究的重要参考书之一；校订、注释陇上名士周希武先生所著《玉树调查记》及《宁海纪行》，民国早期甘青政治活动家朱绣所著《西藏六十年大事记》及《海藏纪行》，为研究西藏近代史、青海地方史及近代青藏关系等提供了重要的史料参考，深情讴歌为维护国家统一、民族团结而勇于牺牲自我的藏学前辈。

吴均先后担任了省政协第五届、第六届委员，被聘为省政协"文史资料研究委员会"第五届、第六届委员，第七届特邀委员，省社会科学联合会副理事长及顾问，《青海史志研究》副主编，青海师范大学中国地方史教授，四川大学历史系中国地方史硕士毕业论文答辩委员会委员，青海省少数民族古籍工作评审委员会委员等多个社会职务和教职，并发表了《论青海地区地名之过去与现在》《论明代河洮岷的地位及其三杰》

《论喇钦·贡巴饶赛》《散忆喜饶嘉措大师》《记藏学家杨质夫》等数十篇实地学术文章，成果丰硕，获奖无数。真可谓"苍龙日暮还行雨，老树春深更著花"。

青藏硕儒　巨学鸿生

　　吴均是我省少数获得中国翻译工作者协会"资深翻译家"荣誉称号的学者，特别是在藏语文教学、汉藏翻译和藏学研究等方面拥有很高的学术水准和影响，他是公认的甘青地区"早期藏学开拓者之一"、青海省"格萨尔学"研究的先驱，学术成就灿若星辰。2007年，时任省政协副主席、我国著名藏学家蒲文成先生在笔者的请求下，欣然命笔，为中国藏学研究中心结集出版《吴均藏学文集》作序，序文对吴均先生一生的学术成就作了六个方面的总结。

◎吴均先生（前排中）及其弟子们 （程颐工 提供）

　　（一）**藏族文史研究**。凭借对藏汉文字的精通和丰富的阅历，吴均就藏族族源问题与青海民院李文实教授、青海师大赵盛世教授等热烈讨论，多次撰文，提出了早在远古时代"夏嘉同音，羌藏同源"及汉藏文化交流交融的重要论点。他在所校订的黄奋生《藏族史略》"前言"及后来所撰《论夏嘉同音与羌藏同源》中，用大量篇幅阐明他多年探索藏族族源的基本观点，认为"藏族主要来源于本地土著"，藏族的主要一支，就是古代羌人中使用藏语的那部分人，并且这部土著"具有多元性"，并非"只以西藏为土著中心"。这一重要论断从唯物史观重新定义了古代汉藏民族关系，为构建中华民族共同体标下重要的注脚。吴均把毕生的心血撒在甘青大地，对甘青涉藏地区的文化发展、社会形态和中央王朝的治藏方略尤为关注。他曾考察甘青地区出土的彩陶，就其饰纹中的万字纹形等符号，探索演变规律，寻找人类文化的共同轨迹；研究吐蕃统治时期安多藏区的文化发展，探讨我国藏区与祖国内地自古以来的经济交往和文化联系；他在《论安多藏区的政教合一统治》一文中，首次提出局部区域性政教合一统治的概念；他《从〈西番馆来文〉看明朝对藏区的管理》《明代在玉树地区建置初考》等，用铁的事实证明明朝中央政府对藏族地区"是一个充分行使主权的政府对其所属地方进行的管理"；在《论明代河洮岷地位及其三杰》时，论述民族宗教界进步人士在我国民族关系史上的积极作用。吴均所有有关青藏文史的论文中，字里行间，处处流露出他对这片土地和人民的深情眷顾，他依据自己丰富的阅历和耳闻目睹，回忆旧中国发生的青藏纠纷及其带给人民的苦难，揭露清军屠杀环湖阿粗乎等四族惨案的真相，均实事凿凿，字字血泪。

（二）**藏族史地研究**。史地向来是藏学研究的重要内容，由于历史的原因，藏学史地研究的高峰长期被西方或日本学者所占据。吴均曾对笔者说："现在我们落后人家，但也不必气短，更不能迷信西方的学术权威。因为藏学的根在中国，实地考察与藏学研究的各个分支都有十分密切的关系，特别是历史、人文地理，在这方面我们有着得天独厚的优势。"语气中充满着对中华文化的自豪与自信。20世纪80年代，日本学者佐藤长是研究唐蕃古道的世界级专家，著有《西藏地理研究》等专著。吴均以严谨的科学态度，从文献到实地，针对佐藤长著作中的一些偏见和谬误发表了系列商榷文章，对日月山与大非川、得仓诺尔与卡拉诺尔、七渡口的位置及西月河、列驿与食堂之间的驿站道路和自截支桥至悉诺逻驿唐蕃古道的走向等，一一仔细考证，索隐钩沉，去伪存真，还历史本来面目，研究成果多与后来专业考察队的考察结果相符。此外，他还凭渊博的史地知识，对青海历史上安定、曲先、罕东、必里等卫的地望，邈川、宗哥、安儿三城，省章、安儿、青唐三峡的位置等，均分别加以考证，提出自己的观点。吴均生性耿直，刚正不阿，文如其人，语言犀利，直言不讳，廓清史实，无论是对青藏史地研究，还是青海地方史研究，都取得了极高的学术成就，受到国内外学界的一致好评和尊崇。

（三）**藏传佛教研究**。吴均有深厚的藏文基础，早年入隆务寺学习，长期潜心研究藏传佛教，涉及藏传佛教信仰及文化、源流派系、发展历史、教理教规、寺院分布、活佛传承、活动方式、经济来源等。在涉藏地区宗教史研究方面，吴均通过实地考察，从历史唯物主义的角度，深入辨析国内外有关藏地宗教的一些不正确论断，写成专著《关于藏区宗教一些问题的辨析》，可与王森先生编写的权威论著《关于西藏佛教史的十篇资料》媲美和互为补充，特别是对活佛转世制度、藏区政教合一统治的形成、藏传佛教及其教派名称、佛本关系等，均有独到见解。如在论述活佛转世制度的理论和社会根源时，提出这是藏区宗教发展过程中出现的一种独特的法位继承制度，是世俗的世袭制向宗教圣职中的巧妙移植。又如对藏传佛教及其教派名称，提出应"名从主人"，慎用"喇嘛教"及用色彩区分教派的称呼法……这些后来均得到学术界的普遍认可。吴均所写的《青海地区的藏传佛教与寺院》等文，内容充实、系统、全面，对后来蒲文成先生写作《甘青藏传佛教寺院》等相关专著产生了较大影响。吴均在研究藏传佛教史的过程中，十分注重人物研究，对喇钦·贡巴饶赛、宗喀巴大师等对藏传佛教传播发展有过重要影响的青海籍名僧，曾写专文加以评述。此外，他高度重视藏族地区的原始苯教，著《论苯教文化在江河源地区的影响》等文，提出佛、苯属不同宗教，但在发展过程中相互影响、各有吸收，存在许多异同点，并以国内外藏、汉文献史料论证了以往被忽略的苯教与周人的关系，青藏文化与今巴基斯坦、伊朗等国的传播关系，将汉藏文化交流追溯到上古时代和更广袤的空间，为前人所未涉及的领域，填补了藏学研究的重要空白，意义重大。

（四）**格萨尔学研究**。吴均是我省格萨尔学研究的先驱，他早年翻译过各种版本13部24册，合译3部3册，校订10部20余册，占青海藏译汉本总部数的50%以上。他在翻译《格萨尔王传》时，以《京韵十三辙》为准，翻译的文字十分注重口述的流畅，尽可能保留《格萨尔王传》口口唱诵的原貌。出狱后，吴均在整理 19 篇《译后记》残卷的基础上，在省内外的学术刊物上发表《唃厮啰与岭·格萨尔》《〈格萨尔〉史诗中霍尔的方位》等多篇论文，并参加有关国际学术研讨会，对史诗的产生根源、民族心态、文化底蕴、流传地域、名称读音等多方面作了深入研究。他提出格萨尔学研究须遵循一个原则，即不可将传说与历史人物混为一谈，并就国外研究者史泰安、大卫·尼尔、丹丁苏伦等学者的一些提法提出质疑，以独到的学术理念和真知灼见促进格萨尔学研究走向深入。1986 年 5 月，文化部、中国社会科学院、中国民间文艺研究会召开"全国《格萨尔》工作总结表彰落实大会"，吴均受邀出席会议，并荣获了由十世班禅大师亲笔签名的"在英雄史诗《格萨尔》发掘工作中作出优秀成绩的先进个人"称号及奖状，为吴均一生研究"格萨尔"的杰出成就作了最权威的评价。

（五）藏文文献翻译。吴均认为藏文文献浩如烟海，整理和翻译文献是藏学研究的基本功。吴均早年开始翻译《格萨尔王传》各种版本长达 20 多年，后又投入政论文章、畅销书及教材的汉译藏工作，有深厚的藏汉翻译功底。晚年则着力古藏文文献翻译，其代表作有智贡巴著《安多政教史》和噶桑勒协著《察罕呼图克图衮噶嘉勒赞传》等。吴均以古稀之年，领头完成《安多政教史》70 余万字的翻译工程，使这部研究甘、青、川藏区社会、宗教历史的重要文献被学界更加广泛地使用，蒲文成先生评价"堪称奇迹""功不可没"。吴均在翻译《察罕呼图克图衮噶嘉勒赞传》后曾致信蒲文成先生："这是一位独特的藏传佛教僧人于清末同光之际在祖国北疆等地保卫边疆的传记，（他）是安多洮岷地区的骄傲，藏族中少见的人物（以军功受封呼图克图），堪称奇人奇书。我于行年九十时（2002），有幸将其翻译并得以出版，可为我一生研究藏学工作画一圆满句号。"甘肃人民出版社对吴均的翻译工作给予高度评价：吴均"对原著的历史背景及其所涉及的相关历史事件作了深入细致的研究、考证，并做出了大量详尽的注释，从而更增加了这部难得的清末藏族人物史传的史学价值，为加强民族团结，增进民族文化交流做出了应有的贡献"。

（六）校勘文献，撰写书评、序文。吴均在校订黄奋生编《藏族史略》，校释周希武著《玉树调查记》，校注朱绣著《西藏六十年大事记》，增补《番例六十条》和《海藏纪行》等时，大多写有"前言""绪言"或"序文"，或评介这些文献的写作背景和基本内容，或就某一专题展开议论，阐明自己的观点，可谓每一篇都是有分量的学术论文。吴均对《安多政教史》《察罕呼图克图衮噶嘉勒赞传》、松巴·意希班觉《青海历史》、敏珠尔《世界广论》、蒲文成《觉囊派通论》等都有评介文章，述说内容、评论价值，或引导读者，或鼓励后学，实事求是，恳切真实。从1976年底吴均重获自由算起，在他生命的最后33年中，虽常以"耳失聪、目半眇"自嘲年老体衰、精力不济，也曾豁达开朗题下回顾一生的自挽词以为生命之将逝，然而直到生命的最后时刻，他依然是争分夺秒、废寝忘食，尽一切身心精力，投入青藏地区历史、社会、民族、宗教、文化等诸多领域的研究，撰写大量有价值的理论文章，整理译注藏文古籍多部，校订、增补、校释、校注前人著作多部，并为之撰写前言、后记与序文，硕果累累。

吴均先生于2009年1月2日安然长辞，享年96岁，可谓"仁者寿"也。同月，《中国藏学》2009年第1期发出讣告，缅怀了吴均的一生及成就，沉痛哀悼"吴均先生的逝世，是我国藏学界的重大损失"。吴均一生沧桑沉浮，数遭磨难，风霜相逼，然穷其一生，从不移消其志，而是愈挫愈坚，为发掘、传承、弘扬中华传统优秀文化而倾其毕生精力。正是以深厚的学养、满腔的家国情怀和数十年不弃不舍的孜孜追求，使他终成研究青藏文化的大成就者，一座屹立青藏高原、三江源头的文化丰碑。

后记：我眼中的吴均老先生

机缘巧合，我做了吴均先生的"关门弟子"，虽然不算太合格。2004年前后，我已从事民族宗教工作7~8年了，但总感到在处理有关寺院、活佛的事务时有一种不明就里、隔靴搔痒之困扰，因为这些问题大多与纠缠不清的历史有关。这使我下决心要找个明白人深入地学习相关知识，我先是找了几位省内的知名老专家，却发现有的老师只精通诸如宗教教理之类的"纯理论"，有的只专注于某几个寺院或地区，我学了一段时间，收效甚少。有一天，我将心中的烦恼告诉蒲文成先生，蒲老在听了我的愿望后说："你去向吴均先生请教吧，他能回答所有你想知道的。"恰好我的好友、《中国藏学》杂志社黄维忠君向吴均先生约稿，也托我去找吴均先生面议一些事情，就这样，我第一次来到西宁高槽巷内的

◎吴均译《安多政教史》书影
（程颐工 提供）

吴均先生住处，见到了吴均先生。初见时，先生从书堆中抬起头来，瞪着我大声问道："年轻人，想学些什么？"当知道我是做民族宗教工作的，先生又语重心长地说："你做这个工作，具备相关的知识还是次要的，最重要的是你首先要从心底里尊重他们的信仰和风俗习惯。"那一刻，我知道我找到可以让我终身受教的尊师了。从那时起，我每月有两个周六会到先生家求教，先是请教工作中涉及的寺院、活佛的历史由来、政教关系等，接着聆听先生讲授《安多政教史》、藏族谚语格言等史料经典和青藏人文地理、各族历史文化。先生以他丰富的阅历，喜欢拿笔在地图上标划着讲课，最高兴的事莫过于找到分辨率更高的青藏地形地图。图上画满了古代战争兵势、古道走向及寺院、部落、渡口、关隘、古城堡等分布，可惜当时没有拍照手机，如若留到现在，就是一篇篇高价值的学术论文。先生的课通常信息量很大，我只好边学边以随身 MP3 录制后回去细嚼，就这样陆陆续续录制了近 100 小时的课，今天听来，严师音容宛在，言教馨香依旧。

先生一生最敬佩两位名人，其中一位是民国西北政要、文化名流黎丹。吴均多次

说过，"黎丹一个外乡人，抛舍显赫身家、高官厚禄，立志边疆，建设青海，为促进祖国统一、民族团结做出了巨大贡献，值得我们永远铭记。"吴均早年正是受到黎丹爱国热忱的感染，从加入青海藏文研究社开始，走上报国之路的。吴均曾写过不少纪念黎丹的文章，2008年老先生还携省政协程起骏和我共同写了《仰空长啸风舒舒，幕天席地真吾庐》的文章，发表在《柴达木开发研究》当年第4期上，评述黎丹开发和歌咏柴达木的诗篇。另一位是著名藏学家、翻译家杨质夫先生。对于吴均而言，杨质夫先生亦师亦友，在工作和学术上两人有太多的交集，结下了深厚的情谊。吴均十分敬重杨质夫先生的才情和人品，也曾写下多篇纪念杨质夫的文章。2001年，吴老自杨质夫次子杨安塘处得到20世纪30年代杨质夫随黎丹进藏时所记的《入藏日记》残卷2册（原约5册），觉得这是一份十分珍贵的史料，很想对其整理、校注出来，但当时吴均已是米寿之年，体力精力不济，再去完成十多万字的誊写、校注几乎是不可能了。老先生多次拿两本日记给我看，叹息道："吾此生之遗憾啊！"为了实现先生的愿望，也为了让杨质夫先生的珍贵文字流传下来，我请先生把关，用了近两年的时间完成了《入藏日记》的整理，并于2008年起分4期刊发在《中国藏学》上，最后一期是2020年初刊完，也算是告慰先生在天之灵了。

耄耋之年，早先的苦难给吴均身上留下太多的伤病，使他终日已无法离开不足6平方米的简陋书房兼起居室。然而留给去看望他的人们最深印象的依然是一位老人终日拿着放大镜，躬身查阅资料和地图，案头堆满了书籍和文稿，笔不离手，耕耘不已。常有像我这样的无知毛头青年前去讨教，先生总是有教无类，知无不言，滔滔不绝，或讲述研究所得、平生见闻，或鼓励立志钻研、要求严谨治学，谆谆教诲让人刻骨铭心，受益终身。

吴均先生在学术领域涉及面很广，在历史、地理、民族、宗教、文学、语言、诗词等多方面均有建树，又工于诗词，只是在青藏史地研究上更为突出。笔者才疏学浅，对吴均先生学术成就的全面评价非我能力之所能。好在2007年我曾协助中国藏学出版社汇集出版了《吴均藏学文集》(现代中国藏学文库之20,上、下册),又有幸邀请到蒲文成先生为之作序,才能在本文中借蒲老之言对吴均先生的主要学术成就作一大的概括。今天,我回想先生所讲所授,总感林林总总、包罗万象,实难综而述之,然心中有强烈的感知,先生一生的所有研究、一切努力又都聚焦在凝聚和铸牢中华民族共同体意识这一点上,岂不大哉? 我常想,先生名均,又曾以"志一"为笔名,正如《庄子》云:"天地虽大,其化均也,万物虽多,其治一也。"吴均先生一生真可谓实至名归了。

注:此文在撰写过程中,得到吴均长子吴延铭、次子吴延钰先生的大力支持,提供了大量珍贵史料及资料。

印象中的吴均先生

马成俊[*]

　　1985 年我刚刚大学毕业，留在民族大学中文系任教，因为有机会参与青海省民族研究学会、青海省江河源文化研究会等学术组织举办的一些学术活动，由此认识了吴均先生。吴均先生不是民族大学的老师，但是被聘任为民族大学少语系（少数民族语言文学系，现更名为藏学院）的硕士研究生导师，所以经常到民大来上课。遗憾的是，因为学科专业的关系，当时没有更多的机会向吴均先生请益。尽管见面机会少，但是在我的印象中，吴均先生是学术上极为严谨的一名长者，这个结论得自以下几件事情。

一声断喝　语惊四座

　　1990 年的一天，在一次青海省民族学会召开的会议上，大家在中间休息期间三人一伙、五人一群地闲聊。这时，听到会场里传来一句大声的招呼："宗福，你回来了吗？你北京的馍馍吃着白哈了呗。"原来是吴均先生在会场里发现了刚刚从北京进修回来的赵宗福先生。听到吴均先生主动打招呼，坐在一旁的赵宗福有点不好意思，赶紧走到吴均先生旁边，向他问寒问暖。不一会儿，会议继续，大家又坐到各自的位置上听会议发言。此时，一名省考古研究所的年轻学者上台发言，侃侃而谈他关于斯基泰人与

---

[*]　马成俊，青海民族大学副校长、教授、博士生导师。

◎　吴均先生（右五）与李文实等在地方史学会上　（程颐工　提供）

斯基泰人的历史文化及青海的某些考古文化与斯基泰文化之间的关系，坐在会议室里的几十个人听得津津有味。正当这位学者在兴致勃勃地演讲中，没想到从会议室的某个位置突然冒出一句"胡说八道！"的呵斥，我一听明显带有循化汉语方言，猜想也许是循化的同乡吴均先生。吴先生的一声断喝，把大家着实吓了一大跳，演讲者更是被吓蒙了，不知道自己说错了什么。大家循声望去，只见从会议室的后排站起来一位身材高大的长者，表情显得异常严肃，果然是鼎鼎有名的藏学专家吴老先生！吴先生指着演讲者在黑板上写的关于斯基泰人的话语，开始质疑年轻学者观点上的错误，同时质问年轻人几个问题。依稀记得是有关斯基泰历史在我国古典文献中的记载，还有印度文献（包括佛经文献）中的记载，问他是否都看过；如果没有看过，那你的学术依据又是什么。年轻人红着脸承认吴先生指出的一些文献自己确实没有阅读过。接下来，吴先生接着这个话题，讲起斯基泰人的历史变迁与文化演进，较为详尽地介绍塞人或斯基泰人的历史。

最近，我翻开当时的笔记本，发现对吴先生当时所讲的内容还有些许粗略的记载，只是不太系统。对照吴均先生的发言笔记，我翻阅了一些有关文献，兹简单介绍如下，或许对大家还有所裨益。

大约在公元前 7 世纪以前，在现在的甘肃、青海两省黄河以西，即河西走廊与湟水流域（古称河西地区）和北方草原地带，居住着具有不同族称的许多游牧民族，其中在古代典籍上有名有姓的有戎、大夏、莎车、大月氏、匈奴、楼兰等。这些游牧民族在草原上纵横驰骋，经常与黄河以东地区的定居人民发生冲突。在秦穆公时，为了彻底解决来自河西地区游牧民族经年累月的侵扰，采用智囊由余的建议，在公元前 623 年派兵攻打戎王，占领了许多游牧民族的地区，"遂霸西戎"，最终迫使被打败的戎、大夏、月氏、莎车等族向北方、西方迁徙。至公元前 7 世纪末，这些逃离河西的部族开始出现在塞地，即伊犁河和楚河流域。在《汉书·西域传》一书中，称其为塞种，意为塞族。塞种在我国古代的佛经中作"释种"。当时塞种人已向西南方向活动，大约生活在今阿富汗斯坦首都喀布尔和坎大哈之间。自先秦至汉初，塞种人分布在中亚锡尔河以北一带，以伊犁河流域作为其活动中心。《汉书·西域传》一书中说："昔匈奴破大月氏，大月氏西君大夏。自此塞王南君罽宾，塞种分散，往往为数国。自疏勒以西北，休循、捐毒之属，皆故塞种也。"这是后人追述的先秦、西汉的史实。休循与捐毒都是帕米尔山中的游牧小国，距疏勒国不过数百里，到东汉末期都归属疏勒国。因此，塞人活动的地域应包括疏勒在内。乌孙国的东边与匈奴人相连，西北面是康居人，西邻大宛，南面是居住在城郭内的国家。这地方原本有塞人居住。大月氏人向西方迁移时，打败了塞王。塞王向南过悬度，进入了克什米尔地区，大月氏便占领了原塞王的辖地。后来乌孙王昆莫占有了大月氏的领地。所以说乌孙人中有塞人和大月氏人。《汉书·西域传》一书又曾提到从前匈奴打败了大月氏，大月氏向西征服了大夏，而塞王则向南迁移，从此，塞人分散为许多小国。从疏勒起，西北的休循国、捐毒国等都是塞人的国家。

后来《汉书·张骞传》载："月氏已为匈奴所破，西击塞王。塞王南走远徙，月氏居其地。"公元前 176 年左右，大月氏西迁，击败塞人部族，大批塞人被迫从伊犁河谷南迁，其中有一支曾通过喀什西北的铁列克山口，先后定居疏勒与于阗两个绿洲。21 世纪以来，在喀什地区的巴楚县与和田地区，都发现过古代塞语文献，说明西汉以后，疏勒绿洲曾是古代塞人活动的重要地带。塞人南迁之际，已进入阶级社会，有过相当发达的古代文明，这对他们后来定居的西域古疏勒国经济文化的发展，无疑产生过巨大影响。

吴先生的一声断喝，和他对斯基泰历史与文化的进一步讲解，起到了解疑释惑的作用，给我留下了极为深刻的印象，我相信给那天参加会议的代表们也会留下无法忘却的记忆。这就是生性耿直的吴均先生，一位在学术上容不得半点含糊的学者。

八十老翁　单骑赴会

记不清是哪一年，一个初冬时节的星期天，我早早乘坐 2 路公交车到青海师范大学参加由省江河源文化研究会组织的学术会议。到了会场，发现李文实先生已经在会场上候着。会议开始时，我发现在座的还有师大的历史学者赵盛世先生、陈希夷先生等老一辈历史学专家，还有赵宗福、张忠孝等年轻学者，独不见吴均老先生的身影，我不禁有些纳闷，如此重要的学术会议怎么能缺少吴均先生呢？正这样想着，吴均先生进来了！只见他披着满身的雪花，上衣、裤腿上还沾着不少的泥巴，细看之下，还发现老先生的脸颊上还有些许殷红的血迹，看来，他在赴会的路上一定发生了什么不测之事！吴老先生以这样的模样进入会场，让大家惊愕不已。他强压着愤愤不平的情绪，大声告诉大家："吾个杂孙公交车司机，把我逼到马路边上摔了一跤。"说罢便就近找了个座位坐下，说："没事没事，大家继续开会。"听他这样一说，大家估计问题不是太大，也就继续发言。会议休息时，大家纷纷来到吴先生座前，关切身体状况，安抚老人激愤不平的情绪，询问事情发生的经过。吴先生笑呵呵地说："幸亏我的身体好，否则，今天这个会就参加不了了。"原来，那天早晨下了雪，尽管不大，但是路面湿滑。吴先生骑着自行车从西关大街高槽巷家里出发，朝着师大方向骑行。不料，在快到师大附近时，有两辆公交车会车，同向行驶的公交车往右一拐，竟将吴先生硬生生逼到了马路边沿。吴先生无处避让，自行车前轮猛然撞上道牙石，将他重重地摔倒在地上。可气的是，公交车司机没管老人安危，居然若无其事地开走了。吴老先生艰难地从地上爬起来，顾不及掸掉身上的泥巴，生怕耽误了会议，一路推着车子急匆匆地赶到了会议室。李文实先生向来与他惺惺相惜，嗔怪地劝他以后少骑自行车，毕竟年龄不饶人。这时我才知道吴先生已经是八十高龄了。

在那天的学术会议上，我这个初出茅庐的年轻人也发表了关于撒拉族研究稚嫩的论文。下午会议休息时，吴先生把我叫到他跟前，称我是"尕乡亲"，并给我讲了好多近代特别是民国时期循化县城内包括"吉福祥"在内的几个商号的历史，讲述他们是如何从藏区收购羊毛，并将青海的羊毛通过羊皮筏子运抵包头，再从包头运到天津港向国外出售的。老人家讲得很投入，我也听得很入神，不知不觉中又增加了我对吴均先生的敬仰之情。遗憾的是，由于当时本人所从事的教学与研究是民族民间文学和民俗学，对撒拉族经济活动没怎么关注，所以也就失去了向吴均先生进一步求教的机会。但是由于吴先生在青海地方史和藏族史研究方面有着卓越影响力，在此后的各种会议和杂志上，我便开始更多地关注吴均先生的文章。吴先生的文章很多，对我印象最深的是他对"卐"字符号的深入研究。1993年，吴先生在江河源文化研究会主办的第二期《江河源文化研究》杂志上发表了题为《论甘青彩陶纹饰等符号演变及苯教文化在江河源地区影响》的重要文章。该文引经据典，纵横捭阖，引用大量考古文物、藏文典籍上的资料，详细考证了被青海人称作"富贵不断头"的万字符号的历史演变，特别是在苯教、佛教建筑物及历史文献中的记载和运用，堪称这方面研究的经典之作。该文公开发表已近30年了，但其在学术界的广泛影响并没有因为历时多年而消退，至今仍然屡屡被相关研究文章引用。

藏学泰斗　学富五车

吴均先生是我国当代著名的藏学家、地方史学家，也是《格萨尔王传》史诗研究的开拓者之一。他早年曾在黄南隆务寺跟随夏日仓活佛学习佛经四年时间，并取得"柔艾巴"学位（相当于当今的学士学位）。

吴均先生的研究范围涵盖藏族文史、史地、宗教、史诗、藏文文献翻译等方面，同时做了大量的藏文文献校勘、书评、序跋等著述工作，给我们留下了丰厚而宝贵的学术遗产。吴均先生藏汉兼通，善于用大量藏文文献和汉文文献求证史实。所以，其文章纵横捭阖，汉藏兼济，具有极强的说服力，这是只擅长藏文或汉文的研究者难以企及的。为了求证某一史实，吴先生常常翻遍汉藏两种文献，逐一查证，多方索隐，才得出符合客观实际又有说服力的结论。如他较早提出古代"夏""嘉"同音、羌藏同源的观点，得到了学术界的普遍认同，后来，李文实、张宸等撰文证明汉藏古音相近或相同的文章，以此为汉藏同源说提供学术支撑。他在《论安多藏区的政教合一制统治》一文中，首次提出局部政教合一制度的观点，他在《从〈西番馆来文〉看明朝对藏区的管理》《论明代河洮岷的地位及其三杰》《明代在玉树地区建置初考》等系列论文中，运用大量藏文文献资料，用铁的事实证明了明朝中央政府对藏族地区的有效管理，他认为这是"一个充分行使主权的政府对其所属地方进行的管理"。这些论文弥补了汉文史料在这方面的不足，对研究明朝对涉藏地区的有效管理及国家统一具有十分重要的学术价值和现实意义。针对日本著名学者佐藤长对唐蕃古道地名与历史研究的谬误，先生凭借卓越的史学功底和翔实的实地调查经验，发表了《对日本佐藤长〈西藏历史地理研究〉中一些问题的商榷》等系列文章，对日月山、大非川、七渡口等许多地名及其来源进行了深入的研究考证，得出了与事实相符的结论。

吴均先生学富五车，著述颇丰，生前著有《吴均藏学文集》上、下两卷，他还是《安多政教史》的主译者，参与编写了首部《藏汉大辞典》。

　　《格萨尔王传》是藏族的一部英雄史诗，被誉为藏族历史文化的百科全书。1950—1960 年，吴先生利用参与研制藏文字模与翻译出版《格萨尔王传》的机会，共翻译了 19 部 24 册，审核了 20 余部，并且每翻译一部，他都要写一篇关于这部史诗的资料来源、版本异同及翻译中遇到的问题等作为史诗的《译后记》刊印于书中，供后人研究参考之用。作为较早关注《格萨尔王传》的本土学者，他为《格萨尔王传》的收集整理、翻译出版和学术研究做出了杰出的成就。同时，他也特别关注国际上对于《格萨尔王传》的研究，并针对法国学者石泰安、大卫·尼尔、蒙古丹丁苏伦等学者的一些提法进行了学术对话，对他们某些不符合实际的观点提出了质疑，把《格萨尔王传》的研究推向了一个新领域，为格萨尔学走向世界做出了杰出的贡献。

　　2020 年的某一天，中国人民大学历史学院的赵珍教授来我校进行学术交流，临走时将一部吴均先生送给她的书稿转交给了我。这是一部四卷本的《藏族简史（送审稿）》，由中国社科院民族研究所藏族史组编写，油印本，封面用牛皮纸包装，落款是 1984 年 9 月。该书稿在编写体例上采用按历史进程叙述法，即从奴隶社会一直写到了 1949 年中华人民共和国成立，是一部较为完整的关于藏族历史的专著。从夹在书中的一页"《藏族简史》审稿会议日程表"可见，时间是 1984 年 11 月 6 日至 13 日，吴均先生当时是该书稿的审稿专家之一。翻开四卷油印本书稿，字里行间画满了红线，在书稿的天头地尾，写了很多蝇头小字，还有很多页码是折起来的，在日程表的背面写了几行字，记录了几位专家提出的意见。由此可以看出，吴均先生不仅在自己的写作中严谨求实，即便是审阅别人的稿件，也是不惜笔墨，精益求精。为了进一步求证吴均先生这种严谨的学风，我阅读了吴均先生给黄奋生先生《藏族史略》一书写的"前言"，在该文的最后，吴先生说修订黄奋生著作时参考了王森、牙含章、柳升祺、邓锐龄、常凤玄等人著作。而这些表述是否可以证明，他送给赵珍老师的这部油印本的编写者就是常凤玄、黄奋生、邓锐龄等人呢？我不得而知，因为这部油印本扉页除了写有"中国社科院民族研究所藏族史组"之外，并没有注明作者，只是于每一章的最后在括弧内写有黄、常、邓等姓氏。能参加中国最高社会科学学术机构中国社科院编修的藏族历史著作的审稿会，也足以证明吴均先生在国内藏学界的崇高威望。

写到这里，我再一次由衷地产生了对吴均先生的敬佩之情。作为与吴均先生同乡的循化人，我这里零零星星记录了一些对吴均先生的印象，这些支离破碎的记忆或许对了解先生为人品性、学风学识、道德风范有所帮助，对后学起到一些激励作用。

借此循化县政协征集文史资料的机会，拉拉杂杂写了一些自己对吴均先生的一点印象，权当是对吴均先生的纪念吧。

立根原在破岩中

——我和我的藏学研究事业

马　林[*]

　　我出生在青海省循化县，据家谱记载，我的祖上原系山西侯马人氏，世代以商贾为业。清代晚期，因世事纷乱，商事维艰，遂一路西渐，迁徙于循化县黄河岸边的小村庄——石头坡村落脚，以小商业为生。后家业逐渐兴旺，成为循化一带的望族。清光绪年间，我的祖辈先后出了两个拔贡，一时轰动循化城，人称"循邑双拔贡"。清末民初，祖父辈中有多人先后在甘肃各地和家乡为官，在任期间，都把教育作为振兴地方发展的第一要务，兴办新式教育，开启民智，为发展乡梓教育不遗余力。受家世的影响，我的父辈们也大都从事教育事业，马氏一族逐渐成为家乡的教育世家。

　　家世的渊源和家风的濡染，使我投身教育事业成了必然的选择。1978 年高考后，我毅然选择了青海师范大学中文系作为第一志愿。但事与愿违，我被阴差阳错地调到了青海民族大学的前身——青海民族学院少语系藏语文专业学习。对这样的结果，当时我也只能是被动地接受。但随着我对藏民族、对藏族文化的逐步了解和深入研究，自己对藏学这一博大精深的学科产生了浓厚的兴趣，对藏族文化的热爱与执着，使我的学习与研究由被动转为主动，并最终升华为自己的理想与事业。

　　1982 年，我如愿被分配到青海社科院从事藏学研究工作，藏学研究遂成为我终身

*　马　林，青海省社会科学院藏学研究所原所长。

不二的选择。在漫长而艰辛的学术之路上，许多繁缛的经历和琐事已成过眼烟云，但伴随着改革开放后我国藏学研究事业的复苏、起步、复兴和繁荣发展，我的心路历程与学术道路所经历的磨砺与坎坷，至今仍历历在目，从事藏学研究 30 多年间的起承转合，仍给我留下深刻的印象。

◎马林在藏区搞调研（马林 提供）

20 世纪 80 年代初，中断了多年的藏学研究事业重新起步，而藏文文献的整理、翻译和研究成为一项亟待进行的基础性工作。当时青海省社科院从藏学研究现状和学术研究的基本规律出发，极力主张要从整理、翻译和研究藏文古籍入手，发掘、掌握第一手资料，在此基础上渐次开展各学科的研究。为此，成立塔尔寺文献研究所，组织一批研究人员开展藏文古籍的整理、翻译和研究。由此我开始了三年"青灯伴黄卷"的生活，每天在塔尔寺弥勒佛殿的顶楼整理、翻译塔尔寺所藏文献目录。冬天，佛殿内不能生火取暖，我们裹着棉大衣，用冻僵的手指翻看泛黄的经卷，其中的艰辛至今回想起来仍然感慨万千。其实条件的艰苦可以克服，而对藏语不是母语，仅在大学期间学了四年藏语文，虽然有志于从事这项专业，可苦于藏语文底子太薄的我来说，才真正感到为难。

◎马林与国外学者在一起 （马林 提供）

对此，时任藏学研究所所长的陈庆英先生和蒲文成先生给予了我全方位的支持和鼓励，从藏族史、古藏文基础知识的学习，到翻译规范和技巧等，都是"手把手"给予指教。客观地说，这一阶段看似枯燥而重复的古籍目录整理和翻译工作，使我涉猎了大量的藏文古籍史料，为积累第一手资料打下坚实的史料基础。

这一时期，随着改革开放和现代藏学研究体系的逐步建立，藏学研究也在多领域、全方位地拓展，发展成为研究藏族历史文化、经济社会的综合性学科。历史学、社会学、民族学、宗教学等一些原有的基础性学科的研究继续得到应有的重视和加强。随着社会主义事业的发展和经济建设的需要，一些应用性的新兴学科，如政治学、经济学、教育学、语言学、法学等应运而生，快速发展，形成了自身的研究体系。得益于这样的大环境，我的学术方向也逐渐明确——运用现代社会科学理论和方法研究藏族历史文献。

为了给自己的学术研究打下坚实的理论基础，这一时期我广泛涉猎了藏族历史、藏传佛教史、藏族同周边各民族关系史、西藏地方同历代中央政府的关系史及文献学、民族、宗教学等多学科的理论书籍和大量的国内外研究成果，构架起了较为坚实的知识体系。在塔尔寺工作期间，我在陈庆英先生的指导和合作下，广泛搜集青海境内各藏传佛教寺院的汉、藏文碑文，在整理、翻译、研究考证的基础上，完成了学术专著《青海藏传佛教寺院碑文集释》。该书出版后，得到学术界的普遍关注，也使我对自己的学术前途充满了信心。

改革开放以来，党和国家对藏学事业高度重视，先后建立了一批专业性较强的藏学研究机构，有组织、有计划、有步骤地开展藏学研究事业。20世纪80年代中期，中国藏学研究中心成立，作为全国性的专业研究机构，当时研究队伍尚未建立健全，研究人员奇缺。于是我在陈庆英先生的推荐下，借调到该中心，参与了大型历史文献《元以来西藏地方与中央政府档案史料汇编》的翻译、研究工作。这部大型史料主要汇编了涉及元、明、清三朝及民国时期中央政府与西藏地方政府政治关系的官方档案。除汉文文献外，还有相当数量译自藏、满、蒙文文献。我的具体工作就是翻译、注解中国第一历史档案馆、中国第二历史档案馆、西藏自治区档案馆、四川省档案馆馆藏的相关藏文档案。这项工作的艰难之处在于大量的档案文件出自不同时期西藏地方政府的各级官员之手，用的是不同的藏文手写草书，初看起来犹如天书一般，难以辨认，文中还有大量的缩写词，这些缩写词还因时、因地、因人而不断变化。好在当时藏研中心聘请了几位曾在原西藏噶厦政府供职的藏族老先生，在他们的悉心指导下，我逐渐熟悉了这项工作。这部档案史料编辑出版的宗旨，就是以大量系统的历史档案史料，还原西藏地方 700 余年来与中央政府关系的本来面目，使不具偏见的中外读者和研究者从中判明是非，以正视听。这部档案史料汇编出版后，成为藏学研究领域，特别是研究中央政府与西藏地方关系史方面最常用的基本史料，在国内外藏学、历史学研究中有着很高的引用率，一大批相关成果都是以这些史料为依据展开研究的。能够参与这一具有重大历史意义和现实政治意义的工作，是我学术生涯中最值得自豪的经历。同时，在藏研中心三年工作期间，我有机会研读大量珍贵史料，接触了一些中外高层次的藏学研究者，学术视野逐渐开阔，学术站位也逐步提高。

1989 年，在陈庆英先生的主持下，我和马连龙先生开始着手翻译《五世达赖喇嘛传——云裳》，这部自传体的巨著有 3 卷，长达 120 万字。回想当时动手翻译这部藏文历史长卷时，由于我们对这部著作的重要性及翻译的难度没有太深刻的了解，一旦入手，就感觉到这项工作的艰巨与繁重。该书具有资料丰富、时间清楚准确、史料翔实等特点，但这种实录式的记载在翻译上也存在一些困难，书中大量的人名、地名、寺院名、扎仓名、活佛名号、经籍名称对于翻译者都是一大难题，而且在查阅参考资料、请教有关专家等方面也遇到许多困难，更不要说对书中的一些重要记载进行实地考察或辩证推敲。可以说有几次甚至我们自己也对能否完成这项工作感到信心不足，产生过还是留待将来的想法。在困难、犹豫的时候，中国边疆史地研究中心和从事藏族史、蒙古史研究的许多老专家给了我们热情的鼓励和督促，并对解决翻译中的许多疑难问题给予切实的帮助，使我们有信心继续下去。这部著作的翻译工作历时 5 年，耗费了我们大量精力，其间每天沉浸在艰涩的字里行间，往往为了一段话、一个地名的翻译而茶饭不思，我有时做梦也在文中提及的地方游荡，仿佛自己也成了史实中的一个人物。译完这部鸿篇巨制，我们才有终于可以松一口气的感觉，甚至感觉像脱了一层皮一般。该书出版后，因其极高的史料价值和较高的学术价值而得到学术界的肯定和赞誉。

进入 21 世纪，我国的藏学研究事业也迎来了一个繁荣发展的新阶段。记得 2005 年，中央出台的《中共中央关于西藏工作若干问题的意见》中提出要"加强藏学研究，培养一支坚持社会主义和爱国主义的藏学研究队伍"。在中央文件中明确地对藏学研究提出这样的要求，这还是第一次，说明党和国家对藏学研究工作越来越重视，也表明党和国家对藏学研究工作有新的要求和期待。藏学研究工作已成为国家民族工作、宗教工作、涉藏工作和提高执政能力建设的重要组成部分。同时，改革开放持续深入的推进也给藏学研究的发展带来了新的契机。在国家综合实力的提高、国际影响力的增强、国家的对外开放、和平崛起这一大的历史背景下，我们国家的藏学研究与国外的交流、合作越来越密切，特别是随着互联网的高速发展，国内藏学研究工作者处于与世界接轨、同步的状态下，可以随时获取新的研究理论、知识和国外藏学的最新研究动态。为顺应这种发展趋势，跟上时代的步伐，我也努力去学习国内外新的研究理论，掌握新的研究方法。根据国内外最前沿的研究热点，不断调整自己的研究方向，进一步拓展自己的研究领域，将研究重点放在清代涉藏地区历史事件和藏族历史人物的研究上。

在这一时期，我围绕清代前期西藏地方发生的一系列重大历史事件和影响极大的历史人物，撰写了《白哈尔王考略》《西藏山南穷结家族》《17 世纪初西藏的政局与五世达赖喇嘛的认定》《论五世达赖喇嘛与固始汗的联合统治》《后固始汗时期五世达赖喇嘛权力的集中与扩张》等一批学术价值较高的论文。这些论文基本上以第一手的藏文资料为依据，脱开以往对一些问题的研究定论，从全新的角度阐释了西藏地方错综复杂的政治关系、教派关系、蒙藏民族关系及当权人物对历史进程的影响等，提出了一些新的观点，解决了一些难点、疑点问题。此外，我通过多年的研究和积累，撰写了学术专著《历史的神奇与神奇的历史——五世达赖喇嘛传》。五世达赖喇嘛阿旺罗桑嘉措是藏传佛教格鲁派掌握西藏地方政权后的第一位达赖喇嘛，为这位在西藏历史上创造了无数辉煌业绩的伟大历史人物撰写一部能够全面、客观记述其生平的传记，是我的既定目标。我以五世达赖喇嘛一生的政治活动为线索，将其置于特定历史巨变的大背景下，系统研究了他的政治生涯，突出研究了他在重大历史事件中所起的作用，展示了他在其他领域取得的成就，为研究五世达赖喇嘛一生及当时西藏社会、宗教、文化情况提供了重要的第一手资料。专著出版后，得到了藏学界的极大关注，也完成了我的一个夙愿。记得 2013 年我随青海省政协民族宗教委员会去西藏考察时，我将这部著作敬献于布达拉宫五世达赖喇嘛的灵塔前，当时陪同我们考察的许多西藏的领导都感叹我这位汉族学者为西藏人民做了一件非常有意义的事，这对我来说无疑是最大的慰藉。

在我的学术生涯全盛期，也是我国改革开放不断深入，取得巨大成就的时期，全国涉藏各省区也正处在国家的改革开放、建设小康社会、建设社会主义新农村等一系列的社会变革当中。对一个藏学研究工作者来说，加强现实应用课题的研究，以服务和研究党和国家、省委、省政府的中心工作所涉及的重大理论与实践为己任，开展涉藏地区经济社会发展中重大现实问题的研究，是时代赋予我们的责任。为此，我在从事基础研究的同时，不断加强现实应用课题的研究，根据学科特长，围绕中心，服务大局，坚持"三贴近"原则，以开拓进取、求真务实的态度，集中精力开展了对我省涉藏地区现实生活中难点、热点、重点问题的研究，努力为我省涉藏地区社会经济发展和省委、省政府的决策服务。多年来，我坚持每年用三四个月的时间深入涉藏地区，深入基层，围绕我省各阶段的中心工作开展广泛深入的调查研究。我的足迹踏遍了青海省涉藏地区的山山水水，也涉足了西藏、四川、云南、甘肃涉藏地区农牧民家庭和大大小小的寺院。这一时期，我先后主持完成了国家社科基金项目"青藏铁路沿线涉藏地区人文环境评估"、国务院侨务办公室委托课题"华人、华侨藏胞现状与侨务工作的关系"、香港科技大学委托课题"青海异地扶贫研究"等一批大型研究报告。

在我担任省社科院藏学研究所所长期间，也坚持把关注我省民族地区社会、经济发展和民族团结进步等重大现实问题，及时为省委、省政府提供咨询参考和服务作为本所研究工作的中心，坚持把工作的重点放在研究我省民族地区社会稳定和经济社会发展的实际问题上。围绕这一中心，我进一步加强了本所对我省涉藏地区社会事业发展和经济建设及维护社会稳定和民族团结，反分裂、反渗透斗争所需要的应用学科的研究力量，科研方向由过去的主要从事藏文文献和藏族历史研究大幅度地转向对我省涉藏地区社会经济发展和民族团结进步等急需解决的理论问题和现实问题的研究。如2008年拉萨"3·14"事件以后，深刻分析我省反分裂、反渗透斗争的基本态势及"3·14"事件发生的深层次原因，为我省各级政府应对突发事件，建立维护社会稳定的长效机制等提供决策参考，就成为我们研究工作的重中之重。在此期间，所里的研究人员认真贯彻落实中共中央和中共青海省委的各项决策部署，密切关注境内外"藏独"势力的各种活动，深入"维稳"形势较为严峻的黄南、玉树、果洛等涉藏地区实地调研，获得了翔实的第一手资料，据此开展了卓有成效的咨政和内外宣传工作。先后完成了省委下达的重点课题《"后达赖时期"我省反分裂、反渗透斗争形势的特点及对策研究》《有关我省"维稳"工作中宗教问题的几点建议》《青海涉藏地区经济社会发展若干问题研究》《"藏青会"等"藏独"组织的特点及其发展趋势》《有关我省"维稳"工作中宗教问题的几点建议》等调研报告。同时，所内研究人员还积极配合中央"维稳小组"、中央统战部、省委宣传部、省委统战部等部门，多次在省内外报刊、电视台和中央人民广播电台发表文章、谈话，接受采访，揭批"藏独"本质，澄清"3·14"事件真相，为维护我省涉藏地区社会稳定，协助党和政府做好稳定人心、协调关系、化解矛盾、沟通思想、理顺情绪做了大量工作。

值得一提的是，2008年6月，我有幸参加了中央外宣办组织的"中国藏学家代表团"，成功访问了德国、比利时和欧盟。这次出访的背景是2008年3月14日拉萨发生严重的打砸抢烧暴力事件后，一场"西藏风波"席卷全球，面对复杂多变的"涉藏"舆论斗争新形势，我们国家为了加强"涉藏"外宣工作，打破国际范围内、特别是西方世界在"西藏问题"上由西方强势媒体造成的"一边倒"局面，争取主动出击，逐步占领对外"涉藏"舆论宣传的"制高点"，决定由国务院新闻办公室组织一批藏学家，用学术交流的方式同西方各国的政府、议会、智库、学界、媒体、非政府组织及欧洲议会、欧盟委员会等国际组织进行对话。还有各国的华人华侨、留学生等进行广泛的接触，用自己的亲身经历和学术成果，介绍西藏的历史、涉藏地区的社会进步与发展及我涉藏政策，澄清西方媒体在"3·14"事件和"西藏问题"上的歪曲宣传和不实报道。

我所在的"中国藏学家代表团"出访的德国、比利时和欧盟，是当时西方国家和国际组织在"西藏问题"上的"重灾区"。如比利时，由于它是欧洲议会和欧盟委员会的所在地，所以"藏独"势力把它当作进入欧洲的一个窗口，更把它作为在欧洲活动的中心。这些国家和国际组织的政要、议员、学界、媒体和广大普通民众对我国的西藏和"西藏问题"了解很有限，大部分人甚至一无所知。由于东西方文化的差异，他们很难理解我们这个多民族的国家在民族、宗教方面的诸多特点。

面对西方社会在我西藏和"西藏问题"上普遍存在的这种"很少了解，很难理解，很难承认"的状况，"中国藏学家代表团"充分利用专家、学者在西方社会普遍受到尊重、信任的有利条件，同西方各阶层人士，包括各国政府、议会、智库、学界、媒体、非政府组织及欧洲议会、欧盟委员会等国际组织的成员，还有华人华侨、留学生等进行了广泛的接触。在举行的20多场会谈、座谈、记者招待会上，代表团成员分别结合自己的专业知识和掌握的情况，通过介绍、交流、沟通甚至争论，详尽地介绍了与会者普遍关心的"3·14"事件的真相，涉藏地区民族区域自治和人权，藏族传统文化、宗教文化的保护，涉藏地区的社会进步与发展，青藏高原的生态环境保护及"藏独"集团所谓的"中间道路"的实质等问题。通过近距离的解疑释惑，使许多与会者初步了解到"西藏问题"的真相。同时也意识到由于东西方文化、意识形态、政治和宗教等方面的不同，对诸如"西藏问题"等很多问题的认知都有差异，只有这种面对面的直接沟通才是了解事实的可靠途径。代表团通过一系列近距离的解疑释惑，取得了很好的外宣效果，得到了国际、国内一些媒体和中央外宣传办的一致好评。

让我记忆犹新的是，在同欧洲议会议员会谈时，有一位叫托马斯·曼的议员，似乎对中国成见很深。他仅在议会中场休息时给了我们一个小时的时间，在欧洲议会的休息大厅进行了对谈，态度相当傲慢。会谈中他指着我们说："你们都是共产党员，都是替共产党来做宣传的。"我当即给予了反驳，说："对不起，托马斯·曼先生，我本人并不是共产党员，我属于中国的一个民主党派——民主建国会，不知托马斯·曼先生知道不知道中国也有民主党派？另外，我们都是学者，不是搞宣传的，是从学术研究的角度来和你探讨'西藏问题'的！"他当即哑口无言。

有一位西方学者也给我留下了深刻印象，他就是比利时皇家科学院院士查尔斯·韦莱曼，中文名字叫魏查理。他对中国、对西藏很了解，在中文、佛教和藏学研究方面都有很深的造诣，是著名的"中国通"，对我们也很友好。魏查理教授原任比利时根特大学中文系主任，他投入了毕生精力和情感，对中国的文化、历史、哲学、宗教，尤其是西藏宗教和文化作了深入的、富有创见的研究，出版了多部学术专著和许多学术文章。严谨治学、实事求是一直是魏查理教授从事学术研究的座右铭。魏查理教授出席了我们的媒体见面会。他对西藏历史如数家珍，他表示，从元代开始西藏就已经是中国的一部分，那时候还没有比利时，还没有德国，但是西藏已经是中国的一部分。"所以历史上、文化上我可以说西藏文化是中国文化的一部分。这是我的一贯观点。"魏查理教授曾多次来中国，目睹了中国的巨大变化。从 20 世纪 80 年代初开始，魏查理教授先后三次到访西藏，此前他也经常在欧洲听说西藏到处是汉人，西藏被完全汉化了。但他在西藏的亲眼所见并非如此，他发现西藏的传统民族文化得到了保护，普通藏人和喇嘛的生活情况得到了很大的改善，整个西藏社会和西藏经济正在快速地发展。魏查理教授认为，外部势力的介入可能是引发拉萨等地暴力事件一个重要的因素。他还给我们提了很多建设性的建议，如他在谈到为什么很多从未到过中国的西方民众会对中国抱有偏见时说："误解，当然是误解。这种情况不仅仅只在中国和欧洲人之间有，欧洲人之间也有，中国人之间也会有，哪儿都会存在误解。我很高兴'中国藏学家代表团'能来到这里，消除误解。"他认为，东西方在很多方面都有差异，特别是认知政治和宗教等领域彼此之间的关系也错综复杂，在对不熟悉的事物做出判断时，任何偏见和凭空想象都是不可取的，只有直接沟通才是了解事实的可靠途径。魏查理指出："促进相互理解的唯一方法是交流。我知道这是老生常谈，但人们经常忘记了这个行之有效的方法，让情绪占了上风。互访和交流能使人们的认识从感性上升为理性。当人们变得理性的时候，就有可能找到解决之道。如果总是情绪化地处理问题，问题就会一直存在。"

通过这次出访，使我更深刻地理解了曾任国家民委主任的李德洙先生所说的"观察和研究当代中国民族问题的基本方法，就是要有'三个眼光'：一是世界的宽广眼光，二是历史的深远眼光，三是全局的战略眼光"。民族问题十分重要，又相当复杂。因此，只有运用世界的宽广眼光，深刻把握世界民族问题发展的客观规律，准确把握世界民族问题的时代特征，善于从国际大环境中观察和思考我国的民族问题，才能看得更深刻、更全面、更长远。

我在藏学基础研究、涉藏地区经济社会发展应用研究及涉藏宣传工作中做出的成绩得到了党和政府的肯定和社会各界的赞誉。先后被评为全省少数民族古籍工作先进个人、全省宣传文化系统"四个一批"拔尖人才；2009年，荣获国务院授予的"全国民族团结进步模范个人"称号，同年被评为全省宣传思想先进个人；当选为政协第九届青海省委员会委员，政协第十届、第十一届青海省委员会常委；连续两届被聘为青海省人民政府参事；连续四届当选为中国民主建国会青海省委常委。

忆往昔峥嵘岁月稠。静下心来想一想，那无数笔耕不辍的岁月至今还萦绕在我的心头，我为藏学研究事业付出了艰辛的努力和毕生的精力，党和国家也给予了我崇高的荣誉和奖励。2019年，党和国家给我颁发了"庆祝中华人民共和国成立70周年纪念章"，抚摸着这枚沉甸甸的纪念章，我心惴惴不安——付出的太少，得到的太多，这是我的真心话！"莫道桑榆晚，为霞尚满天"，我愿在有生之年继续在藏学研究的瀚海里勤学不息，探索不止，最终达到《木喻格言》所说的"治学时勤奋刻苦，到头来博学广闻；如果是水源充足，枝头将叶茂果繁"的完满境界。

润物细无声
——忆父亲马捷

马　强[*]

吾父马捷,1926 年 8 月出生于青海省循化县积石镇一户普通家庭，自幼聪慧，在勤俭朴实、积善好学的家风熏陶中成长。1940 年循化积石小学毕业；1943 年青海省立西宁中学初中毕业；1946 年西宁中学高中毕业；1949 年国立西北大学法商学院法学系司法专业毕业;1955 年西北大学马列主义研究班毕业。父亲终其一生深耕于民族教育事业。

1949 年 5 月，西安获得解放，学校实施军管，胸怀报国之志的父亲积极响应军管会号召，毅然投奔革命。1949 年于国立西北大学毕业后，他在中共中央西北局城工部民族研究所工作，主要工作任务是研究甘肃、青海、宁夏、新疆地区各少数民族的基本情况，特别是各民族宗教信仰、风俗习惯及各民族之间的关系等问题，研究在民族工作中应注意的事项等，为进军大西北的解放军及地方的同志顺利开展工作提供了有效帮助。他编写的《撒拉族基本情况简介》，为解放军顺利进军大西北和开展新解放地区工作做出了贡献。

1949 年底至 1950 年初，在临夏工作团工作期间，随同武装工作队深入民族地区，在建政、征粮和维护地方治安等方面做出了一定成绩。1950 年 2 月，西北军政委员会行政会议通过"积极培养少数民族自己的干部,迅即于兰州筹办西北民族学院"的决议。

---

[*]　马　强，青海民族大学外国语学院讲师。

当时，他按照上级指示，与西北民族事务委员会的其他同志投入西北民族学院成立前的各项建设工作，也因此调到西北民族学院工作。

1950—1953 年，由于西北民族学院是新中国成立后全国最早创办的民族学院，国内外的访问团体和来访客人很多，尤其是国外许多国家的共产主义政党、"左"派政党和团体的领导人及国际友好人士来访。时任学院秘书科科长、文书科科长的父亲陪同院领导做接访工作，通过一系列接访活动，及时广泛地宣传党的民族政策，进一步增进了西北民族学院和国内各族各界的广泛联系，有力地提升了世界各国对我国民族教育事业的认识，同时也扩大了西北民族学院在国内外的知名度。参与此项工作的父亲在做出自己贡献的同时，也在不断提升思想认识和工作水平。

1955—1970 年，父亲在西北民族学院从事教学工作。其间，先后编写了《马列主义基础》《社会主义教育》《经典作家论述社会主义语录》等教材，同时讲授政治经济学、社会主义教育和马列主义经典著作选读、辩证唯物主义和历史唯物主义、国际共产主义运动史等课程。由于在教学和编写教材等工作中做出了比较突出的成绩，曾数次被西北民族学院评为优秀教师。

1970 年初，西北民族学院被"四人帮"以"民族问题已经彻底解决"为由勒令停办，全校教师、干部遭遣散。他与 30 余名青海籍教师、干部被送回青海接受再分配。同年 4 月，被分配到青海民族学院工作。

1970—1989 年的将近 20 年中，父亲在青海民族学院先后给政治系本科学生讲授国际共产主义运动史、当代国际共产主义运动专业讲座、科学社会主义等课程，并为汉语文、藏语文、民族史 3 个专业硕士研究生讲授马列主义理论课。同时，担任科学社会主义专业硕士研究生导师。其间除讲授马列主义基础理论课之外，还新设了"社会学"讲座。

关于新开"社会学"课程，还有一段曲折的历史。1952 年全国高等院校院系调整时，该课程被认为是"资产阶级的唯心主义的伪科学"而被否定。因此，高等院校的社会学系在全国停办,社会学课程停开。在此后 27 年的时间,该课程在全国来说是一个空白。1979 年恢复开设社会学课程时,在青海各大专院校中,青海民族学院是最早开设该课程的高校。父亲在担任院系领导的同时,在一无教材、二缺现成资料的情况下,在较短时间内为研究生开此课程,并撰写出近 10 万字的讲义。1973 年,受省委宣传部委托,和其他 4 位同志共同合编、出版了《唯物主义与经验批判主义》一书。1980—1986 年,在讲授"马列主义经典著作选读"课程时,为适应教学需要,编写了《共产党宣言》《社会主义从空想到科学的发展》两本经典著作介绍和教学提要,约 12 万字。

1983 年,父亲任青海民族学院副院长,主管教学科研工作。他不谋私利、不计得失、谦虚谨慎、朴实勤奋的工作作风,受到各级领导和同事的肯定和一致好评。在担任院领导期间,每个学期所担任的实际教学任务,相当于或甚至超过一个专任教师的教学工作量,但他从未怠慢过教学工作,受到学生的尊敬和爱戴。儿时的我经常见到父亲的学生来家里向父亲请教问题,父亲常常会留学生在家里用餐,边用餐边探讨学问,父亲和许多学生实际上是亦师亦友的关系。父亲晚年时,已步入中老年阶段的学生们还会时常来家里看望父亲,师生间真挚的情感润物无声地提升我们对教育的认识。

父亲从教 40 多年,曾担任国家民委学术委员会委员、青海民族学院学位委员会主任委员、学术委员会副主任委员等。其名列入《共和国奠基人·青海卷》一书 (1993 年)。

1989 年离休以后,父亲应青海省新闻出版局邀请承担学报审读工作,他尽职尽责,常有人将写好的论文拿来请他提出修改意见。古稀之年的父亲也欣然接受学校安排的教学督导工作,他认真听课、评课,为青年教师的成长提供帮助和指导,为学校领导提供决策依据。

父亲品性纯良、心胸旷达、脾气温和。自记事起,从未见到父亲苛责过家人、同事、下属及学生。有不同意见时,父亲总是和颜悦色地进行沟通;若还不能达成一致时,父亲会暂且搁置分歧,让时间去淡化矛盾。与父亲交谈总是有如沐春风的感觉。父亲也从未被物欲羁绊过,不管是在教师岗位、领导岗位还是离休在家休养期间,一直以一名共产党员的标准严格要求自己，从未因个人事务麻烦过组织、学校及下属。作为离休的副厅级干部，从未违规报销过医药费。即使在病重送医期间也未向组织提过任何要求，从未因个人事务动用过公车等国家公共资源。耄耋之年还常常感叹自己离休在家还能涨工资，感念党和国家给予的照顾和温暖。父亲恬淡的生活理念潜移默化地使子孙后辈懂得内心世界的富足胜于物质的丰裕。

我们很少听到父亲发牢骚、抱怨。面对家庭、工作、人际交往中的矛盾，父亲总能站在他人的角度考虑问题，宽厚待人。"文化大革命"期间父亲以"散布修正主义观点"等罪名被关进"牛棚"，失去自由，斯文扫地。然而父亲每次与曾一起在"牛棚"中待过的同事好友回忆那段岁月时，从未有过抱怨、迁怒。说起打骂侮辱过他的同事，总是说人家也是迫于形势，由不得自己，在戏谑、自嘲中淡化所受的委屈和困苦。父亲面对不公正对待及遭遇时的宽阔胸怀和人格魅力无形中使我们懂得如何温润、感恩地与世界相处。

父亲晚年常常回忆大半生的为师经历，每每娓娓道来，我们无一例外所能感受到的就是父亲对民族教育事业的无限热爱和对三尺讲台的敬畏之心。父亲为师较长的一段时光里，授课是没有教科书的，那个年代的大学老师没有扎实深厚的学识功底是不敢贸然上讲台的，老师们都是自己写讲义，学生认真听课做笔记，再到图书馆查阅资料补充相关知识点。这种传统的教学方式虽然看起来落后，但是经过老师们精心的准备，课堂讲义稍作整理就是可以发表的文章。学生通过记录、整理、搜集、补充这一系列看似烦琐的学习过程，汲取知识的同时，也养成了勤奋钻研的学习习惯。家里现在还存放着几本父亲当年手写的、布满标注、字体刚劲洒脱的讲义，家人非常珍视这些镌刻了父亲为师者历程的资料。

父亲在西北民族学院时期的学生、同事来家里看望父亲时，都说父亲讲授的联共党史、中国现代革命史等课程，很受学生欢迎。他以渊博的学识、富有条理的思维、妙语连珠的口才引经据典，授课精彩凝练，从不拖泥带水，总能在下课前几分钟将知识点讲完，然后让学生消化吸收、课堂提问。每堂课下来，学生都有新收获。两鬓斑白的学生们来家里每每回想起上课的情景，依然感叹父亲丰富的学识、过人的口才、精练的授课风格、认真严谨的治学态度和平易近人、温润豁达的人格魅力。

那时学院有一系列严格的规章制度，每天晚上准点查寝以保障学生安全。每晚都要自习，老师们会到教室辅导学生学习。虽然学校不要求教师每晚必到，但是父亲每天都会去教室给学生答疑解惑，陪伴学生学习到很晚。父亲也会精心指导和帮助年轻老师。父亲离休在家休养的日子里，许多学生和同事专程来看望他，经常和我们说马老师在做人和做学问上是他们的引路人，称父亲为良师益友。想起父亲和同事、学生一起忆旧的情景，常常感怀那段为之奋斗的、光辉的民族教育事业，我们由衷地为父亲骄傲！

父亲一生知事躬行、温良恭俭、淡泊名利、虚怀若谷。父亲没有更多的说教，在坚强乐观中身体力行，他的睿智和品格一直影响着我们，是留给我们最珍贵的财富。

父亲在工作、学习及生活方面都极为自律，爱好体育运动，坚持早睡早起，75 岁高龄时每日清晨还坚持打篮球锻炼，我们看到的永远是精神矍铄、温暖有光的父亲。

2017 年 8 月 2 日，在家人的照顾陪伴下，父亲在恬静、安详中溘然长逝，告别了他为之奋斗了一生的民族教育事业，也告别了爱他的家人、朋友、同事、学生。那年初秋，内心纯净、豁达乐观、亦师亦友的父亲走了。又到初秋，借此，写下父亲人生之秋实，以寄托对父亲无尽的哀思。

腹有诗书气自华

——记教育专家吴谦先生

吴 志[*]

　　吴谦，字谦之，1920 年 9 月 15 日出生于青海省循化县积石镇一个显赫的书香门第。兄妹九人中排行老大，家族兄妹中年龄最长。他爱国情深，聪慧谦和，知识渊博，尊师重教，大家尊其为"大哥"。1987 年 7 月 7 日去世，享年 67 岁。他的挚友知名历史学家李文实先生如是评价："吴谦，性聪慧，喜文学，名家诗词，诵记不忘。"

　　吴谦自幼接受儒家传统的"诗书礼仪"文化教育，就读于甘肃省兰州中学，后转学青海回族教育促进会立高级中学。1940—1948 年，曾先后到成都金陵大学、四川璧山学院和西北大学三所大学深造。尤其在四川大学上学期间，亲聆郭沫若等文学大师们的教诲，使其深受五四爱国运动进步思想的影响。值得一提的是，当时他克服身体和家庭经济等方面的种种困难，仍坚持求学历时 8 年之久，并选修英语和中文专业。学成之后，果断放弃留洋美国和外地发展的极佳机会，毅然决然地返回地处偏远、文化落后、经济不发达的青海。在 20 世纪 40 年代，这种人可谓是凤毛麟角，他一心一意爱国奉献、追求知识和服务桑梓的精神可敬可佩，从中足见他对国家发展和进步的远见卓识，进而体现了他的家国情怀。

　　当年，应青海回教促进会昆仑中学聘请，吴谦任英语教师，直至解放。其间，辅导

* 　吴　志，青海民族大学退休教师。

时任中央陆军第八十二军军长马继援学习英语。新中国成立后，任青海省第二中学英语教师，后因该校教学改革停授英语，停教待聘，此后以英语家庭教师、挖沙石等劳动为生。吴谦收藏的线装本《资治通鉴》《韩昌黎全集》等700多册珍贵古籍和国宝级文物江西端溪古砚、宁夏贺兰砚、甘肃临洮名砚，宋徽宗赵佶创作的《花鸟图》、明代画家唐伯虎的《江山图》、清初画家王石谷的《山水图》等在"破四旧"运动中被毁，这是他一生之痛。

1966年，吴谦以"历史反革命"之名，被下放到循化偏远的少数民族小山村"接受改造"。1976年粉碎"四人帮"，随后拨乱反正，纠正冤假错案。他信心满怀，欣然命笔，对应陈毅元帅《梅岭三章》的韵律，和诗一首：

奉和《梅岭三章》

捧读华章意如何？

英雄豪言壮语多。

缅怀当年惊险事，

欣看今日灭阎罗。

南征北战数十年，

紫光阁里像图悬。

黑帮四人已粉碎，

谨将檄文作纸钱。

戎马一生处处家，

百年岁月应有涯。

抓纲治国今日事，

大地盛开自由花。

1978 年平反返宁。应青海民族学院（今青海民族大学）聘请,在院基础部、中文系、少语系等先后任语文、英语教师。后聘为副教授,为中文、少语两系的硕士研究生授英语课。

吴谦一生坎坷,历经苦难,年幼丧母,终身未娶,蒙冤受屈。然而,他献身教育,桃李芬芳。他一视同仁,从不嫌贫爱富,对待学生无智愚之分、民族之别,有求必教。传授知识时风趣幽默、引经据典、循循善诱、引人入胜。凡聆听过他上课的学生,至今记忆犹新、津津乐道。他执教昆仑中学、青海省第二中学至青海民族大学这 3 所学校,在帮助学生进德修业的同时,认真帮助他们拟定学习目标,设定专业方向。所教的学生中有宦爵才郎（青海省人大常委会原主任）、班玛丹增（青海省原副省长）、韩应选（青海省政协原主席）、多杰坚赞（青海民族学院原院长、党委书记）、马诚（青海民族学院原院长）、王作全（青海民族大学原校长）、韩志业（循化县原副县长）、陈永贵（青海师范大学原校长）、马昌英（青海民族大学政教系原主任）、许英国（青海民族学院汉文系原教授）、马怀远（青海民族大学教务处原副处长）、马如骥（青海民族学院英语教师）、周忠瑜（青海民族大学教授、享受国家级特殊津贴专家）、才让太（中国藏学研究中心研究员）,授藏文研究生英语课程的学生有何峰（青海民族大学原校长）、陈玮（青海省社会科学院原院长、党组书记）等一大批省级、高校领导人和科技人才。他们在不同的岗位上各尽其才,为本地区社会进步和经济发展做出了贡献。

吴谦认为教师做的是人的灵魂转化工作,是一项艰苦细致的事业,必须力争做到"学高为师、德高为范"的师德师风。因此,他极力鼓励吴氏家族遵循"吴氏家训",从事教育事业,传承祖辈（清朝举人、晚清秀才）、父辈的遗愿。

吴谦极其重视家德家风的培养,他认为一个家庭,不应问其财富多少、职位高低,最重要的是家里藏书有多少,是否给后辈提供了良好的学习条件、学习环境和学习氛围。非常认同文史哲是一家,认为学习知识要有扎实的根基,学习历史需用客观的、实事求是的态度认识历史事件和人物,学习哲学则是以唯物论的、辩证的观点和方法去认识世界,这三者是互为补充、密不可分的。如今,吴氏大家庭中,有享受国家级特殊津贴的教育专家、国家级优秀教师、省级优秀教师等;下一代中有毕业于同济大学、上海大学的研究生并留校任教的小、初、高中优秀教师等,这些无不是受"家训"及其教育影响的结果。

他时常告诫家人,应该认真学习和研读《曾国藩全集》,治家治国是一个道理,"修身"是"齐家治国平天下"的重要基础,对家庭教育和自身发展都是十分有益的。

他待人处事一贯低调,从不张扬。1986年9月28日,记者李实在《青海日报》头版头条刊载了题为《以当教师为光荣,以育才强国为家训》的文章,报道了我们家庭为"教育世家",十几人励志育人育才从事教育工作的事迹。他获悉后较为生气,认为这是一种"炫耀",是一种"高调"。

他的晚年是幸运的。他人生的最后十年是在青海民族学院愉悦地度过的,因此他十分感激党和国家的知识分子政策。党的英明决策使他的"历史问题"得以平反,复职应聘到该校任教,实现了他痴情教育多年的夙愿。他热爱学校这片热土的一草一木。吴谦先生患癌症期间,时任省政协主席韩应选及夫人、时任校领导的多杰坚赞、中文系领导扎西才让等同志密切关注他的病情,亲自联系青海省医院高干病房让他入院治疗,并再三叮嘱医院领导和主治医生全力救治,使他备受厚恩,铭记在心。他曾经说过:"民族学院的老师们淳朴无华、待人忠厚、学识渊博、德高望重。这里是各民族优秀人才聚集之地,应该学习他们的许多优秀品质。"1987年5月,吴谦病重时不愿入院治疗,却口口声声念叨:"我生是民院的人,死是民院的鬼。"后经家人和老师们极力规劝,才勉强入院就医。1987年7月吴谦去世后,青海民族大学委派吴致荣、吕建中、韩德荣、乔文良等同志亲送其灵车至循化故里,同家人料理其后事,安葬在祖茔。

风流人物

FENG LIU REN WU

青海最早的中共党员——李剑虹

马建中[*]

  李剑虹，字和琴，化名李永泰，汉族，循化县积石镇托坝村人。李剑虹当时在临夏国民军赵席聘部政治处供职，政治处主任李印平是共产党员。

  时逢大革命时期，著名的共产党员宣侠父等人受李大钊委派，随西北军刘郁芬师部一起来到兰州，与兰州的共产党员张一悟接上组织关系。1925年冬，中国共产党在甘肃的第一个党组织——甘肃特别支部诞生，张一悟任书记，宣侠父、钱崝泉为委员，党员有李印平等。甘肃临夏籍的傅琇（字莹斋）、杨永清（字松轩）在政治人员训练研究所学习，该学习班是李印平等人倡办的，李剑虹与傅琇、杨永清等也自然相识。1926年傅琇、杨永清等由钱崝泉介绍入党，李剑虹具体入党时间不详。李剑虹是青海解放前最早在外地入党的循化人，在循化、临夏的文史资料中都有记录。

  在第一次国内革命战争时期，从1926年夏到1927年秋，中共甘肃政府领导人宣侠父、钱崝泉、胡廷珍等同志通过国民军二师政治人员训练所在临夏、循化等地活动。通过阅读《新青年》《每周评论》等进步刊物，向革命青年和各族群众宣传马列主义、共产主义思想理论，傅琇、杨永清、李剑虹等接受了马克思主义思想，并逐步运用共产主义思想进行革命斗争。

  1926年2月，傅琇分配到国民军十三陆军任政治教官，兼营文书，驻防在平凉、

---

[*] 马建中，循化县委党史办干部。

天水一带。同年夏天，傅琇从平凉调到临夏国民军第二师第三营，驻守临夏防务。1927 年 2 月，中共陕甘区委通过时任国民联军政治部主任的共产党员刘伯坚，派胡廷珍（字玉芝，甘肃临夏人）等共产党员以国民党党务特派员的公开身份前往兰州。

1927 年 4 月，胡廷珍以国民党甘肃省党部特派员身份到导河（今临夏）视察，借机与当地驻军赵席聘部政治处主任李印平等取得联系，经过秘密筹划，组织成立了中共导河特别支部，指定李印平为书记，支部成员为杨永清、傅琇、李剑虹。导河特别支部成立的同时，傅琇以风林学堂为基础，迅速成立了"青年社"，发展了牙含章等诸多的进步青年入社，编辑石印版刊物《工农之声》，宣传马列主义。

1927 年 11 月，西北军冯玉祥倒向蒋介石后，在郑州举行"礼送共产党员"大会，将 240 多名共产党员遣送到武胜关（今湖北）。大家到武汉寻找党组织，因"白色恐怖"影响未找到，决定分散隐蔽，跟组织失去了联系。

1928 年 7 月，中共导河特别支部被敌人破坏，傅琇、杨永清、李剑虹等先后被捕入狱。兰州军法处提出要将傅绣等人公开审判，威逼他们承认"共产党是鼓动马仲英造反"的罪魁祸首，并准备以极刑处置。此事传到时任兰州保安司令的马麟耳中，马麟说："马仲英造反起事于西宁，仅有七人，为大家所知，我也完全不明白，与河州的汉民尕娃有啥关系？你们放了就没事了。"有了兰州保安司令马麟的话，军法处只好将这个案子搁置起来。这消息传到了傅琇父亲傅子明耳中，他立刻将地卖掉，找到一同上过私塾的邓隆（当时任甘肃省教育厅厅长）。在邓隆的担保下，军方将傅琇等人移交给了兰州地方法院，判处 3~8 年不等的刑期。

河州名士王篯在《龙蛇泪痕》中写道："邑人杨松轩（杨永清）、李和琴（李剑虹）、傅绣等三个，前因共产嫌疑，搜捕解省，拘押年余。绅士刘应风、鲁效礼、雷文奎、何全忠、范其育等十余人，谓其少年冒从。迄今若辈在狱，每对人言泣自怨自艾，愧悔无地，恳赵军长转省政府，恩准开释，予以乍新之路。能否幸邀宽典？尚不可知云。"

1930 年，李剑虹等在邓隆的担保下提前出狱，因未找到党组织，便返回循化。傅琇小儿子傅国璋根据母亲回忆说："1951 年还是 1952 年，李剑虹只身来到西宁，找过父亲，父亲不在家，母亲接见了他，具体谈了什么不清楚，李剑虹说他还住在循化……"

志存高远　搏击风云

——杨希尧先生传略

刘钦明[*]

◎　杨希尧先生　（刘钦明　提供）

　　杨希尧（1889—1971），字子高，1889 年农历七月二十四出生在循化县（当时属甘肃省辖）积石镇的一个耕读人家。是影响中国西北及青海现代史的重要人物。

　　杨希尧，父亲杨洵，母亲赵香兰，杨希尧在兄弟姐妹中排行最长。

　　1904 年，16 岁，入泮，在循化当地考上秀才。1906 年，18 岁，考入"甘肃文高等学堂"①，离开家乡循化，赴省城兰州上学。他在这所新式高等学堂致力于精读经史、宋儒学案、明儒学案，同时开始接触现代科学，沉浸其中，精进不息。1910 年，22 岁，由"甘肃文高等学堂"毕业。

＊刘钦明，青海民族大学文学与新闻传媒学院退休教授。

①　创建于光绪二十八年（1902），是甘肃省历史上第一所中等学校。今为甘肃省重点高中兰州第一中学，简称兰州一中。知名校友有赵元贞、张一悟、杨希尧、杨静仁等。2018 年 3 月，兰州第一中学入选 2017 年中国最具影响力中小学百强榜中学榜，列第 49 名。

毕业之际，适逢甘肃提学使陈曾佑主持官费学生选拔考试，杨希尧应试中选，离开兰州，赴北京，进入"京师法政学堂"[①]学习。

1911 年，杨希尧 23 岁，在北京读书期间，发生了结束清廷统治的辛亥革命。

革命初起，京城动荡，京内人士纷纷迁移，法政学堂也闭门暂停。先生与各同学相率而行，西抵家乡，回到循化。甫进家门，适值父亲手持孙逸仙一书，孜孜阅读，见到儿子忽然回家，即责问："目下革命军已兴，尔不前往加入，从事革命，回家何为？"并进一步训导："我国孙逸仙之于美国华盛顿，可以媲美。尧舜自大禹以下，家天下，更何足道也！"先生听此一番训语，遂觉自处不当，甚为懊悔。不日，即再回省城兰州，充任甘肃省临时议会议员，宣讲先进思想，主张共和。嗣后，复返北京"京师法政学堂"继续读书。

1912 年，杨希尧 24 岁，在北京加入由孙中山合并六党[②]后成立的国民党。"自是，以实现三民主义为目的。"（先生自传语）

1914 年，先生 26 岁，由"京师法政学堂"毕业，学成归兰州，任"甘肃公立法政专门学校"（今兰州大学）[③]教师。

1917 年，杨希尧 29 岁，目睹袁世凯余孽残暴苛敛，兰州官绅虽然通电甘肃，承认共和，但袁世凯任命的甘肃都督等顽固派仍然把持政权，强迫解散临时省议会，反对

①"京师法政学堂"，是清末官办法政专门学校，光绪三十二年十二月（1907 年 2 月）成立，校址设于北京原进士馆，以造就完全法政通才为宗旨。课程有：人伦道德、皇朝掌故、大清律例、政法学、政法史、宪法、行政法、民法、刑法、商法、国际公法、国际私法、理财学、社会学、外交史、统计学、民事刑事诉讼法、监狱学、财政学、中外法制史、日文、英文、体操等。1912 年，更名为"北京法政专门学校"。

② 1912 年 5 月，统一党、民社、国民协进会、民国公会、国民共进会、国民党（由潘鸿鼎等组织，非宋教仁所在的国民党）合并，史称"六党合并"。

③ 甘肃公立法政专门学校，为今兰州大学前身。兰州大学的历史可以追溯到 1889 年之"学吏局"，而 1909 年成立的"甘肃法政学堂"开始按照现代大学模式设置科系，故被认为兰州大学建校之始。1913 年，革命之后，学校改名"甘肃公立法政专门学校"。杨希尧任教师在 1914—1917 年，任教务主任在 1920—1926 年，1926 年 3 月辞职。

孙中山颁布的《中华民国临时约法》。

青年杨希尧和同盟会同志们召开公民大会，欲借群众力量，制止此辈之横行，但终被军警击溃。

适逢此时，革命党人师世昌奉孙中山之命来甘肃，联合同盟会会员蔡大愚、杨希尧、赵学普、秦钟狱、郑瑞青、边永福等一群热血革命青年，秘密联合狄道（今临洮）新建右军中的青年军官焦桐琴、胡登云等人。拟定以新建右军、马安良的西军、马廷勷在循化召集的撒拉族武装为主，组成"甘肃护法军"，定于冬至时在临洮起义，占领临洮后再攻占兰州，驱逐张广建，以此维护《中华民国临时约法》。

当年11月，蔡、赵、秦等应约赴河州(今甘肃临夏)，与马安良父子商议西军策应之事。再由甘肃法政专门学校教员杨希尧赴循化隆务寺（隆务寺地区原属循化）组织藏族武装策应。

但消息被提前泄露，杨希尧组织的隆务（今同仁）藏族武装数千人到拉卜楞与张广建派出的孔繁锦部作战接触，被击溃。加之马安良、马廷勷父子认为起义难以成功，改变初衷，持观望态度，致使赵学普、焦桐琴等人刚发动起义即遭镇压，起义终归失败。赵学普、胡登云、边永福等人牺牲；郑瑞青等被捕入狱；蔡大愚、焦桐琴先是藏匿于河州，后由马安良派营长马有禄经藏区转走四川、上海。杨希尧遭到通缉，遂流亡蒙藏地区。由是，被称为"甘肃革命巨子"[1]。

1918年，杨希尧流亡青海藏族地区期间，寄食番寺，艰苦备尝，以亲身考察的第一手丰富材料，著成《青海风土记》。

《青海风土记》全书共10章，36节，分别为：婚姻（4节）、养育（2节）、衣食（8节）、居处（7节）、职业（4节）、集会（2节）、物产（1节）、宗教（5节）、丧葬（2节）、杂记（1节）。有序言3篇、插图9幅。

杨希尧在本书"自序"中说："学士大夫，动辄说出洋留学，模仿外国人，固然

---

① 见杨希尧著《青海风土记·周序》（周即周希武）。

没有什么不是，然使不知道自己，纵学得外国，也无济于事。譬如本国的事物是材料，外国学来的是各种方法。现在连材料还认不清楚，即使有了方法，从何下手呢？所以人家往外跑，我往里跑；人家向文明地方去，我向野蛮地方去；人家写旁人的奇巧，来供献自家人，我写自家的实情，来给大家研究。这是我写这本风土记的本意。"

1920年，先生32岁，"通缉令"撤销，杨希尧仍回到"甘肃公立法政专门学校"出任教务主任。

1926年3月，辞"甘肃公立法政专门学校"教务主任职。

1927年，先生39岁时来到西宁，意在西宁兴办教育。任西宁道署教育科长和道署训练班三民主义讲师。

1928年，《青海风土记》由甘肃西宁区公署印局印行。

先生倡导新文化运动，促成话剧在青海的第一次上演，并亲自登台表演，话剧艺术由此引进青海，发扬光大。

践行禁烟运动。杨希尧等文化教育界人士为配合"严禁吸食鸦片烟运动"而编写并演出的话剧《赵老太爷训子》在20世纪20年代中后期上演后，引起了西宁社会各界的强烈反响。学生组织了"查烟队"，深入机关、居民户查收烟毒烟具。禁烟的文明意识增强后，有一些百姓人家主动将家中烟具交出。

1929年，马仲英、马步元率部兵变，掠夺拉卜楞寺后进入青海，一路洗劫保安镇、贵德、塔尔寺。2月16日，悍然对青海湟源县实施野蛮屠城。省政府（西宁道署）派杨希尧前往湟源县赈济慰问，处置事件。

同年，先生调任甘肃渭源县县长。在县长任上时，地方变乱，治安堪虞。为维持治安、防御土匪，杨希尧组织民团，修理城池，仍极力提倡、兴办教育，清理诉讼，革除积弊，不遗余力。征收税赋方面，本着不罚款、不摊款、不受馈赠之"三不"主义，依照省府（甘肃省）分配的款亩数目，如数分配给各区乡，将经收粮款布告群众，呈报省府备案，并交代新任，三方数字毫无出入。在渭源县县长任职8个月，因病辞职。

1930 年，青海省当局约先生至西宁，代理民政厅厅长，主办全省赈灾救济工作。任蒙藏事务处处长，后又经省府任命为西宁县县长。各职任上，杨希尧调整府衙，减少名额，整饬警察，补修革新监狱；新建看守所，并每日三次查看看守所，俾合于卫生条件；诚恐县府人员随便押人，呈请不准各方拿名片羁押人民。

杨希尧在西宁城内及东关外，建立贫民救济院各一所，约 200 间。在县署西侧空地，修农民寄宿舍 20 间，解决当差农民住宿问题，并呈准农忙时不准派差，仍扩充学校，劝子弟入学读书。

3 月，会同视察员张佑新和省政府科员任国钧，历时 2 个月，完成西宁互助一带地理（界）勘查，4 月 30 日勘查完毕。

在青海推行文明新生活运动，大力提倡讲卫生，反对妇女裹脚等陋习。开办了洗澡堂，引进了新式机器，开办了鞋厂、袜厂、肥皂厂。

杨希尧自购德国柯达相机，拍摄了大量青海建省初期重要活动和青海生活的照片，这些图片均由他在自设的家庭暗房中冲洗[①]。

1931 年，杨希尧 43 岁，《青海风土记》由新亚细亚月刊社（上海）出版发行（初版）。

6 月 1 日，青海省教育厅正式成立，杨希尧任青海省政府委员、首任厅长，兼女子师范学校校长。兼任校长后，立即开除了有违为师之道的教务处长，以正学风。

任青海省教育厅厅长时，发生"索薪风潮"。教育厅成立之初，公库空空如也，全省教师半年不发薪水，民怨沸腾，众官员亦寒蝉噤声。作为厅长，杨希尧第一个站出来说话，亲自给时任财政厅厅长马敏斋写信，以个人名义借支大洋 500 元，解除燃眉之急；为属下请命，笔锋凌厉，饱含正义，得到全省教职员工的拥护；教育厅经费困难，但青海文化教育事业维持尚好，应与此有关。

青海省教育厅厅长任上，有一次马步芳派马汉章来见，要求遵前者之命，立即委

---

① 　杨希尧个人使用德国柯冲洗印制了大量青海建省初期重要活动和青海社会生活以及家庭生活照片。家中购置了钢琴、留声机等音响设备和大量唱片，以及各种童车、积木、建筑模型等儿童玩具。

任某女为省女子师范学校校长，遭先生坚拒，绝不承认。自是，与马步芳不睦。

1932年，杨希尧44岁，在《边事月刊》第一期发表《西北经济概况及开发刍议》，首倡西北开发。提出："所谓西北，即指陕、甘、青、宁、新五省而言也"，此即"西北五省（区）"发轫之说。

在青海省教育厅任上，杨希尧推进建省早期的各项开创性工作，倡导青海教育的良好风尚和践行进步、先进的教育理念，政绩颇丰。

1933年，45岁，《青海风土记》由新亚细亚月刊社（南京）再版发行。

杨希尧在建省初期任教育厅长时，提出并践行了一系列先进理念和工作方略，特别是提出了少数民族民众和学生接受现代基础教育有关的一系列先进理念，并努力实行之。此处略举大要：

各民族接受教育权利要平等。杨希尧多次指出，青海教育情形，多年来数量方面，似稍进步，但质的方面，完全仍旧，因人才依然缺乏，经费更加困难；唯回教教育，异常发展，因军政当局特别提倡之故，现已驾全省教育而上之。杨希尧面对此情，深感忧虑，不惜得罪青海高层当局，呼吁平权。

教育工作者在施行少数民族的现代教育活动中，不必时时、处处刻意营造所谓的"环境"。例如，一般都必须找到本土少数民族教师、必须使用"双语教学"手段等。他认为，如果一味追求这种外在环境，反而不利于少数民族受教育者在一定的时间里得到有效的改变和提高。

杨希尧提倡蒙、藏等少数民族儿童同校，他认为少数民族儿童同校数月之后，言语可通，生活亦渐改善，除食宿或暂特别外，其他一切共同，汉文、汉语进步均速，民族隔阂，消除亦易。

与上述理念相联系，杨希尧作为青海教育最高首长，他极反对专编蒙、藏、回文教科书，认为这种做法只会增加儿童学习困难，引起民族情感疏远①。

1934 年，杨希尧 46 岁，提出要加强同全国新闻界、教育界的联系，促进青海教育事业的发展。顾执中（1898—1995）、陆诒（1911—1997）两位新闻记者所著《到青海去》一书中记载了杨希尧与他们的谈话，不但提供详尽准确的数据，而且还和他们深入探讨的美好情形：

……（八月）四日上午九时，我们访青海教育厅长杨君希尧于其私邸，蒙告以该省教育情形甚详，并对于蒙藏教育推进的办法，也和我们讨论甚久。

本年主持了全省教育调查。10 月，由杨希尧厅长签发的《青海教育概况》行世，全面、准确、翔实，反映了青海建省初期和截至 1934 年全省教育的实际情况，特别是第一次给出了当时全省受教育人口在全省总人口中所占比例，已经成为非常重要的历史资料。现择其最主要数据简介如下：

全省中等教育方面：中等学校 8 所，教职员 198 人，学生 712 名，全年经费 100255 元。

全省小学教育方面：高级小学 50 所，教职员 229 人，学生 5414 名，全年经费 55091 元。

初级小学 563 所，教职员 744 人，学生 20440 名，全年经费 84577 元。

回教促进会举办教育方面：民众学校 1 处，高级小学 12 处，初级小学 79 处；教职员 201 人，学生 5333 名，全年经费 91250 元。

全省人口总数：1 054 774 人；受教育（接受大学、中学、小学、私塾、补习学校教育）

---

① 提出并实行少数民族基础教育有关的先进理念，主要指杨希尧在建省初期，教育厅长任上，提出实行的一系列先进理念和工作践行。马鹤天，早年毕业于日本早稻田大学，历任西北边防督办公署教育科科长、北平民国大学总务长、兰州中山大学校长、甘肃学院院长、甘肃省政府委员、甘肃省教育厅厅长、国民政府铨叙部育才司司长和蒙藏委员会委员等职的马鹤天先生，在 20 世纪 30 年代中国第二次边疆研究高潮中，是非常有代表性的人物，时人对他的工作业绩给予极高的评价。1935 年前后，马鹤天先生被任命为"九世班禅大师回藏专使行署参赞"而途经西宁。在西宁期间，马先生和杨希尧就教育问题作过深入探讨，马先生首肯和赞同"杨君子高厅长"的这些先进理念。

人口数 55 447 人；

受教育人口在总人口中所占比例：4% 强（实际是 5.2%）。

1935 年，杨希尧 47 岁时皈依佛门，受居士戒。心道法师[1] 在青海传教，往来于湟中、西宁等地讲经。11 月，在西宁县门街成立"西北佛教居士林"，并先后主持成立"西北佛教居士林镇海堡分林"及"西北佛教居士林后子河分林"。杨希尧受其感化，皈依佛门，受居士一戒。11 月 15 日，访问"西北佛教居士林"。12 月 28 日，与心道法师畅谈佛教教旨，兼任"西北佛教居士林理事长"，自此，杨希尧在佛教信众中享有很高名望。

1936 年，杨希尧力阻马步芳兴兵截击红四方面军，当面申明："红军方面系由河西打通国际线路，不来青海打你，你又何必去打他。"马步芳不予采纳。

又在省府委员会会议上，马步芳提出要摊收兵费 15 万元。杨希尧当即以民间贫苦为由，首先提出反对，致会议不欢而散。

1937 年，杨希尧接南京国民政府电，青海省政府各委员、厅长卸任。杨希尧任"青海省禁烟委员会"委员。这一年，他在《新亚细亚》月刊发表《青海漫游记》。

是年，"管理中英庚子赔款董事会"决定在西北、西南创办"湟川中学""河西中学""黔江中学"。董事会派出陶孟和、顾颉刚、王文俊赴青海实地考察，与地方当局协商并开工建设"湟川中学"，杨希尧作为教育厅原[2]厅长，直接与陶孟和、顾颉刚、王文俊诸位交洽。他延请董事会诸位到家，全面介绍青海政界实际情况，力主董事会独立建校，

---

[1]　心道法师，湖北荆州松滋县（今松溪市）人，俗姓李，生于光绪三十一年（1905）农历正月初十。年 15 父殁，深悟人世之无常，欲求了生脱生，遂于 18 岁时，毅然依本县岱辅庙师祖天园老和尚剃度出家，取法名源福，号心道。1934 年，受净月老和尚与韩大载居士等资助，赴青海学密宗，即住西宁塔尔寺，从蒙藏族诸大德研究藏文显密经典。未几，法音外传，全青海居士纷纷请师出寺讲经弘法者甚众。并先后成立的佛教团体组织有"西北佛教居士林""西山堡佛教居士林""青海省佛教会""湟源县佛教会""西宁佛学会"等 20 余处，闻法皈依者千万余众，依师剃度出家僧尼 20 余人。11 月，在西宁县门街成立西北佛教居士林。12 月，又改组湟源佛教会为中国佛教会湟源分会，自任理事长。1936 年，福州鼓山佛学院复请师办学，遂离青东下，是年有《心道法师西北弘法记》在上海道德书局出版。

[2]　推测，1937 年建立湟川中学时，杨希尧可能已经卸任。故此处用"原"字，以示慎重。

避免马步芳集团的插手干扰。为"湟川中学"
创建呕心沥血。

1938 年，由杨希尧操办，在西宁纸坊
街租房，将所租房舍修缮后，湟川中学即
开始招收高中、初中、附小学生各一个班。
同时，在西宁西南郊贾小庄动工修建校舍。
中学部迁进新校舍，"湟川中学"正式诞生。

"湟川中学附设幼儿园"的成立，也
凝结着杨希尧的心血。经过与王文俊先生
的深入讨论，他们一起研究了一个既省钱
又办事的好办法，决定在杨希尧的私人花
园"觉园"里成立"湟川中学附属幼儿园"。
先生腾空了自家花园东面的四间花庭、厨
房和小北楼上的 4 间房子，将花庭前的蓄
水池填平。延请内地一位名叫全淑华的女
教师及其丈夫和孩子住进了小北楼。"湟川
中学附属幼儿园"就宣告在"觉园"成立。

首次招生的四十几个孩子来到"觉园"，
接受现代新式的幼童教育。填平的蓄水池
成了孩子们的小操场，"觉园"中的花草
树木，成了全老师最好的教学标本。杨希
尧家中原有的风琴和玩具小脚踏车，王文
俊先生从南京带来的电动小火车、洋娃娃、
造型各异的积木，都是孩子们最好的玩具。

◎杨希尧著《青海风土记》书影
（刘钦明 提供）

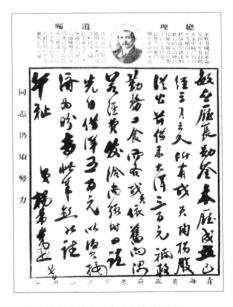

◎杨希尧先生手迹 （刘钦明 提供）

1940 年，杨希尧接受当时西宁"县门街"的德国教会医院的修女、医生从德国带来的植物馈赠，通过杨家花园"觉园"的栽培推广，引进了那时青海少有的郁金香、虎头梅、绣球梅和夜来香等花卉品种。

1943 年，杨希尧 55 岁。《中央亚细亚》第 2 卷第 4 期"近代国人中亚研究之回顾"专号上有署名为"麟"的《近代国人康藏旅行之概述》文章，涉及杨希尧的旅青事迹和著述[1]。

1949 年，中华人民共和国成立后，61 岁的杨希尧先生先后出任青海省人民政府委员、西北土改工作委员会委员、民主同盟中央委员、青海省体育运动委员会主任、民主同盟青海省支部筹备委员会主任、民主同盟青海省委主席（主任委员）、青海省政协委员、青海省人民代表大会代表。

1952 年，杨希尧将自己拍摄冲洗印制、收藏保存多年的青海省 1929 年建省前后至 1949 年建政前后的各大活动的现场照片、民国时期青海的社会生活照片及政要人物题赠肖像等珍贵影像资料，全部捐献，赠予青海省图书馆。同时捐赠的还有 1721 种、4000 册《万有文库》和全套《儿童文库》、长期订阅的全套《东方杂志》及《本草纲目》《全唐诗》等大量线装古籍[2]。

1953 年，为解决"青海省民族歌舞团文工团"办公和排练场地问题，杨希尧主动让出自己的住宅和私家花园"觉园"，提供公用。自己和家眷则搬到一座很小的四合院居住。

20 世纪 50 年代初期，西宁开始城市规划和建设，杨希尧多次在有关会议上发言阻止拆毁西宁城垣，据理力争，对有关决策人员提出完整保存西宁古城墙的方案，不惜

---

[1] 关于其他事迹，有《话剧在青海的第一次上演》，发表于《青海文史资料》第十六辑（1987 年）；《青海民盟组织的主要创建人杨希尧》，载《青海文史资料选辑》第十八辑（1989 年）。此外，其事迹还见于《青海省志·人物志》。

[2] 这些资料图书捐赠给青海省图书馆后，毁于该馆（1953 年？）火灾。先生家中收藏之余部，尽毁于"文革"。

因此遭到批判。

1954 年 12 月 27 日至 31 日，青海省第一届人民代表大会第二次会议在西宁举行。会议选举了青海省人民委员会（原为青海省人民政府）的组成人员，杨希尧当选为青海省人民委员会委员。

1957 年，69 岁的杨希尧被划为"右派分子"，只保留青海省政协委员职。

1966 年，78 岁的杨希尧遭到"抄家"，被残酷迫害。

1971 年，杨希尧逝世，享年 83 岁。

2017 年，杨希尧先生故乡青海省循化县人民政府作出决定，建立"循化十大历史名人"碑刻，杨希尧平生主要事迹赫然在列。碑刻矗立于积石镇黄河高崖，于 2018 年 5 月竣工。

2021 年 11 月，由刘钦明、马伟重订注疏的杨希尧先生著作《青海风土记》由青海人民出版社再版发行。

杨希尧先生一生博学多才，智圆行方；践行公义，服务民众；倡办教育，推广文明生活；疏财仗义，不计个人得失。流传事迹甚多，然受限不能——尽叙，谨此择其要者，略举如上。是为传略。

此心照明月　肝胆两昆仑

——缅怀父亲唐正人

唐千里[*]　遗稿

我的父亲唐正人，循化白庄塘人，生于 1934 年，身高一米七五左右，五官端正，天庭饱满，一表人才，稍显威严。母亲哈文彦，河北河间人，共育两男一女。父亲自少聪慧，就读于本村的上白庄中心小学，言行多气度，继而求学昆仑中学，时逢变革，返邑务农。1951 年从警，历任循化公安股股长，化隆公安局局长，青海公安厅办公室主任、副厅长、厅长、副总警监，省委常委、政法委书记、省人大常委会副主任等。

◎唐正人先生　（唐千里 提供）

敏而好学

父亲从小聪明伶俐，6 岁入循化县白庄完小念书。他学习认真踏实，夜晚常在灯盏底下温习功课，或教弟妹识字，或听父亲讲书，更多的是听故事。若是二爷爷唐洛藏回家，则追着询问外界奇闻逸事。因为二爷爷从小出家当"阿卡"以避马步芳拔兵，念经之余为寺院经商，因办事干练，有勇有谋，走货有方，眼光超前，被喜饶嘉措大

* 　唐千里，青海省测绘地理信息局原党委副书记、副局长。

师推荐给了九世班禅后，经常往来藏汉两地，有时也去东南亚的尼泊尔、缅甸、印度等地，见多识广。父亲喜欢刨根问底，问得多了，二爷爷就吓唬他说："你再问，问多了，下次把你带上驮在牛背上闯土匪的关卡！"父亲说："把你的枪给我就行。"被逗乐的大人们说："志气不小，但是书还念得不够，长大以后再去。"

随着年龄和学识的增长，父亲对历史英雄人物更加崇拜，通过各种关系借书看，学习成绩在班里名列前茅。字也写得好看，笔画清秀，结构匀称，虽未承师临练，却十分耐看。父亲喜欢思考，领会能力强，头脑中装的东西也比同伴多，且有正义感，逐渐成了娃娃头，即使年龄比他大的也唯他马首是瞻。六年级的时候，因不愿受老师们的肆意体罚，组织了一次同学罢课，后被保长、学董、老师们打得皮开肉绽，疗伤近半个月。

小学毕业后，喜欢读书的父亲不畏路途艰辛，跟着几个年纪稍大的大孩子步行五天到西宁昆仑中学读书。因为西宁昆仑中学是马步芳创办的学校，有军事科目，相对年龄较小的父亲在端枪、负重等方面有很大的困难，但在求知欲的支撑下，他咬牙扛住了教官大头皮鞋的踩踏，如饥似渴、废寝忘食地学习文化知识。

两年之后青海解放，学校解散，父亲便回家务农，在闲暇之余仍手不释卷，孜孜以求，耕读牧樵。由于主要负责放羊、砍柴，他有更多的时间看书，有时看得入迷，以至于发生狼吃羊的事情。为了放羊、看书两不误，父亲还随身携带了炮仗和自制火枪，到了山里先弄点响动再看书。

17岁时，父亲经人介绍到循化公安局上班，成为一名年轻的民警。由于有了前面的学习积淀，工作有声有色，很快成为年轻翘楚。业务知识学得多、学得快，用得活，并撰写了一些心得体会，得到了领导的赏识和认可，调他到省公安厅给薛克明当秘书。此后，父亲能看到更多的公安业务资料和书籍，工作内容更多是起草文稿和当参谋助手。他也深知从县局到省厅，各方面都是全新的挑战。工作虽然繁忙，但他秉烛夜读，苦读马列主义和毛泽东选集以增强政治理论功底和政策水平，翻阅内部文件刊物以拓宽眼界和提高专业素养，不断总结积累经验，以提高谋划工作和精准施策的能力。边学边干，理论与实践的结合更加紧密，理论和专业素养进步很快，加之原本积淀的文史底蕴，在撰写材料、开展调研等方面受到领导的青睐。各个时期撰写的业务文章得到了省厅领导的好评和同志们的肯定，有些被刊载，有的被作为讲义。正如他说的"依靠学习成就自己"。

走上领导岗位后，只要有时间，父亲积极参加各种培训、专家讲座。卧室里主要的也是几柜子的书，床头枕边也是夹着书签的书籍，回家后睡觉前必定看会书，常说看会书，入睡快。退休之后，他又习字作画，读一些传统书籍，细品古人先贤，咀嚼己身过往。后来身患绝症，依旧病床著书，笔耕不辍，启示后人。

睿智干练

在三四十年的公安工作中，父亲一直坚持"实事求是，有利群众，突出重点，对症下药"的原则。针对一些急难险重问题和存在的顽瘴痼疾，迎难而上，敢为人先，开拓创新；因势而谋，顺势而为，因地制宜；谋大做细，治标治本，务实有效，从一名基层民警成长为全国为数不多的副总警监。睿智干练的特质在不同的岗位和具体的工作中都有所体现。武警总部原中将司令员送给父亲"屏青海河山"的条幅也从侧面给予了高度评价。

1970 年，父亲被安排到化隆县保卫部治保组。一开始他的工作是在组员蔡良元的领导下处理交通事故、侦破一般刑事案件、调解民众纠纷等工作。半年后，父亲的工作能力得到组织的认可，被任命为治保组组长。又过了半年，被任命为保卫部副部长。从此，父亲工作积极性空前高涨，破获了一大批积案、要案，以及在当地引起恐慌的团伙盗窃案和当时比较有影响的牙什尕盗窃案、加合抢劫案、加合报复案等，极大地震慑了犯罪分子，给当地群众一个相对安全的工作、生活环境，使名不见经传的化隆

县公安局一跃成为全省公安系统先进单位。同时，父亲还根据自己案件查办的工作实际，认真分析、梳理、总结案件查办的工作规律、现场勘查经验、打击和防范措施等，撰写了《破案的辩证法》一文，被省《保卫工作通讯》刊载，引起全省同行的关注和赞誉。

◎唐正人检查工作（唐千里 提供）

党的十一届三中全会召开后，中国进入改革开放时期。敏锐的父亲隐隐觉得社会急剧变革会带来一些潜在的隐患，各种势力会闻风而动、乘虚而入，政治稳定事关重大。青海作为一个较为落后的民族地区，重点场所、部位、人员相对较多，政治保卫干部的能力和素质还不适应形势的变化。为此，他多次向领导汇报情况，并提出举办培训班的想法，领导当即同意，但提出经费上有些困难。父亲就提出夏季在青海湖附近办班，组织学员捞湟鱼、捡蘑菇、挖野菜，可解决大部分经费问题。领导立即说："好，一举两得。"培训班上请专家讲授，自己也将早期的工作经验整理了一万余字的讲稿分享给学员，课后还安排各地干部加强交流。由于学习环境安静，伙食好，大家学习认真，效果很好，参加培训的学员以后都成了领导和骨干。

1985—1995 年，父亲担任省委常委、政法委书记期间，还兼任了三年的公安厅长。为维护青海的政治稳定和社会安定，他打破旧思想、旧观念，改革老体制，探索新机制；改变老办法，提出新措施；抵制旧习惯，改进新作风。一是提出"安藏必先安青"的观点，得到部领导和各方人士的广泛关注和认可；二是提出整顿青海政法队伍，要从权、枪、车、酒入手，由此及彼，全面整顿；三是狠抓自身宣传，出书宣传政法干警的英雄、模范事迹，树立自信，纠正错误；四是提出反盗窃要根据青海实际，突出特点，城市要以反盗窃自行车入手，牧区要以反盗窃牲畜入手，解决群众没有安全感问题；五是建立公安厅领导干部节假日巡察制度；六是在青海全省设立社会治安见义勇为奖励基金会；

七是适应市场需要，成立正源小公共汽车公司，打破市场垄断；八是批准开放西宁至格尔木、格尔木至拉萨私营客车运输线路，促进市场竞争；九是撤销全省的路障路卡，保障运输线路畅通快捷；十是取消领导干部下基层边界迎送制度。这十条新思路、新措施的相继落实，从根本上解决了一些老大难问题，得到了群众的认可、领导的赏识、下属的钦佩。

生性正直

父亲忠诚耿直的性格，体现在不畏强权，宁为玉碎、不为瓦全的骨气和不屈不挠的精神上；崇尚英雄、敢为人先的思想观念上；心系群众、克己奉公的人民情怀中；实事求是、公平公正的处事原则上；无怨无悔，两袖清风的人生价值取向上。这种性格成就了他辉煌的事业，体现了他的人生价值。同时，也使他经常处在艰难困苦之中，造就了他逆水行舟的韧劲、敢于身犯险滩的勇气、开拓创新的锐气、求真务实的作风。民主与法制社的一位记者著文说："唐正人为人正直，工作勤奋，口碑颇佳。"

1962年，时任副省长的薛克明、厅长杨树芳因涉及镇反扩大化问题受到处分，薛克明被开除党籍，撤销一切职务；杨树芳被撤销厅长职务，下放乐都县任副县长。作为厅长秘书的父亲自然受到牵连，调出机要室，还被列为40多名调离公安厅的不纯分子之一，要求揭发薛克明、杨树芳的各类问题。父亲实事求是地向组织进行汇报，不夸大、不捏造，被某些人认为有隐瞒、包庇的嫌疑，停止了一切工作。在家闲住了半年以后，父亲主动提出调离公安厅，但未被批准。主要原因是许多同志认为父亲工作能力强，调走可惜，不断向上级反映。以后，父亲被人推荐参与了丁贤组织的调研、下乡活动，经过数次接触，工作和为人得到丁贤的肯定。

"文革"当中，父亲成了重点改造对象，最累最脏的活非他莫属，但父亲任何事都不服输的禀性，使得他做什么都能做得最好。一开始父亲被安排与高广文、义福林和

2 个就业职工喂 380 多口猪，半年后这些猪各个膘肥体壮。隔壁一连 15 人喂 250 口猪，喂得体瘦毛长，跑来学习经验。后来父亲被调到伙房做饭，四五个人要管 150 多人吃饭，虽然每天起早贪黑、累死累活，但他从无怨言。麦田浇水时他能整夜守候在田间，秋收割麦，因为其他人没有干过农活，尤其是不会捆麦子，他一个人能捆十几个人割的麦子，大家都十分钦佩父亲干活的利索劲。父亲就是这样一个做什么都能干出成绩来的工作狂。他的观念就是既然要做，那必须要做好，只要是有利于国家、集体和个人的事，用心干、踏实干，最终会得到组织和大家的认可。这种耿直的性子也造就了他积极向上、不屈不挠、勇往直前的作风。

1975 年 7 月，父亲重返省厅任一处副处长，分管案件的侦查、冤假错案复查和全处政治思想工作，亲自或指导破获了许多案件。在一处工作的四年当中，工作卓有成效。

由于十年动乱后公安队伍在思想和组织方面还没有走向正轨，亟须在考察任用、拨乱反正、纠正冤假错案等方面做一些实实在在的工作。1979 年冬，父亲又被调任厅政治部副主任。由于办事公道，实事求是，一分为二，工作有声有色。1980 年 5 月，父亲再次调任厅办公室主任。上任后，抓制度、明奖罚、做表率、讲公平，敢于主持正义，对不良行为敢于批评、敢于斗争，营造了良好的工作环境和氛围，办公室的面貌焕然一新，多次得到领导表扬。1981 年 4 月，省委下达命令提任父亲为省公安厅副厅长，这是父亲人生的一次跨越。此前，省委组织部对父亲进行过多次考察，在进行民主测评时，参会的 170 多人就有 120 多人投赞成票，绝大多数的同志认为父亲是一个廉洁、正直、勤奋的好干部，应该得到重用。

父亲的耿直不仅体现在做事上，而且反映在对自我的认识上。他在日记中写道：我所做的对得起人民，对得起党，对得起我的祖先和亲人们，对得起"正人"二字。当然，一生中也有不少缺点和错误，特别是在那个激情燃烧的年代，也做过许多错事，伤害过一些人，对此感到内疚，值得认真反思，但也有多种复杂的社会时代因素，不全是个人问题，更不是品德问题。

重情重义

父亲喜欢与人交流，有亲和力，广交朋友，不分老少、民族、穷富、职业，不管走到什么地方或场合都很快与大家打成一片。他也特别的珍惜同志之情、朋友之情和亲情。走上领导岗位以后，对曾经为党的事业而牺牲、流血、受伤、致病和提供帮助的同志或家人、子女们尽力给予一些力所能及的帮助。在干部管理上，经常叮嘱下属："常举刀，少砍人。""听媳妇的话，有饭吃。""在没有弄清真相之前，不要轻易说他们是好人还是坏人。只会对我们助人为乐的行为产生好感，对待群众，要观察他们的一言一行，千万不可犯公安职业病，把多数人看坏了。"对待朋友一直热情好客，诚朴直爽。

每逢回到循化，父亲都会领着弟妹及子孙们上坟怀念祖先，给大家讲述家族的过往，把已故老人的事情讲给大家，并叮嘱后辈继承好的方面，吸取经验教训，以先人为鉴，教育后人忆苦思甜，感恩父母，正心上进。父亲经常感慨万分，写一些缅怀短文、诗词或继续讲解亲人往事，情深意切，常常感动得家人伤怀唏嘘。村里的发小、老人也是他必访的对象，以至于回到老家比上班还忙。晚上是和家族老少寒暄吃饭、小酌交流的黄金时段，要讨论家族事宜和了解各家大事，特别是听取侄甥孙辈们学业的情况和灌输学习改变命运的道理。他的到来是唐家联络感情、聚众议事、引导家风、合家欢乐的时候。每逢中华传统节日，父亲一定会团聚家人过节，讲一讲节日的由来，写一写自己的感怀读给家人听。每逢春节，就会组织家人写感悟，题材不限，每个人发言后，父亲讲评并定出名次，奖优罚劣，引导家人好学多思、善表情愫。每当家人外出和归家时，虽然吃的是平常饭菜，但父亲都会安排做饺子或包子吃以示迎送，尽力凑全家人一起进餐，并送上嘱咐，使每一个外出或归来的人感到满满的温情和十足的仪式感，尤其使每一个甥侄们倍觉温馨。每逢甥侄娶嫁，父亲更是亲力亲为，忙前跑后，订计划、抓落实，事无巨细，不怕劳顿，尽心尽力，力求完美。甥侄们也因有这么个慈祥、操心、关爱、周密的舅伯而欣慰、感恩和自豪。

2008 年举办的金婚纪念庆祝活动更是体现了父亲浓浓的情感。当年，父亲久病未愈，身弱体虚，应当以静修为宜，但他不畏病痛，邀请亲朋搞了场简单而很有纪念意义的活动，亲自安排纪念活动，以亲友祝词、才艺表演、回首往事、答谢致辞、温馨聚谈的方式表达了亲情的珍贵、家风的重要、友情的难忘、生命的真谛。这传递了自强不息、厚德载物、家和万事兴的向上向善精神，也体现了积极乐观、通透豁达、热爱生活、重情重义的处世态度。

总之，父亲一生好学敬业，修身谨细，厚德载物，生性耿直而俊杰廉悍，处事果敢亦能运筹帷幄，锐意进取不怕困难，虽名扬西海却多儒风；豁达处事，广交各族各界好友，乐助而多温恤，居家和睦，出言多馨，勤俭治家，为人楷模。

2011 年 4 月 28 日，父亲宁静地走完了他人生的最后历程，却把无尽的思念留给了我们，现在缅怀父亲，真是让人感慨万千。

我的水利人生

吴维舟[*]

　　我 1953 年 8 月出生于循化撒拉族自治县，1972 年 7 月毕业于循化中学高中。同年 8 月在循化县农牧科水利工作站参加革命工作，从事小型农田水利工程的勘测、施工工作。从参加工作至 1990 年底的 20 年间，我怀着满腔热情，跑遍了循化县的山山水水、沟沟岔岔，曾先后参与了道帏东湾寺水库、尕楞建设堂水库工程的施工及该项目灌区工程的测绘设计工作，负责实施了查汗都斯东滩农田基本建设大会战，独立承担完成了黄丰渠哈达亥险段渠道改线工程和黄丰渠老虎嘴险段黄河防洪工程的建设任务。

　　除以上重点工程外，还独立完成了县城波浪滩、街子三兰吧亥、孟达谷子滩、查汗都斯大庄、清水大庄、尕楞宗吾占群等村的十几座提灌工程和几座小型涝池工程的勘探、设计和部分工程的施工工作。其中，负责设计的孟达谷子滩移动式电灌站获得县科委优秀工程设计奖。为了进一步提高自己的水利专业知识，更好地服务于循化的水利建设事业，1981 年 9 月至 1984 年 7 月，经组织推荐，我报考了陕西省水利学校农田水利专业并被录取，脱产学习三年毕业。在已有实践经验和自学专业技术知识的基础上，又通过三年时间的勤奋、系统学习，使自己由过去对水利专业知识的一些感性认识，在理论认识上有了较大的提高，为以后卓有成效地继续从事水利工作打下了较为坚实的基础。1984 年 7 月水校毕业后，仍在循化水电局工作，至 1987 年，曾先后多

---

*　吴维舟，西宁市政协原副主席。

次赴西藏参与墨竹工卡水电站工程投标、洽谈合同及工程组织实施工作。负责完成了黄丰渠老虎嘴段黄河防洪工程的组织施工及建设任务。从 1988 年起担任水利工作队副队长，协助队长负责县域内小型水利工程的组织实施，认真履行职责，较好地完成了工作任务。在循化工作约 20 年间，我从一名水利战线上的新兵，在组织的培养和老同志的帮助指导下，通过努力学习，不断实践，在艰苦的环境中摸爬滚打，逐步成长为一名合格的水利工作者。

回顾在循化水利战线工作的经历，很多往事经常浮现在我的面前，感受至深，终生难忘。

一

循化水利事业的发展变化实属不易，循化干旱缺水，在青海是出了名的，提起循化，人们习惯地称"干循化"。境内年降水量少，水资源分布不均，开发利用难度大。如何改变循化干旱缺水的面貌，解决循化的水利问题，摘掉其"干循化"的帽子，是循化县委、县政府及水利部门面临的历史性课题。首先，循化的地形西南高，东北低，境内最大的水资源是横穿查汗都斯、街子、积石镇、县城、清水及孟达等乡镇的黄河水，河水距离两岸台地平均高度 50 米左右，越往东延伸，高差越大，取黄河水实施自流灌溉，难度很大。其次，水资源相对较为丰富的尕楞、文都、道帏 3 个地处脑山地区的藏族地区，山高、沟深，境内多为沟岔水。受季节性影响，夏秋多雨季节沟岔地表流量比较丰富，但遇到干旱少雨季节，河道及各沟道来水均比较少，直接开发利用，实施自流灌溉，灌溉用水季节水量得不到保证。

地处中、下部地区的查汗都斯、街子、积石镇、清水、白庄 5 个乡镇地表水资源相对贫乏，其灌溉水源除了靠近黄河的几个乡镇可局部利用黄河水外，其余地区仅利用少量的沟岔水可供灌溉。鉴于循化的水资源现状，为了合理开发利用水资源，改善水利灌溉条件，加快改变干旱缺水的面貌，水利部门审时度势，在总结经验，对全县境内水资源进行全面调查摸底，及时开发利用现状的基础上，制定了比较符合循化实际的"上蓄、下提、中调节"开发利用水资源的治水思路。"上蓄"，即在境内南部地势较高、沟岔水较为丰富的孕楞、文都、道帏3个地区，以进行调蓄为主的水库工程建设，辅之以长藤结瓜似的小型蓄水涝池建设，充分将丰水期的水调蓄起来，以调节手段解决各季节的灌溉用水。

◎吴维舟在视察工作 （吴维舟 提供）

"下提"，即在境内地势较低，紧靠黄河的查汗都斯、街子、积石镇、清水、孟达5个乡镇的局部地区，利用在黄河边及黄丰渠沿线修建提灌工程，最大限度解决灌溉用水问题。

"中调节"，即在街子中、上部，清水局部，孟达局部，白庄4个乡镇进行大口井截流地下水及沟岔地表水的利用等措施，进行水资源的开发利用。在县委、县政府的正确领导和支持下，按照以上治水思路，从20世纪70年代初期，在境内陆续掀起了水利建设的高潮。主要表现在：水库蓄水工程、地下水及小股地表水开发利用，沿黄河地区大、中、小提灌站建设等大中小举措并举的水利建设高潮，水利面貌发生了很大变化，使循化水利工程建设迈出了较大一步。

实践证明，县水电局前任领导提出、制定的治水思路是符合循化县情、水情的，正确抓住了循化水利发展的命脉。尽管有些项目由于种种原因未能发挥原设计效益，但以骨干项目建设为重点，因地制宜，因水制宜，采取各种措施充分发挥利用水资源，对有效解决循化的水利问题发挥了显著作用，产生了深远影响。省水利部门对循化当时采取的这些治水措施也是非常认可的，在重点项目建设的立项、勘探设计、工程资金安排、技术指导等方面均给予很大支持。重点蓄水工程项目已打下良好的基础，待条件成熟再上马实施，必将发挥很好的工程效益。

二

1972年初，道帏东湾寺水库开工建设。工程指挥部总指挥为马有功（时任循化县委书记），副指挥为雷振乾（时任循化县水电局副局长）、拉浪太（时任循化县道帏党委副书记）。工程技术人员为王进帮、吴维舟等，省水利厅设计代表葛光玺。从1972年初起，在先后完成大坝坝基开挖、岸坡清理、放水廊道工程后，县上即调集积石镇、清水、白庄、孟达、道帏5个乡镇约2000名民工参与，由各乡镇党委副书记带队到水库工地，用手扶拖拉机、架子车等运输工具，从土料场运土到大坝，进行水库大坝工程的填筑施工。

经过1973年和1974年两年的全力实施，硬是靠人力，用非常落后、简陋的运输工具，将10万多方土运送到大坝，按计划完成了水库大坝工程施工任务，实现了水库工程的全面按期完工，参与施工的有关乡镇2000多名民工，在无任何报酬的情况下，为东湾寺水库建设立下了汗马功劳。

1974年冬，东湾寺水库完成枢纽工程建设任务后，水电局即组织力量，对水库灌区工程进行了测量定线及设计工作，准备下一步开展灌区配套工程的施工。但水库完工后的蓄水阶段，由于工程地质问题库区产生渗漏现象。虽然经过后期防渗处理，但水库的有效库容比原设计库容缩小很多，原120万方设计库容，到最后为了水库安全，实际库容为70多万方，灌区工程也未进行原控制范围内的建设。在我离开循化时，水库只对贺龙堡等村的小范围灌溉供水，没有发挥原设计效益。

1978年初，在东湾寺水库还在进行防渗处理的同时，县上不遗余力，又打响了建设尕楞地区建设堂水库的战役。该工程先后由先巴加（时任循化县委副书记）、唐远志（时任县农牧科科长）任工程指挥部总指挥，史孟学、雷振乾等任副指挥。参加工程的技术人员有宋中兴、庞德润、韩国强、王永录、吴维舟、石青学等人，是当时水电局抽调的技术力量比较强的人员，还有从县上各机关单位抽调的工作人员。建设堂水库从1978年开始实施，至1980年底，经过三年的建设，先后完成了水库大坝坝基开挖、岸坡清理、放水洞工程、溢洪道工程及大坝部分坝体填筑等项目。其枢纽主要工程除大坝大部未完工外，其余均已完工。

工程实施还是采取东湾寺水库模式，除放水洞、溢洪道等专业性、技术性较强的工程组织专业施工队伍外，大坝工程仍调集查汗都斯、街子、文都、积石镇、尕楞等乡镇1000多名农民工参与施工，上坝土料以分配任务方式，仍然由各乡镇自备架子车、手扶拖拉机为主要运土工具，进行大坝施工。仍然无任何工程补偿，全凭行政手段，以下达任务的方式，艰苦地进行大坝工程实施。在大约完成设计高度的坝1/3时，由于国家和省上调整建设项目，建设中的建设堂水库被迫缓建，至今尚未复建。灌区工程于1979年完成勘测，1980年下半年完成初步设计。由于水库缓建，致使整个配套工程也停建。

孟达山水库也在20世纪70年代中期进行建设，该项目属省水利厅科学研究所承担的湿陷性土质防渗试验项目。该工程的组织实施工作，由县水电局徐万林具体负责，杨永福等同志协助全程参与施工。省水利厅科学研究所派技术人员，驻工地全程指导沥青塑料布库区防渗的技术工作，历经两年时间的施工，完成工程建设任务。

除了以上3个比较大的水库工程外，县上组织实施的黄丰渠老虎嘴、哈大亥段黄河防洪工程也属于比较大的一项重点工程。黄丰渠始建于20世纪50年代，从查汗都斯乡繁殖场处引取黄河水至黄丰电站，干渠全长20多公里，设计流量10立方米/秒。该项目是一个集灌溉、发电供水的综合性工程。除了给黄丰电站发电供水外，还承担着沿线查汗都斯、街子、积石镇3个乡镇近万亩耕地及林地的灌溉用水。工程建成运行至今发挥了非常大的工程效益。可以说黄丰渠的建成，一定程度上缓解了沿渠几个乡镇农作物灌溉缺水的现状，成为受益乡村的命根子工程，也是改善循化沿黄地区水利面貌的一项典型工程。但黄丰渠在安全运行了几十年后，渠道所经过的黄河老虎嘴、哈大亥两段长约 3 公里的河段，由于黄河南岸长期遭受黄河水的严重冲刷，致使高度 30 多米的河岸台地连年崩塌，逼近该段黄丰渠，渠道距离河岸最窄处仅剩 2 米左右，严重威胁着黄丰渠的安全运行。在渠道改线再无可能的情况下，省上及县上抓住公伯峡水库下闸蓄水，黄河断流的有利时机，组织技术力量及财力、物力，对黄丰渠老虎嘴及哈大亥两段的黄河南岸险段采取建钢筋石笼挑坝的措施，将黄河水主流迫向河道中心，以减轻对南岸的冲刷，从根本上解决黄河主流常年冲刷该两段南岸，对黄丰渠安全运行造成严重影响的不利局面。该防洪工程于 1987 年初开工建设，经过一年的全力实施，于当年 10 月底全部按设计完成 20 多座钢筋石笼"丁"字坝的建设任务，至今发挥了非常好的工程效益。工程实施过程中，得到了县委、县政府的高度重视，时任县委书记宁万福、县长韩克仁亲自主持召开专题会，研究部署工程建设事宜。组成了由县委副书记马明忠为总指挥，县水电局长马如飞、副局长绽有义为副指挥的工程建设指挥部，县政府贡保副县长、县水电局由我和王永录同志分别负责老虎嘴、哈达亥段工程的组织施工，较好地完成了工程建设任务。

除上述重点项目建设外，在境内中、下部地区同步开展实施的街子羊苦浪大口井，孟达木昌等地的地下水截流开发，文都、白庄、尕楞等中、上部地区的小型蓄水涝池及沿黄地区几十座提灌工程，均发挥了比较好的工程效益，有效改善了这些地区的水利条件。

三

从上述几个重点水利项目的实施情况可以看出，每个重点工程的实施，都成立了由县上主要领导担任总指挥、有关部门领导担任副指挥的工程建设指挥部，具体负责建设工程中有关问题的协调解决和整体工作的组织领导。县水电部门抽调精兵强将，全力以赴，负责工程建设的技术施工。实行总指挥不定期到施工现场检查指导，主持召开指挥部会议，研究解决项目建设中的有关问题。副指挥常驻工地，与其他工作人员同吃、同住、同工作，盯住落实指挥部会议的有关决定，随时协调解决有关问题，保证项目建设的顺利进行。县水电部门作为全县水利项目建设的主要负责任单位，领导能力、工作思想、技术水平、实干精神都是考验一个领导及部门能否推进整体工作的主要体现。

我在循化水电部门工作的 20 年中，遇到了一些使我终生难忘的精英人才。雷振乾、庞得润、徐万岺、宋中兴、韩国强、绽有义、王进帮等同志，他们有些是单位领导，有些是单位技术骨干，和他们多年工作相处，我感到在他们身上体现出了吃苦耐劳、任劳任怨、勇于负责、敢于挑担的敬业精神和良好的业务素质。他们当中有些人既当将、又当兵，长年带领工程技术人员，奋斗在工程现场第一线。在水库工程建设中，他们都是冲在第一线的工程技术人员。建设堂水库的放水隧洞施工，既是技术性最强，又是最危险的一个施工项目。我经常看到负责该项目的宋中兴和韩国强同志，整天蹲在洞子内指导、检查工程建设中的技术和质量问题，经常是满身灰和土，有时出洞后累得连饭都不想吃，有时错过了食堂开饭时间，就只好在帐篷内啃上两口馒头，看着真叫人心痛。庞得润整天坚持蹲守大坝，把守大坝工程施工质量。雷振乾在东湾寺水库建设期间担任副总指挥，他的工作责任心极强，在水库廊道砌体工程施工中，他整天和工程技术人员一同守在工地，恐怕砌石的浆灌不满，影响工程质量，民工下班，他才下班。施工的民工嫌他整天叨叨，要求太严，很不高兴，故意将石头往他面前抛，砸在砂浆上，弄得他经常满身是水泥、砂浆，但他毫无怨言，坚守一份责任，坚守一种对工作勇于负责的精神，使人动容。

庞得润、徐万岺、王进帮、绽有义等同志，业务能力强，具有丰富的水利工作经验和组织实施能力，对循化水利事业的发展做出了重要贡献，这些同志有的不到 60 岁病故，英年早逝，有的退休，有的常年患病卧床。他们是循化水利工作中的一代精英，对我的一生也产生了重要影响。

四

（一）目前 2 个水库存在的问题

东湾寺水库。尽管目前有效库容达不到设计库容，但处理后的水库，还能有几十万方的水可蓄。一座水库可替代 60~100 座小型蓄水涝池，如果该水库年建设灌溉配套、发挥效益，将会极大改善道帏地区数个村庄的水利条件。所以县上应该将此水库灌溉配套作为今后项目的重点，做好前期勘测设计工作，申报国家立项投资，加以实施。

尕楞建设堂水库。该工程在 1980 年底缓建至今已有 40 多年的时间，工程缓建前已完成水库放水隧洞，溢洪道等枢纽主要工程及 1/3 的坝体工程填筑。剩余工程主要是相对容易施工的大坝工程，按原设计坝高，继续进行填筑及灌溉配套工程建设，建设任务不是很重。在当时财力困难、施工条件艰苦，大坝工程主要靠行政手段调集几个非受益区乡镇的农民工进行施工，能搞到如此程度而缓建，至今得不到复建，不能发挥工程效益实在是可惜和遗憾。在目前国家财力比较好的情况下，重新申请立项，争取国家资金支持复建，组织专业施工力量进行剩余后续工程的建设，能在短期内建设完成，发挥效益，比再建一个同等规模的水库工程省钱省事得多。

（二）抓住机遇，积极争取并落实国家和省上正在推进的沿黄水利骨干项目

一是要跟踪落实公伯峡水库南北干渠在境内项目的规划及前期进展情况，全力配合省上有关部门做好相关服务工作。若公伯峡南北干渠能得以实施，将会历史性地结束循化沿黄地区干旱缺水的面貌，对工程控制区域内的农业、林业生态灌溉用水及人畜饮水全面得到改善和解决，自流灌溉会极大减轻原建提灌站工程流灌成本高、农民负担重的问题。二是在县域黄河以北沿山一带已建成标准很高的一条引水渠，要想法使其发挥作用，以解决黄河以北地区农业及生态灌溉用水问题。

（三）加强专业队伍建设，造就一批循化本地人为主的专业技术队伍。

循化的水利建设，在过去的几十年间，确实涌现出了一批专业技术方面的精英，不论是外地来的干部还是本地干部，他们为循化水利事业的发展发挥了重要作用，做出了很大贡献。从20世纪90年代初开始，专业技术干部的流动对本县的水利技术力量造成比较大的影响，庞得润、宋中兴、王进帮、石青学等技术骨干相继离开循化，调往海东地区和省级相关部门工作。有3名分配来的外籍大学生，业务素质很好，但在循化只干了三四年时间，都相继调离循化到外地改行干别的工作。循化本地专业技术干部人员以徐万岑、绽有义、韩国强、王勇录、杨永祜、赵龙、李克明、韦宁等为基本骨干，一生终守职业，在循化水利战线上奋斗至退休，为本县的水利发展奉献了自己的终生。

从他们身上我深深感到，他们都有一种不怕吃苦、耐得住寂寞、韧性强、为家乡水利事业发展勇于奉献终生的良好品格。为此，要大力培养本地水利技术人才，稳定本地建设水利专业技术队伍，始终不断档，能接上茬，是持续开展本地水利工作的有力保证。

现阶段国家基本取消大学毕业生的直接分配，外地籍水利专业毕业生宁肯改行干别的工作，也不愿到州县来工作，本地籍的水利专业毕业生，回来后也面临着就业难的问题。因此，要想办法多途径地吸收解决有意愿回家乡工作的本地籍水利专业毕业生就业，让他们为家乡的水利事业奉献力量，稳定、延续水利专业技术队伍。以上是我在循化从事水利工作的一点感受及思考，文中所述的重点项目、实施的时间、地点和参加的人物及一些过程，都是自己亲历和共事的一些感受。

我在循化水利部门工作整20多年，于1991年初调往西宁市城北区农林牧水局，至1997年10月在城北区农林牧水局工作期间，先后任该局副局长、局长。主持并独立完成了该区大堡子乡晋宋坪3000亩农田水利配套工程的勘测、设计及组织施工。在专业人员力量薄弱、工程设计任务范围广、量大的情况下，我尽最大的努力，不避寒暑，殚精竭虑，住在工地，每日亲睹施工现场架镜测量，描绘设计图纸，组织施工，施展了自己的才智，带领有关工作人员，圆满完成了工程建设任务。该工程竣工后，经省上有关部门验收，被评为优秀设计及优良工程，成为当时省上和市上一致公认的田间水利配套工程的典范，受到上级部门和群众的好评。由于出色的工作成绩，1996年度被评为西宁市1994—1996年度优秀共产党员，受到市委、市政府的表彰和嘉奖。

1997年11月，我被提任为西宁市农牧水利局副局长，分管全市水利工作。在市水利部门工作期间，我深深感受到城市水利与农村水利有很大的不同，农村水利主要面向农村，工作重点是解决农村农田灌溉及人畜饮水问题，工程以面为主。而城市水利则要以保证城市人民生命安全和城市供水、治理污水等为重点。根据这个特点，我到西宁市水利部门工作后，首先确定工作突破口，制定城市水利的发展思路，抓规划、抓机遇，争取省上和国家资金的支持。首先将工作重点、切入点放在多年来对城区人民生命、财产安全造成严重危害的遍布于城东、城西、城北地区的瓦窑沟、大寺沟、小西、支水沟、羊圈沟等9条比较大的汛期高发洪水泥石流灾害沟道的综合治理。上面采取在沟道上游的各支沟修建浆砌石谷坊群，拦挡发生在各支沟的洪水泥石流，以减轻在主沟形成汇流，造成大的洪水泥石流。在主沟上结合改善沟道两岸居住群众的交通和居住环境，采取修建钢筋混凝土箱涵的工程措施，将沟道下泻的其余洪水通过，结合收集沟道两岸的污水分别排入城市污水收集管网系统。经过三年的不懈努力和强力实施，高标准完成了工程建设任务，有效地解除了这些沟道长期以来对城区人民生命、财产安全带来的危害。

从2000年起，在省、市政府的高度重视下，开始大规模分段实施城区河道的综合治理。河道治理以提高河道防洪标准，截断排往河道的污水，改善河道水质，河道内修建梯级橡胶坝，拦蓄河水，形成水面及两岸绿化等为主的建设。在我的主持下，至

2001 年 9 月，经过近两年时间的努力，实施完成了投资几千万元的湟水河城区段报社桥至建国桥段，南川河昆仑桥至入湟水河口段，北川河门源桥至湟水河口段共约 6 公里的河道综合治理。治理后的城区段河道防洪标准大大提高，水质变清，水面变宽，两岸亭台楼阁，绿树花草成荫，极大地改善了城市环境面貌，成为一道亮丽的风景线，受到广大市民的赞誉。

2001 年 10 月，市上机构改革，正式成立西宁市水务局，其主要职能是负责全市的水事权，对全市水资源、城市重点水利工程、水土保持工程、城市供水、排水、污水处理及防汛抗旱等工作进行全面地统一组织实施及监管。我被任命为第一任西宁市水务局党委书记兼局长，主持市水务局全盘工作。在市水务局工作期间，按既定的城市水利发展思路及工作职能，在继续抓好治河、治沟等重点工程的同时，争取资金，组织实施完成了对西宁市重点灌区解放渠、礼让渠及中庄渠干渠的全面改造。经过改造的老灌区，旧貌换新颜，既保证了渠道的灌溉效益，又极大地改善了沿渠环境面貌。同时积极实施城市供水第六水源建设及第一、第二污水处理厂的建设，城市供水得到进一步保障，城市污水收集处理填补了历史空白。

在紧张、繁忙的工作之余，我始终注意理论学习，不断给自己充电，以进一步提高与工作职能相适应的工作能力和水平。在西宁工作期间，我先后报考了中央党校函授学院本科党政管理专业和中国人民大学企业管理研究生班的函授学习，并完成学业，分别取得本科和研究生学历。

由于自己的勤奋工作并取得了一定的工作成绩，受到组织和群众的好评。2003 年经组织推荐，我被评为全国水利先进工作者，参加全国水利工作表彰大会，获得全国人事部和水利部的表彰奖励。2006 年 11 月市上换届，我被组织推荐，选举为西宁市政协副主席，同时兼任市水务局局长。到 2008 年底，卸任市水务局局长。

我于 2013 年 8 月因年龄到限退休。回顾自己的一生，从参加工作到退休，在循化和西宁连续 40 多年一直奋斗在水利工作第一线。40 年水利生涯，我经历了两个不同地区的水利建设事业，但它们共同的特点是工作的主战场都是环境条件比较艰苦的野外，与天斗、与水斗。县上的战场主要在农村，在山沟。市上的战场表面上看是在城市，但其工作的艰辛，取得成绩的艰辛丝毫不亚于在县上的工作。尽管工作很苦、很累，但我的一生选择了水利，水利也选择了我，完成一个项目，又满怀信心、义无反顾地投入新的项目建设中去。工作中的苦与乐，伴随了我的一生，看到一个个自己亲自参与和负责实施的工程项目发挥效益，取得成绩，我感到无比的欣慰和高兴，并将其视为实现自己人生价值的终身职业和荣耀。这就是我的水利人生！

父亲是我一生的榜样

宁黎平[*]

1931年腊月初八，父亲宁万福出生于青海省循化县道帏乡多哇村一个普通的家庭。这个安宁美丽的村庄以藏族为主，我们家在村子边上，有3户汉族人家，还有几户是回族和撒拉族，都叫多哇塘。这里土地肥沃，民风淳朴，各民族之间世代友好。祖母穆菊英，穆姓在循化也算是一个大户人家，曾祖父这一代到这里买田置地，开始农耕生活。穆家到了祖母这一代，除了祖母还有3个妹妹，家里没有男孩，一个妹妹因为生活困难被抱养到临夏，此后杳无音信，还有两个妹妹就在循化本地。祖父宁如海是甘肃临夏马尼寺沟人，从小就在私塾读书，后来临夏闹粮荒，在逃难的路上招女婿入赘到穆家与祖母结婚。因为上过私塾有一定文化，就在清水、白庄、道帏一带给大户人家的孩子教书为生，在当地小有名气。

◎年轻时的宁万福 （宁黎平 提供）

---

* 宁黎平，青海大学教授。

那时候家庭主要财产就是土地，祖母家虽然有一点土地，但仍不能维持一家人的温饱，祖父就学会了给人防天花种牛痘的手艺，以此换取农户家的粮食，生活总算勉强过得去。我父亲还有两个妹妹，大妹宁万娥一直在循化工作，从县妇联退休；二妹宁万芳从西宁师范学校学习藏语，毕业后长期在玉树州工作，因为不适应高海拔环境调到青海日报社从事翻译工作。祖父去世早，我们没见过爷爷的面，他是个有远见的人，在那样的年代和生活条件下仍坚持让 3 个孩子读书学文化，实属不易。

一

父亲跟着祖父在私塾里念完了小学。祖父的私塾没有固定的地方，哪个村庄请祖父当先生，父亲就跟到哪里念书。父亲自幼聪慧，在祖父严厉管教中读完了旧式小学，在父亲的记忆中因为功课挨打、抽板子是经常的事。祖父的学生遍布循化各个地方，慢慢有了一点名气，被请到临夏县韩集云亭中学教书。父亲也在云亭中学读完了初中，那是 1948 年 6 月。

1948 年，经过循化县的选拔考试，父亲成绩优秀，被保送到青海省当时的最高学府昆仑中学念书。那年父亲 17 岁，一路上与同学一起青春做伴，跋山涉水，翻山越岭，步行 7 天到达西宁。同学中包括后来的青海省政协主席韩应选等一些老领导。在昆仑中学，父亲跟来自青海各地的青年学子一起度过了寒窗岁月，接受了新式的文化教育。那时候虽然生活艰苦，但父亲求知欲望强烈，学习刻苦，成绩良好。在昆仑中学学习的日子刚刚经历了一年，解放军大军以摧枯拉朽之势解放了兰州，马步芳家族在青海的统治也土崩瓦解，学校解散了学生和老师，父亲结束了学习生活，回到家乡务农。这段经历父亲在年老的时候经常提起，在回家路途中不仅要克服各种困难，还要时刻躲避马步芳溃兵的骚扰。历经艰难快到循化时要过黄河。那时候黄河上没有桥梁，全靠撒拉族阿爷的牛皮筏子，好像是人钻到筏子里吹了气浮过去，到河中间的时候，阿爷说："尕娃口袋里的银圆全部给我，要不是你哈黄河里放过哩。"吓得父亲赶紧答应，过河后才发现人家其实在开玩笑，就要了说好的那点钱。

现在循化到西宁全程高速公路，家家都有小汽车，两个小时就到了，我们现在的生活是多么的富足和自由啊！父亲经常给我们讲旧社会，在马步芳军阀统治下老百姓担惊受怕、受苦受难的日子，要感恩共产党带给我们的幸福生活，没有新中国就没有我们今天的一切。随着年龄和阅历的增加，我越来越领悟到父亲的教诲，我们每一个人的生活和国家的命运息息相关。想想我们的父辈和祖父辈受过的苦难，我们的国家受帝国主义压迫和反动军阀剥削，人民受苦受难，国家积贫积弱，一穷二白。如今在中国共产党的领导下，国家建设取得了伟大成就，昔日国贫民弱的中国发生了翻天覆地的巨变。今年是建党 100 周年的日子，勤劳智慧的中国人民创造了举世瞩目的成就，全面建成了小康社会。我在写这篇文章时刚刚得到消息，神舟十二号载人飞船返回器成功着陆，3 名航天员在空间站工作、生活了 90 天，胜利完成了航天任务，我为我们国家取得的非凡成就感到骄傲和自豪。

二

从昆仑中学退学回来不久，解放军解放了循化，父亲就在家乡道帏乡多哇村帮家里干农活。1949 年 10 月的一天，父亲在道帏河滩里边放牛边看书，恰好让道帏军管会部队的人看见了。那时候识字的人很少，乡里缺乏干部，经过简单的测试后就让父亲到乡政府当了文书，父亲也是解放后第一批参加工作的干部。父亲退休后我问过他，差几天就可以算是解放前参加工作，那样就是离休待遇，为什么不想想办法找人写个证明？父亲是个原则性很强的人，他说这是国家规定，差一天也不行，不能钻这个空子。

新中国成立初期，人民群众经过马步芳家族的高压统治，对土地改革、镇压反革命工作有顾虑，政府工作千丝万缕、艰苦复杂，年轻的父亲经常跟着工作队走村进户，宣传共产党的政策，反复给各族群众做工作。经过几年的基层工作历练，24 岁时父亲已经是道帏区委书记，在工作中可以独当一面了。1954 年，以地主和反动头目牵头，马步芳残余势力为骨干的反革命势力不甘心自己的失败，发动了武装叛乱，抢劫掳掠，杀害了许多革命干部。道帏地区是主要叛乱地之一，我的姑夫在去乡政府上班的路上被土匪从后面捅刀子牺牲了。面对严峻形势和土匪的嚣张气焰，父亲没有退缩，在安抚我奶奶和姑姑宁万娥的同时，立场坚定，旗帜鲜明，果断组织民兵开展平叛工作，在人民解放军的有力支持下平息了叛乱，惩办了土匪中的骨干分子。经过这次叛乱，老百姓人心惶惶。父亲带着工作组深入乡村发动群众，恢复正常的生产和生活秩序。父亲在严峻的工作中经受住了考验，也得到了锻炼。这段历史父亲从没有给我们讲过，也许是不愿意面对失去亲人的悲伤，我们小时候我奶奶时常以悲伤的心情讲述这件事，这也是她老人家心中永远的痛。

　　1958 年，由于中国的民主改革向少数民族地区推行，使得数百年来一直高高在上的农奴主、土司头人的利益受到了极大的冲击，这些人企图以武力保护自己的利益，在境外反革命势力的指使下，在西藏、青海、甘肃、四川等地的藏区发动了大规模的武装叛乱，妄图以反革命的武力对抗民主改革，并追求所谓的"独立"。青海省的几个藏族自治州都发生了叛乱，十多个县城一度被叛匪围困，循化的几个藏区也是叛乱地之一。父亲当时是白庄区委书记，在县委的统一部署下带着民兵连夜前往夕昌沟"剿匪"。父亲全然不顾个人安危，靠前指挥，为后续部队寻找土匪的踪迹。在前沿指挥民兵前进时，突然遭到叛匪的埋伏，叛匪的子弹嗖嗖地从头顶飞过，他亲眼看到身边来自宁巴村的藏族民兵的狐皮帽飞起来了。叛匪的枪法很准，正好打到脑袋上当场牺牲⋯⋯非常遗憾的是，我忘了父亲给我说过的英烈的名字。民兵连主要由藏族民兵组成，包括后来成为循化县和黄南州领导的先巴加、贺隆堡大队书记桑青加等。叛匪气焰嚣张，高喊："藏族同胞们，我们是一家人，你们把'嘉敖们'（藏语，汉民）绑上了送过来投降，对你们既往不咎！"叛匪的骑兵仗着人多地熟的优势，不断冲击民兵连的阵地。父亲沉着应战，给后续部队发了3颗信号弹，指挥民兵顶住了叛匪的一次次冲击，等到解放军到来后一举消灭了这些叛匪。

父亲年轻的时候没有给我们讲过这段历史。退休后，有时候要我领着他去看望这些老战友，他们有的人一生都生活在农村，一辈子都是朴实无华的农民，他们身上已经看不出当年的英雄气概。他们盘腿坐在热炕上拉家常，回忆那一次次的战斗情节，战友之情溢于言表。看到这些冒着生命危险保卫过年轻共和国的英雄们，我经常在想我们还有什么不知足的，国家给了我们这么高的生活待遇，我们生活在和平年代，各民族之间友好相处，国家繁荣富强，人民生活幸福，这一切都来之不易！我们只有努力工作，报效祖国，才能对得起先人们奋力拼搏获得的胜利果实！

父亲他们这代人经历了新中国成立初期各种复杂的社会局面，在生活条件艰苦、社会局部动荡不安的情况下，为共和国初期基层组织的建立和运转做出了贡献。这几天我看了很多资料，循化本地的领导人韩应选、唐正人、马有功、拉郎当智、交巴结、韩克任等，都是在很年轻的时候经历了艰苦的基层锻炼，在工作中能够独当一面，韩应选在25岁时已经是循化县委书记。我感慨这样的年龄我们这一代人刚刚从学校毕业，满脸稚气、很不成熟。有些年轻人甚至30岁了感觉还是个孩子样，还不能肩负起社会和家庭的责任。时代给了他们这样的机遇和挑战，他们出色地完成党和人民交给他们光荣而艰苦的任务，展示了他们那一代人的责任与担当。

三

我们小时候，道帏河滩里生态环境特别好，到处都是茂密的杨柳树林和黑刺滩，人进去了有时候会迷路，里面有很多野鸡、野兔。河里水大，在黑刺覆盖的河湾里有很多小鱼，这里是我们小伙伴们放学后玩耍、摸鱼的乐园。父亲曾骄傲地告诉我，从旦麻到宁巴的这片树林是在他担任道帏区委书记时带领全乡各个村的农民栽种的，动员了全乡的力量历经几年才搞成的，父亲对这一片树林有很深的感情。这片树林"文革"结束时已经被破坏得差不多了，砍伐树林治河造田的场景我还有记忆，父母跟着社员们在那里劳动。那时候还经常砍树烧炭，我上小学时，学校经常组织学生到河滩里拉树枝，每个人捆上一捆树枝拉到公社附近的地里大规模地烧炭。我到现在都没有搞清楚那些炭的用途。那时候农村普遍缺乏燃料，拾柴火捡牛粪几乎是我们每天放学后必做的事情。那片树林虽然有护林员看护，经过这样大规模的砍伐和治河造田，再加上管理不善，已经被破坏殆尽了。父亲老了以后经常叫我开车去村里看望老人和一些老相识，经过这片光秃秃的河滩时，禁不住感慨万千，回忆他年轻时候的工作、生活，对这片树林的消失感到惋惜。我也经常想，现在习近平总书记提倡生态文明建设、"绿水青山就是金山银山"的理念，这片区域成林条件很好，什么时候这片河滩能恢复到那时候的模样。

四

1966 年到 1976 年是父亲受苦受难的十年。父亲在 1976 年被平反恢复工作后，对自己的遭遇很坦然，说自己受的苦算不了什么，能够幸存下来是很幸运的事，他不记恨任何人。父亲这种宽厚的胸襟值得我永远学习。

让父亲痛心疾首、一直耿耿于怀的是古雷大寺不久遭到彻底破坏，对这一切他无能为力。古雷大寺是始建于 1363 年的古寺，称"古雷扎仓"，建筑规模和影响力比肩文都大寺。疯狂的人们焚烧了西饶嘉措大师的昂欠。大经堂、护法殿、鼓楼、弥勒殿等古建筑遭到拆除和破坏，许多珍贵的文物被毁坏。1961 年国务院为了表彰西饶嘉措大师的爱国行为，赠明代大铜钟一口，青海省人民政府拨专款修建了钟楼一座，缅甸总理赠送给西饶嘉措大师的金佛像，包括大师的金印在内等贵重文物均遭破坏，整个古雷寺毁于一旦。

古雷寺现在的建筑物都是 1979 年以来落实国家民族宗教政策，重新为信教民众开放寺院后逐步建起来的。1987 年西饶嘉措大师纪念堂落成，成为古雷寺的主体建筑。如今的古雷寺建筑宏伟，安详宁静，虔诚的信教群众在这里自由地转经念佛。

我从小学到初中上了 8 年的古雷学校依然还在寺院旁边，如今只有小学，初中不知道搬到什么地方了。打听到我们的初中语文老师李长隆老先生依然健在，今年 75 岁了还能弹钢琴，在西宁居住。本来约好同学在教师节那天去看望老先生，因为同学临时有事没能成行。最近一定要抽空去看望他老人家，我要把这篇纪念父亲的文章读给他听，了却我的一桩心愿。我初三的时候，父亲已经平反了，李老师布置了一篇作文《我的父亲母亲》，我当时脑子一片空白，不知道该写点什么，这次作业就没交。第二天上课时老师给我们念了张沙村的一个女同学的作文《我的母亲》，她的母亲已经去世，作文写得非常感人。那时候我学习比较好，老师知道父亲的情况，想看看我的作文，可是我没有完成这次作业。40 多年后我一定要把这篇作文交给我的恩师。李老师的电话号码已经打不通了，几经周折从公安系统查询到他的住址和联系方式，找到我 43 年前的语文老师——乡村教师李长隆老先生时，他还依稀记得我当年的模样，作文的事他早就忘了，我感恩老师当年对我的谆谆教诲。

我们很小的时候步行从多哇村到古雷学校上小学，冬天时寒风肆虐，冻耳朵的感觉至今记忆犹新，到现在我的耳朵还特别怕冻。那时候古雷寺已经被破坏得只剩残垣断壁，里面开了许多地，种植小麦、油菜、洋芋等农作物，收获后给公社员工和古雷学校的老师们改善生活。我们从小学到初中，感觉 1/3 的时间在参加各种劳动，古雷寺的地从耕种到收获有干不完的活，还要打煤砖、拾牛粪、拉柴火、擦玻璃等。每天回家了还要给牛割草，到河滩里挑水，给家里拾柴火。劳动锻炼了我们吃苦耐劳的品质，却也严重影响了学习。现在教育部要求各类学校开设劳动课，我觉得非常有必要，现在的许多孩子真是温室里的花朵，从小没吃过苦。虽然生活条件好了，身高普遍提高了，但身体素质和意志品质比我们那时候差远了。

◎宁万福同志作工作报告 （宁黎平 提供）

◎宁万福（后排左二）与循化县部分领导合影
（宁黎平 提供）

在十年动乱那样艰难的日子里，父亲没有对生活失去信心，觉得这种暗无天日的日子总有一天会过去，一直没有放松我们的学习。那时候家里所有的书物都被造反派烧光了，没有什么可看的书籍，父亲就在劳动改造之余亲自教我们认字、写作文、算算术。我后来到循化中学读高中时学习还能跟上课程进度，高中毕业能够考上大学，现在能够成为一名大学教授，与父亲的谆谆教诲和严格要求是分不开的，我没有辜负父亲的期望。

五

在最艰苦的十年时间里，母亲是家里的顶梁柱。父亲能够渡过难关跟母亲的不离不弃、坚强隐忍分不开。

母亲邓光玉是道帏起台堡人，起台堡是明朝朱元璋由于军事需要构筑屯堡而后演变成纯民居的村落。曾经的起台堡兴盛一时，我们小时候这里也是人丁兴旺，文化气氛浓厚，过年时演社火、排话剧很是热闹。如今的村落已经人去楼空破败了，满目都是废弃的庄廓和荒芜的杂草,一片凄凉。起台堡在母亲她们上一辈,出了五四运动中妇女解放运动的斗士邓春兰。邓春兰是起台堡村乃至循化县的骄傲。

母亲由于家庭困难,上学到初中一年级就辍学回家务农了,嫁给父亲没过几年好日子,父亲就回家劳动改造了。家里情况急转直下,这时候最苦最委屈的其实是我的母亲。母亲没有责怪任何人,默默地承受了这一切。那时候我们家人口多,劳动力少,家里还有年老体弱的奶奶。那是个食物匮乏的年代,一年到头就是杂面洋芋,白面都很少,每年的粮食紧凑着吃才能熬到第二年的秋收,油料和肉食更是稀罕。我们几个孩子正是长身体特别能吃的时候,每天早上上学前要平分一个焜锅馍,经常为馍馍的大小不均闹矛盾,然后把几个土豆放到书包里就去上学。有时候不到中午就吃完了,喝的是学校食堂蒸馍馍的水,生活特别艰苦。

其实那时候多哇生产队的粮食产量不少,据说在全省都能排上号,还有不少牛、羊,但大部分都交了公粮。每年秋收前公社书记带一帮人来估产,然后下达征粮任务。社员们真的可怜无奈,每年打的粮食山一样堆在场上,眼睁睁看着好多汽车把粮食拉走了,还有牛、羊、肥猪,然后留给生产队可怜的一点点钱。

母亲是个坚强能干的人,没有被困难吓倒,想尽办法解决一大家人的吃饭问题。生产队的洋芋挖完后她领着我们再翻一次,把遗漏的洋芋挖出来,放到地窖里慢慢吃。我们家的门前开了一块地,种了各种蔬菜,秋后腌成了酸菜。有时候还到河滩里采一种叫蚂蚁菜的野菜,凉拌着吃,也可以包包子,我至今还能回想起这种野菜的美味。母亲用家里仅有的一点钱买了一头小犏牛,这头牛长大生了小牛犊后就开始产牛奶,夏天产奶量多的时候,每天把牛奶上的奶皮收集到一个瓷缸里发酵,瓷缸里发酵的牛奶满了的时候,母亲就带着我们在厨房里上下搅拌打酥油。这是全家人最欢乐的时候,看着黄灿灿的酥油,我们全家特别开心。早上上学前吃了酥油蘸馍、酥油糌粑,肚子里一天都踏实。放学后我们都是迫不及待地舀一碗酸奶喝,那酸酸的奶子是那时候唯一的饮料。母亲还经常给我们做牛奶面片,就是在下好的面片里调上牛奶,不知道现在还有没有人这样吃。在那个困难的日子里,这样的饮食保证了我们身体必需的营养。

母亲其实是全家最辛苦的人,白天参加生产队劳动,晚上回家了还要生火做饭。母亲心地善良,心灵手巧,家里有个缝纫机,全家人的衣服、鞋子都是她做的,还经常给乡亲们做衣服,有时候也换一点粮食补贴家用。那时候家里很穷,没有什么像样的家具,但母亲把里里外外收拾得干净利索。父亲不管外面受到多大的委屈,回到家里能够享受家的温暖。

因为有了母亲的呵护,父亲的十年"改造"虽然艰难,还是顺利地度过了,这是我们家最幸运的事。父亲晚年经常说:"福兮祸所伏,祸兮福所倚。"这十年他收获了很多:他每一天都是在家人的陪伴下度过的,他感到很幸福;劳动改造前他已经很胖,如果继续下去身体肯定出问题,劳动让他变成了一个精瘦的农民;这十年他交了很多农民朋友,知道了农民的疾苦,清楚了农业生产的每一个环节,对他的工作有很大的帮助。

母亲陪伴着父亲度过了那一段艰难岁月,家里条件刚刚好转可以享福时,身体一向硬朗的母亲突然病倒了。我大学毕业刚刚一个月,还没来得及把第一个月的工资放到母亲手里,还没来得及好好伺候她几天,母亲就离我们而去了,这是我们家最遗憾、最痛心的事。2013 年春节,父亲也是这么急迫突然地离开了我们。人生无常,我们虽然痛苦也只能接受这个无情的现实。感恩父母给我生命,给我如山般的爱。

父亲、母亲都是在省二医院走完了他们人生的最后一程,在冥冥之中他们有一种契合。

母亲去世百天时,父亲写了一篇日记,我看了很感动。

悼念光玉

光玉与世长辞了,无情剑降落,家庭遭受不测风云,似晴天霹雳。我实在无法控制自己的感情,揪心撕肺,禁不住老泪纵横。

十年浩劫,光玉陪我受尽了折磨,逆境中她坚强忍让,抚儿育女,备受辛劳,三十二年风雨与共。恰逢盛世十余载，一家人其乐融融。光玉相夫教子，操持家务，精明能干，至今风范永存。儿女相继成人，光玉喜于言表，欢欣备至。那阖家欢乐的情景，历历在目，我依依难舍。

我本想退休的晚年，与光玉相依为命，行走在阡陌间黄河边，种菜养鸡，收拾果树，享受天伦，共度余生。

恨人生之坎坷，命运之苦难，天不随人意，光玉突遭不幸，患烈疾二十余日，虽万般抢救，终究无声无息离我而去。可怜老夫，今生何往！我怎能相信你会突然长辞，先我而去。悲哉！悲哉！光玉啊，我只有哭不完的泪。

请你安息吧！

1988 年 11 月 30 日

六

父亲是"文革"结束后第一批平反恢复工作的干部，在循化县委书记韩应选的主持下落实政策，拨乱反正，纠正冤假错案。父亲恢复工作担任红旗公社书记。经过了漫长的十年浩劫，春回大地，万物复苏，人们终于等到了这一天，我们全家都沉浸在幸福之中。

在红旗公社那段时间，刚刚从"四类分子"回到领导岗位，父亲的脸上满是笑容，每天都洋溢着饱满的工作热情。那时候我们家还在多哇村，我在古雷学校上初二，暑假时坐班车去红旗公社看望父亲，吃公社食堂的饭，晚上在单身宿舍里跟父亲盖一床被子睡觉，有一种暖暖的幸福感。那时候公社的高音喇叭里天天放着电影《冰山上的来客》的插曲《花儿为什么这样红》，青春懵懂的我喜欢上了这首歌。在撒拉族炊事员的指导下，我在公社院子里学会了骑自行车。我第一次看到办公桌上漆黑色带摇把的电话，没人的时候好奇地试着摇了几下，电话里传来总机的声音："请问您要哪里？"吓得我赶紧放下电话……这一切都是最美好的回忆。

父亲经过了那个艰难的岁月，心里始终装着农民的疾苦，每天都到田间地头察看庄稼长势，到农民院子里跟他们拉家常，询问他们的困难。他站在高高的地方，看着一片片麦田里金灿灿景象时说："看小麦成色今年又是丰收年"，脸上露出丰收的喜悦。这里是撒拉族集聚区，他和许多撒拉族老人成了无话不说的朋友。有时候带我到西瓜地里，好客的撒拉人切西瓜招待我们，走的时候无论如何都要把西瓜钱塞给他们。这就是我纯朴的像个农民的父亲。

七

父亲先后担任过副县长、县委书记、县人大常委会主任，不管在哪个岗位，父亲都是兢兢业业，踏实工作，想的不是手中的权力，而是身上的担子，想的是怎么样为人民服务。父亲对自己和子女们从来都是严格要求，不能有任何特殊待遇。

我从西安矿业学院毕业时，父亲也没有考虑过我去哪里工作的事，他觉得大学生应该服从国家分配，到最需要的地方去。那时候大学生是国家分配，我被分配到青海省重工业厅后再分配到大通矿务局，矿务局又把我分配到立井矿，立井矿叫我到掘进一队生产一线锻炼一年后调到生产技术科。到煤矿上班后我总感觉到工作危险、艰苦，回家就给父亲说托人调动个好一点的工作。当时父亲是循化县委书记，这点事不是特别难办。可他说年轻人应该在基层多锻炼，刘光和副省长从林学院毕业后在孟达林场那么艰苦的地方工作了8年，还举了好多例子。我只能把苦水往肚子里咽，再也没有提这个事，我知道父亲就是这样一个人。

父亲退休后的某一天，他想起了我这个在大通矿务局工作的儿子，想过来看看我，父亲在位时从来没来过。那时候我已经在煤矿井下工作了6年，同事们不相信我这个大学生是县委书记的儿子。有一天，他坐着班车根据信封上的地址，找到了大通矿务局立井矿生产技术科。那时候通信不方便，我不知道他要来，同事告诉他宁黎平下井去了。63岁的父亲就在井口等了将近4个小时，随着罐笼的升降，一批又一批的矿工下到400多米深的井下或从井下上来，全身除了牙齿其他地方全是黑的，每上来一罐总看不见儿子的身影，父亲在煎熬中终于等到我上来了。那一天我们刚好在井下2110大巷贯通测量，工作量比较大，早上9点下井测量，上来时已经是下午3点了。当我们背着经纬仪唱着歌升到地面时，看到了疲惫而焦急的父亲。

那一次父亲在我的单身宿舍里待了一个礼拜。父亲是吃过苦的人，什么生活条件他都能适应，每天在食堂吃一点简单的饭菜，观察我们的工作状况，看看矿工们的生活。

父亲就是那种全身心工作的人，一辈子为老百姓着想的人。父亲是个生活俭朴，工作执着认真、坚持原则的人。父亲一生没有什么爱好，生活上要求简单，粗茶淡饭是他的最爱。不喜欢应酬，不喜欢热闹场合，见不得我们抽烟、喝酒、打麻将，我们也一直不敢在他面前猜拳、喝酒。家里的亲戚朋友找他办事，给孩子找工作，要工程项目，要职位，他总是婉言拒绝。那时候我们年轻很不理解，觉得父亲不近人情。现在我理解我的父亲了，他是个一身正气、两袖清风的人，他是一个真正的共产党员。

心如丁香绿似海

——记西宁市林业科学研究所所长张锦梅

李 欣[*]

　　20世纪80年代初，一位正值豆蔻年华的循化美女对花草树木"情有独钟"——她最喜欢去家乡的苗圃，她最喜欢种树。就因为自己这个特殊的"喜好"，20岁那年，她义无反顾地考进青海省农林学校。

　　学习之余漫步西宁街头，看着因为受地理环境和气候条件影响而始终是光秃秃的南北两山和城市少得可怜的"花花草草"，她暗自在心中立下一个誓言，那就是"一定要通过一己之力，让这座城市变绿变美！"

◎张锦梅在实验基地 （张锦梅 提供）

　　她，就是西宁市林业科学研究所所长张锦梅。

　　张锦梅和丁香花"结缘"于1998年。那一年，张锦梅调入西宁市小桥苗圃工作，在那里，她结识了西宁市的林草专家刘更喜。刘更喜在丁香花的引

* 李 欣，青海日报社记者。

种驯化、栽培管理和推广应用等方面具有独到的见解和丰富的经验。一有时间，张锦梅就向他虚心请教，和他共同交流栽培心得。

"在环境优越的地方，丁香花生机勃勃地成长，绽放生命的绚烂。在条件艰苦的环境，丁香花也能顽强地生存，展示生命的坚韧。"

丁香花开满园春

在张锦梅眼里，丁香花耐寒、耐旱、耐瘠薄，和高原人民坚韧谦逊、朴实无华的气质非常相似，这让她格外钟情。而当时西宁市区虽然广泛种植丁香花，但是树木成活率低，没能达到预期的景观效果，这也更坚定了她要让"满城丁香满城香"的决心。

1998年，张锦梅在西宁市小桥苗圃负责的32公顷基地开始成批栽培各类丁香树苗。

"青海寒冷干旱，而很多丁香品种却能在高原生长、繁育。因此，选育和保护丁香品种，对于增加适宜青海气候的林业物种，显得尤为重要。"

2013年，张锦梅被组织选派到西宁市林业科学研究所，负责西宁市乃至全省林业新技术的开发和研究，研究重点之一就是繁育和保护稀有丁香品种。

张锦梅告诉记者，稀有丁香品种往往生长在立地条件较差的野外，结种后如果没有适合的生存土壤，便无法生根发芽。在当时，受自然环境和人类活动的影响，很多野生丁香品种面临濒危甚至灭绝。尤其是羽叶丁香，它是我国特有的丁香品种，繁殖力弱、生长缓慢，一度成为濒危物种。

一想到这些，张锦梅就急得彻夜难眠。

每到丁香开花季，张锦梅便和同事们跋山涉水，几次前往青海省循化撒拉族自治县孟达天池林区、甘肃连城国家级自然保护区等地寻找野生丁香标本。

看着眼前陡峭的山体和嶙峋怪石，张锦梅心里有点发怵，"这怎么上得去啊？"但是为了能采集到羽叶丁香标本，她和同事在当地老乡的指引下，一次次手脚并用地爬上山。每上一次山，划伤、摔倒，累得跪在地上起不来都是家常便饭。可即便是这样，直到花期结束，也没有找到一株丁香。一无所获的张锦梅没有气馁，来年又重返山区，继续采集。

功夫不负有心人。2015 年，张锦梅和她的团队在甘肃连城自然保护区的一个石缝中发现了两株野生羽叶丁香！

当时一同前往的同事回忆，顾不得手指被磨破的疼痛，张锦梅从一棵被石头压弯的丁香植株上截取了一段树枝，连同收集到的种子一起，小心翼翼地捧回西宁。

那一晚，张锦梅终于睡了个踏实觉！她和她的团队经过两年攻关，将收集回来的羽叶丁香，采取嫁接、组织培养、扦插等方式，成功培育出第一批羽叶丁香组培苗。这项工作不仅为这一濒危物种大规模推广种植成功"破冰"，还为后续培育出更多色彩、花期、抗逆性俱佳的优良丁香品种，进一步丰富青藏高原的植物种类奠定了坚实的基础。

多年来，张锦梅的足迹几乎遍及国内外集中种植丁香的地方。在她和团队的努力下，暴马丁香、小叶丁香、四川丁香、羽叶丁香、北京丁香、白丁香、辽东丁香、紫丁香、华北紫丁香、朝鲜丁香、裂叶丁香、花叶丁香等优质丁香品种在西宁"安家落户"，品种从 2013 年的 18 种增加到 103 种，实现可繁育的有 69 种。丁香花瓣由原来普遍的四瓣变成五瓣、六瓣甚至更多，更加体现出丁香在众多灌木花卉树种中的价值，并在西宁建成全国唯一的丁香国家林木种质资源库。

走进西宁市林业科学研究所的丁香繁育基地，各种样式的丁香花开正盛，随处可见白色、紫色、粉色的小花瓣丛丛簇簇地开满枝头，花香馥郁、沁人心脾。

"左边的是暴马丁香，右边的是羽叶丁香，远处的是波峰丁香、四川丁香……"偌大的玻璃温室里，丁香育苗让人看得眼花缭乱，但张锦梅却随便就能叫出它们的名称。在她眼里，这些丁香就像自己的孩子一样，每个品种的习性、特征，她都熟记于心。

多年来，张锦梅对丁香花的深情从未改变。也正是因为她始终不改的初心，"满城丁香满城香"的凤愿最终得以实现。

绿色画笔绘锦绣

"青海好青海好，青海的山上不长草……"

从儿时起，张锦梅就经常听到老人念叨这句话。在她的童年记忆中，家乡的山上目之所及都是一片土黄色。

"在这片土地上种出'绿色'，就这么难吗？"从小就酷爱树木和绿色的张锦梅，正是内心带着一份不甘，才选择了农林学专业。

青海高原高寒少雨、紫外线强、蒸发量大，部分地区常年植被稀少，成为国内植树造林难度较大区域之一。

大学毕业后，张锦梅一心扑在种树上。为了提高造林成活率，正值妙龄的她剪去长发、穿上劳动服，和植树工人们一起在山上风吹日晒，爬上爬下地掘土、插眼、撒种……

回想起当时的场景，张锦梅依旧清晰地记得，她的膝盖经常磨破、手指反复干裂、脚掌起水泡都是稀松平常的事了。除此之外，张锦梅还得在实验室做杂交实验，选育优良树种。最忙时，每天只能睡四五个小时。

但张锦梅却乐在其中。对她来说，大山就是她的乐园，绿色就是心中最美的风景。

1993年初，张锦梅调至西宁西山林场担任技术员。当时西宁正在开展南北两山绿化，西山林场是重要的种苗供应基地。刚到林场时，同事带她上山看树。张锦梅只看到一片膝盖高的荒草丛中隐藏着一株株瘦矮的枯树，而这居然是种了快10年的树！刚培育出的树苗无论质量好坏，全部裸根移栽，成活率极低，导致"年年种树不见树"。

"我就不信找不对路子种活树！"生性倔强的张锦梅再次一头扎进林场。

为了造出活林，张锦梅手把手地指导工人掘土、插眼、栽苗、封坑，对种苗严格分级，选出良株后带土移栽。繁育品种少，就从外地引苗试种，观察是否适应高原气候，针对不同品种，探索不同的繁育方式，找出最适宜的培育方法。

在张锦梅的努力下，她负责的第一批杨树扦插苗冒绿芽，长势良好。可出圃时，超过 60% 的树苗根被害虫咬光。张锦梅亲自带领工人，夜晚提灯翻开土层，忍着恶心将小拇指粗的活虫一只一只从土里拣出来，平均一亩地里能拣出近 400 只虫子。正是靠着这种不屈不挠和不怕吃苦的精神，张锦梅和她的团队花了 3 年的工夫，终于把虫害控制住了。

30 多年前，由于青海高原本土植物品种、数量有限，各地开展绿化需要从外地引进大量树木、花卉品种，经过引种、栽培、驯化，验证适应高原特殊气候后，才能推广种植。然而，西宁市引进花卉树木开展城市绿化时，由于缺乏有效规划，引进树种"多、乱、杂"问题逐渐显露，大量外来树种连适应性都没有通过验证，就被盲目引进种植，不仅景观效果不好，成活率低，还导致了资源浪费。

"有的街上出现好几种不同的树，有的高大茂盛，有的形如枯槁，看上去乱七八糟。"张锦梅将这种现象幽默地称为"四世同堂"。而更令她担忧的是，一些地方盲目引进北方地区大量种植的河北杨，虽然刚种下去成活率高、树形优美，但不到 3 年就大面积枯死。

西宁市的城市园林绿化，究竟应该以乡土树种为主，还是外来树种为主？

张锦梅陷入了深深的沉思之中。

"高原环境特殊，必须培育适宜树种，必须考虑到植物习性！"

从此以后，不管是在林场、苗圃，还是在研究所，张锦梅的业务研究始终紧密围绕着制约青海林业发展的"瓶颈"问题。

西宁地处青藏高原，海拔高，气候干旱，而杨树速生，耐旱，利用率高，适于大量种植。为了提高树种多样性，稳定乡土树种品种，多年来张锦梅带领她的团队积极致力于杨树优良品种的选育和扩繁，攻克了一个又一个干旱造林难题。

张锦梅通过杂交育种，使杨树杂交育种成功率从 10% 提高到 70%，突破青海杨树品种单一、抗性低和成活率低等难题。她和团队研究生产的青杨雄株、小叶杨、青海杨苗木和种条为全省城镇绿化、新农村建设、荒山（滩）造林、农田防护林建设、荒漠化治理等林业工程建设提供了大量的优质壮苗。她率先提出杨树优良品种选育方法，

◎张锦梅在培育树苗 （张锦梅 提供）

比常规选择育种周期至少缩短了 3~5 年，降低了杨树培育成本，形成以杨树良种繁育为中心，选育、试验、示范、生产、推广为一体的良性生产模式，在全省范围内起到了辐射、示范、带动作用，大大提高了全省的绿化覆盖率。

针对干旱缺水的现状，张锦梅总结出适宜西宁地区的旱作造林技术，筛选出抗旱性能较强的树种和综合配套技术措施，改善了西宁人居环境，提升了城市生态文明新形象，并为青藏高原地区城市周边生态环境修复及干旱造林提供了示范样板，增强了社会各界和广大农民群众参与林业建设的信心和决心。

为了使科技成果尽快转化为生产力，张锦梅带领她的团队建立了杨树良种繁育、城镇绿化大苗培育和花灌木培育三大规模育苗示范基地，育苗生产总规模达到 57.3 公顷，培育各类花卉苗木品种 30 余种，年生产各类花卉苗木 50 余万株、杨树种条 100 余万根。苗木花卉生产一直以品种全、规模大、质量优等特点享誉全省各地及邻近省份，成为西宁市主要骨干示范苗圃，先后被原国家林业局授予"全国质量信得过苗圃""全国特色种苗基地"等称号。

成功总是眷顾有准备的人。张锦梅带领她的团队多年付出的辛苦和汗水没有白费，梦想终于成为现实。2012 年 2 月，杨树良种基地被原国家林业局批准为第二批国家重点杨树良种基地；2016 年，她所在的西宁市林业科学研究所获批全国林业科普基地。

平日里，张锦梅喜爱登高远眺。西宁南北两山青翠挺拔，绵延一片，森林覆盖率从 7.2% 提升到 79%，抹去了老一辈人印象中的荒寂与苍凉。

"看到这般景象，我的内心幸福满满。"

就是这样一位普通的林业工作者，用 30 多年的时间换回绿海翻涌，换得草长莺飞，更换来绿水青山。

写在大地上的论文

"我就是一个拿工资的农民！"

尽管在 30 多年职业生涯的功劳簿上，张锦梅荣获了各种荣誉和众多成就，但她的初心始终没有改变。在张锦梅眼中，荣誉只是她加速前进的动力，守护好青海大地的这片绿色才是她最大的心愿。她的心愿承载着美丽中国的梦想，承载着绿色青海的未来，也承载着别样的艰辛和甘甜。有人说，世界上最可贵的两个词，一个是认真，一个是坚持。

而这两样，张锦梅都做到了。她一生热爱林业，30 多年来用脚步丈量着西宁的每个山头，熟知每个沟沟岔岔的一草一木，足迹遍布全省各地。无论是当技术员，还是当专家、所长，张锦梅每年野外作业的时间都超过 200 天，每年夏天不是在山上种树，就是在林场育苗，这种习惯从工作之初延续到现在。她最喜欢穿的鞋就是旅游鞋，平均三四个月就穿烂一双，穿烂的鞋在家里都堆成了小山。她一年在野外跋涉的路程每天平均算下来有十多公里，脚掌磨出水泡、长出老茧，每月都要用刀片刮下厚厚一层，走路才不硌脚。青海高原紫外线强，常年在野外跑，张锦梅的皮肤早已晒得粗糙黝黑，还患上了日光性皮炎。

"一般人赶不上张所的工作节奏，为了工作连命都不要了！"

和张锦梅做了多年同事的谢贤荣给记者讲述了这样一件事。

2005 年夏天，听说柴达木盆地发现了稀有的杨树树种，张锦梅不顾路途遥远和交通不便，坚持亲自去现场"采条子"（收集树种）。途中不幸遭遇车祸，锁骨骨折，受伤严重，当地的野生蚊子通过撕烂的裤管钻进腿里，腿上叮咬的疙瘩密密麻麻。后来送去医院，医生要求至少居家休息 3 个月。但两个星期后，打着石膏的张锦梅就又出现在林场，腿上叮咬的痕迹清晰可见。同事和家人都劝她多休养一段，但张锦梅放不下她的育苗基地和正在进行的试验。"我的腿脚是好的，又不是不能动，每天下地来看看，我心里踏实。"

硕士毕业后进入西宁林科所工作的满丽婷经常跟张锦梅出野外。"海拔三四千米的山上，我们年轻人走路都气喘吁吁，可张所长就像一名勇敢的战士，每次都冲在最前面。她在工作上不是高高在上、'指手画脚'地教我们，而是亲力亲为、手把手地进行指导。"正是因为张锦梅常年以身作则、率先垂范，所里的年轻人进步很快，形成了积极向上、比学赶超的良好工作氛围。

"科研工作者就是要把论文写在大地上。"张锦梅的回答让所里的每个人感动不已。作为一名共产党员，张锦梅用自己的实际行动践行着这句话。如今，即将到退休年龄的张锦梅每年都要去海拔超过 3500 米的玉树、果洛等三江源地区的林场，选育适应三江源高海拔的树种。

硕士研究生毕业的赵文洁和刘宝尧考进西宁市林业科学研究所没几年，对于这份必须"耐得住寂寞""受得了艰辛"的职业，起初他俩感到很不适。但是受张锦梅敬业精神的耳濡目染，如今的他们已然把"做一名出色的林业人"作为工作上的奋斗目标。"张所长工作作风扎实，遇到难题，不畏艰辛，勇于攻坚克难，让我们对书本中学到的知识有了更直观也更深刻的认识，她不愧是我们事业上的'领路人'！"

可就是这么一个大家都公认是"严谨敬业"的人，在家人眼里却"不靠谱"。

"妈妈最喜欢'放鸽子'！"在女儿眼里，张锦梅除了工作什么都可以舍弃。有时到了周末，全家人好不容易约着一起出去逛街、吃饭，可是只要单位或同事打来电话，张锦梅立即"食言"，抛下他们赶去工作。

"把你根本靠不住！"是丈夫经常挂在嘴边的一句话。因为常年跑野外，家里的家务活和教育孩子的重任最后全落在丈夫肩上，不得不当起了"家庭煮夫"。

谈到家人，雷厉风行的张锦梅还是不由地红了眼圈，"我最对不起的就是我的家人，因为工作，我在孝敬父母、照顾家庭和教育孩子上经常'缺席'……"可也正是因为家人无条件的理解和支持，才让张锦梅更加心无旁骛地将全身心投入她钟爱的事业中去。

绿色旗帜飘高原

自 1988 年 6 月参加工作以来，张锦梅始终不忘初心，一直从事国土绿化相关工作，始终致力于乡土树种的研究与选育。她为西宁市的造林绿化工作奉献了自己的青春，付出了辛勤的汗水，并结出累累硕果。她曾 20 次被评为先进工作者、优秀共产党员和优秀党务工作者，先后多次被评为绿化标兵；她荣获过全国"三八红旗手"称号，被国家林业局评为全国森林公园建设先进个人，经省政府批准授予"青海省优秀专家"，入选为"昆仑英才·青海高原工匠"。

张锦梅同志长期致力于乡土树种研究与选育，为推动青海生态绿化建设做出了突出贡献。2021 年 6 月，被省委授予"全省优秀共产党员"荣誉称号，并入选"中国好人榜"。8 月，省委办公厅印发《关于开展向张锦梅同志学习的通知》，号召全省各级党组织和广大党员向张锦梅同志学习。号召发出后，省委宣传部、西宁市委宣传部组建张锦梅同志先进事迹报告团，奔赴全省各地、各高校开展巡回报告。报告团先后走进青海大学、青海师范大学、青海民族大学讲述张锦梅先进事迹；前往海北州、海南州、黄南州、海东市、玉树州、海西州、果洛州作报告，行程 2000 多公里，将张锦梅同志的先进事迹播撒到青海大地的各个角落。每一场报告会激情满怀、感动满满，为全省各地、各高校党史学习教育提供了生动教材，激发干部群众干事创业的热情，纷纷表示要从张锦梅身上汲取奋进力量，用实际行动向榜样靠拢，始终坚守共产党人的精神高地，努力创造出无愧于历史、无愧于时代、无愧于人民的一流业绩。

"出走半生，归来仍是少年。"

当年在黄河岸边长大的豆蔻少女如今也已两鬓风霜，但她的初心始终从未改变。

初心是什么？就是守护绿色。

使命是什么？还是守护绿色。

一直守护着家园的绿色——是张锦梅一生无怨无悔的执着。

邮电使者的故乡情怀

黄　芳[*]

◎黄芳工作照（黄芳　提供）

　　我生长在青海省循化县东部大力加山脚下的起台堡村，那里冬季高寒缺氧，夏季景色宜人。家有9人——可亲可敬的奶奶、正直严厉的父亲、勤劳善良的母亲和性格各异的同胞6姐弟，4个弟弟1个妹妹，我排行老大。父亲曾在乡政府工作，常年徒步穿越在所属乡镇的各村庄，日常管片驻村、奔波在田间地头的时间多于在乡政府的时间，最为关心的是所属乡镇每年生产多少粮食、上交多少公粮、开拓平整多少粮田等事关民生的大事，回家甚少，家里全靠母亲一人支撑着。母亲白天参加集体生产劳动，夜间在油灯下为全家人缝衣纳鞋，弟弟妹妹们尚小，我尽可能地做一些力所能及的事，分担母亲的负担。在上小学和初中期间，早晚帮母亲做饭、挑水、洗衣，清扫宅院，喂养家畜，照看最小的弟弟妹妹，假日里参加村里的生产劳动，上山砍柴等家务劳动。那时的起台堡村人多地少，劳力少的家庭常常食不果腹，生活条件极为艰苦。作为家中的长女，我早早品尝了生活的艰辛和不易，但是正是这段困苦的岁月，培养了我勤劳节俭、独立坚韧的品格，也为我今后奔赴广阔人生打下了坚实的基础。

回顾过去，许多往事历历在目，可最为深刻的记忆是在道帏乡俄加村任民办教师期间的人和事。那个学校是一个三年制的公立小学，只有2名老师，我教一年级的语文，二、三年级的算术，一、二、三年级的音乐、体育。我同事的家在循化县积石镇东街村，她比我年长，正处于上有老、下有小的阶段，免不了常赶赴县城处理较为棘手的家事。她不在时，我常常一人来回穿梭于3个年级的教学。为了均衡兼顾各年级的教学任务，我找了一块小木板刷上墨汁晾干，当作移动教学板支放在室外，给每个年级划分一块区域，学生们把土地当作写字本，语文、算术、图画课都在室外进行，由各班班长负责课堂纪律，这些小小的举措既节约了学生的纸张笔墨，又提高了教学效率，一举两得。放学后，我到各家各户摸底调查适龄儿童，动员辍学学生重返校园，及时向家长汇报每个学生的学习情况。经自身不懈的努力，入学率和升学率均达到了85%以上。同时，我个人也得到了当地群众的信任和尊敬，每当我听到黄老师的称呼时，内心感到无比的亲切和满足。

我在那个撒拉族居住的小村庄，还结识了一位貌美手巧、勤劳善良的撒拉族艳姑闺密，她叫伊丽莎，我们亲密无间，相互关心，互相支持。每次她到泉边挑水时，特意绕道从校门口经过，顺便悄悄地给我捎来她舍不得多吃的美食，借机说上几句掏心窝的话。教学的生涯虽短，可我深感那时最开心，至今在梦中还带领学生们放学后一起去田野捡牛粪、捡树枝，以备冬季生炉取暖……那些艰苦岁月中情深意切，是我人生中难以忘怀的温暖瞬间。

1976 年，我以推荐面试的方式被长春邮电学校载波通信专业录取。当我接到通知书时，似在做梦，当时的我对"载波"二字的理解是含糊不清的，这也使得我对这个专业产生了极大的好奇心。我认为这张通知书就是开启人生大门的一把金钥匙，引领我走向了探索未知的人生轨迹，同时给了我渴望攫取知识的思想原动力。

20 世纪 70 年代，我的家乡还处在交通不便、信息不畅、闭塞落后的状态。在我接到通知书时，全省各地和我同校录取的同学们都已按时到达西宁，完成了入学前的培训，并买好了次日前往长春的火车票。当时的我心急如焚，但幸运女神总是格外眷顾我这个乡村女孩，几经辗转后，我在次日赶到了西宁，也买到了和校友们同趟车次的最后一张火车票。这一切都是由地方经济不发达，信息滞后造成的。就从这时，我立下誓言，要学有所成，彼时一定要以崭新的姿态回到家乡。可入校后的学习生活，让我犹如从天堂坠入深渊，一切并非我想象的那么轻松安逸，基础课主要学习高等数学、电工学，专业课是电子学、通信设备原理及应用，实验课是每人组装一台收音机、万用表、电话机，逐步引入复杂的通信设备的维护。载波通信专业在当时来说是比较前沿的领域，听老师讲课如同听天书一样深奥。我这个从大西北偏远乡村走出来的女学生，只能认真刻苦钻研所学专业知识，了解通信设备的构造、每个部件的特性及原理，大脑不停地云游在所学设备的电路图中，在校期间几乎书不离手，反复阅读、深入推敲，对不理解的内容利用课余时间向学习好的同学请教，一起探讨交流、加深理解，独自一人时反复琢磨、消化吸收。经过学习，终于明白了通信是通过声能与电能的相互转换并利用电媒介传输语音的电信技术，当人对着话筒讲话时，声带的振动会引起空气振动形成声波，而声波作用于送话器就会产生话音电流，当话音电流沿线路传送到对方话机的受话器内，受话器又将电流转换成声波，再通过空气传到对方的耳中。

两年紧张有趣的学习生活，赋予了我自信和勇气，使我能够无所畏惧地面对一切困难，也认清了通信设备的复杂性和科学性，通信科学是社会科学领域中最具前瞻性的科学，人类社会的发展依靠通信的发展而进步，发展的速度是日新月异，潜力是无限巨大的。功夫不负有心人，我以优异的成绩正式走上了邮电通信这个神圣的工作岗位。1978年秋，毕业分配拟定我在西宁市电信局工作，可我坚定地要求回到家乡循化，为当地的通信事业尽一份自己的责任和使命。最终，组织上考虑了我的诉求后，如我所愿把我分配到循化县邮电局，从事所学载波通信设备的维护工作。

这个站点虽然设在县城，但属于一级干线的延伸站，与省会城市的机站同等重要，担负着国家的重要通信任务，如发射卫星、十世班禅大师回故乡探亲、讲经宣教等特殊重要时期的通信任务。每次接到十世班禅大师回故乡的

◎黄芳工作照　（黄芳　提供）

通知时，全局提前安排，做好各环节对保障通信的应急方案。相关人员熟悉掌握操作流程，提前对县城至文都乡麻日村的线路在日常维护的基础上再一次进行逐杆测试检查，更换更新相关设施。大师在故乡居住的期间，指派一名技术骨干驻守在文都乡邮电所，每日专人沿途巡回维护。县局机线班的线务员每日早、中、晚3次通话试线，长、市话话务员由平时的一人增加为双人上岗，其中一人重点关注并优先接通北京和文都的来去电话。长途机务站的值班人员，重点巡视北京方向的长途线路及设备，如遇机线故障尽快调通电路，疏通电路后再抢修原电路。在局领导和相关工作人员们的高度重视下，大师每次回故乡期间的通信从未发生过任何差错，保质保量地完成了相关通信任务（包括通信保密工作）。在执行卫星发射等非常重要时期的通信任务时，长线员们分段沿线巡回维护，机站设备维护人员24小时双人上岗目视所有设备的运行状态，其余人员原地待命随时准备迎战。

要成为一名优秀的机务员，使命在肩、责任重大，必须要做好日常设备的维护及故障处理，要坚持预检预修原则，精心维护，积极主动采取有效措施，消除隐患，保持设施的完整、良好运行，做好巡检、定期测试，对故障及突发性事件的处理，设备更新改造、割接等工作。根据不同时期对关键部位、薄弱环节重点检查，因地制宜切实保障通信畅通无阻。还要理论与实践相结合，认识具体事物辩证的过程。及时做好工作笔记，以备今后遇到问题时参考。以开展技术大练兵等活动提高技术能力水平，对所有的设备电路图储存在脑海里，遇到设备故障时能够快速、准确地排除。在某一年的一个夜晚，值班的同事派人通知我，通往平安的 ZM12 路 305 型终端机发生了故障，处于全阻状态。正在请假处理家务要事的我，迅速赶到机房抓紧抢修，经检查测试，把障碍点锁定在群路盘的一个集成块接触不良所致。可没有专用的工具是无法修理的，一般常规做法是寄到厂家处理，我根据情况当即电话请求上级部门快速送备用机盘，更换机盘后一切都恢复了正常。又有一次，是一级干线 ZG12 路 112 型增音机出现了较强的交流电的杂音干扰，经反复测试判定是外界线路引入的，测线计算出了确切的杆号后通知长线员去查找时，却根本找不到障碍点，障碍的难点就在于活动性障碍，因为电力和通信线是上下平行方向，电力线在上通信线在下。造成杂音干扰源的原因是，下暴雪电力线结冰下坠搭在了通信线上所致。遇有风吹时吹开了，风停了又搭在一起。线务员到障碍点时也正巧是风吹开的时间，所以障碍在和人捉迷藏一样。活动性障碍具有隐蔽性，表现不明显、不直接，所以最难发现。为配合长线员排除这次故障，连续 3 个昼夜没睡觉的我站着也能入睡，像这样类似不可预测的突发性事件时有发生。只有不断努力进取并刻苦钻研，积累经验，不断提高技术本领，才能在关键时刻冷静自如地处理好突如其来的疑难问题，行业技术标准对线路障碍测算标准要求在百公里误差不超过 10 根杆内。我们的测准率已达到了 98%~100% 之间，也就是说测试计算误差巩固在了 2 根杆之内。过硬的技术和责任心，使我每年都能获得个人所维护的一级干线 12 路增音机设备，获西北大区"红旗"电路奖项。

1982 年 1 月至 1985 年 12 月，我担任循化县邮电局机务站站长，负责机务站的全盘工作。由于经常熬夜通宵工作，不规律的作息导致我的身体出现了低血压、低血糖、耳鸣、头昏、健忘等不适的症状。那时正值 2 个女儿入托、上小学的阶段，也是身体发育成长的黄金时期。我在上班时间是不能离开机房的，所以不能按时去接送孩子、做饭等，姊妹俩经常胸前戴着钥匙自己回家。每逢佳节时隔壁左右邻居家早已是饭菜飘香，香味馋得幼小的女儿们垂涎三尺。

为了让家在外地的同事们过上团圆年，我一人连续两年从大年三十至正月初四不离机房的值班。这使我对家人们的亏欠太多，遗憾终生。在完成正常工作的同时参与了循化部队电缆通信基站撤点后，移交地方通信部门维护的 2 部一级干线 12 路增音设备的安装调试工程。参与了省内二级杆线（循化至平安 ZM305 型 12 路载波终端机、循化至黄南、循化至化隆 ZM202 型 3 路载波终端机）的全过程，从设备固定、安装、机盘检查、加电调试、开通交付、竣工验收各环节的工作。参与了省外二级杆线循化至临夏 ZM202 型 3 路载波终端机的安装调试工程。参与了县城至乡镇农话设备的安装调试工程，县至街子、县至白庄的铁 3 路载波设备的安装调试工程，参与了县城至红旗、文都、白庄、清水、道帏的单路载波机的安装调试工程。这些设备的投入使用，大大改善了农村通信通话话音的质量，也缓解了农话通信线路紧张的局面。

1986 年因工作需要，经组织考察测评提升我为循化县邮电局副局长，主管通信生产通信质量、安全生产工作。当时在没有合适人选接替我机务站站长工作职责的半年时间里，我在副局长岗位上同时兼职机务站站长工作。

那个时期也正值通信历史性的变革期。循化邮电局领导班子认真贯彻落实县委、县政府和邮电行业政策，抓住千载难逢的发展机遇，遵照"人民邮电为人民服务"的宗旨，积极向地方政府领导班子汇报邮电各阶段的工作目标、任务的进展情况。同时也向邮电上级部门想方设法从多渠道、各种方式争取工程项目、通信技术、资金等。当时，对电信设施的投资方式是长途部分全部由邮电部门投入，市话部分由地方政府和邮电部门对半比例分摊出资。在循化县地方财政连年发生赤字的情况下，向主管邮电通信的县长建言献策。使政府领导班子统一了思想认识，在县政府的工作报告中提出了具有决策性的口号，"砸锅卖铁也要建通信"。当时在全省范围内起到了积极性的作用，最终以地方政府贷款、邮电还款的方式，解决了地方政府应出的部分资金问题。在地方政府的重视和邮电各级部门资金方面的大力支持下，动员号召全局员工齐心协力，发扬自力更生、艰苦奋斗的精神，加快通信建设。为保证通信设施施工质量、施工进度，更重要的是培养提高本地籍技术人员的技术能力水平和增强全员的工作积极性、责任性、主动性、凝聚力。对市话、农话通信线路及设备建设工程，以往由邮电专业施工队承包组织施工。循化邮电局创新改革并独立承担施工，这些工程大部分属于室外作业的较大工程，在工程设施的运输、装卸、搬运、安装过程中都有很大的难度和强度，也存在着很大的安全危险。于是，我号召全局员工积极投入通信建设大战中，组织实施了县城至街子、县城至红旗、县城至文都、县城至孕楞、县城至岗察、县城至白庄、县城至道帏、县城至清水、县城至孟达的线路更新改造工程及各乡镇至各行政村线路延伸工程。在保证正常通信的前提下，根据每天施工的项目、施工量，抽出部分人员，精心组织合理安排、明确分工、各负其责，有序施工。组织改造了县城内的市话线路，将错综混乱的明线改为地下管道电缆。这项工程的实施，很大程度上提高了通话质量，也改善了县城的市容市貌。以上我所负责施工的这些工程，经上级专业部门竣工验收评定为优良工程。不断更新陈旧设备，使长市话通信从人工发展到了半自动、全自动的跨越式发展，结束了人工接线式的手摇把子电话的历史。

1998年1月至1998年12月，我在海东地区邮电局任电信科副科长，负责海东全区电信通信工程网络建设及通信质量。那时，固定电话、移动通信已延伸到了乡村一级的民宅。兰州、西宁、拉萨光纤通信也正在紧锣密鼓地铺设光纤、设备安装。

邮电通信工作给人表面现象是闲情逸致，但实际情况是，邮电各工种岗位在节假日都要加班加点工作。为全社会提供普遍服务的背后，是无数个邮电通信使者们默默付出的汗水和心血。我在海东地区邮电局电信科的那段时间里，一个月内几乎半个月的时间都在进行所属 8 个县的长市话设备的更新、改造、扩容、升级等工作。而且这些工作只有在晚上 12 点以后电路空闲时才能彻夜通宵完成，白天还有正常的工作事务要处理。

1999 年 1 月至 2003 年 3 月，我在海东地区邮政局任运营部主任、党委委员、生产支部书记。在紧张繁忙的工作之余，自始至终注重个人在政治理论方面的学习，不断补充精神食粮，以进一步提高与工作职能相适应的工作能力水平，报考了中央党校青海大专函授班的学习，并完成学业，获得大专学历。

2003 年 4 月至 2008 年 11 月，我在省邮政运输局综合督查室任主任、纪委委员、生产运营支部书记。我所欣慰的是，自己从基层到机关，见证了青海省乡村及城市邮电工作的发展历程。也让我欣喜地看到：电信业在不断更新改造落后的技术，使技术装备水平取得了长足的发展，通信技术现已步入了数字化、虚拟时代，通信技术的进步不断改变了人们某些方面的生活方式，起到了提高人们生活质量的作用，通信作为社会发展的基础设施和发展经济基础的要素，越来越受世界各国的高度重视和大力发展，我国建成的光纤、数字微波、卫星、程控交换、移动通信、大数据通信等覆盖全国，通达世界电信网。目前，我国移动通信网络规模居世界之首，数据多媒体通信飞速发展，邮电通信能力快速提升。不断开拓创新，为经济建设和人民群众的生活提供了多层次、多样化、足不出户的个性化服务。

我个人曾多次获得过邮电行业系统的县局、地区局、省局范围内的"三八红旗手"、年度先进工作者、优秀党员、优秀党务工作者等称号。

2008 年 12 月，我退休离开了自己钟爱的邮电工作，但我时常为自己有幸加入了信息时代邮电变革的伟大历程而倍感自豪。

好男儿志在四方

——记黄南州副州长李鑫

马国庆*　供稿　彭　忠**整理

　　李鑫，1966年出生在循化县清水乡麻尔坡村一个普普通通的农民家庭。现任黄南藏族自治州人民政府副州长。

　　李鑫出生在"文化大革命"时期，在童年的记忆里有许多知识分子被打成"右派"，下放到偏远的山村劳动改造。当时"读书无用论"的思想在农村普遍存在，加之老百姓生活困难，众多农民子弟纷纷辍学，年少时就成为家里的劳动力。李鑫的父亲教师出身，他从小聆听红军长征、抗日战争、抗美援朝等革命故事长大，渴求知识、崇敬英雄，产生了靠文化知识改变命运的强烈愿望。李鑫天资聪明，勤奋好学，不受同伴影响，每天按时上学，上课认真听讲，品学兼优，连年被评为"三好学生"。或许

◎李鑫同志工作照　（李鑫 提供）

*　马国庆，黄南州政府秘书。
**　彭　忠，循化县政协文史委原主任。

是受革命故事影响的缘故，即便与小伙伴们玩耍时，也常常扮演英雄人物形象，他既是导演又是演员。久而久之，英雄形象也在潜移默化地影响着他的生活，养成了勇于担当、敢为人先的作风，成为小伙伴们的"领头羊"。

1982 年，他顺利考入青海省水利学校，学习农田水利专业。作为农家子弟，"农田""水利"是他再也熟悉不过的字眼，自己的家乡就是因为农田水利设施的落后而经常十年九旱，村里人的日子过得十分艰难。正是因为对现实生活有着切身的体验，李鑫自入学的那天起就对水利专业产生了浓厚的兴趣。他早起晚睡，把别人聊天、打篮球的零星时间全部投入了学习当中。假期里他深入附近村庄开展调研，了解家乡水利建设的现实状况，而后写成调查报告。日积月累，他的业务知识和实践经验明显增长，学到了许多书本上学不到的知识，这为他以后从事水利事业打下了坚实的基础。

1985 年毕业之后，李鑫成为河南蒙古族自治县水电局的一名干部，从此告别了循化，在河南这片土地上默默奉献。他刚刚参加工作时，恰逢改革开放、百废待兴的关键时期，各地普遍缺乏专业人才，而学习水利专业的更是少之又少，李鑫便很快得到水电局领导的重视。在河南县工作的 5 年当中，他跋山涉水，游走于草原、河流之间，在辽阔的草原上留下了串串足迹。有时为了完成一个调研课题，他怀揣干粮、身背水壶到各地走访，与农牧民同吃同住，实地勘测现场、查阅水利资料、走访农牧民群众，尽可能多地掌握当地水利状况的第一手资料，5 年中他搜集整理的资料多达 20 余本。在与农牧民的长期接触中，他不仅学会了藏语，能熟练地与藏族百姓交流，还深切地体验了牧民忠厚朴实、热情奔放的民族风情，对河南县这片热土产生了深厚的感情。

1991 年，李鑫靠着过硬的理论素养、扎实的工作作风、突出的工作业绩被调入黄南州水电局工作，先后担任水政资源科科长、电力科科长、水利水电规划建设科科长等。多年来不同岗位的历练不仅为他提供了展示才华的平台，更重要的是拓展了视野，开始用全局性的眼光看问题，他取得的成绩得到广大干部群众的一致认可。在此期间，经组织选派，李鑫在黄南州委党校"中青班"学习深造。

2004年，黄南州委对6个副县级岗位面向全州正科级干部进行公选，这是建州历史上的首次公开选拔。李鑫凭借扎实的理论水平、丰富的实践经验、清晰的答辩思维在众多考生中脱颖而出，以优异成绩通过了笔试、面试，经过组织考察，最终任命为黄南州地方志编纂委员会办公室副主任。随着工作能力的不断提升，李鑫肩上的担子越来越重，他先后担任了青海省李家峡水运管理局局长，黄南州地方海事局局长，河南县委常委、常务副县长，黄南州水利局党组书记、局长，黄南州发展改革委党组书记、主任等。在干好本职工作的同时，他还不忘充实自己，完成了中央党校公共管理专业本科班的函授学习。

在30年的奋斗历程中，李鑫始终保持敢为人先、迎难而上、开拓创新的干事激情。他干一行爱一行，全身心扑在自己心爱的事业上，出色地完成了组织交给的各项任务，赢得人民群众的广泛好评。先后被评为州政府办公室系统"民族团结进步"先进个人、全省金融工作先进个人、全省农村信用体系建设先进个人等，2016—2019年被黄南州委党校（黄南州行政学院）聘请为客座教授。

在担任河南蒙古族自治县县委常委、常务副县长期间，李鑫作为在河南县成长起来的干部，他把河南县当作自己的第二故乡，心系全县经济社会发展、关注农牧民群众的疾苦，把改变河南面貌、实现富民强县作为矢志不移的目标，立足优势产业和资源，不断加大项目建设力度。在职期间，争取项目资金6.1亿元，实施了阿赛公路河南县段整治、污水管网、河南县浩斗曲防洪、泽曲河人工湖段治理、河南县政府业务用房、公检法办公大楼、河南县10个移动基站等工程项目，极大地改善了县域基础设施。

在担任黄南州水利局党组书记、局长期间，李鑫经常说的一句话就是："我们黄南地处三江源保护区，是'中华水塔'的重要水源涵养地，依河而居、以草为伴，如果干部群众因为饮水问题而发愁，就是我们水利人最大的失职。"为此，他三天两头跑到省水利厅反映困难。时间长了，省水利厅工作人员说："你们黄南水利局的领导快踏破我们水利厅的门槛了，进门都不用登记了。"这既是玩笑，更是实话。李鑫任职期间，

◎李鑫（前排中）视察水利工程　（李鑫　提供）

在他的不懈努力下，累计争取水利建设工程 200 项，投资达 10.9 亿元，先后实施了黄河干流防洪，隆务河、泽曲河河道治理，浪加水库、李家峡南干渠、尖扎县 3 镇供水及饮水安全巩固提升等一大批水利民生工程，累计治理河道 43.5 公里，扩大改善农田灌溉面积 2.8 万亩，治理水土流失面积 34 平方公里，解决了全州 8 万农牧民群众最关注、最迫切的吃水远、吃水难问题。心系防汛抗旱，每逢汛前、汛中是他工作最繁忙的时候。不是在办公室应急值守，就是奔赴全州重点河段、重点工程、重点单位实地检查，每次回家都是灰头土脸。家人看了万分心疼的同时，常常取笑他"没有个当官的样子，更像是刚刚忙完农活的老百姓"。他总笑着应答："我本来就是老百姓，只不过现在有了一个'官'的头衔，责任让我必须'更像老百姓'。"仅 2015 年，在他的积极争取下，全州落实防汛抗旱资金 1233 万元，建成州防汛抗旱山洪灾害防治预警系统，有效提升了防汛抗旱减灾能力，极大保障了全州农牧民群众生命和财产安全。

依靠群众发展水利事业是李鑫始终坚持的理念。他每次下乡不忘到附近的乡镇、村社转转，他说："无论基础再好、工作做得再多，没有群众的参与，工作开展难不说，我们的工作就失去了意义。"他是这样说的，也是这样做的。如今农牧民群众在遵纪守法、节约用水、保护水资源等方面的意识都有了明显提升，为全民参与水资源涵养打下了坚实的群众基础。

李鑫在担任黄南州发展改革委党组书记、主任以后，工作量与往日相比成倍增长，熟悉他的人说："李主任走路脚下生风，说话也是三言两语，好像换了个人似的。"形势逼人紧，责任大于天。在他带领部门编制《黄南州国民经济和社会发展第十四个五年规划思路》《黄南州推进西部大开发形成新格局实施意见》《兰西城市群发展规划——黄南州三年行动计划》《黄南州"十四五"生态文明建设规划》《黄南州黄河流域生态保护和高质量发展规划》等，在此期间，他连续几个晚上回不了家。长期睡眠不足，使他没有了往日的精神，引来家人的一阵担心。面对经济总量小、基础设施和社会公共服务条件滞后的州情，积极争取中央和省上项目资金的支持是他所有工作的重中之重。心中有目标，脚下有行动。在他任职期间，累计争取落实涉藏地区专项和中央预算内投资项目995项，总投资额达110亿元，建成或正在建设 ±800 千伏特高压直流输变电站工程（黄南段）、同仁市城北新区二期综合管廊建设项目、同仁市隆务河两岸环境综合整治及人居环境提升工程、同仁市 330 千伏输变电站等工程。西成铁路（黄南段）全线开工，天然气进州、黄南机场项目前期工作已基本完成。

一大批支撑全州经济社会高质量发展的重点项目的实施，使黄南州迎来了高速发展的黄金时期。李鑫作为农民的儿子，深谙"手中有粮、心里不慌"的道理，他坚信守住了粮食安全，就守住了百姓的心。为此，他着眼于粮食安全，加大粮食应急设施补短板力度，争取落实1579.5 万元资金，实施了同仁市、泽库县粮食储备库新建项目和尖扎县康杨粮站粮食储备仓库维修项目，使黄南州粮食储备库基础设施建设水平得到整体提升。

在 30 年的奋斗历程中，李鑫的工作岗位换了一个又一个，而共产党人服务人民的情怀始终植根心间、坚定不移。在民族地区工作，稳定是压倒一切的大事。少年时期他学会了一口流利的撒拉语，青年时期又学会了一口流利的藏语，这为他在民族地区的工作和生活带来了诸多方便。工作中用民族语言交流，不但可以拉近与群众的情感，而且可以精准地了解群众的心声。在调研中当他发现影响社会安定的隐患时，第一时间组织干部职工深入村社开展宣传教育工作，讲政策、讲法律、讲团结，用身边的事例讲清"团结稳定是福、分裂动乱是祸"的道理。这进一步增强了群众自觉维护社会稳定、积极参与农牧生产、建设社会主义新农村新牧区的积极性。看到基层党组织有困难时，就带领机关党员干部到联点村党支部开展讲党课、召开座谈会、重温入党誓词等活动，积极协调相关部门帮助基层党支部解决实实在在的困难，提升党员干部群众感党恩、听党话、跟党走的信心和决心。看到老百姓吃水困难的问题时，他积极发挥职能优势，努力争取项目资金，实施贫困村农田灌溉和饮水安全巩固提升工程，解决群众基本的民生问题。面对"脏、乱、差"问题，他积极争取项目资金，实施人居环境综合整治，大力推进道路硬化、文化活动场地建设、路灯架设、公厕修建等工程项目，努力改善人居环境，方便群众生产、生活。民生工程暖民心。李鑫最不缺的就是农牧民朋友。如今他已是副厅级干部，但仍有农牧民群众怀揣焜锅馍馍时不时地来看望他。这不为别的，只为给他说说自己的心里话。采访中李鑫深有感触地说："群众才是最可爱的人，尤其是牧区的老百姓，只要你对他好，他就会掏心窝子给你看。"

李鑫出生在循化县一个偏僻的小山村，童年的经历，使他拥有了循化人独有的豪情与韧劲。父亲的谆谆教诲，使他对文化知识如饥似渴，具备了服务社会的基本素质。踏进河南草原以后，犹如盛开的格桑花，与农牧民群众结下了深厚的情谊，尽情地挥洒着自己的聪明才智。时至今日，他仍然坚守在自己的岗位上，为推动黄南州社会发展、乡村振兴、生态文明建设贡献自己的一分力量。

四

七彩人生

QI CAI REN SHENG

德艺双馨　高山仰止

——怀念我的舅舅杨慕先生

刘钦明

◎杨慕先生与教研组成员研讨教材　（刘钦明　提供）

杨慕先生是西宁市特级教师、青海师范大学附属中学原校长，也是我的大阿舅。

民国十六年（1927），我的外祖父杨希尧先生辞去了"甘肃公立法政专门学校"教务主任公职，举家从兰州迁居西宁，任西宁道署教育科科长、西宁道署三民主义训练班讲师。是年 6 月 1 日，杨慕出生于西宁。

杨慕经过湟川中学附属小学和湟川中学初中、高中的学习后，于 1947 年夏季考上了北京大学经济系，得到省政府资助赴北京大学读书。翌年夏天，我的母亲杨忱也考上了北京师范大学，同年也赴北师大读书。

1949 年夏天，为避战祸，杨慕和我母亲联络了几位青海同乡同学决定返回西宁，结伴而行的还有马尚乾、多杰才旦、牟凤山。

其时，无论华北平原、中原大地还是千里秦川，都兵荒马乱，战事频仍。一行青年学生，就取道塞北荒漠戈壁，漫漫蒙古高原，沿着黄河，翻越贺兰山，走张家口、呼和浩特、包头、银川、兰州一线，步行、骑马、骑骆驼、乘驴车、马车、辘轳车、也搭乘过军车。作为不更政事、军事的青年学生，有时候也不得不穿行于犬牙交错的战场前线，处于对峙中的国、共两军，却也都不太难为这几个学生娃娃，有时候还会提供一点帮助。他们夜宿晓行，饥一顿饱一顿，历经千辛万苦，历时三个月，才回到西宁。

青海解放后，急需大批青年人才，杨慕就成为湟川中学的一名教师，我母亲也成为湟川中学附属小学的老师。

1949 年，军管会派出了一些新参加革命的年轻人，到西安"西北人民革命大学"接受培训教育，接受新的思想和理论，杨慕也在其中。

此后在教育园地辛勤耕耘 50 年。先后在西宁职业学校、青海湟川中学、西宁一中、西宁高中、青海师范学院附属中学任教。

记得我上小学三年级的时候，有一次大阿舅到我家来，我母亲就叫我把所有的作文拿给他看。大阿舅看到我作文中的一些排比句："花园里真美丽呀，有红的、黄的、蓝的、白的、绿的各种各样的花……"忽然问我："你真的见过有绿色的花吗？"是啊，绿色的花朵？我跑到院里小花圃，找来找去，就是找不到绿色的花朵啊！大阿舅告诉我，作文中的语句也要真实，不能想当然地瞎编。

坐落在西宁杨家寨和苏家河湾之间的师院附中，校园幽静美丽，环境很好。校园西南隅，有几排长长的白色平房，垂直分布，从东、西、北三面围成一片教职工家属院。各家的房前屋后，随处种满了芫荽梅、向日葵。各种家常蔬果花卉，欣欣向荣。大阿舅的家，就在东排的中间，门前矗立的木架上爬满了刀豆秧子，洒下大片的浓荫，遮蔽着辉煌明亮的夕照。大阿舅家的后窗外还有一片树影婆娑、蜂蝶飞舞的花园。

大阿舅家房子很狭窄，一进门就是极小的厨房，穿过厨房，只有一间稍大的房间。前面的小厨房被大阿舅作了书房，四壁紧紧地卡着一张小小写字台，桌子上堆满了一摞一摞的学生作业，小小斗室，充盈着书香气息，也不知道他们在哪里做饭。

我和弟弟上小学时，喜欢徒步走很远的路，到大阿舅家玩。那一间小小的书房，让我心中充满对它莫名的神秘和崇敬之感。这间小屋子里满桌子满书架的书籍、文具和新鲜的电器，尤其是那台喇叭上蒙着昆明滇池风景锦绣的交流电收音机，使我流连忘返。在这里，我第一次见到《叶尔绍夫兄弟》和《静静的顿河》，知道有一种学问叫教育学，还读到了许多诸如"斯坦尼斯拉夫斯基"这样闻所未闻的字符串儿。

当然，我后来才了解到，因为某篇课文是剧本，有演出、表演等问题，需要给学生讲清楚，让孩子们有收获、有进步，我的大阿舅这位高中语文老师，竟然系统深入地研究了"斯坦尼斯拉夫斯基体系"。〔斯坦尼斯拉夫斯基（1863—1938），俄罗斯（苏联）杰出的戏剧大师，系统总结"体验派"戏剧理论，强调现实主义原则，主张演员要沉浸在角色的情感之中。"斯坦尼斯拉夫斯基体系"是世界三大表演体系之一，对各国戏剧影视舞台表演产生了深远影响。〕

为了在课堂上富有感染力地讲好文学作品，他孜孜不倦地学习文学理论，那些文学史、文学概论方面的书，被他翻得很破旧。越是认真的教学科研，就会引发越来越多的问题，越会遇到必须了解、认识、分析而且向学生讲解，并让学生理解和接受古今中外的文学作品、文学现象和很多作家。我的大阿舅长期沉浸在文学和语言的广阔天地里，乐此不疲。

杨慕，不但是颇有名气的语文老师，也是青海师院附中文艺团体十分活跃有影响力的组织者、导演、演员、伴奏员和舞台设计师。杨慕能拉手风琴、弹钢琴，在他的周围，集合了一群喜欢各类乐器演奏、能够登台演出的老师和学生。

◎杨慕先生与夫人合影 （刘钦明 提供）

记得有一次，大阿舅喝了点酒，给我和几位姑舅们"赞"起他导演的某话剧，那英雄人物如何在追光灯的光环下，在他们自己谱写的动人心弦的音乐声中"冉冉上升"，如何赢得了经久不息的雷鸣般掌声的惊人效果。他哈哈一笑说，那个所谓"冉冉上升"的效果是咋搞出来的呢？不过是他的灵机一动，舞台上用了从幼儿园院子里搬过来的"跷跷板"，让英雄站在上面，杠杆作用了一下而已。

在"文化大革命"前夕，学校领导还是比较尊重老师的。杨慕一度拥有学校行政办公楼里面二楼的一间办公室。办公室里一床、一桌、一椅，还有书橱和成堆的图书、手风琴和其他物件。

最让我惊奇的是，大约在1964年的秋天，一天下午我和弟弟一起在附中学校的操场上玩，跑得很累，很渴，就跑回大阿舅的办公室去喝水。大阿舅看我来了，停下手中的工作，问最近的学习和学校里的事情，我一一回答他的问询，还说了一点别的什么。临走的时候，大阿舅说："你们听，这是谁在说话呀？"大阿舅话音刚落，忽然房间里传出我刚刚和大阿舅对话的声音！我一时不知所措，根本不知道这是怎么回事。大阿舅就给我介绍，这叫"录音机"。那时候，在他的办公室里，有一台今天航空公司空姐们带着的那种拉杆箱一般大的、上面有两盘磁带的，很笨重沉实的灰颜色的大录音机。大阿舅趁我们不注意，用它录下了我们对话的声音。这是我第一次知道并见到录音机，记得再放一遍语音的时候，我才反应过来，发现自己的童音那么幼稚、没劲道。

杨慕还有一台"海鸥"牌相机，拍摄了很多黑白照片。他的办公室里，还有冲洗胶卷和扩印黑白照片的设备，如显影罐、漂洗盘、发出微弱红光的定时器等及各种有关的化学药剂，什么显影液、定影液等。

1971 年前后，我的大阿舅和大舅母宋皓业女士（原西宁北大街小学教师）被下放到互助县一个叫卡子沟的农村，和贫下中农同吃、同住、同劳动。大阿舅以他仁爱谦和、温润有礼的修养，以他的广博学识和诚挚勤劳的品格，很快赢得了当地农民的信任和尊敬，在很短的时间里就融入了他们的生活。

生产队把重要的开手扶拖拉机的职责交给了我的大阿舅。这时候的大阿舅，会戴着白手套摆弄、驾驶手扶拖拉机，工作得心应手，俨然是一位技术娴熟精良的老司机、老师傅。

粗粝艰辛的日子没有消磨大阿舅的文心和灵感，远离了甚嚣尘上的"文化大革命"，大阿舅和大舅母甚至还算获得了一段相对和平宁静的生活。大阿舅开始了他那一贯的爱好，更广泛地学习和研究。他捧读中医学，很快获得了许多实用的针灸知识和技术，给当地的广大农民朋友们治病，口碑甚好。

大阿舅和大舅母与农民打成了一片，他们经常指导农民讲究卫生、烹调菜肴，帮助农民解读农机化肥说明书，参与甚至潜移默化地影响农民的农事活动和日常生活。

在此期间，我的两个弟弟也到卡子沟看望了大阿舅和大舅母。在那里，两个娃娃暂时远离了"文革"氛围，愉快地度过了一段上山下川、登山涉河的美好童年生活。有时候，两个弟弟会代表大阿舅和大舅母，越过山岭沟壑到另一户农家参加婚礼。有时候，两个弟弟穿越茂密的蒿草地，爬上高山，在山顶上看高射炮打冰雹。辽阔的天空雨云滚滚，黄土高原壮丽，满山满洼的金色庄稼，他们在大阿舅家接触到了伟大的自然。

改革开放后，杨慕重返青海师范大学附属中学，再续教学生涯，开始了紧张繁忙的教学工作。

杨慕获得西宁市特级教师称号。1978 年，被评为西宁市一级模范教师。1982 年，被评为西宁市先进教育工作者。1983 年，青海省人民政府授予青海省教育战线先进个人（省级劳动模范）。

1984 年 6 月，杨慕被聘任为青海师范大学附属中学校长。

过了许多年，当我也成为一名文科专业教师的时候，我会经常回忆起和大阿舅在一起讨论某些文学问题、语言问题、摄影问题、审美问题的温暖时刻及当年第一次听到大阿舅录我的稚嫩童音的情景、大阿舅给我分辨"表"和"钟"的词义有什么异同的情景。

我仰慕大阿舅。和我的大阿舅一样，我也喜欢我的工作和每一个学生，我和我的第一批学生保持了 50 年的友谊。至今，还会和他们一起，来一趟上千公里的疯狂自驾游。和我的大阿舅一样，在教学中我也不能容忍自己和学生说假话、套话和流行的大话。和我的大阿舅一样，我还很喜欢抠字眼儿，让我的学生获得使用符合逻辑的、准确语句的基本能力。和我的大阿舅一样，我也喜欢拍照，在暗室里冲洗胶卷，扩印照片，抬着笨重的幻灯机去上课。和我的大阿舅杨慕老师一样，喜欢一切现代科技带来的新鲜事物。我最早购置了电脑，最早在教学中使用微软的 PPT 演示软件，最早把课件挂在互联网上，最早学会开车……这些都得益于我的大阿舅的启迪和示范。

杨慕老师堪称西宁教育界、青海教育史上的一代名师，他赢得了 20 世纪 50 年代到 80 年代末几代学生的由衷敬仰。他的学生从耄耋老人到中年俊杰，遍布各个行业部门，大阿舅最年轻的学生们，当前正是社会中坚，发挥着中流砥柱的作用。

以学生为重，学生就是他的一切。学生要远行，向老师告别，他也会感伤，以至于赋诗送别：

匆匆行色，尽收这离愁别绪，只说那河湾丝竹，东村夜雨。

危冠轻掸去尘沙，柔灯低照论时事。将岁月烟尘留心头，常相忆。

[《满江红·赠张皓》（上阕）]

学生的事儿就是大阿舅自己的事儿，他对学生的情况了然于心，念念不忘。在离别的时刻，他悠然想起和学生一起在校园（河湾）里弹琴吟唱的情景，和学生一起在平安县的东村下乡劳动的情景。

我的大阿舅杨慕先生，在疲倦消沉的时刻，就浅斟低唱，喝几杯美酒，听一曲音乐，回忆起与年轻的人们一起度过的如歌岁月。

吟罢一曲左公柳，再饮三斛童心酒。

开怀只叙旧日事，消尽半生风雨愁。

（八月十四日湟川中学部分高年级同学在黄鹤台野游归后作之四）

2009年12月11日，我敬爱的大阿舅杨慕先生因病逝世。他老人家墓碑背面，刻着端端正正的四个字：托体山阿。

张尚义：最早从事金融工作的循化人

刘子平[*]

张尚义，字仁山，1919 年 12 月出生于青海省循化撒拉族自治县积石镇。他是新中国成立后循化地区较早从事金融事业的本地人，一生从事金融工作，为青海省金融业的发展壮大做出了贡献。

张尚义祖籍陇上临洮，其先祖逃荒流落循化，遂扎根繁衍，至今已至七代。据其长子张晟回忆："我小的时候，祖父常常提起，他的父亲和爷爷带领他们全家逃荒循化途中被土匪追赶，他的两个舅舅被迫跳入黄河而死。我对祖父记忆尤深，他白发银须，一辈子打造银质饰品、器具。平易近人、为人和善，所以妇孺老少称他为'银匠阿爷'。解放循化时，因为他年龄最大，被选为代表拉着一头身上搭着红绫子的白牛，代表全县各族人民去迎接解放军进城。"

张尚义积石小学毕业后，便到西宁昆仑中学求学。中学三年级时，张尚义受马步芳派遣提前毕业到积石小学当校长。据说，马步芳到积石小学视察工作，时任的韦姓校长组织学生欢迎，但因年纪偏大，对学生管理不严，致使学生纪律涣散、队列不齐。马步芳一怒之下，撤销其校长之职，便让张尚义担任校长。

张尚义在积石小学任校长两年后，因无法承受巨大的家庭经济压力，入不敷出，遂经人介绍到青海省银行工作。三年后，又经朋友介绍到西安中央银行管辖的一个分

---

* 刘子平，青海民族大学在读博士生。

支机构去工作。当时，蒋介石、宋子文、孔祥熙、陈果夫和陈立夫掌控中国政治和经济命脉。张尚义所工作的这个分支机构就是宋子文手下的"江浙财团"，除张尚义一人为西北人之外，其他多为江浙、山西等地的人。但是张尚义凭借自己在一把算盘上双手可以同时运算的绝活，很快在西安银行中脱颖而出，让人刮目相看。因此，当时的银行高层拟将其调入台湾高雄市工作。

据张晟回忆说："父亲说过他在西安工作时每月的待遇好像有80块大洋，因为曾在国民党手下干活，加之后来挨过批斗，所以在西安工作的具体情况我们也不清楚。"1949年4月，张尚义写信让妻儿到西安去准备安家落户，不料妻子在兰州买飞机票后，陕西解放战争打响，机场停运，只好作罢。5月中旬，胡宗南的部队在解放军强势攻击下开始败退，张尚义工作的金融机构接到了火速撤离西安的通知。工作人员随之急速收拾现金、各种资料，包括所有的人事档案。第二天一大早，张尚义和员工将打包好的二十几个箱子运到一辆军车上。当他们随车到了渭河的一处渡口后才知道，这是要撤回重庆去。他转眼一想，他们是南方人到重庆去，我一个青海人到外地干啥去呢？随即下定决心要回循化老家。回到西安城内的张尚义没有去处，他感觉到西安城内肯定要有战争发生了，便迅速到西安的青海办事处去找车，结果非常幸运的是遇见了他的亲舅舅赵佩。赵佩当时是国民党的立法委员，正从南京到兰州去，途经西安。张尚义遂和舅舅赵佩一起乘车到了兰州。赵佩在兰州停留一段时间后逃到了台湾，而张尚义转车回到了循化。

不久，青海省解放。张尚义正准备前往西安，青海省军管会的相关人员找到他后说："现在全国解放了，大家都是为新中国做事。你大老远到西安去还不如就留在青海，为家乡的金融事业做点贡献。"张尚义便打消了去往西安的念头留在青海工作。他先是被分配到循化县银行工作，不久后又被调到西宁参加中国人民银行青海分行的重建工作。之后，张尚义根据以前的工作经验，起草、制定了银行基本的运行规章制度，特别是会计制度。他编写的《银行会计手册》，被作为新中国成立后青海省金融业干部职工最早的学习读本，使用长达十多年之久。1952 年开始，张尚义先后被派到大通县、化隆县、格尔木县、循化县去帮助筹建银行。因为那时这些地方大部分有筹建银行的基础，他每到一地的主要工作是重新规划和培训从事金融的银行业务人员，从基本的规章制度到专业知识、业务技能和运行机制，完成任务之后就受命奔赴下一个地方。1956 年，他受命去同仁县建设黄南州银行，其间担任黄南州银行会计股的股长。

1959 年，张尚义被迫停止工作，接受调查。因为他在西宁筹建中国人民银行青海分行的时候，为表达自己的忠心，曾向党组织老实交代了以前的情况，包括其二舅舅赵佩为国民党立法委员、三舅舅赵龙为国民党兰州警备司令部司令、他在昆仑中学读书期间曾集体加入过国民党等事宜。以前在国民党统治时的旧档案被接收过去后，在里面发现了一份张尚义一无所知的委任"三青团"分队长的委任状，于是，给他扣上了"坏分子"的帽子，被送回循化老家种田。

被撤职回家的张尚义因长期从事金融业，不谙熟农耕，又值全国大面积的饥荒，家中人口多，生活条件一度陷入困境，温饱成了问题。1960 年 5 月，曾在循化跟随张尚义学习过银行会计知识的杨选，知其内情后，就介绍他到循化县文都乡中库沟日茫生产队去当会计。1976 年，受"右倾翻案风"影响，张尚义到黄南州要求平反时又被戴了个"历史反革命"的帽子。1978 年，全国平反冤假错案工作大规模展开。第二年，张尚义的冤假错案也得到平反。他结束了在文都乡 18 年的会计工作后重返黄南州银行工作，后调尖扎县银行金融业职员干部干校，担任讲师。其间，他发挥专业优势，培训了许多从事银行业的汉、藏干部。

1982 年，张尚义退休后回到循化老家养老。2007 年元月 28 日殁于循化老家，享年 88 岁。现在黄南州银行上班的一位职员说："我并没有见过张尚义这个人，但是对他们老一辈的银行业专家特别敬佩。我们曾专门查阅并学习过他在黄南州银行工作时所做的账本和各种单据，那时没有打印机，都是手写的字体，但比打印机打印出来的还要漂亮。他的字迹清秀工整，账目做得一清二楚，令人敬佩。"

张晟说："一生中，我和父亲聚少离多，对他许多工作上的事情知之甚少。但总忘不了父亲对我的谆谆教导，每次与父亲见面时他总要告诫我生活中要艰苦朴素，吃苦耐劳，待人要忠诚，工作上要勤勤恳恳。父亲去世多年了，甚为想念！"

我的多彩人生

陈玉华 *

我的成长经历

我是一个土生土长的青海省循化县人。父亲陈显科（生于 1928 年 1 月），母亲贾瑛（已于 1989 年去世）。1962 年，我两岁时，父母由化隆县教育工作者被下放成为面朝黄土背朝天的农民，在循化县积石镇务农。1978 年改革开放后，他们先后平反，恢复工作，直到退休。我们兄妹七人，四男三女，长兄出生于 1954 年，年长小弟 14 岁。我是长女，排行老三，幼时我家住在县城东街。

小时候，我干过的活儿花样繁多，不计其数，包括担水劈柴、养猪养鸡、洒扫庭除，洗衣做饭；还有撕棉花，缝被子，纳鞋垫，踩缝纫机等。过年前大扫除时，刮旧窗纸、粘糨糊，再贴上新窗

◎本文作者在尼亚加拉瀑布前
（陈玉华 提供）

* 陈玉华，青海省体育局原调研员。

纸、新窗花等。

放学后我们经常到庄稼地里拾麦穗儿，括麦茬儿，拔猪草。同时，凡是地里长着的能吃的东西，我们都会趁人不注意偷摘到自己的背篓里，跑到没人的地方，随便将东西往身上蹭一蹭就吃起来。多少个夏夜，我们躺在房顶的麦草堆里，数着漫天的星星进入梦乡。深秋季节，我时常很早起来，抢先到大街上扫树叶，否则就被别的小伙伴们扫光了。

我家兄妹多，在生活上父母除了负责衣食外，基本上都是大的带小的。我记得妈妈生了弟弟后，在哺乳期间去生产队的庄稼地里拔草，嘱咐我中午抱着弟弟去地里找她喂奶。当时，我只有六七岁，抱着弟弟就像抱了个大石头，只有不到2公里的路，我要换气、换胳膊十几次，抱一会儿，背一会儿，最后挣扎着走到田间地头被妈妈看到后抱起弟弟，我才能松一口气。妈妈为了奖励我，从布袋子里掏出一块馍馍给我吃，一同劳动的社员阿姨们也不失时机地夸我几句，我就感到无比的满足，又高高兴兴地将弟弟抱回家。

我记得小时候只有十多岁的两个哥哥经常带着一点干馍馍，翻山越岭去砍柴，很早出发，午后下山，风雨无阻，不知经历了多少艰辛。那时候的循化不像现在，没有楼房遮挡，天热气来十分烤人。有一次，只有八九岁的我，拉着架子车去山脚下接应他们，走着走着，口渴难忍，正好看到路边（现在县城尕庄一带）有一只大铁皮桶，上面有亮晶晶闪着光的水，我立刻放下车子跑过去，两只手捧起一大口水喝了下去，结果被呛得上气不接下气，将喝下去的东西全部吐了出来。原来那是一只装满汽油的桶，以后再见到类似的油桶，我就会立刻回忆起那次经历。

那时候一到冬季，早上四五点钟，父母就把正在熟睡的我们从炕上叫起来，几个人在父亲的带领下，排着队将家肥用背篓背到大门外，再由两个哥哥用架子车送到几里外的自留地里施肥。这样的活儿好像每年要干上几次，真是又冷又饿，又臭又脏，我们都没工夫偷懒，或叫苦叫累。上小学时，有一次早上起来没有馍馍吃，我就从家中储藏的布袋里抓了一把炒面装到衣服口袋里,跑到离家200米左右的东方红小学上学,等到了学校,浑身上下全是散发出来的面粉,已经没剩多少可吃的了。还有一次早上没馍馍吃,我就抓了一把炒豆子充饥,渴了就跑去喝点水龙头里的凉水。

记得我上初中时,母亲去东风公社(现白庄乡)拉边大队的小学当代课教师,一般都是半个月回一次家。我作为长女,被父亲调教成了做饭的主力。他除了自己动手外,还时常坐到厨房的炕上,一遍遍指教我如何和面、揉面、搓面、擀面、切面、下面,8口人就这样凑合着填饱肚子。那时,由于营养不良,我个头长不大,时常踩着小凳子干活儿,还学会了蒸馍馍。当然,做饭这么重要的活儿不可能由我一个人完成,兄妹们帮着挑水、择菜、洗菜、烧火、刷锅等,通力合作。后来母亲回家后,我成了她的得力帮手。在此期间,我上学时常常迟到,蓬头垢面,指甲缝里全是面,跑得气喘吁吁地喊报告,由于"文革"时期老师们也并不太在乎学生的形象和表现,除了在门口罚站一会儿之外,我也没受到过任何严厉的批评。

我十二三岁时,有个暑假,正赶上县上开"三干"会。我的对门发小玉芳约上我一起去卖冰棍儿。那时县上刚刚开始卖冰棍儿和雪糕。由于她父亲是个有工作的干部,认识人,我们就到县粮食局后面的食品厂批发了一箱冰棍儿和雪糕,一支冰棍儿卖5分钱,我俩卖掉一支能赚一分钱,还有部分雪糕,比冰棍儿贵一点。当天中午天气十分炎热,县上的三干会刚刚结束,街上有好多从各公社来开会的干部要回家了,他们看到有些人买我们的冰棍儿吃,冰凉爽口,纷纷前来购买。其中有几个藏族干部也过来购买,每个人买了五六支、七八支,然后他们将这些冰棍儿塞进身上穿着的皮袄里,准备带回家给家里的老人、孩子尝尝,冰棍儿、雪糕很快就卖光了。我俩就跑到县委大铁门后面数钱,好像赚了3块多,两人平分后,兴高采烈地奔回家,将赚到的钱交给了父母。这可是我人生中赚到的第一桶金啊,当时是20世纪70年代,一块多钱能买好多东西呢!

当我们再次跑到街上时,看到那几个藏族干部的皮袄湿漉漉的,冰棍儿、雪糕全化成水了，沮丧的心情溢于言表。我虽然心里很同情他们，但也是没有办法弥补，何况我还窃喜挣到钱了呢！以后每每回忆到此事时，忍俊不禁。

在我拿到初中毕业证书的那一年暑假，正赶上县邮电局在盖新楼，我的同班好朋友尹玉霞约我一起去工地上搬砖。她比我大两岁，个头较高，在学校里跳绳儿、跑步都比较强，干体力活儿更不用说，而我个儿小、力气小，跟她在一起，她一次搬 8 块砖，我只能搬 4 块。就这样，我使尽了吃奶的力气干了一整天，精疲力竭，挣到了 2 块工钱，交给了母亲，这是我人生当中的第二桶金。虽然得到了父母的表扬，但此后我一想到当苦力就倍感恐惧，这也成了我后来发愤求学、改变命运的原动力。

小时候每到天黑时，兄弟姊妹最害怕父亲抽查我们的学习情况。有时他会随意叫上我们 7 个人当中的 3 个和他一起围坐在小炕桌旁，在煤油灯下检查每个人对语文或数学的掌握情况。如在语文课本中挑选一篇课文或毛主席诗词，先朗读一遍，看是否有读错的字，然后挑出其中的难点字词或成语，让我们释义。由于怕挨打挨骂，我们内心十分紧张，加上在学校也没怎么下功夫，对所学知识一知半解，在回答问题时吞吞吐吐、结结巴巴，往往突破了他的耐心极限，最终因到了睡觉时间，经一通责骂后收场。但可能就是因为有这样的家庭教育及文化熏陶，我们兄妹 7 人后来都考上了大专院校。

我的求学之路

我 1967 年上小学，1977 年高中毕业，基础教育阶段正好在"文革"期间，基础知识没学多少。在我 10 岁左右时，发生了一件对我的未来有深远影响的事情。事情的经过是这样的：我的一位表姑在西宁解放路小学当老师，当时她刚刚生了一个女孩儿。由于姑夫在诺木洪农场学校教书，夫妻俩只能每年寒假期间团聚一次。虽然家中有年过七旬的老母亲（我们称她姨奶奶），但毕竟年事已高，不能完全依赖。所以，姑姑需要一个帮手带小孩儿。于是，她求助于我的父母，看能否送一个子女到西宁边读书，边帮她一把。父母经过慎重考虑，决定送我去姑姑那里，因为我是家中的长女，已经帮母亲带过几个弟妹，有一定的经验，正好年龄也比较合适。

在去西宁之前，母亲为我做了一件蓝色的翻毛领短大衣、一双新布鞋，并将我的衣服从上到下翻新了一遍。那时候，从循化去西宁，要坐十一二个小时的汽车。在姑姑家，我一边上学，一边照顾小表妹，也就是抱小孩儿、洗尿布之类的活儿。其间发生了一件让我姑姑勃然大怒、暴揍了我一顿的事情。因我在第一次期中考试中语文和数学成绩都在90分以上，但常识课成绩为零分（这是我一生当中唯一的零分）。原因是，当时的常识课老师用我从未接触过的四川话讲课，我从头到尾一句都没听懂，因此就破罐子破摔，干脆放弃了。但挨揍之后，我发愤起来，一遍遍地将常识课本上的内容背了下来，在期末考试时得了100分。最终成绩：期中占40%，期末占60%，平均成绩是60分，及格了。这件事让我姑姑对我刮目相看，至今提起来还赞不绝口。

在照看小孩儿的同时，姨奶奶教会了我做针线、纳鞋底、洗菜、擀面条等。我甚至对纳鞋垫上瘾了，回家后，时不时给家人展示我的才艺。姑姑还经常带我走亲访友，给我买新衣服和当时最时髦的尼龙袜子穿。在西宁的一年，开阔了我的视野，增长了见识。城市的街道宽敞整洁，楼房林立，城里人打扮洋气，皮肤白皙，讲的普通话和广播里的一样，关键是我掌握了普通话的基本音调。

回到循化时，我快要小学毕业了。老师们看到我脚上穿的尼龙袜子时，羡慕地小声议论着。上语文课时，老师叫我起来朗读课文，我就用普通话朗读，一下子在学校出了名。从此一直到高中毕业，我的普通话给我带来了无数的机遇和"风光"。

中学五年，书没有读到多少，但因为我会讲普通话，被招录到循化中学的"毛泽东思想文艺宣传队"，成为一名专职报幕员，兼伴唱。每年我们有40天左右的时间排练节目，并到全县各公社巡回演出。在宣传队里，我们不同年龄层次的文艺队员同吃、同住、同演出，放飞自我，欢悦心情，用歌舞演绎我们的青春年华。

那时宣传队的老师们自编自导的歌舞剧《娘藏山》脍炙人口，其音乐节奏跌宕起伏、悦耳动听，至今哼唱起来，仍别有一番韵味。这个歌舞剧一开场，随着雄壮的音乐响起：啦啦啦啦咪嗦哆啦（F调），有个姓白的汉族师兄举着一面五星红旗，英姿飒爽，跑步上台，紧接着几个大跨步，"唰、唰、唰"，左、右、中挥动三下，红旗飘舞，气势如虹，顿时引来台下观众的一片喝彩声和口哨声。据说这使他的父亲感到无比的自豪，逢人便夸自己的儿子舞动红旗的本领比学习成绩好。

宣传队的主要编排老师有韩绍林，手风琴伴奏是韩兆吉老师，笛子伴奏者韩树清老师，二胡伴奏者怡学文老师等。一些宣传队员后来都成了各行各业的精英。我在宣传队还学会了识谱，在父亲和大哥的指点下掌握了二胡的基本演奏技巧，并自学了脚踏风琴，为愉悦自己的业余生活增添了知识和能力。高中毕业那年，应循化中学韩志业校长的安排，我给全县民办教师培训班上了音乐课，踩着脚踏风琴，教唱了好几首歌，记得其中一首是《拉萨河畔的小卓玛》。

除此之外，但凡县上有重大演出或活动需要讲普通话的人员时，我就会成为被考虑的人选之一。初中时期，县交通局每年还进行一次交通规则宣传，我有幸成为广播员，整天站在车上通过大喇叭到处宣传，还获得适当的补助，"风光"无限。

初中期间，除了参加宣传队的活动令我开心外，还有一件值得一提的事情。按照上级部门要求，当时我们同级的几个班被安排学工、学农、学军、学医，深入基层锻炼成长，我所在的班级正好被安排学医。于是，学校请来了当时县上一位比较有名的中医马大夫来给我班授课，每周两节课。他从人体结构、主要穴位、针灸的方法和要领、常见中草药的功效和识别方法等，以理论＋实践的教学方法，循序渐进地讲解。学校还给我们每人配备了一个藏针夹，我至今保留着，很有纪念意义。

记得有一节课上，马大夫正在讲台上演示如何在足三里进针、提插或捻转及如何抽针，我在座位上偷偷地效仿，结果针插进自己的右腿后半天拔不出来。情急之下我痛苦地呻吟起来，邻座的同学看到后立刻向马大夫求救。马医生在那根针一侧又插了一根针，两根针便轻松地抽了出来，同时，他将此作为一个案例给同学们作了解释，说我由于精神过于紧张，致使腿部肌肉收紧，银针就拔不出来了，第二根针的作用就是放松紧张的情绪，同时放松肌肉，问题就解决了。这堂课由于我的顽皮反而变得生动、有趣。

经过将近一个学期的理论学习，到了假期，学校安排我们到各公社卫生院实习。我先后两次分别到清水卫生所和街子卫生所实习。在实习期间，我学会了量体温、测血压、看处方，如何使用药物，如何给医疗器皿消毒、肌肉注射和静脉注射等，甚至能用听诊器听出风湿性心脏病。那时候注射器打针全靠技术、耐心和手劲儿。注射要掌握"两快一慢"的原则，即进针和抽针快，推药慢，这样病人就不会感到很痛。最难的是静脉注射时反复找血管，而且那时由于年龄小、体质弱，药推着推着手上就没有了力气，容易滚针。我经过多次实践，不仅给病人打针，还在自己身上做试验打肌肉针，熟练掌握了注射技术，得到了好多患者的称赞。后来，但凡家里有人生病需要打针时，我就成了家庭护理，节省了许多费用。不过这项技能随着时代的变迁、先进技术和设备的应用，逐渐派不上用场了。

1978 年，改革开放的号角吹响，如沐春风，我们这些家庭成分不好的子女终于获得了公平竞争的机会，当年我顺利考取了青海师范学校英语班。有人说，在当时国门刚刚打开，人们思想还比较封闭落后，而且在循化这个偏远的小地方更是没有几个人学英语，那我是怎么想起报英语专业的？

这里有一段故事：1977 年我高中毕业时，曾经的宣传队手风琴伴奏者、循化中学数学教师兼团委书记韩兆吉老师已经成为东风公社的学区主任。我高中一毕业，就和其他几位同学一起被他召唤到白庄当民办教师。我有一位同事，他叫马汉云，回族，是毕业于青海师范学院英语系的工农兵学员。虽然他的专业是英语，但由于学校没有设英语课，他被安排教语文，他很无奈，并产生了抵触情绪，常常在批改学生的作文时，写上 "Good" "Very good" 或 "Excellent"（好，很好，优秀）等英文单词，遭到学生的抗议和校领导的批评，但他还是不愿意放弃自己的专业，每天早上坐在自己的宿舍里，桌上放着一个半导体收音机收听英语频道。由于我们住同一排宿舍，每次我去教室都要经过他那边，有一天我实在忍不住，就问他里面在讲什么，他回答说讲的是"美帝国主义、苏修……"云云，我的好奇心油然而生，碰巧青海师范学校开设的英语班第二次招生，我就报了英语专业，由此开启了我前后累计长达7年在校英语专业的学习。

我的英语专业在校学习经历分三个阶段：

1978年9月—1981年7月，青海师范学校英语班（中专）；

1983年9月—1985年6月，青海教育学院英语系（大专）；

1988年9月—1990年7月，北京外国语学院英二系（本科），获文学学士学位。

当我每次经过考试收到录取通知书时，心中充满成功的喜悦。后来我常常自嘲，别人用7年的时间已获得研究生学历，而我才拿到了本科，但这是我被"文革"十年耽误了最佳学习时机后用洪荒之力获得的最高学历了。

20世纪80年代的青年十分珍惜来之不易的学习机会，恶补金色年华缺失的功课。记得在青海师范就读时，我们常常早起晚睡，记单词、背课文，读到嘴唇干裂，嗓子发痒。英语专业课程包括精读、泛读、听力、口语、语法、写作等。我把精读课本上的每一篇课文逐字逐句地翻译出来，并进行句子成分分析，课本上满是标注的痕迹。那时候没有任何视听辅助手段，完全依赖老师所讲和课本所写，考试也不超过课本范围。由于我们几乎能把课本上每一页的主要内容牢记于心，经常能拿到理想的成绩。在中专时期，我在英语基础知识的学习上打下了坚实的基础，语法方面较为扎实。在大专时期，在泛读和英美文学方面涉猎较多，课余时间阅读了一些世界名著，开阔视野，增长阅历，凡是图书馆里能借到的书，我有时间就借阅，看过的书籍包括《简·爱》《红与黑》《约翰·克里斯多夫》《基度山伯爵》《傲慢与偏见》《悲惨世界》《巴黎圣母院》《战争与和平》《呼啸山庄》《安娜·卡列尼娜》《复活》《飘》等，我尤其喜爱《基度山伯爵》。

在青海师范学习期间，我担任了校团委委员，在教育学院期间担任了学生会文艺部长一职，参与组织了校内举办的各项活动。在中专最后一年和大专两年期间，我被学校安排当广播员，一人住在校广播室，有机会提前得知学校的各种活动和会议通知，也为我的课外学习提供了相对安静的学习环境。

北京外国语学院（1994年更名为北京外国语大学）是全国外国语言类最高学府，培养了众多外交家、翻译家及涉外精英人才，如傅莹、杨澜等。1985年，北外英语系因压力太大而成立了英语二系，同时给中学英语教师继续深造提供了绝佳的机遇。

1988年9月，考入北外后，我接触到了更好的专业课老师和外教，并利用图书馆大量的资料和先进的视听设备提高专业水平。记得每个周末听力实验室阶梯教室大电视上放映历届原声版好莱坞获奖影片，如《金色池塘》《飘》《教父》等，我们从最初的一头雾水逐渐听懂了对话内容，从哑巴英语提高到能听会说的程度。

第一次近距离接触外国人，在友好相处的过程中，也出现了一些中西方文化的碰撞。譬如来自英国的口语老师杰妮特平常非常注重穿衣打扮，几乎每天换一套衣服，一个月不重样，常常让我们眼前一亮，我心底纳闷她到底有多少衣服，而我们那时只有两三套衣服，一周换一次就不错了。有一次，她邀请我们几位女同学到她的住所玩耍，我们在聊天的过程中才得知她即将离开我们回国。她拿出一大堆较新的衣服让我们挑选，我们各自拿了几件比较喜欢的衣服，她又给每个人发了一个袋子装衣服。我们正心生欢喜，有个同学发现袋子里有些碎屑，就随手往地下抖落，不料杰妮特看到后突然大发雷霆，严厉斥责随地倾倒垃圾的行为，而且这是在她的家里，不是垃圾桶，搞得我们大家十分窘迫，最后装着笑脸告别了。

外教身上还有一些文明的举动让我至今记忆犹新。譬如来自英国的尼克在大教室上课时突然打了个喷嚏，他随手从衣袋里掏出纸巾，揩完鼻子后将纸巾包好，然后装回到裤兜里，接着讲课，下课之后将其扔到门外的垃圾桶里。这种举动完全出乎我的意料，我在想，若是我们遇到此类情况，会怎么处理？戴维·柯鲁克先生（1910—2000，美籍）是新中国英语教学园地的拓荒人，他和夫人伊莎白·柯鲁克（加拿大人，2019

年获习近平主席颁发的共和国"友谊勋章"。本文进入三校时，突然得到伊丽莎白女士于 2023 年 8 月 20 日逝世的消息，倍感惋惜）对青海学生关怀备至。毕业前夕，我们集体邀请他们聚餐话别。等到告别时，伊莎白看到桌上盘子里还剩了一些食物，她便从随身携带的布包里拿出一个饭盒，将剩菜打包带回。这件事给我印象深刻。当时我们中国人肚子还没有完全吃饱，却在餐桌上杯盘狼藉、铺张浪费，他们两位曾是周总理的座上宾，却是如此的勤俭节约，他们的行为给我们上了一堂生动的教育课，真可谓"身教胜于言教"。从此以后，我在聚餐时只要看到桌上有剩余的食物，就积极倡导大家打包带回，"浪费是最大的犯罪"。

每逢节假日，同学们相约到各个旅游景点参观游览，增长知识，开阔眼界。因此，在北京的两年学习生活丰富了我的人生经历，为未来更加精彩的工作、生活做好了铺垫。当时我想着，离开北外后可能没有机会再来北京了，所以，特别珍惜每一个难忘的瞬间，哪怕乘坐火车时因无座而躺在硬座底下睡觉的经历，也是那么的珍贵。不曾想，北外的毕业证让我的人生开启了新的征程。

我的教学时光

1977 年 9 月，时任东风公社学区主任的韩兆吉老师召唤我们几位他在循化中学时的得意门生，到东风公社几所学校担任民办教师。第一学期我被分配到拉边大队学校教语文和音乐，队里的社员们听说贾老师（母亲）的阿娜当老师来了，都好奇地跑过来看我，对我非常友好。第二学期被调到公社中心学校任教。中心学校除小学外，还办了戴帽中学，我担任全校的音乐课教学。

记得当年民办教师的待遇是每月工资 15 元（我给家里交 10 元，自己留 5 元生活费），每半月回家一次，带上足够的口粮返回学校。另外发了 500 斤小麦（包括川水地区的250 斤，山区的 250 斤），外加 10 斤清油。第二年夏天，学校的男同事们帮忙领取了

250 斤粮食，用大麻袋装着，后来又不知从哪里借来了几头毛驴，我们跟着他们浩浩荡荡地徒步到指定的山区领取另外 250 斤粮食，最后又在众人的努力下，找到了拖拉机运到了县城，叫家人到大街上去拉回。

除了学生们喜爱的音乐课，学校还给我安排教"农业基础"课，当时只有一本薄薄的课本，我并没有任何专业知识和教学经验，就在每堂课上照本宣科。有一天讲到了马铃薯，我正发挥着我的普通话优势，认认真真地朗读关于马铃薯的根、茎、叶之类的内容，一个撒拉族学生举手说："老师，这个就是我们天天吃的洋芋，这个我们家里种着哩，你再别讲了。"顿时，我不知如何下台，连声说："好，好，好，这个你们下去后自己好好看看。"一年之后，我考到青海师范学校，离开了白庄。

1981 年 7 月，我从青海师范学校毕业后被分配到循化女子中学任教。当年，循化女中刚刚在旧党校校址建校，由于学生都是以撒拉族为主的少数民族，包括藏族和回族，县教育局领导十分重视教学人员的配备。新创建的撒拉族女中校长马进威，副校长马玉芬，语文老师吴志、数学老师周芬玲、英语老师陈玉华等，其余任课老师也比较强。第一年只招了一个班的学生。学校给我们几个单身青年分配了宿舍，我们以校为家，与学生同吃、同住，教学相长。

有次学校安排我上英语公开课，县教育局吴绍安局长带着几个教研室的老师过来听课，下课后称赞我课上得好，并鼓励我让少数民族学生学好英语，将来用处大。至今师生相聚时回忆起来，好多同学都说所学的英语单词已经还给老师了，但当时唱会的英文歌曲仍张口就来。有些学生还说他们现在给孙子检查作业时，能指出其英语单词的发音错误，使孙子辈们不敢敷衍她们。我除了教英语外，还兼上音乐课，后者成为学生们的最爱。我在教乐理知识和中文歌曲的同时，还给学生们教唱了一些耳熟能详的英文歌曲，包括《哆来咪》《平安夜》《划船歌》等。由于学生是清一色的女生，又是能歌善舞的少数民族，无论是读英文单词还是唱歌，她们发音纯正，嗓音清亮，音色甜美，悠扬动听。记得 1983 年春季，我在女中组织、教唱并排练的合唱录音在青海省"红五月"合唱比赛中获得优秀奖。1986年初，县上举办歌咏比赛，女中全体师生从上到下齐上阵，合唱节目在大赛中获得了一等奖，大家感到无比的骄傲和自豪。当时，我怀有五个月的身孕，除了教唱歌曲外，还担任指挥，平常排练时站在课桌上指挥，演出后，据说我是有史以来县上第一位女性合唱指挥。

1986年10月，为解决夫妻分居，我从循化女中调到省级重点中学十四中教英语。1988年9月赴北外深造，1990年7月毕业后返回十四中，前后任教5年左右。

众所周知，20世纪80年代，西宁十四中的教学质量在全省是数一数二的，高考升学率，尤其是重点大学录取率在全省也是名列前茅。这里有许多知名的教师，跟他们当同事，在教学能力和水平方面，我对自己的要求更高了。我一如既往地勤奋学习，努力工作，不断丰富教学经验。1993年，在西宁十四中教学基本功大比武活动中以外语组第一名的成绩获奖，给我的中学英语教学画上了一个圆满的句号。

由于长期从事语言工作，我患上了慢性咽炎，嗓子嘶哑，几乎说不出话来，不得已请假。在家休息期间，忽然看到《西宁晚报》上的一则广告，内容是西宁市外贸公司在招外销员，考虑到这份工作不需要多用嗓子，我便报名应试，考取了第一名。在尚未办理调动手续时，随西宁市委、市政府主要领导吕兴国书记、刘光忠市长等参加1993年8月18—23日举办的首届"兰州丝绸之路经贸洽谈交易会"（简称兰交会），并在西宁市主办的新闻发布会上做英文翻译。由于我的表现得到了大家的认可，市外贸局领导找我谈话，表示愿意将我调到局里工作，我便正式向十四中领导申请调离，结束了我的教学生涯，开启了外经贸工作历程。

我的外经贸之行

1994年4月，对外贸易经济合作部部长吴仪女士率领由全国200多人组成的代表团，参加在美国举办的首届"中美投资贸易洽谈会"，我有幸成为青海省代表团的两位翻译之一，第一次出访美国。青海代表团由刘光和副省长率领。我们乘坐美国西北航空公司的班机，经停日本成田机场，4月9日抵达了洛杉矶。"中美投资贸易洽谈会"分别在洛杉矶和纽约五星级酒店各举办一场。在会议现场，我们接触了众多的美国企业家、商人和华侨朋友，与有意向者进行洽谈并进一步交流。在纽约会场，我领略了中国女领导的风采。吴仪部长干练利索，不卑不亢，言辞诚恳，举止得体。在她致辞时，我作为业务人员，对她身后的年轻翻译产生了浓厚的兴趣。悄悄走过去看了看他手上拿着的一个小本儿，第一次看到好多豆芽菜一样的符号。他边画边说，完整地翻译出了吴部长讲话的内容，让我惊叹，原来他是在使用速记法翻译。我深深体会到，一名专业翻译人员必须掌握速记的本领，除了用心记忆，还要做好笔记，做到"耳听、手记、口说"，才能完整、准确地传达发言的内容。会议期间，吴部长到各个展台向各代表团表达问候，逐个儿握手寒暄。

20世纪90年代的中国与美国相比，差距巨大。我们除了参加会议，还参观了多个景点和企业。洛杉矶的美景、纽约的摩天大楼、好莱坞的时尚、世界贸易中心的伟岸、华尔街的财富等，看得人眼花缭乱，真是眼界大开！那时候抬头看摩天大楼，脖子酸困。

当时在中行一美元兑换人民币八块五毛，我们团里经费有限，在美国全程基本上住的是三星级以下宾馆。在洛杉矶，有一晚代表团住到一家汽车旅馆。一般情况下，旅馆提供简单的早餐，包括面包、牛奶和咖啡等，但那天早上由于店里客人较多，吧台上放着的食物被早起的客人如秋风扫落叶一般吃光了，刘副省长出来后没有东西可吃，我们就泡了一包自带的方便面给他吃，省长没有任何怨言。一路上他平和的处事方式和平易近人的作风给我们留下了很深的印象。由于刘副省长曾经在循化、海东工作过，对我们家乡的人和事比较熟悉，当得知我来自循化陈氏家族时，逐一问及"显"字辈还在世的几位工作过的父辈们的近况，一路上对我也是十分的照顾。4月24日美国之行结束后，我们西宁市的四人小分队顺访加拿大。四人包括西宁市常务副市长杨奇连、西宁市商业局局长和市外经贸局局长，我做翻译。我们经纽约州的水牛城布法罗和尼亚加拉大瀑布，夜宿多伦多，次日飞往温哥华。

温哥华华人居多，华商聚集，我们与华人领袖和商界精英会晤，希望在招商引资方面有所成果；在移居加拿大的原杭州美院画家郑胜天教授的帮助下，我们从温哥华飞往与美国阿拉斯加接壤的加拿大西北部育空地区首府白马市（又名怀特霍斯）访问。白马市当时只有 2 万多人，但幅员辽阔，地理位置和西宁市相似，偏远荒凉，气候偏冷。由于相似度较高，西宁市政府有意与其建立姊妹城市，这也是我们出访加拿大的初衷。在白马市小型机场，我们受到了市政府接待部长的热情欢迎。当日下午，威廉·威根德市长在市政厅迎接我们，带我们参观了市政厅全貌，介绍了白马市的概况，并合影留念。傍晚时分，市长夫妇在他们家门口再次欢迎我们。在他们的宅邸，杨副市长代表西宁市政府给他们赠送了唐卡。当晚，市长夫妇等人在我们下榻的酒店为我们举行欢迎晚宴。席间，双方谈笑风生，友好交流。由于我们这次北美之行才开始接触正规的西餐，还不会熟练使用刀叉，几个人一边观察，一边模仿着他们，凑合着吃完了盘子里的食物。在交流的过程中，市长问杨奇连副市长："您这一次来访，最喜欢西餐里的哪样食物？"杨市长思忖了一会儿，突然冒出"汉堡"（汉堡只是一种街边快餐，就像我们的肉夹馍一样，算不上什么正餐，我们刚刚在美国品尝过而已），他的回答引起在座的加拿大人一阵笑声（当然是友好的笑声）。威根德市长还半开玩笑半认真地问："等我明年退休后能否去贵市义务工作？"杨市长立刻回应："我们将热情欢迎您和夫人莅临我市指导工作。"就此为次年西宁市政府决定邀请威根德夫妇来西宁市义务工作埋下了伏笔。宴会结束时已时至夜间 11 点左右，由于比较兴奋，我回到房间后久久无法入睡，便拉开窗帘，想欣赏一下夜景。出乎我意料的是，夜间快 12 点钟，窗外亮如白昼，光线刺眼。第二天才了解到，由于白马市靠近北极，天黑时间只有 1 小时左右，夜间睡觉全靠厚厚的窗帘遮光。次日上午，市政府接待部长又开车带我们游览了市容市貌。这里看上去比西宁荒凉得多，但居民的生活质量不可比拟。他们全年享受 24 小时热水供应，免费就医、上学等。我们在一个山包的小路边还发现了一处地上冒出了四五根颜色不同的管头，被告知这是为未来 50 年规划的市政建设和民房所需水、电、暖、汽等的接头。吃过午饭，我们乘机离开白马市，当地一位华人女子听说来了中国人，专程跑来与我们见面，她告诉我们，她已经在白马市生活了几十年，我们是第一批来自中国的客人，倍感亲切。还有一位印第安女子带着自制的特产烤三文鱼，到机场为我们送行。她们的热情感染了我们。我感觉越是遥远的地方，民风越是朴实。

从白马市飞回温哥华，又从温哥华飞回北京，这次历时 21 天的北美之行圆满结束，眼界大开，收获满满。

1995 年 5 月，应西宁市政府邀请，威廉·威根德和杰瑞·威根德夫妇如愿来到了西宁，作为市政府高级经济顾问义务工作一年，具体工作单位安排在我工作的西宁市外经贸局。我受领导安排，从前期联络、北京机场迎接、在西宁工作，一直到一年后到北京机场送别，为他们担任全过程翻译兼助理。这一年我称为"免费国内留学加拿大"。

威根德夫妇来到西宁后，受到西宁市委、市政府的热情欢迎和接待，在南关街 83 号院内吕兴国书记住宅的前排腾出了一套平房，配备了当时最好的家电和家具。到达西宁的当晚，刘光忠市长就在西宁大厦举行了欢迎晚宴，自此开始了他们在异国他乡的一段传奇生活。

威根德夫妇对生活品质的要求很高，入住南关街的平房后，发现家中除了家电和家具外，没有任何装饰，地面都是水泥地，便让我转告外经贸局领导，他们需要半个月的时间整理房子，而且闭门谢客，不见任何领导和来访者。杰瑞女士是一位旅行家和业余画家，她让我们买上各种颜料，在墙上画上了黄山风景和万里长城，并保留了一面白墙，作为来访客人的签名墙。之后，我们到建材市场挑选了黑白格的地板革，在色调上和满屋的白墙及山水画协调一致。杰瑞在厨房的冰箱上面放了一个小鱼缸，几条小金鱼游来游去，充满生机；然后到百货商店买了一些装饰品，换掉土黄色窗帘，铺上桌布，整天拉着窗纱保护个人隐私。记得当时在西宁市场上买不到马桶盖，后来在去兰州旅游时才买到。半个月后，房屋焕然一新，中西结合的风格简约大气，尤其是墙面上的几幅画十分养眼，似艺术殿堂，别具一格，夺人眼球。

之后，威根德夫妇正式开始工作了。先是熟悉环境和各层次的人物。省、市领导多次来看望他们，人人称他们是活着的白求恩，说他们"不远万里，来到中国，这是一种国际主义的精神"，结果他俩不知道白求恩是谁，我就给他们讲白求恩的故事。白玛副省长来看望他们时，我们调侃道："白玛先生来看望白马市长先生了。"

在一年当中，我跟着他们走访了西宁的许多工厂企业、机关学校、宾馆饭店、农村社区等。当时，西宁外国人较少，他们的来临给西宁市吹来了一股新风，所到之处洋溢着无比欢乐的气息。在他们的努力下，"加拿大基金"捐款 2 万加元，用于大通县妇女接生员的培训和接生包的配备。在市妇联的安排下，我们走遍了大通县的 29 个乡，面对面地与接生员沟通、交流；在省旅游局的邀请下，威根德先生还在青海宾馆就如何开发青海的旅游业作了一场专题报告，引起很大反响；杰瑞女士在西宁十四中同师生交流，就如何学好英语做现场互动交流；青海省体育旅行社聘请威根德先生为顾问，省登山协会聘请杰瑞为名誉主席；我们还参观了龙羊峡水电站，游览青海湖、塔尔寺；与畜牧厅人员交流；走访省盐湖研究所，当时，马培华所长亲自讲解了青海盐湖分布图，介绍盐湖集团发展概况；在西宁骨胶厂了解到该厂产品出口加拿大，参观了骨胶生产线全流程；由于威根德夫妇年轻时开过金矿，我们还拜访了省黄金管理局，了解青海矿产资源开发情况，交流经验。西宁市政府还在植物园请他们种了一棵松树，地上插了一块写有他们姓名的牌子，意为"友谊长青"。他们与各层次、各级别、各行业的人物见面交流，其中包括青海民族大学著名教授李文实先生、省著名书法家米德寿老人、省杰森房地产公司董事长冯全忠女士、撒拉族歌唱家马文娥、土族刺绣能手李发秀等，不计其数。省、市电视台多次报道他们在西宁的事迹。1996 年 4 月，在万绿复苏、嫩芽上枝头的美好踏青时节，家父邀请他们到循化老家做客，品尝由大嫂掌勺的循化汉族传统菜肴，宾至如归，亲如一家。以上大量频繁的活动涉及的行业多、信息量大，对于一个翻译人员来说，需要掌握大量的中英文词汇。所以，我怀揣一本小词典，边学边干，不断扩大词汇量，争取每一场活动能顺利进行。此外，我通过他们在不同场合跟各种人物的交流过程学到了许多在学校学不到的为人处世方法、外交辞令及沟通技巧，有官方的和非官方的，专业的和非专业的，正式的和非正式的，无形之中为未曾料到的外交工作做了很好的铺垫。

在这一年中，威根德夫妇经常对我说："在中国的每一天都是一次冒险"，因为中西方文化的碰撞时时困扰着他们，使他们无法预知第二天会发生什么从未经历过的事情。我伴随着他们跨越障碍，克服困难，欢声笑语不断，快乐生活，与他们结下了深厚的友情，他们称我是他们的中国女儿，我的一家人是他们的中国家人。离开西宁时，杰瑞对我千嘱咐万叮咛，一定要保持书信来往，不要忘掉他们。

1996 年 6 月，威根德夫妇返回加拿大，又于 1997 年到广西北海市工作一年。1998年 9 月 30 日，鉴于他们在西宁市和北海市两地的优异成绩和突出贡献，国务院在人民大会堂为包括他们在内的外国专家颁发了"友谊奖"。领奖当夜 10 点左右，威根德先生从北京给我打来电话，告诉我他们已经到北京了，准备次日来西宁看我，我感到无比的激动。次日，他们来到西宁后，我们一起度过了难忘的 3 天。

2004 年，我在约旦大使馆工作时，威根德夫妇专程从温哥华飞到安曼看望我，我开车带他们游览安曼，还去了一趟死海，一起度过了一周的快乐时光。2012 年，威根德先生以 84 岁、杰瑞女士 81 岁的高龄，从温哥华专程来西宁看望我和家人，我们一起度过了 12 天宝贵的日子。2016 年，我们一家三口专程飞往温哥华看望他们。威根德先生已是 88 岁高龄的老人，还时不时开车带我们就近旅游。他开车的样子很酷，踩油门的动作灵敏得像个 20 多岁的小伙儿；85 岁的杰瑞怀着浓浓的情义，亲手给我们做法式晚餐，这种友谊情深意切，根深蒂固，牢不可破，直到永远。

特别值得一提的是，杰瑞是个很有天赋的才女，她的气质、才华和为人之道，使我长了不少见识。我以前从未接触过如此热爱生活的女性，她虽年逾花甲，却青春依在，有着一颗爱美、爱家、爱自然的心，颇富创造力。威根德夫妇回到加拿大后，杰

◎陈玉华与外国友人合影 （陈玉华 提供）　　◎陈玉华在第四次世界妇女大会上 （陈玉华 提供）

瑞花了 10 年工夫写了一本有关他们在中国和我相遇、相识、相知并一起生活的书，在加拿大正式出版发行，真实记录了他们在西宁生活的一点一滴，成为一本珍贵的回忆录。他们常常跟我说，在西宁的一年是他们生命中最快乐的一年。令人遗憾的是，当我刚刚写到这里时，收到威根德先生儿子的来信，他告诉我，威根德先生因病医治无效，于 2021 年 6 月 27 日永远地离开了我们，享年 92 岁，给我们留下了永久的怀念。

1995 年 5 月，我在青海省首次翻译系列职称评定中获得翻译资格（中级，当时是省内翻译系列最高职称），给我提供了参与众多翻译活动的机遇。我在西宁市外经贸局工作期间，应其他单位的邀请，翻译过大量各行各业所需的英文资料，同时进行了多场口译工作，覆盖行政、教育、卫生、农林业、扶贫、水泥、盐湖等多个领域。其中有几场重要活动至今难忘：1995 年 9 月，根据青海省委、省政府的安排，省妇联组织青海妇女代表团参加在北京举办的"第四次世界妇女大会"。我亲历了在怀柔举办的NGO(非政府组织）论坛。为了当好代表，做好翻译，架好桥梁，我积极阅读有关资料，熟悉专业术语；在论坛期间，我积极主动地与国外妇女交流，还即兴用英语表演了一个小品。在展示我省少数民族精神风貌的文艺表演中，我用英语主持节目，并帮助女能手们展卖工艺品，自始至终尽心尽力，赢得了与会代表和我省代表团的好评。回来之后，我写了一篇题为《世妇会各国姐妹直抒己见，NGO 高原妇女一展风采》的参会见闻与感想，发表在《青海妇工天地》。

1998 年初，省扶贫办邀请我为香港基督教励行会（香港注册慈善团体）来青扶贫之行做翻译。我们先考察了省社会福利院，然后赴黄南州泽库县考察基督教励行会资助的给牧民建房项目进展情况。驱车到达泽库县后，受到干部群众夹道欢迎，他们大声喊着"欢迎，欢迎！"哈达挂满了香港客人的脖颈，场面十分热烈且感人。当晚，县委、县政府领导用全羊席招待我们。

次日，我们乘坐一辆吉普车在广袤的草原上颠簸。草原上的牧民彼此之间住得很远，至少有四五公里。所建的房子是为了帮助他们冬季御寒取暖。每户一间 40 平方米的房屋，里面 2/3 处用墙隔开，小间储藏粮食，大间住人，两扇窗户都是双层玻璃，还提供一个烤箱。工作人员仔细查看了每家房屋的施工质量，询问了许多细节。到了中午，我们随便吃点干粮，下午又继续颠簸。等晚上回到县城时，大家都十分疲倦，浑身像散了架一样。在草原上颠簸的经历终生难忘，当时感觉心肝肺都快要被颠出来了，但一路上藏族同胞们见到客人后感恩戴德，磕头作揖的情景令人泪目。在我们离开县城的时候，干部群众又来送行，达书记、拉县长等还给我们 5 位每人送了一套藏袍，我至今还保留着。

我们途经同仁县时，又受到黄南州委、州政府领导的盛情款待。在就餐的过程中，他们安排了州歌舞团的专业演员为我们唱歌、敬酒，我第一次听到一对男女深情地唱起《一个妈妈的女儿》，十分悦耳动听，立刻喜欢得不得了，回家后，想办法找到了歌谱，学唱了多遍。至今，这首歌成了我在 KTV 唱歌时的必点曲目。

1998 年 10 月，青海省贸促会借调我参与《青海——大有作为的地方》专刊之英文翻译和英文审校工作，因此，我有幸赴北京为青海改革开放 20 年成果展尽了绵薄之力。

1999 年 6 月，青海省外国专家局借调我为《青海省水泥代表团》赴美学习做全程翻译，使我有机会在时隔五年之后第二次访美。在美国，我们到康涅狄格州立大学国际教育中心，就"公司经营模式""机构所有权及其法律问题""市场经济的结构和特点""企业资产结构与财务管理"及"市场经济的特点"等主题接受培训。之后，我们经纽约州和新泽西州进入宾夕法尼亚州，访问赫拉可勒斯水泥公司。在费城，我们参观了费城独立宫、自由钟、国家历史公园，美国财政部铸币厂；在赴华盛顿途中，参观了马里兰军事博物馆；在华盛顿，我们有幸参观白宫、巨人公园、林肯纪念堂、罗斯福纪念堂及国会大厦，之后，圆满结束美国东海岸的行程，经芝加哥飞赴美国西部。在旧金山南湾区，我们再一次接受培训，并参观访问了汉森水泥公司，就水泥行业发展前景及专业问题进行了交流。这次访美和上次一样，历时21天，对美国有了进一步的了解和认识，感觉看纽约的摩天大楼，脖子没有上次酸困了，因为祖国已经发展得有模有样了。

1995年参加完世界妇女大会NGO论坛后，我抽时间回到北京外国语学院怀旧，在魏公村路边的书摊上偶尔看到一本书，叫《女外交官》，当时觉得十分好奇。外交官是一种神秘又神圣的职业，而女外交官更是凤毛麟角，当时我就把这本书买了下来，带回家。通过阅读，了解到龚澎（外交部原部长乔冠华的原配夫人）等第一批优秀女外交官驻外的经历。"龚澎是中国外交部第一位女司长，才女外交官。她英文极好，又写得一手好文章，品貌出众，善于交际，被誉为'典型的美与革命结合的化身'，"让人心生崇拜，对女外交官这份神秘的职业好生向往，但我从未想过自己有一天也能成为一名女外交官。

2000年末，我从朋友处得到消息，说外经贸部拟在青海外经贸行业招考驻外人员，考试将在2001年1月举行，年龄限制在40岁以下。好巧！我离40岁只差几天了。我经过局领导同意，跑到外经贸厅人事处报了名。元月，外经贸部人事司派了两位干部来青海考试，40多人在西宁树林巷外经贸厅的会议室参加了考试。笔试结果出来后，又进行了面试，最终有四人通过考试，两男两女，我是其中之一。但至于去哪个国家常驻，还要等3月参加完在北京小汤山外经贸部培训基地举办的培训后确定。于是，3月参加了培训后，四人收到通知，将分别派往新西兰、约旦、乌干达和尼日尔（法语），我要去约旦啦。

我的外交生涯

2001 年 5 月 19 日，我背着重重的行囊，手持红色外交护照，在北京机场通过黄色外交通道登上了前往约旦的航班。结果南航的班机不是直飞约旦，而是先飞到乌鲁木齐，时长三个半小时，在乌鲁木齐机场办完出境手续后，再飞到阿联酋，又飞了 5 个小时。航班抵达阿联酋沙迦时，已是当地时间夜里 12 点。

在沙迦办完过境手续时已至凌晨 2 点钟，工作人员将我带到机场的一家两层旅店，进了二楼房间，我没能调好空调，从未体验过的酷热几乎让我窒息，无法入睡，因为是深夜，又不敢叫印度男服务员帮忙，就躺在床上熬时间。大约过了三个半小时，凌晨 5 点，旅店服务员终于敲门叫我去吃饭。他们给我提供了一碗意大利面后，帮忙将行李箱装到一辆小面包车上，和其他几个人一起送到迪拜国际机场了。

虽然此前已经去过两次美国，也多次体验过空客和波音的不同机型，但阿联酋航空公司的飞机是我乘坐过最豪华的飞机。从机舱的宽敞程度、设备的豪华、餐食质量与分量、空姐的打扮及微笑服务，一切的一切都是一流的，难以忘怀。据报道，目前阿联酋航空公司在全球拥有 A380 数量最多。5 月 20 日早上 7 点，我从迪拜乘坐 EK903 空中客车到安曼，飞行时间近 3 个小时，上午 10 点左右，我终于抵达了约旦首都安曼国际机场。中国大使馆经商处派我的前任来机场接我，大约 40 分钟后到达住所，安顿下来，正式开启了我的外交生涯。

经商处的宿舍楼离办公楼只有步行不到 10 分钟的路程，宿舍楼一共有 4 层，我住在四楼，有电梯。我的房间有 165 平方米，包括三室两厅三卫一厨，还带个小阳台，里边家具、电器等一应俱全;有国家特二级厨师专门做饭，自己不用开灶。我到了之后，先熟悉人员和居住环境，第二天就去了办公室。

经商处办公楼独立于大使馆，但离得很近，2 分钟车程。经商处人员包括参赞（一般由副厅级或正处级担任），两名英语秘书、两名阿语秘书，一名随员兼会计，一名厨师和他的夫人（兼出纳）。经商处领导是商务参赞；秘书分为三个级别，即一等秘书、二等秘书和三等秘书，三秘以上都统称为"外交官"。一等秘书到任前的行政级别为正处级，二等秘书为副处级，三等秘书为正科级。由于我在原单位是正科级，所以给我任命为三等秘书，简称三秘，大家称呼我"陈秘"。

约旦，是约旦哈西姆王国的简称，是一个历史悠久的文明古国，位于亚洲西部边缘，总面积约 8.9 万平方公里，人口 530 万，大部分地区属于亚热带沙漠气候，西部山地属于地中海气候，宗教信仰伊斯兰教，官方语言为阿拉伯语，通用英语。我在约旦的 3 年期间，发现每年 4—11 月蓝天无云，碧空如洗，11 月至次年 4 月为雨季，有时还下一尺厚的雪，但最低温度没下过零度。

约旦位于阿拉伯半岛西北，与巴勒斯坦、以色列、叙利亚、伊拉克、沙特阿拉伯等国相邻，濒临红海的亚喀巴湾是唯一出海口。约旦地理位置优越，自古以来就是中东地区商贾往来的要道，享有"中东和平绿洲"的美誉。

约旦严重缺水，60% 的饮用水引自叙利亚，也缺油，当时，好多约旦人开车到伊拉克边境加油，一箱油才一美元。伊拉克战争后油价飙升，情况就大不一样了。

记得临行前家人给我饯行时，生怕到了约旦吃不到猪肉，点了一桌的肉菜，包括红烧肉、扣肉、肘子肉、糟肉等，结果到了约旦的第一天中午，国家特二级厨师就带我去买猪肉，在一个小铺子里买到了。原来，约旦有 8% 的人口属于基督教徒，还有一些西方人常驻，所以，买猪肉不成问题。到安曼的第一天下午，正好碰上我国驻以色列使馆的人员来采购食品，一位小同事约我去以色列边境送他们。在回来的路上，顺路去了死海。路上的山和死海的水好像是在去青海湖，山上土的颜色都跟青海的一样。

安曼海拔 900 多米，夏天不用空调，再热的天，只要回到房间就凉爽，冬天用炉取暖，感觉很舒适，让我产生了一种幻觉，好像回到了小时候的循化。

约旦被称为中东地区的避暑胜地。一到夏天，沙特等邻国的富豪们全家大小一起来约旦避暑。有一次我在街上看到一辆小红车上下来了 1 个男人，2 个夫人，加上小孩儿，一共 13 人，无法想象他们是怎样挤在一辆小车里的。

约旦的币种叫 Dinar(第纳儿)，一个 JD（约第）当时值 12 元人民币，比美元还值钱。花起来也像流水一样，印一盒名片在国内 20 元，而在这里 60 元（5JD）。

以下是我初到安曼时给家人的书信：

家书（一）

父亲大人及各位亲人：

……

生活了近一个月后，发现这里有如下特点：

1. 阿拉伯人不用阿拉伯数字。他们用的数字符号完全不同于我们所用的。据说曾经有一位阿拉伯人将印度人用的数字符号传到了西方，因而西方人就把它叫作阿拉伯数字。

2. 约旦人很西化。在这里很少见到男人穿白色长袍，而我在阿联酋机场上却见到好多穿长袍、裹包头的男人。安曼的妇女有很多穿着短袖、戴着墨镜、吸着香烟、开着小车在大街上穿梭或兜风，形成一道迷人的风景线。

3. 安曼缺水严重，所有的花草树木都用自来水浇灌。但他们的绿化意识很强，见缝插绿，营造美好家园。然而，一般人家种不起更多的树木，只有富裕人家才有能力买自来水浇灌，因而整个城市的面貌和西宁一样，灰多绿少，唯一不同的是这里空气很清新。

4. 英语被广泛使用。凡是上过学受过教育的人基本上都会讲英语，只是带有浓重的阿拉伯口音。我现在已基本适应了他们的语音、语调。我们经商处的工作语言也以英语为主。

5. 安曼的街道多为山坡。这一点可能与重庆相似，称得上是一座山城。道路很不规则，人们一般不记街名，只认路，给我学车带来了不便；这里是车让人，而不是人让车，真是物以稀为贵。尽管安曼人口接近200万，但街上行人稀少，车流量比较大。少数行人多为来打工的埃及人和斯里兰卡人。

6. 商品品种单一、档次较低。商店的东西都很贵，而且商品不像国内那样琳琅满目，很多made in China的东西比国内贵好几倍，使人望而却步。

7. 土特产品也上市。死海的盐被加工成泡澡用的爽身粉，黑泥变成了美容护肤品，但价格昂贵。

8. 西方文化的渗透也可见一斑，麦当劳、肯德基、比萨饼等快餐店随处可见。

9. 阿拉伯食品很有特色。迄今为止，我已吃了三次阿拉伯饭。他们的吃法和上菜的顺序与西餐相同，也用刀叉，但饭菜味道不东不西。羊肉丸子好像是东关回民做出来的，胡萝卜、水萝卜和香菜的味道犹如循化出产的；西式蒜泥味道好极了。

10. 社会治安极好。到现在还没有听说过有小偷，汽车随便停在街旁过夜，一般人家可能夜不闭户，因为所有的房子都没有围墙，只是象征性地装上很矮的铁栅栏门，好似装饰物。

......

玉华写自安曼

2001年6月19日　星期二

在国外生活和工作的第一项任务就是要学会开车。上班半个月后，处里给我联系了一位阿拉伯男教练，我连续学了40课时，每天1小时。意外的是在那边学车没有专门的驾校，教练第一天开车过来，叫我上车后直接上了马路，我在左边，教练在右边，他的脚底下有个刹车，随时看情况踩控。我满眼都是楼房和行进中的车辆，晕头转向，不知如何操作，还没弄清楚是怎么回事，60分钟过去了，他已经将车开到我们的宿舍楼下了。第一天的课程几乎是教练的手没有离开过我的方向盘。他用简单的英语单词指挥我"左转""右转""直行""慢""快",就这样一步一步,慢慢地,我的注意力集中到马路、路牌和标识了,没有理论,只有实践,见效快。40天后学完车,要求停上15天才能去考试,结果我第一次考试没有通过,再学15天,停15天,第二次考试通过了,一度成为当时安曼大街上开车的唯一一位中国女人。

还有一个有趣的事情是,根据当地法律规定,男教练教女学员不能单独相处,必须由学员的一位家属陪同,但考虑到我没有家属陪同,他带着自己七八岁的小孩儿,每天来接我时,他儿子坐在后排,见到我打个招呼,上路后没过几分钟就睡着,天天如此,直到我考完驾照。约旦驾照,有效期10年,可以在22个阿拉伯国家通用,但遗憾的是,我没有机会到别的国家开车。拿到驾照后,处里给我配了一辆宝马车,我开了两年。伊拉克战争爆发前夕,中国驻伊拉克使馆经商处将几辆较新的车开出来存放在我们那里,我又有机会开了一年较宽敞的丰田车。

家书(二)

父亲大人及各位亲人:

……

三周前,我处俱乐部组织大家去了约旦西南部濒临红海的亚喀巴度周末,来回两天时间。在亚喀巴,我们住在一家叫 Radisson 的五星级酒店,紧靠海边,出了后门就可以在红海中徜徉,可惜我不会游泳,只能坐在岸边观赏风景了。

红海因沿岸水中生长许多红色藻类使海水呈红色而得名,但我看到的海水湛蓝无比。我们还花钱坐着阿拉伯人开的小船在海上漂游了一小时,看到了以色列那边的高楼大厦和开往埃及的客船;还看到为吸引游客而有意保留的沉在海底的以色列坦克,锈迹斑斑,静卧在美丽的红珊瑚中,真是令人遐想。

两周前，我们又去了安曼以北的杰拉什小城，那里有很多古罗马的遗迹，包括成排的石柱和剧场。在 South Theater（南剧场），当我站在舞台中央的石砖上说话时，回音很大，犹如装上了现代化的麦克风。于是，我的小同事建议我唱一首《青藏高原》，我便引吭高歌，刚唱了两句就引来了几个阿拉伯游客的掌声。四周的砖墙回音也很大，站在不同的位置悄声说话，对方也能听得见，使我想起了北京天坛公园的回音壁。

一日我从住宅楼往窗外望去，只见一群羊在楼群中间的空地上吃草。又是一件新鲜事儿，他们还可以在首都的市区放牧！

还有一件稀奇的事就是夏天滴雨不下，据说冬日却雨雪交加。因而冬天郁郁葱葱，夏季荒凉一片。现存的树木花草全靠自来水浇灌，而主要水源来自叙利亚。最近我们的厨师还专程到叙利亚采购了一口猪。

……

玉华写于安曼

2001 年 7 月 20 日

家书（三）

父亲大人及各位亲人：

……

安曼现在的气候犹如西宁的初秋季节，凉爽宜人。我们到现在只穿长袖外衣，好多人还没有穿薄毛衣呢。10 月底，这里下了一场瓢泼大雨，那是今年以来的第一场雨，从此雨季开始了，大地因此而变得郁郁葱葱。据说，安曼的冬季比夏季漂亮得多。再过几天，约旦河谷的金橘熟了，许多人就到那里去摘橘子，也算是一次郊游活动吧。

阿拉伯人周末到清真寺做礼拜，或带着家人到野外烧烤，也就是地上铺一块单子，席地而坐，旁边用火炉烤羊肉串，甚至烤洋葱、西红柿等蔬菜，再喝一些饮料，吃一些烧饼之类的东西。

上个月马少平和一位司机从伊拉克到安曼来接他们回国休完假返伊的参赞，我们一起破例做了一顿面片，他说那是他出来后吃到的最香的一顿饭。在我们聊起家常时，他说他曾给他的同事们提起他以前有一位教语文的陈老师（父亲），这位老师每次上课都要抱一大堆参考资料，恨不得在一节课内把他所掌握的所有知识传授给学生，给他留下了很深刻的印象，我能想象到当时的情景。他们一行只待了两天就返回了伊拉克。从安曼到巴格达约1000公里，开车8~9个小时，比西宁到格尔木还远，但时间差不多，不过去巴格达的路较为平坦。

自"9·11"事件后，世界经济滑坡，中东形势紧张，但约旦似乎是中东的瑞士，一片和平宁静的气氛。然而也免不了经济形势遭受严重的影响。约旦的产业结构居前三位的依次为磷酸盐、钾盐和旅游业。中国从约旦进口的商品主要是钾盐。而约旦对中国进口商品几乎囊括了各个领域，其中轻工纺织产品居首。今年的旅游业受到严重打击，原先计划来约旅游的西方游客大多取消了他们的预定计划，客房入住率大幅下降，使得今年的GDP（国内生产总值）受到严重影响。约对中的贸易逆差很大，很难持平，毕竟它是一个小国。

……

玉华写于安曼

2001 年 11 月 3 日

家书（四）

父亲大人：您好！

在中秋节、国庆节和重阳节之前心里一直惦记着给你们写信，可是我们这里发生了许多意想不到的事情，搞得大家焦头烂额，一直静不下心来向各位"汇报"我的近况，拖至今日才忙中偷闲聊聊家常。

原想身在国外吃不到今年的月饼，大家都很失望。然而在中秋节前夕，忽然天降福音，有好几家公司从国内来访，顺便给我们带来了好几样国内最好的月饼，一下子摆了满满一桌，因当日没有吃完，就分发给了大家，直到昨天晚上我才吃完了最后一块。

国庆节本来可以和国内同步放7天假，不料节前中国工人在上班途中出了车祸，6人死亡、4人重伤、5人轻伤，搞得我们上上下下心力交瘁，至今尸体还未下葬。伊斯兰国家不允许火葬，家属却坚持要见到亲人的骨灰，空运回国难度更大，到现在还在四方协调，争取找到最佳解决方案。

近几日天天外出，为约方高级官员访华与国内和约方有关部门频繁联络、拟定日程、预定航班等，忙里忙外。工作中有很多困难，如国内上班时间和我们不一致，这边周五休息，周日上班，国内正好相反，所以有急事时我们周五要加班联络。与国内联络还要赶到上午12点以前，否则由于时差的关系，过了12点，北京就是下午5点，已下班了。因而，我们每天都在不停地算时间、赶时间，和时间赛跑。

我们这位女参赞年近花甲，但精力极其旺盛、阅历丰富、博学多才、富有创造力，京腔京韵，天南地北无所不通，每天的活动安排得满满当当，年轻点的同志都一个个喊累，自感精力不足，不过从她身上也确实学到了很多东西。

除了疲倦，在百忙当中也有很多乐趣，如9月30日和10月1日，我被派去参加约旦信息与通信技术论坛，在开幕式和闭幕式上两次聆听了阿卜杜拉国王讲话。国王的母亲是英国人，他在英国长大，所以讲英语如同母语一样流畅、准确，他思维敏捷、意识超前，对约旦IT（信息技术）产业的前景寄予厚望。

在这次论坛上我才真正领略了约旦高科技的发展程度和高层官员与科技人员的英语水平之高。约旦IT业发展战略重点是在中小学和全国的社区普及电脑，他们四方求援，得到不少其他国家的援助。最近刚刚收到了中国赠送的一批电脑，用于基础教育。走进约旦的国家政府机关，办公设施也很一般，可唯一不同的是人人桌上有一台电脑，他们都在熟练地操作，工作中离不开电脑，科技发展水平和人口素质也就显而易见了。

明天我们又要去参观有很多国家参展的军用品展览会，还有军用飞机模拟表演。据说在开幕式上中国的模型表演得到了国王的称赞。

国庆节之后我们抽空开着吉普车去看约旦南部的沙漠风景。其实也不是真正意义上的沙漠，大多都是盐碱地。我们找了一位当地的导游，他既会讲英语，又会开车。他开着我们的四轮驱动车拉着我们颠簸在广袤的沙漠里，犹如在青海的草原上欢跑，又刺激又新鲜，四周都是奇山异峰、天桥峡谷和许多石刻的古代阿拉伯象形文字。阿拉伯游牧民族——贝都因人的帐篷孤独地散落在偏僻遥远的地方。这一切使我联想到去青海大草原时的情景。沙漠中给人最深的印象就是沙子的颜色，尤其是玫瑰红的山石和沙砾。约旦的特色之一——沙瓶就是用各种颜色的天然沙做出来的。

......

玉华敬书

2002 年 10 月 16 日

在驻外期间，数次参与国内高访团的接待工作，其中近距离接触的有几次。

2001 年 11 月 10 日，中国在卡塔尔首都多哈召开的第四届世界贸易组织部长级会议上被接纳为世贸组织成员，12 月 11 日中国正式入世。外经贸部石广生部长出席签字仪式后直接赴约旦考察，经商处作为外经贸部的直属驻外机构，作了重点接待，还安排我到机场接机口给部长献了花。在处里考察工作时，部长嘱咐处领导和来自北京的同事要多关心照顾来自大西北的同志，让我十分感动。

2003 年 1 月，国务委员司马义·艾买提访问中东四国，来到了约旦，与约旦首相会面，就约中关系和共同关心的国际与地区问题交换了看法。大使馆做了精心的接待准备工作，给我安排的任务是在死海一站迎接首长的到来。前期，陈永龙大使还坐着我的车一起去死海踩了点。1 月 8 日，首长来到死海，我赶紧迎了上去，首长问起我从哪里来，我回答说："我来自十世班禅的故乡循化撒拉族自治县。"他说："哦，那个地方我知道。撒拉族是 56 个民族当中的少小民族，很会赚钱，生活不错。"

但凡有国内领导来访，大使馆全体人员都要迎接，首长到来后，和大家一一握手，然后作重要讲话，并合影留念。

2003 年伊拉克战争爆发前后，家人很为我的安危担心，"烽火连三月，家书抵万金"，我及时写信给家人报平安，以下家书为例，与您分享。

家书（五）

父亲大人：您好！

伊拉克战争给我们的生活平添了几分忙碌和担忧。自去年 10 月以来，我们一直忙于接应驻伊拉克使馆工作人员中经约旦撤回国内，直到 2 月全部撤出后，接应工作总算告一段落。然而，战争爆发前夕，国内常驻和暂驻伊拉克的各大媒体记者又汇聚约旦，其中新华社的所有记者（6 名）都住到了我们经商处的客房（到现在为止和我们一个锅里吃饭)，还有中央电视台（水均益）、香港凤凰台（闾丘露薇）和地方台的记者们也时而露面，在战争区的边缘挖掘第一手信息材料，赶着第一时间报回总部。

原来担心战争爆发后，伊拉克会向以色列发射飞毛腿导弹，如果这样，导弹必定经过约旦领空，以色列如果用爱国者导弹拦截，恐怕被拦截的导弹正好落到安曼市内。但现在看来这种担忧是多余的，因为经联合国核查人员长期核查，伊拉克并没有射程超过 150 公里的远程导弹，而且自战争爆发后，伊拉克也确实没有使用过远程导弹。巴格达和安曼相距 900 多公里，所以，不可能有导弹从我们头上飞过。既然如此，我们也就没什么可担忧的了。

......

家书（六）

父亲大人：您好！

......

今年三十晚上，我们到使馆集体包饺子吃，饭后，唱卡拉 OK，联欢娱乐，大使还给我们表演了时装秀。

正月十五，我们为由外交部孙必干代办率领的伊拉克复馆小组壮行。由于中国在战后一直没有派外交人员进驻伊拉克，作为联合国五个常任理事国之一的大国，这有损我们的形象。所以，在 6 名精明强干、身手不凡的武警官兵护卫下，孙大使一行进入了伊拉克，其中还有一名一秘是外经贸大学的老师，作为商务部的外派人员常驻伊拉克。虽然伊拉克至今硝烟弥漫，但他们不顾个人安危，肩负着祖国人民的重托，仍坚守岗位，履行着职责。

现在约旦的中国工人已逾 8000，虽说是出了国，但他们干的活儿很累，一天要干 12 个小时以上，住宿条件差，有的宿舍楼里 100 多人共用一个厕所；一年四季能吃到的肉菜只有鸡肉，所以都吃烦了；生病后不敢去看。2 月，又有 4 名女工在上班途中死于车祸，还有一位重伤的病人至今神志不清。所以给我们增添了不少的工作量，我处负责劳务的同事从早到晚没闲着。那天，有一个女工打电话说她的 1000 多美元被别人偷走了。相比之下，我们外交人员真是"身在福中应知福"了。

我刚刚完成的统计数字显示,去年中约贸易额已经超过了 5 亿美元,增长率 32%,但其中约旦从中国进口 4 亿 6000 万美元,对中国出口才 6000 万美元,因而,贸易逆差继续增大。虽然两国间贸易额的总量很小,但对于只有 530 万人口的约旦来说,中国已成为其第一大进口国,而去年还只是第四大进口国。

今年冬天下了两场雪,3 月初,天气骤暖,去年我们栽的韭菜经过 3 个月的"冬眠"现在又在茁壮成长,已经吃了一顿。我们现在已经脱了毛衣、毛裤,只穿一件外套,估计天气还要反复 1~2 次。现在是约旦最好的季节,杏花开了,树木绿了,大地一片生机。但估计西宁的气候还是较冷,所以,请您注意保暖,并坚持锻炼身体,因为您的健康是我们最大的福分。

女:玉华敬上

2004 年 3 月 11 日 星期四

在约旦期间,除了品尝阿拉伯美食外,我们还经常到一家"中华餐厅"去吃饭。餐厅内挂着各种中国古典乐器及几幅很大的戏照,后来同事告诉我,这家中华餐厅是杜月笙的长女杜美茹与她的丈夫蒯松茂开的。蒯老板一看就感觉以前当过兵,身材挺拔,杜阿姨人很随和。我们多次见面聊天,根本看不出她有什么特别,非常具有亲和力。每年使馆举办的国庆招待会上,他们是必邀嘉宾。

概括一下,约旦有以下几个特点:

1. 小中有大: 面积小,人口少,在中东地区是个小国,但在地区事务中发挥着重大的作用,在促进解决巴以争端和伊拉克问题上提出的有关倡议,不仅被地区大国看中,而且对美国产生影响。伊拉克战争期间,约旦连续举办世界经济论坛会议,"小国办大外交",其特殊的作用十分引人注目。

2. **短中有长**：旅游资源多、人力资源多（在西方和海湾国家工作的人员多、在西方国家留学的多，高科技人才多，英语人才多），侨汇收入多；宾馆多、银行多；小车多，别墅多。

3. **动中有静**：邻国硝烟弥漫、战火纷飞、纷争不断，尤其是伊拉克、以色列、巴勒斯坦等国，暴力、爆炸、恐怖袭击、武装冲突事件不断，局势动荡，安全堪忧。而约旦局势则相对平静，政局稳定，社会安宁，老百姓"车不入库，夜不闭户"，被人们称为中东的"和平绿洲"和"安全岛"，因而，中东地区的富豪纷至沓来，在首都安曼购房定居。旅游度假、医疗旅游者络绎不绝。

4. **弱中有强**：约旦综合国力与邻国伊拉克、埃及、沙特、叙利亚和以色列相比处于弱势，可谓在强邻的夹缝中生存，但约旦却有顽强的生命力，主要体现在外交政策、亲民政策、民主政策和改革开放的政策上，使得世界各国对约旦这个小国刮目相看。

在经商处工作的三年中，我先后分管了双边贸易、投资、约旦宏观经济统计与分析、网站管理、信息收集与发布、调研、团组接待、各援外项目英文事务和函件的处理、对外联络、签证事宜、内勤等多项工作。主要联络部门有：约旦商会、投资委员会、计划部、工贸部、卫生部、中央银行、国家统计局、约旦自由区公司、工业区总公司等。此外，还分管本处的子网站管理和信息发布工作。

在经商处工作期间，我承担了大量的信息调研工作，被商务部网站采用的信息逾百条、呈交调研文章近10篇，其中，被商务部网站"中国商品网"采用发布的信息和调研多篇，如《约旦私有化项目进展顺利》《伊拉克重建商机何在？》等。此外，在《国际商报》发表文章和信息逾10篇，多次接待外商、国内高访团和普通团组；处理了大量的中英文公文，并熟练掌握了对外联络和交往的技巧。多次拜访约政府各部门、大中型国营和私营企业及外交使团，数次参加在约旦举办的高级别国际会议，如"第一届国际重建伊拉克会议""第二届国际重建伊拉克会议""约旦信息通信技术论坛"等，有幸两次见到了约旦国王阿卜杜拉二世。

由于领导的关怀、同志们的支持和个人的努力，我在工作中成绩较为突出，具有较强的组织、协调和对外交往能力，能独当一面，经我驻约经商处上报，驻约大使馆推荐，2003 年 6 月被商务部人事司批准将本人外交职衔提升为二等秘书（副处级）。

我对自己的收获总结如下：

1. 在我国的外交政策、外事纪律、对外经济援助、工程承包和劳务输出政策与程序及对驻在国政治和经济形势及其发展的研究和分析等方面积累了经验，增长了见识。

2. 了解了中约双边贸易、投资政策和两国的经贸往来情况等，熟知设在约旦的全球首家"合格工业区"（QIZ，在一定条件下，其产品免关税、免配额进入美国市场）的运营情况，掌握逾 9000 名中国劳务人员在"合格工业区"就业和生活的情况；有意识地接触我援外、劳务输出、工程承包等国际经济合作项目等，从宏观角度积累了一定的商务工作经验。

3. 通过各种工作机遇和场合，结识了约方和来自国内外不同地区的政界和企业界人士，广交朋友，提高外交能力、协调能力、接待能力和办事能力，并深刻体会到外语作为交流工具的重要性。

4. 对网站建设和管理经历了从不熟悉到熟悉乃至熟练运用的过程，认识到上"信息高速公路"的重要性、可行性和迫切性，体会到"与时俱进"的深刻含义，并熟练掌握了如何利用网上资源为工作服务的捷径。

5. 在努力工作的同时，本人时刻不忘留心观察、认真学习，学政策、学外交、学语言、学电脑、学开车、学在异国独立生活的本领。

6. 在驻外工作期间，我先后访问了周边的伊拉克、叙利亚、黎巴嫩、埃及、以色列、阿联酋等国，对中东地区政治和经济形势、旅游业及民俗文化等有了宏观的了解和认识；还访问了欧洲的法国、意大利、德国、瑞士等国。

我的体育之旅

环湖赛是青海对外开放的金名片，也是中国第一个走向世界的民族体育品牌，因为它不是 F1、中网或 NBA 那样的舶来品，而是青海人自主、自创的本土赛事，经过多年打造与雕饰，独具特色且魅力四射，在世界自行车领域大展风采，享誉全球。

环湖赛的成长与进步，离不开省委、省政府的正确领导和大力支持，更离不开多年来参与这项赛事的每个人的辛勤工作与无私奉献。为之努力的领导集体和工作团队在这个平台上充分展现了社会主义核心价值观和团队合作精神。

与环湖赛的结缘还是 2003 年我在中国驻约旦哈西姆王国大使馆工作期间收看青海卫视时偶然看到的一个镜头。当时在西宁市新宁广场举行的环湖赛开幕式上，一个个外国运动员正骑着车子穿过主席台向观众招手致意，我才得知家乡青海正在举办一项前所未有的大型体育赛事，顿时预感我未来的工作和生活很可能与这项新鲜的赛事有关。

2004 年 7 月，我告别了三年短暂的外交生涯，回国后天遂人愿，成为省体育局一名专职外事工作者，从 2004 年至 2018 年参与环湖赛。这项国际性大型赛事，舞台广阔，给予我不同以往的多重角色，如官方联络员、外事协调官、志愿者管理者、赛事主持人、翻译等。

我的工作涉及面较广，包括对外联络与协调、参赛队伍邀请、外语志愿者管理、组团出访、大量的翻译工作及局属各单位及其他赛事与英语有关的事务。以下是我多年主办和参与的主要工作内容。

（一）官方联络事无巨细

自 2005 年以来，省委、省政府主要领导和主管领导多次与国际自行车联盟主席书信来往，数次率团访问国际自盟及其他国家。国际自盟前任主席、国际奥委会北京奥运协调委员会主席海·维尔布鲁根先生分别于 2005 年和 2007 年环湖赛期间访问青海并观摩赛事；他的接任者帕特·麦奎德主席先生携夫人于 2006 年参加环湖赛开幕式；

省委、省政府领导先后访问瑞士国际自盟、环法赛和环西赛赛事公司等。这一切相关工作都由领导安排我来联络、协调、落实，其变数之多、难度之大、工作量之繁可想而知。譬如，向外方索要团组出访时办理签证所需的邀请函；与外方协商出访日程、双方官员会面的时间、地点、参会人数、宴会地点、会面场次等。有时双方官员的档期未必一致，好不容易碰到一起，又由于中方领导有紧急会议或其他事宜再三延迟出访，我不得不请求对方一次又一次地发来邀请函，经过三番五次的协调和联络才能确定准确的出访日期和会面时间。领导出访所带的礼品，我都要加上一张精美的英文说明，注明礼品的来源、品质及象征意义。

我还多次受命邀请前国际自盟官员、环湖赛技术顾问路西昂·巴意先生参加环湖赛，并通过信函结识了众多从未谋面的世界自行车界朋友，为我官方团组出访发来邀请函并做前期准备工作。每年环湖赛前我还以组委会名义向国际自盟主席申请发来开幕式和书面宣传材料所用的致辞。

此外，我受命多次完成由环湖赛成员单位负责人组成的团组出访任务，先后观摩"意大利世锦赛"（2004 意大利罗马）、"环西班牙赛"（2004 西班牙马德里）、"环兰卡威赛"（2006 马来西亚）、"环澳赛"（2007 澳大利亚阿德莱德）、"环惠灵顿赛"（2007 新西兰）、"环加州赛"（2010 美国加利福尼亚）、"环英国赛"（2014）、"环瑞士赛"（2015）、"环罗曼蒂赛"（2016 瑞士）等。每次回国后，我都认真撰写书面汇报材料，并提供翔实的影像资料，总结各赛事当中的所见所闻，寻找差距，为提高环湖赛办赛水平建言献策。

（二）队伍邀请是重中之重

运动员是体育赛事的主角和亮点。没有高水平的运动员参赛，赛事就没有看点。记得我刚来体育局工作时，参赛队的邀请是由组委会委托国家体育总局自剑中心完成的。由于他们主管全国的各项自行车赛事，人手少、任务重，不可能抽出时间专门为某个单项赛事操心，所以，环湖赛队伍的邀请处于被动状态。鉴于此，我从 2005 年开始，通过 E-mail 提前主动给众多参赛队发出邀请，确定航班线路，解答各种疑难问题，通过几年的努力，逐渐培育了一批长期参加环湖赛且实力较强、来源地覆盖五大洲的不同级别队伍，同时保证每年都有新的队伍参赛，加大赛事的宣传力度。现如今每年赛事结束之日业已成为下一届赛事的准备之始。有些参赛队在领取奖金的同时即向我方表达他们拟参加下届赛事的愿望。近年来，主动申请参赛的队伍每年逾 60 支，为组委会挑选高水平参赛队伍创造了有利条件。根据调研，近几年环湖赛的参赛队伍水平远远高于国内其他同级别赛事。

（三）外事协调灵活机智

在与参赛队打交道时，需要理性的思考和机智灵活的外交策略，我充分利用曾在外交工作中磨炼出来的谈判技巧，解决了多个棘手的难题。例如：

1.2007 年美国队一名队员由于体力不支提前两天退出了比赛，他要求当日改签机票返回美国，因为国航给我们提供的是不能改签的优惠票，更何况比赛只剩下一天的时间，他完全可以和队友一起回国。我们没法满足他的要求，他当即在竞赛办公室大发雷霆，蛮横无理地声称："我们美国在全世界是 No.1(第一)，我们应该享受最好的待遇。"我很平静地反驳道："既然你们美国是 No.1，那你为什么没在比赛中拿上第一而落到最后了呢？况且无论来自哪里，全世界的人都是生来平等的。"一句话呛得他哑口无言，悻悻地离开了。过了十多分钟他又折回来向我道歉："Miss 陈，对不起，刚才我错了。"

2. 伊朗是个敏感国家，政治风云变幻莫测，每年办签证时遇到很多麻烦，我在力所能及的情况下尽量帮助伊朗队解决各种困难。2009 年，伊朗大不里士石化队在环湖赛上大获全胜，拿走了 30 万美元奖金总额的 1/3，满载而归，欣喜若狂。然而回国后不久他们给我发来了一封求救信，请求我出具一份书面材料证明他们的清白。原来他们的队员在颁奖台上领奖时喝了一口香槟酒，有人将照片放到了网上，让伊朗本国的人看到后认为他们在国外犯了伊斯兰教禁忌，根据教规，他们将面临严厉的惩罚。我根据实际情况给他们写了一份证明，说明我们颁奖用的香槟酒实际上是可乐和苏打水的混合物，并不含酒精成分，问题就迎刃而解了。2010 年在环湖赛闭幕晚宴上，该队领队特意将我请到他们的餐桌旁，郑重地送给我一件有全队成员签名的 T 恤衫，向我表示深深的谢意！

（四）志愿者管理育人为主

体育赛事志愿者的管理不同于体制内的常态化管理，要精于心，简于形。我的管理流程是：交流、选拔、培训、指导、激励。我借助自己教书育人的经验，用社会主义的荣辱观和道德理念引导他们，并因材施教，注重心灵的交流，激励他们发挥各自的外语优势和工作潜能为赛事服务，同时增长人生经验和阅历。外语志愿者队伍是环湖赛服务大军中的中坚力量。在环湖赛举办初期，外语志愿者都是通过省教育厅向青海师大英语系统一招募的。由于许多学生从未有过旅行经历，对外交往较少，语种单一，工作中也出现了许多问题，发生过车队领队赶走个别联络员的事情。根据这种情况，我从第四届环湖赛开始，改变以往单一的招募模式，放开思路，面向全国，并且在多语种上下功夫。迄今为止，每年近 30 人的外语联络员来自多个重点院校，还有国内外高校教师、留学生等，根据队伍需求，选择的语种有英、俄、日、西、意、法等。这些志愿者大多有深厚的桑梓之情和无私的奉献精神，他们语言熟练，思路活跃，见识较广，善于沟通。

由于我心态比较年轻，与时俱进，通过几年的交往，这些志愿者与我结下了深厚的忘年交，我们还专门开辟了志愿者 QQ 群即时交流。只要时间允许、赛事需要，他们无论在世界的何方都能按时到位，在比赛期间协助完成了大量服务工作，为环湖赛做出了突出贡献。

虽然志愿者队伍富有活力，工作能力强，但他们大多数都是独生子女，在跟着我们这些成年人吃苦受累时，免不了偶尔要要性子，发发牢骚。有一年在住宿条件较差的鸟岛赛段，志愿者们被安排到 8 人住的破旧平房，门窗摇晃，四面漏风，墙角爬满了虫子，苍蝇乱飞，被褥潮湿，对于这些从小娇生惯养的孩子们来说，真的不堪入住。在我的耐心劝解之下，他们收住了牢骚，勉强熬过了一夜，次日照样正常工作。很多志愿者至今与我保持联系，在就业、婚恋、生活、工作等方面遇到困惑时，就向我讨教，我就像一个心理咨询师一样开导他们，直到他们开心为止。

（五）翻译工作扎实有效

自从为环湖赛工作以来，除了口语交流以外，每年翻译的文字材料不计其数，包括赛事技术指南、服务指南、工作流程、信函、广告、标语、车贴等。凡是经我翻译的材料，我都要仔细校对，保证质量，书面资料得到了国际官员的认可。为了节省时间，我经常亲自跑到设计室和印刷厂现场校对，提高工作效率。

（六）赛事需要我"角色"多变

每年比赛期间，有各种复杂的局面要应对，这里有几个特例。

每年一度的环湖赛开幕式给参赛的国外队伍留下了深刻的印象，他们称之为全球所有自行车赛中最精彩、最壮观的仪式。省委、省政府对开幕式给予高度重视，有位领导曾说："开幕式成功了，环湖赛就成功了一半。"我在开幕式前后的工作就是配合大型活动组搞好运动员入场式，包括提前开会通知，保证队伍按时出发，运动员准时上场亮相。

2011年的开幕式给全国的观众和参赛队留下了难忘的记忆。开幕式当晚，在互助县新建的体育场上空乌云遮天，晚上9点开幕式开始前一分钟下起了瓢泼大雨，这时各队队员都已排好了队等待入场，到9点整领导宣布"运动员入场"时，运动员们已经耐不住性子了。我撑着一把雨伞站在主席台左侧像往年一样指挥运动员入场。当每支队伍的第一个运动员走到我跟前时，都要在我的雨伞底下躲上几秒，临别时还要给我说一声谢谢。等22支队伍入场完毕，个个都被淋成了落汤鸡。紧接着，我看到省长致辞时手里的稿纸由硬变软……而在2007年青海湖畔的开幕式上，所有在场的人都经受过一次炎炎烈日的暴晒。这一次次经历凸显了青海各族人民从上到下为环湖赛所付出的艰辛。

2011年环湖赛有了一个重大突破，就是第一次走出青海，在兰州举办了城市绕圈赛。比赛开始之前，起点周围人山人海，包括两省官员、运动队、裁判员、文艺演出团体、大学生及几万名观众。我奉命用双语主持了官员的发枪仪式之后，发现兰州大学的一群学生正聚在马路边上，不停地呼喊保护普氏原羚的口号。我拿起话筒即兴跟他们互动起来，不失时机地向观众介绍了普氏原羚被环湖赛组委会更名为"中华对角羚"后成为环湖赛吉祥物的原因和过程及环湖赛"绿色、人文、和谐"的主题，希望借助大赛的影响力，让更多的人了解普氏原羚，加强宣传与保护力度。在场的新华社记者马上过来采访了我，并通过网络和报刊报道了现场见闻："关注高原生命、关注普氏原羚！""比赛开始的枪声刚落，一群来自普氏原羚项目组的兰州大学学生'保护普氏原羚'的口号声也随之响起。伴随着比赛的进程、普氏原羚保护宣传片的播放和大赛主持人一声声饱含深情的解说，呼吁声从未间断。与其他赛段不同的是，这个赛段最大的明星不是黄衫，也不是绿衫，而是一种极濒危动物'普氏原羚'。"

赛事期间，运动员受伤找医疗组，队员拉肚子找后勤组，车辆交接或转场找车辆组，队伍领奖金要找财务组，国际裁判对赛事的评价要给组委会领导汇报，记者采访运动员要联系被采访人，获奖队员及时上台领奖要找该队联络员催促等，各种琐碎的事情都得及时协调，事无巨细，头绪繁多，但我总是依照周总理曾经给外交人员所指示的"外事无小事"的精神去处理每一件事情。

多年来，我的辛勤工作也得到了大家的鼓励和组织上的认可。2005年、2006年我获得省政府颁发的环湖赛先进个人奖，2008年、2010年两次被评为省体育局优秀公务员。人的生命是有限的，其中工作的时间更是有限，在这有限的时间内干点自己喜欢的事是值得的。利用自己的专长和工作经验，通过环湖赛这一绝佳平台，多为家乡人民做点事情，充分实现自己的人生价值是我最大的心愿。

我为局领导和黄河挑战赛主办地领导拜访瑞士国际泳联做前期联络和全程服务工作，也随同局领导出访芬兰、爱沙尼亚等国，拜访国际步行联合会主席等，为提高在青海举办的各项赛事质量添砖加瓦。

为提高在循化举办的夏季黄河挑战赛级别、向国际泳联申请将其纳入如同环湖赛一样的正规专业级国际赛事，2014年春季，体育局领导率团赴瑞士专门访问了国际游泳联合会。

5月14日上午，国际泳联执行董事马卡勒斯库先生接见了代表团一行。才让太团长首先介绍了中国青海国际抢渡黄河极限挑战赛十年来的情况，包括参赛队国家和地区、参赛人数、赛事四大特点（海拔高、水温低、氧气薄、水流急）。当马卡勒斯库先生了解到该赛事比赛距离约500米，游泳时长2~3分钟时，强调纳入奥运项目的游泳比赛分大奖赛和马拉松两种，公开水域的比赛属于马拉松赛，规定最短距离为5公里，时长5~6小时。因而，黄河挑战赛虽独具地域特色，但属于业余比赛，其主要意义在于宣传。此外，他专门针对循化黄河挑战赛的四大特点回应道：国际公开水域的赛事须具备"海拔低、水温不低于16℃、氧气充足、水流平缓"等特点，因此，此项赛事不符合专业赛事的要求。

抢渡黄河极限挑战赛在国内地位高，影响大，但在国际泳联这类赛事尚属空白，这次访问交流为今后发展明确了方向。

2015年4月，我正式办理了退休手续。但青海赛事管理中心立刻返聘我继续为环湖赛工作。5月即赴瑞士为郝鹏省长访问国际自盟做服务工作，2016年又为骆惠宁书记访问国际自盟做前期联络、现场服务等工作。我退休当年还获得了九三学社中央颁发的"九三学社创建七十周年全国优秀社员"奖。2017—2018年，我被青海天佑德队聘用为外事工作人员，曾作为领队带队参加"环阿塞拜疆自行车赛""环印尼辛卡拉自行车赛""环韩国赛""环邢台赛""环中国赛"等。2019年10月，"第七届世界军人运动会"在武汉举行，因环湖赛运营团队中标承办自行车赛，我有幸受邀参与其中，我的职业生涯就此圆满落幕，开始了含饴弄孙的日子。

"梅花香自苦寒来。""机会总是留给有准备的人。"走过、看过、哭过、笑过。在我每一次命运的转折中，除了自身的主观愿望和努力外，离不开贵人的相助，对此，我心存感激，祝福他们一生平安、幸福！

我的人生虽无大福大贵，但不乏多彩的经历，应邀记录于此，作为永久的回忆。

爷爷是个"老黄牛"

黄瑞君 [*]

◎黄继福生活照 （黄瑞君 提供）

爷爷黄积福，循化县道帏乡起台堡村人，1931 年 11 月出生。受起台堡村浓厚的文化教育氛围熏陶，天资聪慧的爷爷少时喜欢读文识字、研习绘画。后在组织的培养下，爷爷通过发愤学习和艰苦奋斗，逐步走上领导岗位，既参与了循化县波澜壮阔的社会主义建设，也见证了循化不平凡的发展改革历史。他先后担任白庄公社供销合作社主任、循化县供销合作社驻西宁采购站主任、白庄公社党委副书记、道帏公社党委书记、商业局局长、工商局局长、县人大经济委员会主任委员等。1993 年退休，定居循化，安享晚年。2017 年 12 月 19 日逝世，享年 86 岁。

* 黄瑞君，青海人民出版社党群工作部党务工作者。

从农村走出来的会计

1950 年，刚刚解放两年的循化正处于社会主义建设的重要时期，循化人民正沉浸在解放的喜悦中，爷爷和许多循化的有志青年一样正摩拳擦掌为社会主义建设贡献自己的一分力量。

7 月，风华正茂的爷爷走出农村，走上了工作岗位，在白庄公社供销合作社工作。当时的供销合作社是人民公社的重要组成部分，承担着经营农业生产资料和农村日用工业品的重要任务。他刚工作，就迅速投入紧张的工作之中，白天为人民群众服务，夜晚在一盏微弱的煤油灯光下自学会计专业知识。短暂的几个月时间，他就理顺了工作、理清了思路，为今后更好地开展工作打下了坚实的基础。

在白庄公社供销社工作的几年间，爷爷认真贯彻党的路线、方针、政策，深入学习毛泽东思想，积极向组织靠拢，在 1953 年 7 月加入中国共产党，正式成为一名共产党员。在未来几十年的学习、工作生涯中，他始终践行全心全意为人民服务的宗旨，初心不改坚定不移跟党走，兑现了入党时举起右拳所作的承诺。

到西宁闯出一片天地

1960 年，在组织的培养教育下，爷爷走向了新的工作岗位，被委派到循化县供销合作社驻西宁采购站工作。在采购站工作的 7 年时间中，爷爷面对繁重的工作，没有退缩，迎难而上，一边熟悉业务工作，一边勤奋工作，在干中学，在学中干。当时国家正是物资紧缺的时期，他深知责任重大，不敢有丝毫怠慢，每一笔账目都记得清清楚楚，工作井井有条。他白天采购，装卸货物，清点库存，到了晚上还要记账报账。为了做好工作，确保不出差错，有时候都顾不上吃饭，时常工作到深夜。当时，我的大姑还不到 6 岁，有时候好几天都见不到我爷爷一面，家务事都由奶奶一人操劳。

1966 年，在组织的安排下，爷爷到东风公社（后称为白庄公社）工作，先后担任副主任、副书记等，当时正值"文化大革命"爆发，社会处于动荡之中，在各派政治力量的激烈较量中，社会动荡、风雨飘摇，几乎没有哪一个家庭、没有哪一个人可以躲过冲击，爷爷也受到冲击，但他始终坚信中国共产党的领导，对党和人民的事业始终保持乐观态度。

1969 年，"文化大革命"正值高潮，但是爷爷坚定信念，不参加任何派系斗争。面对冲击，他毫不气馁，依然坚持在工作岗位，参加革命生产工作，按照上级要求，推行"农业学大寨"，抓农业，抓生产，践行了一位优秀共产党员的承诺和初心。

白庄乡是多民族聚集地区，撒拉族、藏族、回族、汉族聚集于一地，做好民族工作是当时的重中之重。爷爷在白庄乡工作期间，十分注重民族团结，坚决执行党的民族政策，尊重少数民族的风俗习惯，自学少数民族语言，在田间地头、在老百姓的炕头，他经常与少数民族群众拉家常，和老百姓住在一块、干在一起。很多年过后，当地的撒拉族老人说起爷爷总是会竖起大拇指说道："这个干部亚合夏啊！"（撒拉族语，意为特别棒）

想为父老乡亲多干点实事

1978 年，随着十一届三中全会的召开，标志我国进入改革开放的历史新时期，循化县各项工作开始步入正轨。爷爷赴道帏公社工作，担任党委书记，回到自己的故乡工作，他深感责任重大，使命光荣。回到家乡，面对父老乡亲，他动情地说："到自己的家乡工作，就想为父老乡亲多干点实事。"

他的心里始终装着人民群众，当时道帏公社交通不便，他用双脚一步一步走遍了道帏的山山水水，他用双脚丈量了这块曾经养育过他的土地。在几处荒滩荒坡上，他带领全社干部群众植树造林，为道帏乡增添了"一片绿"。道帏乡素有"循化的粮仓"

之称，农业工作是当时压在黄积福肩上最重的担子。在农忙时节，他总是不顾辛劳，在各村忙碌指导工作，他匆忙的身影浮现在田间地头、与群众一同劳动。他经常挽起裤腿赤脚在凉水中过河，致使他的两腿患上了严重的静脉曲张，但是他从不说苦，总是埋头苦干。功夫不负有心人！在县委、县政府的领导下，他在全社积极推行家庭联产承包责任制，推动"大包干"，几年下来，老百姓的粮袋子鼓起来了，老百姓脸上的笑容多起来了，道帏乡向县里上交的"公粮"连年增长。一些藏族同胞看到我爷爷时总是会说："噶真切，真是我们的好书记。"

退休很多年后，还有道帏乡的父老乡亲专程到家中看望爷爷，与他们一同回忆过去的峥嵘岁月。

要让群众在家门口买到菜和肉

1980 年，爷爷受组织委派，赴循化县商业局担任局长。从公社党委书记走上了县直管理部门的领导岗位，当时，改革开放的春风也吹到了循化大地，而商业局就是主抓经济工作的部门。他深知必须顺应大势，从田间地头的"农业能手"转变成抓经济工作的"行家里手"。于是，他主动学习经济专业知识，逐步适应市场经济思维，在县委、县政府的大力倡导下，"摸着石头过河"，探索开放集贸市场，鼓励乡镇开办工厂企业，为循化商业发展贡献了自己的一分绵薄之力。

1987 年，他再次转换工作阵地，到循化县工商局担任局长。改革开放初期的循化大地，到处是一片生机勃勃的景象。随着中国第一商贩"傻子瓜子"创始人年广久事迹传播到循化时，全县群众跃跃欲试，个体商户逐步增多，但都是分属各地域，市场分散，形不成规模。于是在县委、县政府的统一部署下，爷爷带领局干部职工深入市场调研，最终建成了循化第一家菜市场，让老百姓在家门口就能购置生活必需品，极大地方便了人民群众的生活。

转眼弹指一挥间，为党工作了30多年的爷爷，于1987年调循化县人大财经工作委员会任主任委员。虽然离退休的日子越来越近，但是他依然精力充沛，丝毫没有"船到码头车到站"的思想，仍然兢兢业业工作，以多年在经济战线工作积累起来的经验，经常深入基层一线调研，积极向县委、县政府建言献策。儿女们看爷爷工作太累让他歇一歇的时候，他总是说："最后再为家乡做一点工作。"

1993年，经组织批准，爷爷正式退休，为40多年的工作生涯画上了圆满的句号。

退休后，他十分关心国家大事，每日晚上7点钟，总是守在电视机旁观看《新闻联播》。他手不释卷，《人民日报》《青海日报》等报刊总是不离手，他对儿女们说："身体退休了，思想不能退休，还是要学习。"与此同时，他还研习书法，积极参加县关工委组织的活动，为关心下一代工作发挥余热。虽然退休在家，他仍然以一名共产党员的标准要求自己，积极参加组织生活，在任何时候，他都不忘自己共产党员的身份，永远坚定地跟党走。

在退休后的时光里，我爷爷始终牵挂着家乡起台堡村的发展。2013年春节前夕，循化县委原书记李发荣在看望慰问他还有什么困难需要解决时，他动情地拉着李书记的手说："我感谢党对我的培养，我没有什么困难，希望县委、县政府大力帮扶起台堡村，让乡亲们的日子红火起来。"

五

艺苑风景

YI YUAN FENG JING

胸藏文墨怀若谷

——追忆父亲马绍德

马　前[*]

获知青海省循化县政协即将出版的文史资料中将父亲收录其中，真心感谢家乡的乡亲们还记着父亲，并为其记名而辛苦！欣喜之余，更是引起我们对父亲的思念和回忆。

积石笔翠无限好，最好夕照，紫峰妖娆……

雨过天晴蓝更娇，晨闻鹰啸，暮翻大雕……

鸟道尽盘旋，洞开半山，画阁出崖分外险，鸣钟晨昏，唤醒人间。

这是父亲所作词中的几句，深刻地反映出父亲对家乡的热爱与眷恋。

父亲马绍德，1917 年出生于青海省循化县一个普通家庭。他自幼甚爱学习，喜欢阅读。至青年，他胸怀抱负，为求知，独自离家，远赴巴蜀求学，并以优异成绩考入国立社会教育学院。因能力出众，任学生会主席，时逢日本侵略，父亲怀一腔热血，积极靠拢党的地下组织，发动学生参与社会抗日活动。正如其学生、著名书法家黎凡教授给父亲书法作品书写的引言中所述："吾师少年与强梁争斗，要平等和平，青年与腐朽争斗要自由民主……"是的，其实父亲在追求知识的同时，也在用自己的热血青

* 马　前，兰州运输集团修理公司原党支部书记。

春与当时广大爱国青年一起，为民族的独立和国家的新生而奋斗着！

大学毕业后，父亲赴兰州就职于西北科学教育馆，任编辑。新中国成立后，国家在此基础上组建省博物馆，父亲凭借丰富的专业知识，在建馆过程中发挥了重要作用，并任历史部主任，直至离休。

父亲对工作一向兢兢业业，精益求精，尤其对文史书画颇有研究，得到社会认可。他的作品被人争相收藏，并传至美、日、澳等国，其业绩被载入《世界华人艺术界名人录》等多部辞书。在甘肃莲花山、崆峒山等多处旅游名胜之地均有父亲的作品呈现。

父亲曾担任中国文字改革委员会委员、香港东方文化研究部委员、甘肃省书法教育研究会顾问等。他撰写的《王安石新法研究》《甘肃省博物馆中国历史陈列纲要》《社会学与社会政策》《科学与民主》《甘肃省历代书法家简介》《中国文字与中国书法讲稿》等作品均已发表刊行。

父亲生性豁达，淡泊名利，可谓荣辱不惊。他在七绝《述怀》中曾这样写道："天机无限盆中养，有花无花却无妨。仁者乐山智者水，识得动静不彷徨。"由此可见父亲对工作和生活的态度及对事业不懈追求的信念。不以得而喜，不以失而忧。正因如此，父亲能够坦然面对生活和工作中的困难、挫折和成绩。改革开放后，多方许以名利约其稿件，他均予拒绝，而对于一般的亲友乡邻书法爱好者，却是一文不取，有求必应，这也充分体现了父亲淡泊名利，宠辱不惊的处世原则。黎凡教授曾送父亲对联一副："出淤泥而不染，濯清涟而不妖"，赞其君子精神！

注重德智修养，正直做人，是父亲对我们一贯的要求，我们将铭记在心并将其传承下去，让父亲得以安眠九泉。

值此，借书出版之际，拙笔略表对父亲的思念之情。

借用黎凡教授为父亲撰写的挽联结束此文："兰山巍巍载清志，黄河滔滔吟芳德。"

书道高歌翰墨香

——黎凡教授的背影

黎晓春 *

　　著名书法家黎凡教授已离开我们整整一周年了。然而，黎凡教授似乎并没有远离这个城市，这一城的墨香似乎总能让人看到那个背影。

　　黎凡，原名黎善錄，字文屏，号积石山人，1932 年 12 月生于青海循化。他怀揣梦想，少小背井离乡，前往西宁求学。从一个农家少年，成长为一个救死扶伤的医生，再到一个教书育人的医学教授，最终成为一个著作等身、扬名海内外的知名学者、书法家。

◎黎凡先生生活照 （黎晓春 提供）

　　黎凡创造了甘肃书坛的 11 个第一，有些甚至是"全国第一"。1977 年出版甘肃省第一部《行书字帖》；1995 年出版我国第一部《繁简体草书字帖》，解决了简化字草书问题；1987 年出版我省第一部草书字帖《黎凡书唐诗廿五首》；

* 　黎晓春，兰州日报社供职，《兰州晚报》主任记者。

2004 年发表我省第一篇以巨书为研究对象的论文《试论巨书书法艺术》；国内首次提出"独字引言书法"艺术理论，并于 2001 年出版字帖及论文，被国内专家冠以"黎凡幅式"；省内最早研究中国历代书画家长寿问题，1978 年发表《书画家长寿的秘诀》论文；国内最早将气功与"书法 21 字"要求相结合，并于 1978 年开始用于临床，2011 年出版专著；国内第一个提出将写字学与书法学相区别的理论，1988 年发表论文；1987 年发表论文《甘肃省 214 所中小学写字教育调查》，提出了独到的中小学书法教育观点；国内第一个举办书法巡回讲座"黎凡讲草书——中华行"，历时数十年，开展讲座 128 次，听众万余人；2012 年，甘肃省内首次繁简体草书、行书入选方正字库，黎凡字库可用于电脑与手机文字输入。

黎凡曾任甘肃省政协第五、六、七届委员；甘肃省书法教育研究会会长；中国书协会员，甘肃省政府文史馆馆员；中央文史馆书画院授予他"中国改革开放文艺终身奖"；中国国学研究会授予他"艺术大师"称号；中国文艺家创作协会授予他"中华当代杰出功勋艺术家"称号；世界艺术大师学会、联合国世界科教文组织专家委员会成员；国际奥林匹克艺术中心授予他"国际奥林匹克艺术金奖"；中国书画学会聘为名誉主席；中国书法美术学会聘为副主席……

黎凡主张，"翰不虚晃，墨不丛生，追清不追浊。虚实有度，顿导有节。自然天真为其高，清爽凝重为其妙。高妙相济，满篇看点，方可成为观赏者叫绝的篇章。"

黎凡教授习书 70 余年，书法功底深厚，真、行、草、隶，无一不精，尤精于草书，有"草书活字典之誉"，真正是"摄得行云流水意，挥毫卷起纵横风"。

甘肃省作家王澄明在《书法家黎凡赋》中描画了黎凡挥毫草书时的生动情景：

　　黎公为草，必先凝目肃立，泰岳不动，游思止于尘外，杂念弭于空明；鹭鹤立于江浦，彤云合于风清。继而六气吐纳，霎时紫电刺空；笔飞墨舞，畅泻澜惊。疾如虬龙翻飞，缓若涟漪沐风；刚如长矛大戟，飘若飞花落红。

灿灿霞霓，铮铮金鼓，崩石凿铁，弄琴吟笙。倏尔虹销雨霁，骤然笔息墨静，皎皎素宣之上，万千气象顿生！寒潭澄澈，暮山烟凝。曹衣出水，吴带当风……

著名书法家舒同在看过黎凡的草书后，赞叹不止，当即挥毫题赠"笔飞墨舞"。当代草圣林散之更是为他题赠楹联"天开新图画，人改旧山河"。

黎凡教授不但出版了 9 部字帖，而且在书法艺术研究领域也颇有成果，先后发表论文 47 篇。他极为重视书法的功力，但他并不因循守旧，而是有意创新求变。且不说他在互联网上开创"黎凡字库"，也不说他为简体字规正"标准草字"，单说他所首创的"独自引言"，就足以为书法艺术的传承再添华章。

所谓"独字引言"，"独"——榜书大字，"引"乃小字引言。"或论理思哲，或有感抒情。大小呼应，若星月映辉；字文相连，如峰壑通灵。"独字与引言相偕，一幅书作，既为画境，又是美文，被京城书坛称为"黎氏幅式"。

北京书画家夏廷献说道："书法硬载体幅式种类繁多，形制没有一定之规，创造新'空间形式'的余地很大。在千年一贯制的条幅、中堂形制内，黎凡教授创造了一种'黎凡幅式'。其特点是'独字引言'，条幅上方榜书一个独字，下方围绕独字引出一段小字言论。"

原甘肃画院院长、书法评论家马国俊说道："黎凡先生在'独字引言'研究创作中开拓了新领域、新格局、新视觉、新思想。"

和很多把书法神秘化的书法家相比，黎凡教授来得直接、简单。握笔 70 年不辍，写字育人，写字化人，写字度人，而于书法之道，又游刃有余。在黎教授看来，写字就是写字，书法就是书法，技就是技，艺就是艺。一篇《论写字学》，道理讲得明白，品格分得清楚。教人写字，但求工整美观，未必成为书家。恰如学习乐器，不是都要做演奏家，能有一双善于聆听的耳朵，也就够了。

黎凡先生在书法艺术的探索中，有很长时间在兰州开展"黎凡教授问学处"的书法教学活动。在先生求教者中，有退休的共和国部长、省级干部，也有普通工人、市民，更有慕名而来的农村青年等不同阶层、不同年龄、不同身份的书法爱好者。先生总是根据学生的不同状况因材施教，让学员取得满意的学习效果。

对于求学最多的小学生，先生也有一套成功的书法教育方法。在"黎凡教授问学处"，每次学生们去学习，等每个同学把上一周临习的最满意的作业用小磁铁固定在黑板上，先生就开始点评，分析哪些写得成功，哪些有问题，应该如何写。先生从整篇布局到每一个字的间架结构，笔画顺序到线条的质量——分析，亲自在黑板

◎黎凡书法作品（黎晓春 提供）

上用大笔示范，同学、家长一目了然。他还手把手地教同学们习字，体会运笔方法和过程。另外，他留心观察同学们的待人接物、言谈举止，发现有不当之处，给予纠正，谆谆教诲，让所有同学引以为鉴。

在书法教学中他还特别强调让同学们正确处理学校文化课与书法的关系等，培养良好的学习习惯。在每年春节前，他亲自联系、精心组织学生到郊县农村书写赠送春联，受到父老乡亲的欢迎。而城乡孩子之间的交流，也让学生们从小树立了服务社会的思想。所有在"黎凡教授问学处"学习过的同学考入大学后，都是所在学校书画活动的佼佼者。他们放假回来专程向先生汇报，分享书法的收获与快乐，探讨进一步学习的方向。

有位孩子的家长罗增禄回忆，先生通过教学，不仅教会了书法，更重要的是教会了做人；不仅教会了学生，也教会了家长，家长即使不练书法也从中学会了书法欣赏。作为家长，其实也是学员，从中受益更多，付了一份学费，教会了父子两代。每每回忆起来，就如同牛反刍一样，慢慢咀嚼，滋味悠长。现工余习字临帖时萦绕在耳畔的是酷似先生的声音，思想处于"收视反听，绝虑凝神"的状态，运笔时"无往不收，无垂不缩"。这些都是学书真言。

有许多学员或家长说，黎凡教授是我们学习书法的老师，更是我们做人的榜样，他以作品的质量赢得社会的认可和大众的喜爱，不渲染，不包装，捧出货真价实的艺术品，给人以美的享受。也让我们，在书法艺术的道路上，在提高作品质量上下功夫，在作品的文化内涵上下功夫，在个人品德修养上下功夫，让书法学习的路走得更远、让生活更丰富、人生更精彩。

2012 年，由中国人民邮政出版发行的"中国当代书法家——黎凡教授八十寿辰纪念"邮票，是鉴于黎凡教授在书法艺术上取得的杰出成就和对书法艺术的创新性贡献，由中国人民邮政特别选取了一部分代表黎凡书法艺术风格及研究成果的作品，精心设计的典藏性邮票，全国发行 1000 套，兼艺术性与稀缺性为一体，汇聚了黎凡教授 70 余年书法创作精华与业界声望。

在此，感谢给予本文素材、资料的黎凡先生生前的友人。

挥毫泼墨书仁道
——追忆我的祖父孟毅伯

孟中珊[*] 遗稿

祖父孟自立，字毅伯，乳名原龄，号积石山人，生于光绪二十三年（1898）农历八月二十四，卒于1987年3月6日。祖父自幼酷爱读书，读书求学如命。特别是青年时期，在生活极为艰辛、捉襟见肘的环境下，随同循化骆驼客商人步行入新疆求学，百般周折，学而不厌，持之以恒，锲而不舍，卧薪尝胆，苦学深研，以优异成绩考入新疆迪化师范学校。毕业后，分别在山东省、安徽省、甘肃省和青海省西宁市任职，后在循化县任教。

20世纪80年代，青海省老龄委聘请祖父为"玄圃书画院"书法师，并多次参加全国、全省、全县的书法展并获奖。

祖父一生酷爱书法，从小受前辈们的良好家教、家训、家规熏陶引导，苦练苦学书法。因生

◎孟毅伯先生 （孟中珊 提供）

---

* 孟中珊，已故，循化县人民检察院办公室原主任。

活困苦，在缺少笔墨纸张的环境中，地当纸、木棍当笔，写了再写、练了再练，常以毛笔撰文，与文房四宝为伴，习字入神，墨汁当茶，桌上坑头，名人字帖书籍如山，练纸当被褥，书籍做枕头。因经济拮据，笔墨纸张特别缺乏的情况下，大平石为练纸，石锤捧当毛笔，惜时如金，苦练再苦练，风雨无阻，雷打不动，夜以继日，刻苦临摹字帖和认真学习研究各种书体，尤其是晚年时期。祖父书法独特新颖、高雅别致、名节殊途、雅致同趣。稍有名气后，他将5斤左右的石砚用牛皮条捆绑后，吊在右手腕上苦练悬笔。因之他的书体独特，自然洒脱，刚劲有力，墨泽大气，其书德正派，德艺双修，名扬青海省乃至大西北，称为"西北第一笔"书法大师。他给后人们遗留的笔墨甚少，但有幅中堂："书为天下英雄胆，善是人间富贵根，大道之行，天下为公"，此幅中堂载入《循化县志》，广为流传。2009年11月，祖父后人们经过不懈努力，在循化县委、县政府及各有关部门和知名人士鼎力支持下，编写印制并出版发行《孟毅伯书法集》，深受广大群众和知名人士的喜爱和称赞。祖父一生陶醉于墨砚之中，曾收藏名师孙过庭书谱、王羲之金石碑帖等。他曾与著名书法大师张大千和于右任结友拜师，磋商书艺、书德、书道。1941年，他随同张大千大师前往甘肃敦煌莫高窟取经研讨书法造诣，受益匪浅。于右任大师对我祖父赠言曰："根基扎实，大有作为。"同时，为修缮敦煌莫高窟而出力捐款。欣慰的是二位大师对他的书法作品及书法之道作了翔实的评说和指导，从而使他的书体有了新的突破。从此，便对书法艺术的钟爱与追求锲而不舍。祖父笔墨遍于循化廊堂、巨室、寺庙等墙壁花廊。现存有十世班禅大师驻西宁办事处匾额、化隆甘都庙壁楷书等。祖父之书体笔锋刚劲有力、入木三分，布局错落有致，字体雄浑厚重。晚年，温故"颜体"多宝塔书法。他的作品均在青海省县博物馆和图书馆及档案馆珍藏，并在《青海日报》及青海电视台多次报道刊登及介绍过，深受广大书法界及群众的喜爱和赞美。

他的循化乡友董培深先生在《孟毅伯书法集》（序）中称：

"书画艺术本同源，入通当以德为先。"每仰我国古代以书画名家者，无不以德立身，以仁处世，故其书画作品，功力超群，思越千秋；而意境深达，涵蕴大千，至其儒雅恢浑，淡泊名利，为后世所崇敬，历千古而不衰！盖其书艺画作，不仅育人以美，寓美以德，抑且弘道扬正，树德垂范，遂为后世得传，百读不厌！溯自秦、汉、魏、晋，以迄隋、唐、宋、元、明、清，至于现代，当代，名家百出，灿若星辰。其仅以书画名世，而不以仁德为本者，凡难觅一，可盛叹哉！

毅伯老先生之书艺与人品，可谓交相辉映，相得益彰，为后学者之表率。先生自幼习读经史，尤酷爱书艺。几至废寝忘食，寒暑不辍。直至壮岁，其书艺已臻成熟，无论真、草、隶、篆均能得心应手、立笔成体，盖其临摹二王、汉隶、魏碑，以及唐、宋以次名家碑帖，详加研读，无不烂熟于胸，继之以心拟手摩，点画安顿，而自成一家风格，盖其传承弥久而笔法有自也。从此，求字者门限为穿；无论老幼贫贱，亲疏远近有求必应，从不拒绝，亦从不收受礼金，先生之为人也若此。其刚正耿介，仁慈尚义，不阿权贵，却扶弱济贫，淡泊名利，疾恶如仇……甚为乡里所称颂。

新中国成立前，先生从事地方教育工作十多年，贡献颇多。尤在任县女子小学校长期间，不畏艰难困苦，亲临各家，逐户劝喻家长，送女入学，接受文明教育，家长率多应从，入学率逐年倍增，办学成绩卓著。曾获省教育厅多次表彰，赢得社会赞扬，教学之余，对书法练功无一日中断，且要求学生练习书法，借以贯串美育，促使学生全面发展。

1951年秋，竟以"莫须有"罪名，冤狱劳改长达26年之久。劳动之余，仍不忘收法练功，以有限条件，仅能抽空用蝇头小楷抄写马列文献、毛泽东著作等达十余本之多。毅伯老先生对书法热爱钟情与坚毅不折之精神，直令人五体投地，敬佩不已！

观今之书坛，诚能以"仁德"二字贯串于书艺人生，而淡泊名利者，实不多见。毅伯老先生已仙逝远去，而其高风亮德，懿范型仪，将永垂千古，与世长存。

因赋七绝一首以咏之
刚正清明遐迩闻，坦荡胸臆振群伦；
黄河浪里勇击楫，端为后昆扬正风！

我祖父的学生、著名书法家黎凡先生在《孟毅伯书法集》（序）中写道：

孟先生曾是我的国文老师、班主任，循化县女子小学校长，是家喻户晓的开明人士。更重要的是，他的书法成就及其启蒙教育影响了我一生，他的人品、书品是我们后学者的楷模。

毅伯先生是 20 世纪 30 年代鹊起的西北著名书法艺术家，他的足迹踏遍甘、青、新、宁、陕等地，其作品远扬全国。他走出其邑后，视野大开。在河西走廊工作期间，有机会接触到张大千、于右任书画大师及其他书法家，他们对其书法进行评品、指点，受益匪浅；他的书法从青年时期起，远追汉魏碑版，近临晋唐法帖；擅真、草、篆、隶、行诸体，尤以草书成为他终生酷爱。张旭、孙过庭、于右任等草书法帖，均被刻苦临习，从不懈息。但他习古而不泥古，不惑之年，形成自家风格。

时人常为争得先生一幅佳作而津津乐道。记得在我家堂屋正中悬挂一幅学者冯国瑞之中堂，两侧楹联便是孟先生大手笔。1936 年，于右任《标准草书》出版不久，孟先生是第一批临习和推进《标准草书》的先驱者。他的书法深得时人喜爱，每遇书写，同学们争先恐后地研墨、展纸，目睹其书写姿势、执笔法、运笔法，是一种少年学习、熏陶之良机。他喜用长锋毛锥笔，善中锋，笔下洒脱恢浑、凝练遒劲，往往震惊四座，观者叫绝！他的匾联、招牌字经木雕、砖雕，形成独特的文化氛围。壁书亦很独特，颇有"忽然绝叫三五声，满壁纵横千万字"的气势，把深宅大院装点得优雅美观。

◎孟毅伯先生在书法作品展上 （孟中珊 提供）

孟先生治学严谨，但对同学们十分谦和，尤其对爱好书法的同学，更是关怀有加。正是"格超梅以上，品在竹之间"。但也不畏强暴，敢于与不平势力争斗。往往站在广大民众一边，得到多助，深受群众的尊崇和爱戴。

1984 年秋，我等 5 人在家自举办书画义展，有幸拜见孟老师。那时，他已 85 岁高龄，鬓髯飘逸，学者风度犹存，谈吐依然铿锵有力。闻及正值英年，精力充沛，身心康健，文思泉涌的大好时光。遭精神禁锢，书法荒芜的冤狱生活长达 26 年，不禁令人唏嘘！

先生不拒老、不畏老，老有所为；耄耋之年，重操笔管，欲逐渐还复原有水平。本集所收集的作品多属 78 岁以后的墨迹，遗憾的是很少有 51 岁以前的作品，但从字里行间窥视出当年腕力劲道与笔下丰采。人书俱老，正是：笔下有神惊剑气，胸中无碍起龙云。

孟老虽离开我们已有 33 个春秋，生命短促，艺术长存。观其大作，他仍然活在我们心中。世事百年去，美德千秋存，他是我书法艺术最崇敬的启蒙老师。

我的祖父一生正如他书写的《黄河浪里度春秋》，历经艰难险阻，饱尝风雨寒霜，最终到达了彼岸。

1949 年 8 月，解放循化时，他为人民革命做过有益的工作，是保护循化县城的组织者之一。他挥毫书"欢迎人民军"大横幅，同周新吾、马斋瑞先生带领群众到城东门外迎接人民解放大军，荣获一野一兵团王震司令员的赞扬，被任命为循化县临时人民政府粮秣委员；完成了二军在循化的粮草供给任务；出席青海省第一届人民代表大会。建政时，被选为循化县第一、二届各族各界人民代表会议常设委员，任循化县女子小学校长。

20世纪30年代，他旋于京津沪汉，寻求出路。其间，在形势复杂、危险之中，祖父曾多方帮助他大女婿——中共青海早期地下党员寇从善的相关工作。

我的祖父是开明人士，热衷于地方公益事业，广交朋友，曾多次与老同事李德渊、钟锡九先生切磋书艺，给予了高度评价。

祖父蒙受含冤，以宽广的胸怀和坚韧不拔的精神度过26年的漫长冤狱。在特殊的生活环境中，他勤俭节省，宁愿少吃一口饭，不愿少买书籍，他多年积存每月发给的2元零用钱，购买《毛泽东选集》精装本全套、马列主义等书籍，努力学习。1976年11月，祖父被特赦，时年77岁。回家后，聘为循化县统战人士、青海省书协会员。他神情抖擞，如饥似渴地操练笔、墨、纸、砚而安度晚年。

1987年3月，他的冤案终于得到彻底平反，恢复公职，光荣退休，将真相告白于天下。

1987年3月6日，祖父仙逝，在丧事活动中，循化县统战部、文化馆及地方名士、乡友文人和学生呈送挽联：

沉痛悼念大书法家逝世

铁砚磨穿

循化县文化馆敬挽

悼念毅伯吾师千古

书艺启蒙故园桃硕

遗风远及阶前芝蕙

学生 黎凡敬挽

孟老先生千古

积石巍巍英名不朽

黄河淙淙精神长在

回族乡友　马从仁、常明道敬挽

沉痛悼念孟先师

先生之德行似积石巍巍高耸不朽

大师之墨渍如黄河滔滔长流永清

学生　彭瑞波敬挽

深切悼念孟公毅伯先生仙逝

先师育英乡梓成蹊桃李

书家椽笔龙飞破壁云霄

循化县教育局局长吴绍安敬挽

悼念孟老先生

积石孟老光泽常存

河湟宿儒德声远播

乡友　刘昶（回族）、穆鸿发敬挽

目睹此情此景，我深切地感到祖父永远活在书法里，活在我们心中。

抱朴守拙写人生

——怀念我的父亲刘瀚

刘钦明

　　父亲去世已经 9 年了。2012 年 6 月 7 日早晨，在青海大学附属医院的病房里，父亲安详地闭上了他依然清亮的眼睛。那一刻，我在他老人家耳边大声呼唤："大大，你宽心慢慢走，在很远很远的地方，我们还会见面……"

　　100 年前，时正年幼的爷爷刘廷佐（字辅臣）君和他在"河沿庙"做庙倌的爷爷，在滔滔黄河流经的循化积石镇小城里，相依为命。经过多年艰难成长和实干锤炼，爷爷终于学成出师，在积石镇街道开办了"天承福"商号，爷爷作为掌柜，辛勤经营，点滴积攒，终在循化城垣西北角的上营盘建造了一院温馨的房宅。

　　到 20 世纪二三十年代，祖上从宁夏迁徙而来的我们老刘家终于扭转了三世单传的情势：祖父

◎刘瀚先生 （刘钦明 提供）

母育有一女三男。爷爷给三个男娃儿以"水（三点水）字旁"取名，我的父亲是老大，名唤刘瀚（1929—2012），也常写作刘汉。后来，父亲还有表字少辅，号明园主人。

父亲幼年时，我爷爷奔波往来青海、甘肃一带经商。大约在父亲8岁时，爷爷不幸在甘肃酒泉染病身亡。父亲和他的姐姐刘芳、两个弟弟刘澄和刘溥，幼时丧父，四个孩子是在我奶奶含辛茹苦长期的孤独和难言的艰辛中拉扯大成人的。

幼年、少年时期，父亲先后就读于循化县积石小学、国立湟川中学（青海西宁）、国立青海师范学校（青海西宁）、国立甘肃临夏师范学校（甘肃临夏）。

20世纪40年代中期，父亲从循化到西宁读初中。三年六个学期，每逢寒假和暑假，尚未成年的父亲，徒步往返循化的家和西宁的学校。单挑瘦弱的孩子，一个假期，单趟300里，来回600里的路程，是怎样走过来的啊？

父亲曾轻松地说过："放假了，心情激动得很！和三五个同乡同学早早从西宁出发。第一天，走得快，大半天时间就走出小峡，到了柳湾。从这里，我们就进了南山的一条山沟，打捷路，斜插向青沙山，就像走直角三角形的斜边，省了不少路呢。""第一天夜宿骆驼堡，黎明即起，急着赶路，这样四五天就走到家了。""翻过高高的拉基山和青沙山，走

◎刘瀚先生书法作品
　（刘钦明 提供）

过漫漫无尽头的五道岭，终于看见了黄河，这时候，想家、想阿妈、想念姐姐和弟弟们，恨不得飞过黄河……"

父亲虽家境贫寒，却从小颖敏聪慧，孜孜读书，学生时代刻苦勤奋，志向高远。曾辗转于兰州、西宁、临夏之间求学，初中后入甘肃临夏师范学校学习。在临夏师范学校读书期间，以作文、编报在校园里有点名气（所谓"闻于庠序"）。父亲给我说过，他以"论教育救国"为题旨的作文，曾得到校长在全校晨会上宣读的褒扬和荣誉。

然而背井离乡，在没有亲人的远方上学，十几岁的孩子又不善料理生活，父亲终于病倒在临夏的学校里，患的是当时的大病"伤寒"。可怜我父，远离家乡，没有亲人照料，实际上是根本无人过问，一个半大的孩子，就在学校苦熬。

后来我的奶奶终丁辗转得到了一点消息，求告亲戚再托人，托了某个好心的"脚户哥"（就是"马车夫"），把父亲带回了循化。回家的一路，伤寒病症发作，发烧、惊厥、打摆子、出现幻觉……后来父亲给我简单说过，从临夏到循化，是一条经过鬼门关的生死路。竟然没有死去，算是幸运。

父亲回到家里，经奶奶精心护理，才慢慢痊愈。大病好了，父亲应聘到县城积石小学当老师，却又遇到马家军抓壮丁，当时规定，一家里有弟兄的话，必须要抽一个壮丁。奶奶惊恐着急，只好四处求告，托人求情。还好，遇到某人有同情心，大约是给县长说上话了。就在父亲等一群年轻人被驱赶到县政府前广场，组编成队即将出发的关键时刻，县长出来指着我父亲对征兵军官说："这尕娃，是我县出门念书的学生，现在又是我县学校的老师，这娃（如）去当兵了，尕学生们阿么办哩？"那军官就把我父亲从队伍里拽出来放回了。兵荒马乱中，还算万幸，父亲终于没有被抓去当壮丁。

1949年夏天，我父亲来到西宁参加工作，当上了西宁市贾小庄小学（原湟川中学附小）的老师。在这里，父亲和母亲相遇。母亲杨忱，那时刚从北京读书归来，他们同时参加工作，当了老师。年轻的父亲和母亲辛勤工作，培育着新中国的第一批学生。

70多年的岁月过去了，父母和他的学生们一直保持着紧密的联系。在一次师生聚会上，他们的学生，时任西宁市文化馆馆长的刘荣琳先生，深情地回忆说："我特别敬佩我的两位老师。我给大儿子取名时，就照搬了杨（忱）老师的名字，儿子叫刘忱。"

那时候，我父亲在教学中注重培养孩子们的文明卫生习惯，在每一节课上他都讲现代文明生活，特别强调清洁卫生，每天都检查督促孩子们洗脸、刷牙、剪指甲，常常打开教室窗户换空气。时间一长，孩子们见到刘老师，就会齐声唱呼："清洁老师——清、洁！"

后来，父亲调到西宁市人民政府，从事文秘、宣教工作。1957 年左右，他随参观团到兰州、武汉、杭州、南京等地出差，每到一地，他就会发出一封家信，收信人是我。当邮递员推开自新巷四合院的大门，高声叫着我的名字，递过来牛皮纸信件的时候，我心里的狂喜简直无法形容。那时候我还不识字，信交给母亲。每封信里必定有专门给我和弟弟看的手绘图片：兰州饭店、武汉长江大桥、西湖三潭印月、中山陵。这些美好的图画，永远留在我的心中，至今不曾忘记。

20 世纪 50 年代末，我该上学了，却只能辍学。因为我的母亲被打成了"右派"，被发配到海北祁连的八宝农场。父亲也天天在沙塘川、乐家湾的山沟沟里修"水库"，还被征发到牛心山下，被监督、驱赶，背"矿石"，大炼"钢铁"。

那时候，我父亲曾偷空，从西宁东郊乐家湾下十里铺一带向西南方向穿越大南川东山麓中的丛山沟壑，风尘仆仆走到南川西路凤凰山下一座汽修工厂（那里是寄养我和弟弟的二叔家），看望奶奶和我们兄弟两个。只记得相会的时间非常短暂，我们父子三人会登上房后荒凉的小山，在山顶欢乐地采地菇儿和头发菜。但是转眼间，父亲又匆匆忙忙走了，消失在黄褐色的土山后面。

想起来，应该是在 1960 年的秋冬之际，父亲带我坐火车去兰州。我第一次见到建成不久的兰青铁路和还没有完工的苏联人援建的西宁火车站，蒸汽机车头喷气怒吼，墨绿色的长龙轰隆隆奔驰。

父亲领我穿过几节车厢来到列车中段的餐车。吃了什么记不得了，但饥荒年代里

◎《刘瀚书法作品集》书影 （刘钦明 提供）

◎刘瀚先生书信集 （刘钦明 提供）

餐车的气味太好闻啦，一辈子再也没有过那样美好的嗅觉体验。火车飞驰过小峡、老鸦峡，车窗外青色的巨石层层涌来，一闪而过；古老的村庄旋转着闪退，湟水河蜿蜒奔流。高寨、西杏园、乐都、享堂，这些美丽地名，永远种在我的心里。

记得那次火车旅行中，对着车窗外活动的山川河流，父亲教我领会这个世界，父亲说到西宁和兰州、地球和太阳、海洋和陆地……在这趟短短的旅行中，我初步认识了世界，形成了我的"世界观"。

后来，父亲恢复了市政府干部的身份。他老人家，有几年几乎天天头戴草帽，骑着一辆加重飞鸽自行车，奔波在西宁周围的山野村庄。他的飞鸽车几乎"飞"遍了东西南北四条川的每一条土路。他可能在南川的田家寨联系、筹集到了满满一车的草料，就和"车把式"一块儿赶着马车把草料送到西宁石头垒的奶牛场，解决奶牛的饲料问题。

进入21世纪，我买了轿车，开车拉上父母兜风远足，每到一个村庄前，父亲就能叙说当年他和"车把式"社员，驾着两匹梢子马、一匹辕马的橡胶轱辘大车，走过这一带的情景。那清脆的长鞭声、悠长尖利的刮木（刹车）声，就又回响在耳畔。

在"文化大革命"中，我们家被抄，家人被驱逐，父母亲把所有恐惧和愤怒压在心底，在一间狭小的陋室里，以温暖的亲情，带我们抵御世界的恐怖和寒凉。

在那个年代，我的父亲鼓励、帮助二弟养热带鱼，有时候，我们会长时间地观察水中游鱼，心情就宁静悠远起来；父亲找来几块好木头，我们就动手制作小提琴，一番精雕细刻的木工活儿之后，能用它拉出乐曲，这把小提琴的共鸣腔里，喜欢木刻的弟弟刻上"dumbfounded"（目瞪口呆）；我的父亲和我们兴致勃勃地砸平罐头铁皮，制作出"针孔照相机"，把那 120 的胶卷装进去，曝光半小时，就得到底版，看着暗室里洗出的模糊照片，父亲和孩子们一样乐不可支。

父亲曾经用充满无限关怀和担忧、近于无可奈何的眼神，无言地送我和一帮不更事的小屁孩同学打着红旗，从混乱的西宁向更加混乱的北京徒步"长征"。

那次徒步"长征"，我们竟然走到了北京。2000 多公里的路途，风餐露宿，艰辛苦难自不必说了，每到一地，我都要找到"红卫兵接待站"取信，那是父母亲计算好我们的行程时间，提前邮寄到我们行进路上的。而我，也在小邮局中发出给父母的短信或明信片。家书抵万金啊，这些书信竟然在后来遭遇窃贼，只留下一些残篇；而我给父母的，父亲视若金玉，装订成册，至今藏于他的书房。

1968 年 12 月，一个冷彻骨髓的早晨，父亲早早起床，仔细地为我捆绑好行李卷，童稚未脱的弟弟扶着自行车，把行李卷、帆布箱子和尼龙绳大网兜挂上自行车。我们三人出家门推着车走，一直到我的母校"革命中学"（即"西宁二中"，原"湟川中学"）大门口。

父亲远远地站着，当时的湟川中学门外一片萧索，没有站台可攀，没有橘子可买，但是父亲的背影，深深刻在我年轻懵懂的心中。

在海西怀头塔拉上山下乡的时期，在后来高考恢复后首批上大学时期，在 20 世纪 80 年代兄弟们到西安交通大学、西北政法大学、武汉大学上本科或研究生时期，我在杭州大学和辽宁大学及北京语言大学读书时期的家书，都是父母最珍贵最重要的收藏品。父亲装订的家书，十几大册，静静地搁置于他的书橱之上。

进入 21 世纪后的前十年间，我父亲几乎每天都通过因特网上的"西宁大客厅"，慈祥地关注着每一个儿子儿媳、孙子孙媳和重孙女。儿孙们谨记（祖）父母教训："高标准做事，低调子做人。"时至今日，父母亲的儿子儿媳、孙子孙媳 12 位，全都接受了国内、国外的高等教育，其中有博士、硕士、海归 8 位。儿孙们平静安宁地生活、工作、学习在祖国的 5 座城市和美国的 2 座城市里。

父母居住的高层楼下有一汪清泉涔涔如许，清泉积成碧池，天光云影徘徊，父亲十分欣赏，常与门源来的园丁老张聊天，亲自在这里栽花种草植树。一次，父亲发现一棵榆树干上勒着铁丝，可能是有人扎上去拉绳子晾晒衣物的，已经有一段时间了，铁丝深深勒进树皮。父亲赶忙从家里取来工具，剪断铁丝，给这棵树松绑。

父母居住的小区在湟水岸畔，近年来湟水沿岸的治理工程成效卓著，树林葱茏，绿地蔚然，小路栏杆曲径通幽。然而这里却曾经遭遇大肆破坏：砸断白石砌的沿河护栏，烧毁成片的沙柳，甚至穷凶极恶者故意手刃已经成活的树木！据父亲描述：沿树的圆周，把完整的一圈树皮完全割断，不出一个月，葳蕤的生命枯萎成一大堆可以填炉膛的好柴火！难怪某些住户的厨房常年伸出烟囱，排出滚滚黑烟。

父亲看到，河边那棵翁郁的大树，常遭遇在树下焚烧冥币纸钱的人，树身被烟熏火燎，情状可危。看到这些，父亲取出洁白的哈达，写上童话般的告示"苍生平等，苍生有知。不要烧我了，阿弥陀佛"。

草坪被践踏，花木被折断，小池塘里漂浮着塑料袋、饮料罐，小路花圃中横陈狗屎，高楼上竟然有人抛撒垃圾……凡此种种，我的父亲深恶痛绝，他老人家多次写出劝喻之文，贴在告示栏。

父亲一生谦恭慎微，遵守普世价值和规则。譬如，尊重红绿灯。他和母亲两人过街，必走人行横道，必等绿灯亮了，才坦然相携而行。即使无车的道口，只要有红灯，父母就绝不起步。这真是一种优雅的风度！我的父亲瞧不起那些无视红灯的行人，看到颤颤巍巍地闯红灯的老人，认为这人活了一辈子，也不懂得生活要有规则，看到红灯下急慌抢路的年轻人，总要感叹当下教育缺失责任。

乘我的车出行，父亲如若看到前车抛出垃圾、变道不打灯、挤占对面车道强行超车加塞，就生气得不行。他老人家不断叮嘱我："慢点儿慢点儿，礼让、礼让！"

我父亲是无党派人士，曾任青海省书法家协会会员、理事、名誉理事，西宁市书法家协会会员，一辈子热衷于书法。他阅尽家藏书函字画，又大量购置文史书籍和书画碑帖，潜心研习，师法诸家，注重书法理论的学习。父亲晚年游历五湖四海、名山大川，以一生的阅读和游历，滋养了淡泊旷达、温文尔雅的高贵涵养和丰沃深厚的美术书法底蕴。

父亲的大量书作和不多的画作，清雅飘逸、宁静端庄、疏朗俊逸、婉媚秀润、舒卷自如、顾盼生辉而不刻意、不造作，书卷气息浓郁，具有独特的气质。这是在深厚的学养之上的、多方面艺术才能的浸润和滋养的结果。

在没有电脑的年代，父亲手写的各式印刷体汉字，惟妙惟肖，和历经历史陶冶、早已定型的铅字模板如出一辙。这种技法，充分展现了坚实的书写基本功。

父亲的楷书作品，中规中矩，舒展柔润，具有很高的观赏价值。而父亲的行书，气韵生动、神采飞扬、和畅流利、劲健奔放。

父亲厌恶、鄙视那些俗不可耐的争名夺利行为。对于那些庸俗的"活动"或各种所谓"运作"，颇为不屑。对于"名人辞典"之类的招摇诱惑，嗤之以鼻。父亲从来没有参与过"巴结""拉拢""争夺""炫耀"的社交热闹事，甚至，父亲几乎没有什么"社交圈子"。

父亲平静地写字、赋诗、上网写博客；平静地修葺家乡祖屋，捐助公益事业。

父亲的书作涉及哲学、文学、道义、学养及世界炎凉、黄河故园、故旧亲情。每遇亲友索字，父亲立即慷慨书之相赠，不取分文。今天在循化老家民间，人们藏有父亲所作的相当多的墨宝。循化"积石宫"仿古建筑上的匾额，很多由父亲题写。但许多作品已经很难见到了。

高贵的父亲不屑于争夺社会位置，不屑于结交权贵。他从来不提他的"离休干部"身份和什么级的待遇等。所有沾染了铜臭的无聊事物，都被他老人家轻轻扔进了风里。

80年的风霜雨雪，塑造了父亲挺拔伟岸、秀外慧中，善良、正义、谦和的高贵人格。

有母亲的陪伴，有子孙孝心的滋润，父亲的晚景像壮丽的黄昏，夕照明朗。父亲晚年的好境遇支撑着他的高境界：珍惜生命，热爱生活；藐视利欲，鄙视庸俗；清高，不群，淡定。

2010年冬天，父亲参加故旧好友的寿宴，他发表演讲，说坚白兄九十高寿，耄耋之年，精神矍铄，耳聪目明，两鬓微霜，是难得的轻健。这是他一生宠辱不惊、坎坷益坚、心境开阔、善爱包容的大胸怀所带来的。可以说，坚白兄是吾侪所崇敬的寿者、仁者、智者、德者，值得我们敬仰，值得我们庆贺。这也正是他一颗阳光、友好、勇敢心灵的自况。

父亲内心充盈和平，胸襟激荡着"自由、平等、博爱"的伟大思想，他祈愿世界更加美好，祈愿每一个人都有美满的人生。家乡循化的殡仪馆重建落成，父亲郑重撰并书联句：

此行千万里当有清风明月伴尔入仙山
去来本无常且留慈心善爱怀君在人间

万没有料到，父亲去世当天，这幅作品由泣不成声的母亲从书斋里拣出，竟成为他老人家的挽联……

智者父亲的才华，我们高山仰止；仁者父亲的高尚，是我家世代楷模。

黄河情怀天池韵
——詹晋文的音乐人生

韩庆功 *

结缘音乐

循化汉族是一个独特的存在，他们虽然人口不多，但方言俗语与河湟地区汉族明显不同；外在形貌上，在与撒拉族、藏族和回族的长期交往中烙上鲜明地域风格的印记。他们的渊源多半要追溯到明清甚至更远年代，其先民或为驻军，或为商贾，或为官吏，或为讨要者，陆续在县府周边择地而居，繁衍生息，形成了操着独立方言的一个群落。其中来自福建闽侯的詹氏家族算得

◎詹晋文生活照 （詹晋文 提供）

上是富甲一方的名门望族，族下田产百余亩，牛羊满圈，金银细软丰裕。清同治年间，几里之外的托坝回族村修建清真寺时，詹家念及亲仁善邻，慷慨解囊，赠送两根金条，余香绵延至今，在汉族和回族间传为佳话。托坝村"者麻体"不忘旧情，与詹家世代交好，至今还在友好来往走动。

---

* 韩庆功，循化县委讲师团团长。

詹氏家族在这一方土地上谨守祖训，承袭家风，男人勤耕不辍，女人相夫教子，教化子孙，延续香火，民国年间因出过声名显赫的文官武将而名噪一时。

幼小的詹晋文深受祖上和善家道浸染，与邻为善，与异族为友。母亲自小教导他尊重撒拉族、回族人家习俗，斋月里不准当着穆斯林的面吃喝。詹晋文铭记父母教诲，自小在内心深处扎下善待异族兄弟的根苗，与各界穆斯林相处时，文化、心理上毫无隔阂，高度契合。这是他结交诸多穆斯林朋友、投入大半生精力创作歌颂不同民族歌曲的情感来源。

1973 年，青春勃发的詹晋文考上高中，就读于循化中学。在"革命样板戏"盛行的特殊年代，詹晋文带着一分好奇加入学校"毛泽东思想业余宣传队"。宣传队有 6 把二胡，齐刷刷摆放在黑板下的站台上，颇有气势，乡下来的同学们好奇地打量着这些新鲜玩意儿。

指导老师是一位从省城来的工农兵大学生，叫怡学文，他随手拿起一把二胡，坐在凳子上，右手持弓，左手扶住琴杆，神色专注地拉起来。

怡老师一拉一推的优雅动作和如泣如诉的琴声深深吸引着詹晋文，老师手指间拨弄出来的山河欢笑、骏马奔驰的旋律拨动着詹晋文的心弦，他不由自主地拿起一把二胡，在怡老师鼓励的目光中小心翼翼地拉起来。

一旦钟情于某一件事，人的内心就会生发出不顾一切的冲动；生命中注定要出现的东西，冥冥中就有与生俱来的呼应。生性活跃、敢作敢为的詹晋文像第一次摸枪的战士，像挚爱骏马的草原骑士，浑身涌起初生牛犊不怕虎的一股激情。尽管他笨拙的手指难以奏出悦耳的旋律，嘶啦啦粗粝的琴声刺耳难听，但他特别上心，一有空，就不厌其烦地摆弄起二胡来。

强烈的欲望鼓舞着詹晋文，音乐在他苦涩的人生天空下划过一道耀眼迷离的弧线。他暗下决心，一定要把怡老师的演奏技法学到手，将来要成为一名让无数观众心醉神迷的二胡演奏家，为家乡循化争光。

很快，他知道了那些枯燥的"1、2、3"在神秘的音乐世界里是如何被转换成"哆、来、咪"，再用两根琴弦演奏出各式各样旋律的秘密，还摸清了二胡的肠肠肚肚——琴筒、琴皮、琴杆、琴头、琴轴、千斤、琴马、弓子和琴弦的功能，心想着自己也要仿造一个出来。

但是，要想跨入一类乐器的门是何其艰难！看似简单的二胡像一匹生性乖戾的烈马，要驯服它，可不是一件容易事。一连好几天，詹晋文摸不透它的禀性，拉出来的音一高一低，总是跑调，刺耳难听。怡老师说，你要完全驾驭住这个小东西，没有十年八年的历练是不行的。老师的话没能吓住詹晋文，他想起当时流行的一句话，豪迈地说："世上无难事，只怕有心人！"

从此，詹晋文着了魔似的学起二胡来。那时正值"文革"后期，学校基本上处于停课状态，而各种各样的活动却此起彼伏，每次活动都少不了文艺演出，这给业余毛泽东思想宣传队的队员们提供了大展身手的机会。他们不仅在学校表演，还应邀到县直机关、各公社去巡回表演。此时，詹晋文已能顺畅地拉起《草原上升起不落的太阳》《赛马》等曲子。

不知不觉间，那些在别人眼里枯燥又难记的音符、休止符及数不过来音乐符号已经深深印在了詹晋文的脑子里，他成了班里小有名气的"音乐家"。同学们笑闹着喊"詹晋文来一段、詹晋文来一段"的时候，他显得特别自豪，拿起自制的简易二胡，有模有样地拉一段样板戏曲子。同学们的阵阵掌声让年少气盛的詹晋文坚定了学习音乐的信心。有一天，他暗暗地问自己："我果真是块天生学习音乐的料吗？"

那时候，循化教育处于起始阶段，要在"白纸上起笔"的民族地区普及基础教育，师资力量短缺是面临的一大难题。县上决定从当年的应届高中毕业生中招录一批小学老师，詹晋文名列其中，被派往红旗人民公社初级中学担任数学老师。

能当一名老师，意味着从农门跳到公家单位，门里门外十分荣光。詹晋文不问左右，与同行们一样，怀着青春的梦想，站在了传道授业解惑的讲台上。

执教五年后，他并没有完全安下心来，心里的"葫芦"时不时漂出水面，有一种怅然若失的遗憾。这份遗憾源自他对音乐的酷爱。虽然在业余时间和茶余饭后唱唱歌、拉拉二胡，调节一下情绪，却无法填平在音乐上想搞出个名堂的那份焦渴。

但现实很骨感，面对课堂上一双双渴望知识的目光，他不可能有更多选择，几度躁动的心绪渐渐归于平静。

然而，生命中注定要出现的机缘总会在不经意间飘然而至。认定自己在教育这个行当从一而终时，命运之神却又一次出其不意地眷顾了他。

县文工队成立后，求贤若渴的文化局领导到处寻觅在文艺上有一技之长的人马，有心人举荐了詹晋文。1981 年 2 月，他如愿调到县文工队，专司二胡和小提琴演奏。有道是，兴趣是成功的一半。自打有了县文工队这个平台，詹晋文便如鱼得水，把全部激情和才智投入工作当中。背着个长枪式器乐盒的他悠然潇洒地穿过县城街道时，人们向他投去羡慕的一瞥。可谁能知道，他的手指已经被绷紧的琴弦磨出了厚厚的老茧，几近弯曲变形了。

功夫不负有心人。艰辛的历练换来的是艺术才华的不断提升。1987 年 4 月，年仅 29 岁的詹晋文不负众望，在县文工队崭露头角，被任命为副队长，分管乐队工作。

人生的每一次角色转换，既是一次跨越横杆的挑战，也是一次超越自己的机遇。人们发现，他们眼里有点不安分的"孖詹"却有着叫人刮目相看的组织才能。身兼一职的他，已经不满足于按部就班的排练，时常把乐队同事们组织起来共同练习，按自己对某个作品的艺术想象，时不时把有些小歌曲"处理"一下，移花接木，彰显地域民族特色……

有了他们这些土生土长的文艺人才的执着追求和精彩演绎，盛极一时的循化县文工队以出色的表演走出积石山，走出青海，代表全省基层文艺工作团队到北京演出，获得"全国乌兰牧骑演出队"光荣称号——是他们，把大山深处的循化第一次带到首都北京。

队员们在天安门前合影时，思绪万千的詹晋文，更加坚定了毕生致力于音乐艺术的决心。

1989 年 4 月，经历过改革开放阵痛期的中国社会开始展现新的姿态，曾经活跃一时的县级文工队相继退出演出舞台，循化县文工队也在时代大潮中结束自己的使命，宣告解体。

大雁的舞台是天空，骏马的舞台是草原。演职人员失去了舞台，下一步该何去何从？

不少同事趁机跳槽到光鲜亮丽的行政单位，有一些单位也向詹晋文伸出橄榄枝。但他觉得，此生可以放弃很多名利之惑，唯独放不下的就是音乐。思虑再三，他作出了至今看来依然让自己感动的决定——请求组织把自己调到县文化馆。他不想就此放弃魂牵梦绕的音乐理想，他确信在与音乐沾边的文化馆，定能找到属于自己的小舞台。

更令他高兴的是，乐神再一次向他招手，无意中得到去西安音乐学院进修的机会。

情洒弦上家园

西安音乐学院是西北地区唯一独立建制的高等音乐学府，培养过无数蜚声国内外的音乐才子，业界自豪地称之为"西音"，与"中音""上音""川音"等院校呈鼎立之势，是多少怀揣音乐之梦的学子翘首期盼过的地方。

经省文化厅与省民委委派，1985 年 9 月 3 日，一心想在音乐天空下展翅翱翔的詹晋文来到关中大地，望一眼"西安音乐学院"几个大字，怀揣朝圣般的虔诚走进校院。

作为十三朝古都的西安到处浸透着穿越千年的文化气息，那些古色古香的建筑、谈吐非凡的老师、艺术范十足的学生令詹晋文深深着迷，他觉得连音乐学院的花草树木中也弥漫着浓浓的文化味。对渴望在音乐理论上"提档升级"的詹晋文来说，能踏进这座殿堂的大门，真是前世修来的福分。

他也明白，对音乐基础理论几近苍白的自己，为期一年进修的分分秒秒都显得弥足珍贵。他来不及调整一下从边地小城到繁华都市的心理落差，就如饥似渴地投入繁忙的学习当中。

詹晋文想在作曲上有所建树，便毫不犹豫地选择了理论作曲专业。尽管那些深奥的音乐理论艰涩难学，但他对每一门课程表现出来的兴趣几乎到了难以自拔的程度。经过一年苦学，完成了和声学、曲式学、配器法、美学概论、中国音乐史、外国音乐史、视唱练耳等11门课程，等到撰写结业作品《牦牛背上的歌》时，他在音乐理论上有一种升腾和飞跃的感觉。

学院每周都有一场音乐会，参演者多半是在校学生或国内外知名乐团，詹晋文几乎每场不落地去观看。那些扬名海内外的音乐大家的精彩演绎令他如痴如醉，那些展示艺术想象力的表现形式让他大开眼界。舒曼、莫扎特、贝多芬、舒伯特这些唤醒人类音乐意识的大师们天籁般的旋律深深地震撼着他。

在西安这一年，他还领略了信天游的悠扬、秦腔的豪迈、古都世家的风韵……

从西安音乐学院回来后，詹晋文很想把学到的作曲理论付诸实践，他一直在寻找适合自己的突破口。他想，如果走大众化音乐创作之路，他区区一名半路出家的无名之辈，势必会淹没在那些专业素养高的创作者当中，很难有所作为。唯一可行的选择是在历来被忽略的少数民族音乐上掘通一条路，而音乐上沉默不语的撒拉族文化应该是他将要开垦的处女地。

撒拉族在漫长岁月中丢失了文字，更没有像其他少数民族那样欢歌起舞的习惯，他们往往把喜怒哀乐深深藏进心底，很少在大庭广众之下尽情宣泄。男人们过早地把青春年华收敛在满脸胡须中，少女们也会用绿盖头裹住含苞欲放的花样年华。然而，凄风苦雨怎能浇灭青春的火焰？在他们看来，相爱的人的心思是不能泄露的秘密，卿卿我我的表达过于直白，牵手而行显得刺目张扬。但心儿在疼痛，热血在奔涌，激情在燃烧。于是，在夜深人静时，他们把满肚子心事倾诉给爱的信物——让三寸口弦细小的舌簧承载他们所有的爱恋。口唇对准耳朵，在一缕缕炽热的气息中奏响让心尖尖发痛的音律。出门的汉子难抑心中的郁闷时，就借"花儿"打开情感的闸门，对着高山深谷放声高歌……

在文化上，撒拉族承受了百年孤独，音乐的种子在他们干涸的心灵世界始终没能发芽生长，几百年来默默无闻地充当了"另类"文化的忠实观众。

而詹晋文的出现，让人们看到了一丝希望。

循化的美是多重的，不仅有风光秀美的山川河流，也有底蕴深厚的人文积淀；不仅有多重文化交织的民风乡俗，也有温婉多情的美女部落，而甩动长辫的撒拉阿娜无疑是黄河岸边的丹山碧水间造化出来的绝代精灵。创作出几首单位领导安排的应景式小作品后，初试锋芒小有成就的詹晋文已经不满足于浮光掠影式的浅白抒情，创作心思从小情小调中移开，目光落在清水湾的柔风中亭亭玉立的撒拉阿娜身上。

说来也巧，《青海日报》著名记者邢秀玲此时来循化采风。有一天上午，在清水湾崖坡的弯弯小路上，一位挑水的撒拉阿娜吸引了她的目光。阳光下少女肩挑水桶、摇动单手、迈着轻盈步履有节奏赶路时甩动的两条辫子煞是好看，活像一幅动人的水彩画。邢秀玲跟在姑娘身后，一直目送她走过弯弯曲曲的村巷，走进一扇木大门。这个富有诗意的场景激起她的创作欲望，她想了解姑娘及她的生活场景。提出给姑娘当睡伴时，遭到其家人拒绝。后来经韩信德老师帮忙说服，邢秀玲如愿住进姑娘家。与姑娘的半夜长谈中，邢秀玲了解到撒拉族女人隐秘而滚烫的内心世界，当晚写成一首名为《撒拉阿娜一朵花》的歌词：

> 头上绿盖头
>
> 身上红夹夹
>
> 撒拉阿娜一朵花
>
> 一呀一朵花
>
> 下地那个会呀那个会锄草
>
> 上炕那个会呀那个会绣花

苹果园里显身手

花椒树前比高下

撒拉阿娜一朵花

人呀人人夸……

回到县城的第二天早晨，如获至宝的邢秀玲拿歌词给詹晋文看，希望与他合作完成这首在她看来非常重要的歌曲。

邢秀玲不仅是省报名记者，也是享誉全省的作家，她因撰写长篇通讯《隆务河畔的枪声》而声名远播。能跟这样的名家合作，詹晋文是求之不得的，这正是生命中难得一遇的机缘巧合。

詹晋文因为熟悉撒拉族生活，仅用几天时间，他就完成了《撒拉阿娜一朵花》的谱曲工作。这首曲调优美的歌儿作为詹晋文的成名曲早已唱响大江南北，成为歌颂当代撒拉族女性的标志性歌曲，荣获"2012音乐中国杯"作曲金奖。

《撒拉阿娜一朵花》看似是巧遇邢秀玲的偶然之作，有人认为这是詹晋文在音乐艺术上再也无法超越的巅峰之作，但一直信奉"拿作品说话"的他很快以事实证明了自己喷涌而出的艺术才华。

孟达林区位于黄土高原与青藏高原连接地带，特殊的地理环境造就了一方令人称奇的植物王国，亚热带温带植物悉数落户于此，被列入国家级自然保护区。翠岭秀谷中的一池碧水宛若上天遗落在黄河边的一颗绿宝石，被学界誉为中国最美天池。

孟达天池是循化县当之无愧的地理名片，但一直以来"生在深闺人未识"。就像容中尔甲以一曲《神奇的九寨》让七彩九寨名满世界一样，唱响孟达天池是胸怀音乐抱负的詹晋文久藏心底的夙愿。

1991年，在媒体宣传中已经揭开神秘面纱的孟达林区迎来了几个慕名而来的远客，文化局领导让詹晋文陪同。詹晋文向来仰慕有学问的人，虽然他的爱好与动植物学隔山隔水，但有机会能与北京来的动植物学家朝夕相处，同样令他兴奋不已。他带领专家们穿梭在孟达林区深山老林间，近距离感受这个被誉为高原西双版纳的植物王国的神奇魅力。

薄雾笼罩下神秘莫测的孟达山林让久居城市的专家们深深沉醉。詹晋文也深受感染，对一向缺乏艺术感觉的天池触景生情，内心泛起阵阵波澜。

一天清晨，他站在西山顶上，望着倒映在池水中的片片云影，心中升腾起一缕晚霞般瑰丽的诗情。他忘情地沉浸在大自然馈赠的无比美妙的感觉里，直到阳光照射下的天池泛起斑驳耀眼的涟漪，那闪烁迷离的光圈与他的内心深切地呼应着……

当天夜里，他在凉风习习的天池边久久伫立时，那些熟悉的音符如约而至，很快在谱面上排列组合，《秀丽的孟达》这首脍炙人口的歌曲旋律就在山风的邀约中呼之欲出了。

> 高原的西双版纳在哪里，
>
> 蓝天和白云会告诉你。
>
> 迷人的天池在哪里，
>
> 阿娜的眼睛会告诉你。
>
> ……

这简直是自然之母与音乐之神的天合之作。

孟达天池的美名乘着歌声的翅膀飞向千万里，从此循化人介绍家乡时，又增添了一份自豪，懒得唠唠叨叨，一张嘴，一声悠长的"哎哟"中，把天池美景唱给远方的客人。

海德格尔说过，"人类要诗意地栖居在大地上"。在詹晋文看来，优美的旋律无疑是抵达"诗意栖居地"的一条便捷通道。一道美丽的风景，一位婀娜多姿的女子，一条蜿蜒向东的河流，甚至是一片秋天的落叶，在他眼里都充满着诗意。

了解詹晋文的人知道，他始终保持着作为一个音乐人该有的率真而单纯的个性，敢爱敢恨，他眼里揉不进一粒沙子，同样为动情的场面泪流满面，一场春雨、一阵秋风、一朵鲜花、一朵浪花都能撩拨他敏感而多情的心绪，往往在瞬间的感动中捕捉到激情四溢的创作灵感。

"希望这一首首音乐作品，能让越来越多的人了解我的家乡、我的祖国，这就是我奋斗的意义。"这是詹晋文的心声，也是他的情怀。

詹晋文不是那种小有所获就沾沾自喜的小资情调之人，他的音乐理想是把偏安一隅的循化用他谱就的旋律惊鸿一瞥地展现给世人。他说，人们通过《乌苏里船歌》认识了赫哲族，通过《刘三姐》知道了桂林山水，我们也可以把融合了多民族文化的风情卓著的循化通过一首无与伦比的歌曲宣传出去。

谈起自己走过的音乐道路，詹晋文自然会提到对他的成长影响较深的一位文化名宿——曾担任县教育局局长的已故老人吴绍安先生。

吴老先生无比热爱脚下的这片土地，古稀之年仍笔耕不辍，创作了《循化赋》等传世之作。他和詹晋文词曲联袂，一起创作了《循化，我美丽的家园》《我心灵中的十世班禅大师》等十几首歌曲，可谓珠联璧合，为循化留下了动人的乐章。

结交一个好朋友，等于在人生的界面打开一扇瞭望世界的窗户，吴绍安可谓是詹晋文拓宽音乐视野的那扇窗口。近 20 年来，他跟随吴老先生践行儒家文化中兼济天下的家国理念，克服狭隘的地域民族意识局限，在更宽领域、更深层面放大音乐表现格局，相继创作了几十首展现大情怀的歌曲。

詹晋文钟情于撒拉族音乐，这是人所共知的事情，他也毫不掩饰对触动他艺术灵感的"黄河浪尖的撒拉尔"的特殊情感。几十年来，他花费大量心血和汗水作田野调查，与田间地头辛勤耕作的撒拉族群众"侃大山"，倾听他们悲喜交加的故事，触摸他们不易外露的内心世界，欣赏他们敢闯敢拼的创业精神。因为他是知根知底的"撒拉通"，就能毫无障碍地融入撒拉族人的家常生活中，与他们同喜同忧。

暑往寒来，几度春秋，詹晋文以"田园捡穗者"的姿态躬身捡拾散落在民间的文化珍宝。谁能想到，当太多的人们奔忙在世俗的"淘金"路时，詹晋文却为尚未被艺术春风沐浴的撒拉族甘愿当一名默默无闻的"捡穗者"。屈指算来，他"背篓"里已经有了80余首撒拉族民间小调、"花儿"和"劳动号子"。沉甸甸的，够让后来者享用一时了。

◎詹晋文先生与著名作曲家秦咏诚
（詹晋文 提供）

乘着歌声的翅膀，詹晋文倾情讴歌魂牵梦绕的故土，不负众望，不枉为循化人，眼眸里、唇齿间、睡梦里都是"循化"。30多年来，以循化为素材，创作歌曲及其他音乐作品100余首（部），搜集整理将要失传的地方民间音乐80余首，协助出版了《孕撒拉夸家乡》《撒拉尔的家园》等光碟；出版了詹晋文声乐专辑《美丽的循化、可爱的家园》(共24首)；《积石山颂》《撒拉儿女》等多首歌选入2012年《中华之春》——中国民族歌曲选粹；创作舞蹈音乐《撒拉阿娜上学》《请到循化来》、笛子独奏《撒拉情韵》等；部分作品曾多次在中央电视台、青海电视台播放，荣膺国家级奖励。

这是一种跨越族界的爱心行动，是一种毫无吝啬的智慧付出。以詹晋文为主的一批播绿者精心耕耘下，撒拉族整体音乐意识悄然觉醒了。感动于他对撒拉族音乐的无私奉献，韩兴旺等撒拉族企业家曾有过给他举办个人音乐会的动议。

汗水浇灌的果实总是那么香甜。詹晋文，这个深耕在五线谱上的"音乐狂人"，不断的职业转换之后，完成了从拿一把二胡跻身乐坛到作曲家的华丽转身，他没有辜负期待他的十几万双目光。

群众文化的有心人

1997 年 3 月，詹晋文从撒拉族著名文化艺人韩占祥手中接过县文化馆馆长的接力棒，开始了服务于全县的文化行旅。

论级别，文化馆不过是个股级单位，但在县一级行政事业机构中，算得上是资格最老的单位之一。伴随着计划经济到市场经济的演变过程，历经几次机构改革，不少单位沉浮不定。当文化行政主管部门也几易其名时，作为给文化系统打底的文化馆却依然如故，足以彰显它存的价值。

文化馆里谋职的都是身怀绝技的人中翘楚，要在充满个性的艺术人才中间站稳脚跟，不是一件容易事。好在詹晋文生于斯长于斯，此间深耕多年，不说资历和人脉，单就音乐创作而言，他的腰杆子是硬棒的。作为汉族人家出身的他，血脉中流淌着比别人更多的文化基因，以人文精神立身的家训家风代代延续。不仅如此，他身后还有董培深、吴绍安、黎善镇、高凤翔等这些学贯古今的硕彦名儒时时指点，使人们对他的期许自然要高一些。

然而，从单打独斗的个体创作到引领一群人开展全县性群众文化工作，无疑是对组织、管理、协调、人格魅力等诸方面能力素养的严峻挑战。当他打开工作手册时，文化馆馆长职责一栏内的十四项工作职责使他禁不住倒吸一口冷气，而更让他无法面对的是水电暖不通、勉强凑合的工作环境和捉襟见肘的财务状况，想要成就一番事业的理想被坚硬而无情的现实撕成碎片。

对文化工作有所了解的人都知道，搞文化就是"烧钱"的无形投资。一场文艺活动办下来，投入巨大的人力、财力，等到观众散尽拆卸舞台时，往往什么都看不到了。说起来，一方文化的发展兴盛不是春种秋收那么简单，也不像盖楼修路那样直观，需要持之以恒的长线投资。而难以为继的县财政不大可能为一时看不见影子的文化工作安排充足经费，"凑凑合合过日子，老调重弹做表演"是基层文化部门多年来无法改变的窘境，历任文化局长、文化馆长们为此顶着不小的社会舆论压力。但信誓旦旦的詹晋文却不肯服输，他不想当个徒有虚名的馆长，无论如何要对得起肩上的职责，弄不起风风火火的大场面，也要在某个侧面切开一道口子，让文化馆这潭死水流动起来。

具有丰富行政工作经验的吴绍安给一筹莫展的詹晋文出主意："以文化馆这个小平台调动全社会文化资源，借力发力，星星之火，成燎原之势。"吴老先生的"金点子"点醒了敏于思考的詹晋文。工作之余，他骑着自行车到几个从事文学、书法、摄影、音乐、舞蹈的本土艺术工作者家中登门拜访，促膝对谈中寻求做好地方文化工作之策。

一个月后，他组织了域内文化人士座谈会，动员大家积极行动起来，量力而行地进行文艺创作。之后他动用私人关系，从省、市请来书法、绘画名家，举办培训班；每逢重阳节期间，在积石宫举办书画展；春节前夕，组织3个文艺小分队，分赴各汉族聚居区义务书写春联。2015年，文化馆举办一期规模较大的文学创作培训班，詹晋文想邀请时任甘肃省作家协会主席、著名作家马步升到场讲座。他亲赴兰州对接，但因马步升临时有出外活动而未能如愿，随即从省城请来3名作家诗人，分别讲座诗歌、散文和小说创作。此时，循化已经有40多个写作爱好者。

詹晋文借力、发力的另一个着眼点是县上举办的各种文体活动。每年一度抢渡黄河极限挑战赛期间，他"见缝插针"，举办一次规模和档次较高的书画摄影展。在成功举办第一届黄河诗会基础上，与县文联联袂举办了规模空前的第二届黄河诗会，邀请我国著名朗诵艺术家瞿弦和等大腕演员倾情奉献，现场直播点击量达10万余次。2016年，县委宣传部把庆祝建党95周年演出任务交给县文化馆，宣传部领导要求务必拿出一台超过以往水平的文艺节目，但答应解决的经费却不足2万元。詹晋文虽然知道这是一笔"贴本的买卖"，但他不忍拒绝，不喊困难不说穷，爽快地答应下来。节目单确定后，他调动自己的"关系网"，给曾经合作过的省内实力派演职人员打电话，请求他们帮忙演出，并说明只能给付平时出场费的一半。"七一"前夕，一场精心准备的文艺节目在县档案馆三楼会议室如期开演。

文化事业有其自身的发展规律，那种砸钱请来明星大腕制造轰动效应的做派只能图一时之快，水流无痕，风过无声，不会留下深沉的文化积淀。从多少次应景式的文化活动中蹚过来的詹晋文对此感触颇深。文化建设上，他不大相信会发生一口吃成胖子的奇迹，做事不贪大求快，把一切工作的着眼点放在基于自身能力的发展节奏上。

就说说笔者所了解的几件事吧。

撒拉族缺乏文艺人才是众所皆知的事，从 20 世纪六七十年代至今一直处于青黄不接的状态，不能满足撒拉族群众日益增长的精神文化需求。但培养艺术人才不是一朝一夕之事，需要从长计议，一点一滴做起。身为文化馆长的詹晋文不愿让一个民族没有自己的艺术人才的窘境延续下去。他当了四届县政协委员，几乎每年都对县域文化建设提出意见建议，由于种种原因，始终激不起耀眼的浪花。但他依然初心不改，逢会必谈文化，见人必说文化。

2008 年，我国著名音乐评论家、上海音乐学院教授黄永甄女士到循化采集撒拉族"花儿"，作为同行的詹晋文全程陪候三天。谈起撒拉族音乐时，詹晋文给黄教授提出让撒拉族学员到上海音乐学员进修深造的愿望。回到上海，黄教授给学院领导谈起此事，院长非常重视，提交院务会议研究。但考虑到学院没有清真食堂，未能通过。詹晋文知道后仍不死心，当即给上海音乐学院院长写了一封信，信的大致内容如下：

> 请你们翻开上海音乐学院发展史，看看在贵院有没有一位撒拉族学员学习或进修过？由于多方面原因，人口不足十万的撒拉族失去了学习音乐理论的机会，敬请贵院想方设法安排几个进修人员指标，让撒拉族学子获得一次学习音乐的机会。

接到这份言辞恳切的信件，上海音乐学员领导层高度重视，破例让四名撒拉族学员到学院进修两年。

接到通知后，詹晋文高兴极了，给韩占武、韩有德、南能、拉毛措四名有发展潜力的演职人员打电话，让他们做好准备。

考虑到每人每年3万元进修费是个大数目，詹晋文又向早前来循化采风时结识的中国民族交响乐团首席指挥朴东生求援，让朴老先生出面给上海音乐学院做工作，尽可能减少进修生费用。经朴老先生周旋，院方同意减半执行。但詹晋文还是轻松不下来，他知道每人每年15000元的费用对四名学员会造成很大的经济负担，就找到韩永东县长。韩县长知道此举非同小可，答应所需费用由县财政全数解决。

经过两年的专业化训练，四名学员业务水平大有长进，韩占武被评为国家一级演奏员，南能、拉毛措兄妹登上央视"星光大道"舞台，韩有德演唱技艺今非昔比，成为撒拉族为数不多的实力派歌手之一。

出版一部反映新时期循化音乐艺术创作成果的专著是詹晋文的一桩心愿。在他的不懈争取下，2014年5月，由青海艺校王建忠担任主编、詹晋文任副主编的《驼泉清清——歌唱循化歌曲选》一书出版工作被提上日程。

出版书籍是个细活，容不得半点马虎。书里准备收入188首歌曲，这就意味着要与100多位分散在各地的词曲作者取得联系。詹晋文乐此不疲，先跟自己熟悉的词曲作者联系，再通过这些作者联系其他作者。经过8个多月奔波，终于如愿征集到所选歌曲。

没有长篇叙事作品，一直是撒拉族文化建设的一大缺憾，人们在无奈与焦虑中期待着这个"瓶颈"的突破。韩晓炫长篇小说《前世流传的玉》的面世，填补了撒拉族没有长篇小说的空白。詹晋文认为这是撒拉族文化建设的一次标志性事件，决定以文化馆名义给韩晓炫和同年出版诗集《清水湾诗笺》的韩原林举办作品发行会。他说到做到，适时举办了场面隆重的作品发行会，给两位作者披红戴花，颁发证书，让他们品尝劳动果实的甘甜。

积石宫老年艺术团打算组建一支乐队，苦于没有器乐购置费而搁浅。詹晋文想促成此事，向早年结识的好朋友——青海纵横文化有限公司董事长马金祁求援。经他牵线搭桥，纵横文化传播公司给积石宫一次性解决 10 万元成套乐器。

乙日亥村是白庄镇重点打造的新农村建设示范点，在全县小有名气。詹晋文认为新农村建设光有华丽的外表不行，必须要注入文化内涵。2017 年在他的提议下，我们组织县域文化界开展了"文艺进乡村"活动，县书法协会会员在乙日亥村花海边挥毫泼墨，县作协挂了"文学创作基地"牌子，韩有德、祁旭慧等歌手放歌花海；2018 年，詹晋文组织文艺表演团队在该村文化广场举办首届花海艺术节，开启在撒拉族村举办演艺活动之首河。

国家级非物质文化遗产撒拉族婚礼代表性传承人韩占祥打算打造自己的传习所，但困于条件，迟迟不能动手。詹晋文说："韩占祥是撒拉族文化的符号性人物，毕生致力于撒拉族文化传播，我们决不能撒手不管。"在他的鼓动下，韩新华、马明全和笔者几个人全力帮忙韩占祥，于 2021 年 10 月建成循化县首个非物质文化传承基地——撒拉族婚礼传习所。其间，詹晋文自掏腰包定做牌匾，雇一辆车只身到兰州运来"韩占祥宅院"牌子，又约请陈衍生、姚广才、黑鬼、韩麒等知名书画家为占祥先生书写作品，忙前忙后很费了一番心思。

2021 年迎来中国共产党百年华诞，县上决定在黄河边举行万人高唱《黄河大合唱》庆祝活动。由于疫情原因，离演出只剩下 20 余天。要在如此短的时间内组织 1 万人同声歌唱一首歌，难度可想而知。县文化局领导把这个任务交给已经退了休的詹晋文，詹晋文只说一声"呀"就答应下来。

接下来，他负责制定实施方案，撰写主持词，设计节目单，给领导出主意、提建议。他不顾病榻上命悬一线的叔父，每天拖着哮喘不止的病体到排练现场组织彩排，又到各个彩排点悉心指导，还要到西宁衔接乐团配乐演奏事宜。

庆祝活动那天阳光灿烂，黄河水碧绿澄澈，循化县各族各界在黄河南看台举行了声势浩大的万人大合唱。气势恢宏的《黄河大合唱》荡气回肠，排山倒海的歌声飞过积石山，通过央视新闻频道飞向大江南北。

但此时的詹晋文却一脸沉重，因为他再也见不到敬爱的叔父了……

说起来，接受詹晋文帮助最大的要算笔者了。

笔者和他以文相识，又因共同的文化情趣而结缘。第一部散文集《故乡在哪里》是在毫无思想准备的情况下，经他再三催促，出乎意料地出版了；第二部散文集《边缘上的思考》、第三部散文集《大河东流》和文集《情定循化》也是在他的关注、督促下面世的。

笔者的印象中，对长篇小说《黄河从这里拐弯》最为期待的要算他了，创作过程中从精神和物质上给予了无私的帮助，使笔者真切地感受到这个和谐共生的多民族大家庭的温暖！

2020 年 5 月，省文艺评论家协会在循化举办长篇小说《黄河从这里拐弯》研讨会，20 多名作家、评论家齐聚循化，詹晋文策划组织了迎宾晚会"向着太阳歌唱"，呈现了一场展示循化作者创作成果的别具风味的艺术大餐，深受客人好评。更多时候，他不遗余力向外界推介笔者的作品，那份执着，令人动容。他请来了青海纵横文化传播公司董事长马金祁先生，金祁先生答应将在西宁举办以《黄河从这里拐弯》为内容的读书会。

最近几年，笔者和詹晋文相处的时间比较多，我们共同策划了"撒拉族历史文化馆""循化县民族团结进步成果展厅""循化县脱贫攻坚成果展厅"，一起创作了《撒、藏、回、汉一家亲》《"一带一路"之歌》等歌曲。最令笔者难忘的是他无法释怀的文化情结，无论何时何地，他总是心在文化，情系文化，言及文化。发展"地方文化"，成了他永远的心思。

生命不息、奋斗不止是詹晋文的初心。而今，他响应新时代召唤，激情满怀地加入县委讲师团，在政策理论宣讲舞台上再一次燃放生命火焰。

万水千山总是情

循化县城积石大街东面是汉族聚居区，位于积石大街东段的积石宫是汉族人家的共有精神家园，原先为殡仪馆，后来其功能不断拓展，被易名为积石宫社会工作服务中心。为活跃当地居民精神文化生活，2014 年组建了"清音合唱团"，詹晋文担任艺术总监兼指挥。

比起其他少数民族，汉族人家世代耕读传家，文化底蕴相对厚实一些，围绕各种节庆的文艺活动屡见不鲜。但从来没有参与过大众文化活动的小地方人过惯了两耳不闻窗外事的寡淡日子，要他们参加合唱团，还要在大庭广众之下显摆青春已逝的容颜和四处漏风的嗓门，难免有这样那样的顾虑，脸面上放不开，即使有心潇洒走一回，也迈不开第一步。

几经努力，合唱团架子是搭起来了，但正要干起来却困难重重。除了几个年纪较轻的骨干成员，不少有意参加的人却迟迟不见动静，这下可把詹晋文给急坏了。他是急性子加理想主义者，决定要干的事如果不见个子丑寅卯，吃饭、睡觉都不安稳。他已经起草了合唱团章程和实施方案，拟订了五年行动计划，可现实并不像他想象的那么简单。人到中老年，门里门外都有一摊子撇不开的琐碎事，你急也白急，既然是业余的，由不得你吼三喊四了。

好在他们几个执事人心意已决，不灰心、不气馁，先把前来报名者拴住，一边教他们练歌，一边给那些犹豫不决者挨个做工作。2015 年 3 月，终于组建起一支 40 多人的小型合唱团。

有了这个开端，詹晋文的劲头就上来了，他和陈琰老师遴选了几首耳熟能详的歌儿作为入门歌曲，在积石宫综合楼二楼教室有模有样地排练开了。

几天后，他们借来一架电钢琴，陈琰老师担任伴奏。这一下，学员们兴头大增，在电钢琴高扬的旋律中放开嗓门尽情高歌，把淤积在心里的郁闷和不如意通过歌声统统宣泄出去，个个变得神清气爽，感觉茶饭香甜，睡眠也踏实，沉闷的日子变得滋润起来。

"干什么像什么"是詹晋文矢志不渝的艺术追求，他不会因为"清音合唱团"是业余的而降低艺术标准。考虑到艺术表演的严肃性，一开始，他就率先进入角色，郑重其事地穿上西装，打上领带，讲课时带着普通话腔，身上透出一股像是跟谁较劲的艺术范儿。团员们紧随其后，穿着打扮上不由得讲究起来，连说话、走路都不敢随随便便。

2017 年夏天，一向比较沉寂的积石宫热闹起来了。每到傍晚，灯光明亮的教室里传来伴着悠扬琴声的合唱声，一会儿是朗如珠玉的女声齐唱，一会儿是高亢洪亮的男声合唱，紧接着是男女声缠绕在一起的合唱，排山倒海，响彻云谷。

有天晚上，詹晋文邀请我去参观一下他们合唱团，笔者如约而至。教室里坐满了人，有几十号，大多数是退休干部，也有几个笔者熟识的上班人。他们个个精神抖擞，脸上洋溢着自豪的神情，看得出他们已经在这个平台上尽情释放内心的激情，进入享受艺术生活的状态里了。他们让笔者欣赏《撒拉阿娜一朵花》和《山丹丹花开红艳艳》两首歌曲，领唱演员祁旭慧女士宛转悠扬的歌声犹如黄莺出谷，把笔者的思绪带向飘动着绿盖头的撒拉之乡。

当笔者再一次去积石宫给团员们讲课时，"清音合唱团"人数增至 70 多人，团员们精力充沛，眉目举手投足间自信满满。据詹晋文讲，他们与省爱乐合唱团结为友好团队，不定期互访往来，相互切磋技艺，把爱乐合唱团艺术总监索南公保老师聘请为艺术顾问。索南公保老师是声乐、器乐、文化素养兼具一身的知名音乐家，与詹晋文成为惺惺相惜的莫逆之交，时不时前来指导"清音合唱团"。

笔者第三次去观看排练时，索南公保老师正在辅导学员。他时而坐到钢琴边弹奏，时而站起来讲解发音技巧，时而说一些与音乐有关的文化典故，感觉他是一位博学之人。

那时"清音合唱团"基础已趋于稳定，分成男女高低音声部，四个声部分别指定一名部长。在部长的带领下，随时随地进行小范围常态化训练。这种"乐友"关系还延伸到生活中，组员们注册个微信群，有事没事聚到一起，平添了一份情趣。

仅仅一年时间，"清音合唱团"声名鹊起，县上举办大型活动时都安排他们上场演出。詹晋文跑上跑下，争取来一笔经费，购置了演出所需的器械设施，给每个团员定做了色彩款式各异的两套演出服。屡屡演出的团员们不仅唱功日益长进，自信心也与日俱增，精心打扮的女演员们不穿旗袍就不出场，男演员们也习惯了在脸上涂抹化妆。遇到特别重要的演出，詹晋文向省爱乐合唱团求援，调来精兵强将，哪个声部力量薄弱，就补充加强哪个声部。

能够熟练演绎高难度歌曲的清音合唱团已经不满足于在小县城的演出，向往着在更大舞台上一展歌喉。2017年春节刚过，詹晋文在海东市参加一个会议时碰到市委宣传部常务副部长李永新。交谈中得知，市里正打算新春期间搞一场音乐会，詹晋文灵感闪现，问李副部长能不能把这个任务交给他。李副部长打量了一下自信满满的詹晋文，留有余地说，可以考虑，待细节问题商量后再定。

后来海东市文广局和妇联也加入进来了，市委宣传部给活动起名为"海东市音乐之声·妇女之音新春音乐会"。据说这是海东建政30多年来由县级承办的第一场音乐会。能在海东市舞台上专场演出，这是循化文艺界有史以来的第一次亮相，詹晋文兴奋异常。他说这不仅是"清音合唱团"的荣光，也为咱循化县争光呀！

他推翻原定思路，拔高演出层级，打算请出省内有影响力的鄂福全、何秀琴、傅森等实力派歌唱家，还有循化籍演员韩占武、韩有德、"雪山兄妹"组合，调来省爱乐合唱团一半人马加强"清音合唱团"阵容，让索南公保老师钢琴伴奏，他自己当指挥。

3月7日，循化县政府办公室通知笔者代表县政府参加音乐会，并送来一份简短的发言稿，让笔者代表县政府领导致辞。当日下午，詹晋文和笔者带领八十几名演职人员乘班车直奔海东会议中心。

望着詹晋文一往无前的样子，笔者心里想，谁也没要求他办这件事，犯得着如此费心、费力吗？可他一副什么都不在乎的样子，嘴里不断重复着一句话——过了黄河桥，再小的事，也不是你我的事，而是循化的事，可不敢给循化人丢脸呀！

到了海峰宾馆，他像个军中指挥员，有条不紊地安排好演职人员住宿，反复强调注意事项，要求演员们在点点滴滴上保持良好形象，为循化争光。

安顿好演员，与市委宣传部和文化局对接了演出环节中的细节事宜，他又利用下午仅有的一个多小时进行彩排。笔者看见忙得上气不接下气的詹晋文不停地比画着、指点着、喊叫着。彩排结束时，他脸上冒汗，头顶上氤氲着一缕热气。

晚上8点，演出正式开始。笔者首先上台致辞，随后海东市分管文化的副市长李青川致欢迎词。接下来的演出出奇的顺利，所有节目都按预定节奏表演下来。清音合唱团压轴戏《走进新时代》在酣畅淋漓的演绎中戛然而止时，全场响起爆竹般的掌声，笔者心中涌起一阵阵自豪——作为一名循化人的自豪，打心眼里佩服詹晋文，感谢他居然以这样的方式为从来在文化上不起眼的循化狠狠地争了一回光。

以后的几年时光里，詹晋文一心扑在"清音合唱团"提档升级上，想方设法寻求更大发展空间。他与全国各地演出团体联系，但凡有什么活动，就不遗余力参与其中。几十人出外活动，少则七八天，多则十天半月，人员安全、健康等方面都不敢大意。除了定做演出服、买短期人身保险，吃饭住宿和差旅费都是个大问题。不过，这也难不倒詹晋文。他说过，花钱能办的事，都不是问题。他动用一切关系，找县领导，跑有关部门，苦口婆心说服对方，临到出发前，总会凑齐几万元。有一次实在凑不够钱数，他一狠心，就把一幅收藏了几十年的书画作品忍痛卖掉了。

回想起来，这些年"清音合唱团"不辞辛劳，辗转万里，把来自积石山下的歌声传向祖国各地。

2015年6月，赴内蒙古参加"草原杯"全国中老年才艺邀请赛，团体获最佳组织奖，詹晋文获优秀指挥奖；2015年8月，参加循化县纪念中国人民抗日战争胜利70周年合唱比赛，获三等奖；2015年8月，参加"为了永不忘却的纪念——青海省纪念抗日战争暨世界反法西斯战争音乐会"，同时应邀到青海警官学院、多巴驻军训练基地慰问演出；2016年4月，赴云南参加由世界华人联合会举办的第七届"孔雀杯"全国中老年才艺邀请赛，团体获金奖，詹晋文获最佳指挥奖；2018年8月，赴河北承德参加"盛世中华"第三十一届中国文化艺术交流活动，两首歌曲获银奖，詹晋文获最佳指挥奖。

美国作家摩西奶奶说过，人生永远没有最晚的开始，这句话放到詹晋文身上，也许再贴切不过了。

为了雏鹰展翅飞

在循化，虽然以口耳相传的撒拉族民间音乐薪火相传，但真正意义上的音乐启蒙却处于空白状态。20世纪六七十年代，一群不甘寂寞的年轻人以"花儿"《巴西古溜溜》为基调，创作了至今还在传唱不息的《新循化》，这首耳熟能详的歌曲开启了撒拉族现代音乐先河，是自信开放的循化人迎接新生活、歌唱新生活的写照。

尽管如此，由于受到宗教文化和传统习俗的影响，以《新循化》为起点的歌舞表演仅仅局限在特定的舞台上，撒拉族音乐的种子始终没有在千家炊烟、万家灯火的民间生根发芽，以至于不少人误以为撒拉族没有真正意义上的音乐。音乐氛围的稀薄决定了循化在音乐艺术上是一块贫瘠之地，没有音乐艺术人才，就谈不上音乐创作，更遑论培养后续力量。

音乐是生活的润滑剂，是生命的高级调养品，是人类不可或缺的精神食粮。詹晋文作为自治县培养出来的第一代音乐工作者深谙此道，由此来确立自己致力于音乐艺术的人生理想。自从1989年4月县文工队解体时来到同在一个大院的文化馆那会儿起，他从一名沉浸于五线谱的音乐人转变为群众性文化工作者。但他不改初心，咬住"文化馆也是做音乐的"这一条，把大部分精力放到音乐创作上。

他意识到，要使循化音乐艺术根深叶茂，光靠一两个人不行，光靠一时热情更不行，必须有一大批热爱音乐艺术的接续力量。他不想沉湎于用一把二胡、一把手提琴来自娱自乐的小世界里，做不了蜚声乐坛的作曲家，起码不能在浑浑噩噩中虚度此生。

音乐界有一句行话——抓早抓小，意思是音乐教育要从娃娃抓起。他认为一个人性情暴躁、做事不讲究分寸，一定程度上与缺乏必要的音乐素养有关。在不同场合，他不厌其烦地"兜售"自己的观点——音乐使人温顺，音乐使人高尚，从小学习音乐的娃娃，长大了，即便再不济，也坏不到哪里去！

然而，干涸的土地上栽种一棵幼苗何其艰难！在唯分数论英雄的年月，谁会在意他"无关紧要"的声音？

一切还得用行动来证明。到了暑假，在人们讶异的目光中，他开始了校外音乐辅导工作。

第一个愿吃螃蟹的是4个"思想比较前卫"的上班族家长，他们已经朦胧地意识到音乐熏陶对孩子成长的重要性，主动把孩子送到詹晋文门下。他清楚记得那4个想学小提琴孩子的名字：赵梅、马丽娅、韦正慧、韦正元。其中马丽娅是撒拉族学生，这让他欣喜不已——毕竟，向来与音乐绝缘的撒拉族女生终于勇敢地向前迈出了可喜一步！

每逢周末，家长们把孩子按时送到詹晋文家，长年累月，风雨无阻。詹晋文推掉非必要的应酬，闭门谢客，专心专意教孩子们练琴。也许忙于俗事的人们可能不太在意，但时间会记住，循化音乐艺术的幼苗在一缕春风的吹拂下，已经破土而出了。

一粒种子并不起眼，但当它变成一棵麦穗，以至于繁衍成更多麦穗的时候，那该是多么耀眼的一派风景！

有了第一批学生，紧接着就迎来第二批学生，事过境迁，詹晋文同样记得他们的名字：王玲、詹晋蓉、尕藏吉、石琼、唐娟。

后来的30多年里，詹晋文矢志不渝地坚持自己的理想，尽己所能招收想学二胡和小提琴的学生，一对一手把手教，跟小家伙们厮磨在一起，感受童趣，享受一棵棵幼苗成长的快乐。

长时间拉琴，腰酸背痛，手指头磨出老茧，他付出了不为人所见、不为人所知的艰辛劳动。但劳动的甘甜足以抵消所有的艰辛。屈指算来，大约有100名不同民族学生在他手下接受音乐启蒙教育。其中23名学生考入音乐院校，后来成为循化音乐教育骨干力量；3人夺得青海省少儿器乐大赛金奖，5人获银奖；16人顺利通过全国器乐考级的9级，30人通过6~8级。

有一个叫肖芮拉的女生，不仅各门功课优秀，也极具音乐天分。詹晋文认为这姑娘很有潜质，是个难得的可造之才，便花费更多时间和精力给她"吃小灶"，每个假期增加10节乐理课，好让她学深一点。到了初中，肖芮拉在马建华老师的辛勤辅导下，小提琴的功夫已经相当娴熟了，学校有什么活动，少不了她登场表演，在小县城的家长和学生当中形成不小的冲击波。

眼下，詹晋文常挂在嘴边的这位得意门生已是西安音乐学院研究生，专攻音乐学。另一位被他看好的藏族女生尕藏吉在省内乐坛小有建树，目前是青海演艺集团业务办公室主任。

时光荏苒，世殊时异。退休后的詹晋文积劳成疾，深感体力不支，不便于长时间从事付诸体力和心力的器乐教育，但他不可能让行走的脚步彻底停下来，以至于在闲情逸致、无所事事中了却余生。

干点什么呢？想来想去还是撇不开音乐。他觉得比起器乐教育，音乐基础理论相对单薄一些，今后的发力点应该在强化音乐理论上。静养一段时间后，他应邀到县职业中学担任乐理课老师，在另一个层面继续他的音乐人生……

经过几十年不懈努力，他这个"麦田守望者"欣喜地看到，全社会崇尚音乐知识的意识已经被唤醒，新一代知识型家长重视少儿音乐教育的积极性空前高涨，音乐教育基本生态业已形成，除了传统的二胡和小提琴外，萨克斯、古筝、钢琴等校外培训风生水起。

在詹晋文的大力协助下，积石宫组建了全县首个管乐团和民乐团，经常参加县内公益性文艺演出，循化县由此告别了音乐"饥荒"年代，步入群众性普及与专业化发展并驾齐驱的新时代。

桃李不言，下自成蹊。有这么多桃李相伴，詹晋文早已从鲜为人知的"詹馆长"变成被更多人发自内心地尊敬的"詹老师"，这比什么都金贵！

未了的夙愿

他曾担任中国音乐家协会青海分会理事、青海省民族管弦乐协会理事、海东市音协副主席，政协循化县第十一、十二、十三、十四届委员，循化县文化馆馆长，现在依然是青海民族文化促进会理事、循化县音乐舞蹈协会主席。

自1991年起，他创作的《秀丽的孟达》《撒拉阿娜一朵花》等歌曲在青海音乐专刊《牧笛》发表，先后在海东行署文艺汇演、青海省群众业余文艺汇演中获创作一等奖；由他执笔创编和作曲的撒拉族舞剧《英雄救英雄》获青海省现实题材文艺调演编剧一等奖、作曲一等奖；歌曲《撒拉尔的家园》《撒拉阿娜一朵花》《秀丽的孟达》《永远的爱恋》、撒拉族少儿舞蹈《阿娜上学》、笛子独奏《撒拉情韵》等作品在中央电视台、青海电视台展演；歌曲《撒拉阿娜一朵花》获"2012音乐中国杯第三届大型展演赛"金奖；2012年7月，参加由中国音乐家协会《歌曲》编辑部、中国民族声乐学演创研究中心、中国民族歌曲演创评选委员会主办的第十三届"中华之春·中国民族歌曲演创大奖赛"，选送歌曲《撒拉尔的家园》获中国民歌"十大金曲"金奖、《邓春兰》获中国民歌"精品铜奖"；2012年，歌曲《撒拉尔的家园》《撒拉阿娜一朵花》《撒拉儿女》《秀丽的孟达》《积石山颂》《邓春兰》在中国音乐家协会《歌曲》编辑部主办的"中华之春"栏目分期发表；2014年5月，歌曲《撒拉儿女》入选中华文化交流发展中心、中华文化艺术（香港）精品展组委会主办的巡展活动并获金奖；2014年8月，带领学生参加海东市少儿艺术（器乐）技能大赛，罗睿获二胡独奏金奖，詹培晨获银奖，他本人获优秀园丁奖；2014年11月，在海东市第一届"河湟文艺奖"评选活动中选送的歌曲《撒拉阿娜一朵花》获银奖；2015年6月，带领"清音合唱团"赴内蒙古参加由世界华人联合会主办的第四十一届"金夕年华"系列活动暨第四届"草原杯"全国音乐、舞蹈、服饰邀请赛，获优秀指挥奖；2015 年 9 月，出版发行"美丽的循化，可爱的家园"个人专辑（MTV）；2016 年 4 月，带领"清音合唱团"赴云南参加由世界华人联合会主办的第七届"孔雀杯"全国音乐、舞蹈、服饰邀请赛，获最佳指挥奖；2016 年 8 月，歌曲《相约黄河，相约循化》获第二届"大美青海"原创歌曲征集活动鼓励奖。2017 年 11 月，撰写了具有较高学术价值的音乐论文《浅谈撒拉族音乐的发展》和《我对撒拉族原生态音乐的认识》。

几十年来，詹晋文创作反映青海、循化的音乐作品 100 余首(部)，搜集整理撒、藏、回、汉等民族音乐 80 余首。培养小提琴、二胡学生 120 余名，其中 20 余名优秀学生取得全国校外器乐考级 8 级以上的考级证书，多人多次在省、市比赛中获一、二、三等奖。2012 年 7 月，他如愿捧回了"中国民歌创作优秀中华之星专家奖"。2021 年，入选《青海音乐家大辞典》。

大浪淘沙，洗尽铅华，唯有奋斗竞风流。詹晋文是全省为数不多的数十年如一日坚持创作的基层曲作家之一。眼下，40 多首歌词正等着他谱曲。青海几位知名音乐家对他的评价是："不是科班的科班生。"事实也正如此，到目前为止，他是创作撒拉族歌曲最多的作曲家。

2017 年 9 月，对詹晋文注定是个不平常的年份，历时四年创作的撒拉族第一部四乐章交响组曲《寻找家园》终于画上最后一个音符。问起为什么要创作这样一部在中国人口较少民族中鲜见的超大规模作品，詹晋文的回答却异常平静："我和撒拉族朝夕相处，可以说是水乳交融。撒拉族是一个吃苦耐劳、善良包容的民族，他们勤劳勇敢的精神感染了我，我想去歌颂他们。"

"为什么我的眼里常含泪水，因为我对这土地爱得深沉。"著名诗人艾青的诗言正是詹晋文的内心独白。他常说："积石山下这片土地养育了我，我是喝着黄河水长大的。我的成长离不开党的教育，离不开家乡父老的关怀，爱党爱国、热爱家乡是镌刻在我骨子里的情怀！"

情怀，这就是詹晋文音乐创作的全部理由。《寻找家园》的旋律中充满着他对撒拉族的深挚情感。动笔之初，他就立下一个心愿——哪怕付出百倍的努力，也要为撒拉族创作一部被誉为"音乐王国神圣殿堂"的交响乐！

《寻找家园》乐曲分"长途跋涉""骆驼走失""找到乐土""建设家园"四个乐章，从叙事到过渡，从高潮到宁静，再从激情澎湃到自信恬淡，用跌宕起伏的旋律反映撒拉族先民东迁的壮阔画卷，气势磅礴，黄钟大吕，必将成为撒拉族音乐发展史上的重大里程碑。

2019 年 12 月 21 日，为感谢詹晋文先生对撒拉族音乐艺术的倾情奉献，撒拉族各界代表在"撒拉尔故里"隆重集会，给他颁发"积石山下音乐人"奖杯。撒拉族诗人牧雪这样写他——

消瘦的你

走过积石大街

轻快的脚步

踏出音乐回响

奏出心中的澎湃

弦子拉响的时候

让生命抒怀

摁下琴键的时候

让故乡入怀

四十年风雨

只为一生的衷肠……

问起此生尚未了却的愿望，詹晋文毫不犹豫地说，想举办一场个人作品音乐会。

为此他准备了好多年，连音乐会名字都想好了：大美青海·多彩循化——詹晋文个人作品音乐会。他的目标也很明确——让全省、全国乃至全世界通过他的作品了解多彩循化，知道中国有个撒拉族。

　　这个愿望不算奢侈，让我们翘首以待吧！

不用扬鞭自奋蹄

——怀念我的丈夫吴维仁

张芳兰 [*]

◎吴维仁先生 （张芳兰 提供）

吴维仁，他是万千普通人中的一位，但他做出了不平凡的事业。他出身书香门第，自幼聪慧好学，品学兼优。少年时期曾获青海省少年运动会五项全能冠军。大学就读于青海民族学院藏语言文学系。

由于历史原因，他未能从事自己的专业——藏语言文学方面的工作，为了生活他从事各种工作，在苦难中磨炼自己的心志，饱读诗书，写下了很多古诗词，抒发自己的情怀。

他少年就立下宏愿："生当作人杰，死亦为鬼雄。""不为良相，即为良医，悬壶济世……"因而研习医术，医卜星相，相融贯通，望闻问切、针灸刮痧、中药开方，

---

* 张芳兰，青海大智影视文化有限公司总经理。

样样精通。从少年到青年至老年，缱绻之心，从未厌倦。一路走来，随缘看病，不收诊金，治愈了许多人的疑难杂症，解除了无数患者的病痛。医者，仁心也！虽为民间一郎中，其心难能可贵，其精神可圈可点。举几例，以窥豹一斑。

打　赌

那时，我们还很年轻。中午的阳光照射下来，暖暖的。"喂！芳兰子，我的老师杨先生早晨给陈兆麟的父亲切过脉看过病，下了方子，让抓药煎熬，说暂时没问题。我今天去给陈父切脉，切的可是死脉，今日活不过夜晚 12 点。"说着，他摇了摇头，又出了门。

夕阳映在窗户上，他背着一抹夕阳进门。"喂！芳兰子，我给陈兆麟家说了，陈老今晚仙逝，并让亲人们现在给他穿上老衣，我帮他们把人停放在一旁了。"我非常吃惊地看着他，心底惊雷滚过，凝视片刻，哈哈大笑道："你太狂妄了，哪有人提前预示生死的！你的老师都说暂时无碍，你却在此妄言。我和你打个赌，若你所说今夜陈老仙逝，你以后行医我支持，并向你学习；如果不是，那你就是招摇撞骗，不会有好结果的。从此我不准你再行医。"他冷哼一声道："过来击掌。"掌声过后，我说："好，明日我旷工不去上班，就要看看结果。"他道："好，等着。"

清晨，紧急的拍门声惊醒了我俩。开门后，陈兆麟两眼红肿，哑声道："吴先生，我父亲昨夜11点40分去世了，幸好你给我们早作了安排，谢谢你啊！我现在需要请你过去给我帮帮忙。"吴维仁说："好，你先过去，我随后就到。""你看，输了吧！"他转过头，邪魅一笑。"那以后我出去看病，你就给我做药童吧！"我怔怔地看着这一切，觉得非常不可思议，只好悻悻然道："愿赌服输吧！除了上班和工作以外的时间只能随你调遣，向你学习，大神，满意了吧！"

怪 病

寒风吹过树梢，又卷起尘土，吹向岌岌可危的小木楼。我和吴维仁正在讨论"过尽千帆皆不是，斜晖脉脉水悠悠。肠断白蘋洲"的意境，突然响起急促的敲门声。

开门后，只见一年轻男子扶着一位 60 岁左右的妇人站在门边。吴维仁瞧了瞧那个男子，说："你怎么又来了？不是跟你说了，家有小儿，不宜看这种怪病吗？"青年男子道："吴先生，希望您慈悲为怀，我都已经到您家门上了，求您看看吧！"吴维仁转头瞧了瞧我，说："芳兰子，你怎么想的？"我说："那就看看吧！救人一命胜造七级浮屠。你们进来吧！"

进屋后，妇人取下包裹着脸的厚厚的黑色头巾。天啊！那面容像极了《聊斋志异》中的女鬼，浮肿青白的面容上，眼睛肿得只有一条缝，鼻子、嘴巴就像一坨面团，加上穿的黑衣、黑裤，给人感觉阴森森的。我问年轻男子："这病怎么得的呀？"年轻男子道："说来话长，已经 30 年了，死过几次，但就是死不了。当时我这婶娘三十几岁，经常鼻干舌燥。有一天，我家来了一个甘肃算卦的，说有偏方能治好鼻干舌燥。他的偏方是死人头盖骨、荨麻、兔子屎……将以上的药阴干研末，然后将粉末吸入鼻孔就可以治病了。结果没吸多久，就出现了不能闭眼、不能入眠的症状，只要一闭眼，她就能看见自己的肚脐眼里生长出一棵大树，树上缠满了各种毒虫、毒蛇。其中有一条毒蛇身大如龙，越缠越紧，使她难以呼吸，非常恐怖，只能睁眼。久而久之，身体濒临崩溃，在死亡线上徘徊。我们去过很多医院，也请了很多的民间医生，还做了一些驱邪的法事，但是所有的人都不知道为什么会有这样的病，只说是中了邪，所以我婶娘非常痛苦。经过很多人的推荐，他们说您也许能治这种病，所以才找到您这里。"

"过来坐这儿。"吴先生面无表情，随手拿过一个枕头作了切脉垫，闭着眼睛仔细切脉，然后翻看着病人的双眼。经过仔细观察后说道："此病的根源是伤了心识、神经，经络受损，阴阳不交，长此以往气滞血瘀，表面看是血不养精、心神分离，实则是毒气攻心神所致。芳兰子，把针灸包拿来，我为她行针。我给你仔细讲，你记住了：行针时要看天时地利、风云雷电、阴阳变化、深浅补泻、留针长短……你这几天把主要的祝由科的行针方法背下来。"他一面给老妇人针灸，一面开了药方。老妇人拿了药方，二人千恩万谢后离开。

第二天，老妇人在侄子的陪同下又来了，说道："吴大夫，你扎下针后，我身上缠着的大蛇慢慢变小了，那些小蛇和虫子都爬走了，现在我呼吸也畅快了一点。"

老妇人是附近的菜农，他们每天都来，春天拿一撮小白菜或者小萝卜。吴维仁有时在家，有时不在家，不在家时老妇人一直在门外等着，直到我下班回家让她进屋来，哪怕晚上 10 点、11 点都不走，一直等到吴维仁回来，扎完针才走。老夫人意志坚定地等待，我也只能耐心地跟着她一起等。无奈之下，每当吴维仁不在时，我就按照他所教授的方法给老妇人行针，让她早些离开。

到最后，老妇人说："大蛇越来越细了，缠得不紧了，大树也一天天变小了。"直到秋天的一日，老妇人手拿着一把菊花到了我家。吴维仁为老妇人行过针、看完病后，老妇人说："吴大夫，谢谢你们二位啊！我现在眼睛闭上后，肚脐眼上再不会长大树了，连小树枝都没有了。毒虫啊、小蛇啊、大蛇啊都没有了。晚上也能睡觉了，每顿能吃两大碗饭。30 年了，这个病终于好了！"吴先生说："好了就好。"

从冬天到春天，从夏天到秋天，每一天我们都无代价地坚持为老妇人针灸，终于治愈了老妇人的怪病。这段经历在我们以后的岁月里是一种美妙的回忆。

转　行

有一天午后，我们坐在一起喝茶闲聊时，我对他说："既然你有这么深的中医基础和针灸手法，不妨直接调入医疗机构行医多好啊！"他说："城西区第二医院需要一名中医，区委的林先生推荐我过去，已经面试过了，也坐了三天诊，如果没有其他变化，可以调进去的，以后也不用再做砖瓦工了。"

三个月过后一个夜晚，吴先生推开窗户，凝望着满天繁星，情绪低落，长长叹口气道："跟你说个事，我调到城西区医院的名额被别人顶替了，我去不了了。"后来在不断努力下，吴维仁调入了西宁市日用化工二厂。

一年后，他对我说："我准备去上海学习牙膏工业技术。"我说："你这么懂中医和中药的药性，不妨创造一个可以防病的药物牙膏。"吴维仁连声说："好思路，就这么定了！"从上海回来后，他便废寝忘食地开始了中药牙膏的研究。

20世纪70年代，在他任职西宁市第二日用化工厂厂长期间，利用自己深厚的中医药知识，独立完成工艺流程、香型配方、膏体设计、药物筛选、分离提取、药物配方设计、内外包装设计等，自行研制成功了世界上第一例中草药药物牙膏"雪莲牌防感冒牙膏"，然后又研制出了"神农牌防治气管炎牙膏"和"炎特灵固齿牙膏"。

三款牙膏都经过了大量的临床检验。其中"雪莲牌防感冒牙膏"在西宁市第一人民医院的支持下，对3600多人次的感冒患者进行了临床考察。考察结果显示：有效率达94.3%，显效率达63%。除此之外，对慢性喉炎、鼻炎，保护牙周外组织、洁齿等亦有较好的治疗作用和保健作用，填补了牙膏行业的空白，开创了保健给药的另一种途径。1980年4月23日的《青海日报》上曾刊登了《雪莲牌防感冒牙膏诞生记》，记录了此牙膏的研发过程。新华社、《工人日报》、《人民日报》等均以头版报道了这一重大科技成果。

1981年7月6日，《青海日报》再次刊登了"雪莲牌防感冒牙膏""神农牌防治气管炎高级牙膏"投产的报道。同期，吴维仁撰写了该产品的研制报告、治病机制技术总结，并撰写了中草药防治气管炎治病机制研究的论文，刊登在1983年《青海化工》杂志第一期上。

三款药物牙膏的问世、畅销轰动了青海，轰动了全国，轰动了世界，雪片一样的信件从全国各地飞来。其研究成果被日本、东南亚各国及联合国教科文组织刊登发表，并于 1980 年被评为"西宁市科技成果一等奖"。

在全国牙膏工业会议上,吴维仁将中草药药物牙膏的研制过程、方法、技术等无偿贡献出来。在重庆举办的牙膏工业会议上,他为参加牙膏会议的各方代表工程人员无偿讲解并演示了中草药的提取流程和牙膏配对融合的制作流程。从此,各类中草药药物牙膏如雨后春笋般在中华大地上蓬勃生长,成为一道亮丽的风景。化工部特颁奖状:"吴维仁同志为中国牙膏工业发展做出重大贡献"。此外,他还获得了"西宁市优秀知识分子"荣誉称号。

"雪莲牌防感冒牙膏"荣获青海省政府颁发的省优质产品证书,其包装荣获国家经委颁发的全国优秀包装产品奖。"神农牌防治气管炎牙膏"与"雪莲牌防感冒牙膏"共同获得国家外贸经部颁发的"全国优秀出口产品"荣誉证书,并在国内外市场享有盛名。

内忧外患

有一天吴维仁兴冲冲地走进门来,对我说:"芳兰子,我们在西安经贸洽谈会上订了 300 多万元的牙膏销售合同,这次可以翻身了啊!"他兴奋地喋喋不休……然而,当时的青海还在计划经济的范畴之内,却不知道外面的世界已经发生了翻天覆地的变化,市场经济的洪流冲击着每一个人的神经。三角债和欠款等行为已经屡见不鲜,所以吴维仁发出去的所有牙膏收不回货款,派出去的人要不到一分欠款,工厂日益捉襟见肘。

在省政府灯火辉煌的礼堂里,省长在开会时说:"我很惭愧,这次访问日本,日本首相说'你们西宁很了不起,出了一款防治感冒的药物牙膏,我们这里有个很大的株式会社,想和你方合作生产销售'。当时我就蒙了,我在青海西宁,却不知道还有这么一款闻名日本的创新产品,你们现在参会的人都谁知道?我一定要支持这款创新产品,让它发扬光大,它是我们青海省西宁市的荣耀!"之后便有人来关心询问,一波接一波,但实质性的厂房、资金、设备却虚无缥缈、落实不了，人员也像走马灯似的换了一茬又一茬。

某日黄昏，家里来了两个不速之客，说道："我们是温州的，现在那边的环境非常好，我们开了几年的厂子，挣了很多钱。听别人介绍，你是三款药物牙膏的发明者，我们想诚挚地邀请您去温州发展，给您年薪及股份，另外给一套房子，让您夫人和儿女一同去温州。"吴维仁低头考虑片刻说："我不能去温州，'父母在，不远行'，更何况我走了，正式的工作也丢了，这些药物牙膏也会因此而离开此地，它们代表着青海的希望。"来人笑道："吴工，正式工作算什么呢？一年也没几个钱，更何况，您创造的这些优秀的产品在你们这儿一点也不受重视，我们温州有大量的资金和开放的环境及敏锐的市场嗅觉等便利条件，都可以让您的这些产品大放异彩。您也可以成为一个很有钱的人。您好好考虑考虑，机不可失，时不再来，成败取决于您的态度，抓住机遇就是好命运。"最终，吴维仁没有去温州，失去了一个可以让这些产品发扬光大的机遇。

虽然是名优产品，但是在当时的时代条件下得不到政策和资金支持，无法实现大发展，只能裹足前行。吴维仁又筹措资金，创办了青海牙膏厂，填补了青海省牙膏工业的空白。

他希望得到各方支持，让这三款产品兴旺发达起来，但是人力很难扭转时代的变迁。新旧交替，市场转型，资金匮乏。为落户开发区，他日日奔走，撰写各种开发项目报告，但都被拒绝。

失　业

有一天，我和吴维仁拿着三种牙膏迈进了青海省经贸委，找到了当时的罗主任，谈到了目前的困境。罗主任说："我在西宁市任上时，没有把这个新生并享誉海内外的药物牙膏推上去，心中十分内疚。现在我有审批5000万元资金的权力，你去写个申请，让主管你们的上级部门盖章审批一下，资金的问题我可以解决，我也希望把我们这个产品做大做强。"

随后，吴维仁拿着申请，来到当时牙膏厂的主管单位——民政厅救济处，说经贸委能解决 5000 万元的资金缺口。救济处贺处长说："吴工，你异想天开，批 5000 万元，做梦去吧！"吴维仁说："我只是申请了 300 万元，请给盖个章，审批一下吧！"贺处长说："盖章我们要担责任的，你说得轻松，我们要开会研究。"

日复一日，申请的资金遥遥无期，望眼欲穿中，突然贺处长拿着一份任命书，任命李生成为青海牙膏厂的厂长，负责一切事务。吴维仁的厂长职务被撤销，降为本厂的技术员。

三年以后，牙膏厂破产了，债务不了了之，李厂长也去世了。因为时代和人为的原因，吴维仁从化工研究所调到重工厅的调令及所有档案遗失了。从此，他变成了一个无业人员。

相濡以沫

作为一个有理想的人来说，曾经的辉煌，如今的失落，并未打击到一颗坚定的心，书法、文学创作又成了吴维仁的挚爱。

为了提高青海省的知名度，我和吴维仁查阅了很多资料，共同编著了大型电影文学剧本《宗喀巴大师》并进行了公证。1993 年，我们与上海电影制片厂洽谈拍摄上、下两集大型电影，为此做了很多工作，最终因没有落实到资金和其他一些问题而没有拍摄成功。后来此项目被青海民族出版社列入出版计划，一切手续就绪即将出版时，因总编离职而搁浅。2015—2016 年期间，上海一投资方计划投入 3 亿元资金拍摄《宗喀巴大师》电影和 55 集电视连续剧，但由于各方阻力，拍摄手续无法完成，又一次搁浅。尽管如此，我们仍等待时机出版，等待机遇将其搬上银幕。

虽然困难重重，但我们并不气馁，又共同编著了大型舞剧《骆驼泉》，发表在《群文天地》上，并策划在循化县排练一出大型舞剧，助力循化的旅游业更上一层楼，推

◎吴维仁与夫人张芳兰留影（张芳兰 提供）

动当地经济发展，让循化的名气响彻中华大地。不料斯人已逝，此一宏愿又未达成。此外，我们还共同编著了电影文学剧本《雪莲花》。2018年，吴维仁应前驻法国斯特拉斯堡总领事张国斌的邀请，编著了描写"一战"期间华工在法国奋斗经历的电影文学剧本初稿《龙哥凤妹在法兰西》。14万华工为法国在"一战"中取得胜利和重建法兰西大区做出了巨大贡献，而且在某种意义上对中国革命的兴起有着推波助澜的巨大作用，但他们的事迹却鲜为人知。现在，由我和吴钊（吴维仁之子）将其改编成了电影文学剧本《中华之魂》。我们想通过这部影视剧，让中法两国人民尤其是年轻人能永远记住这段历史，珍视两国人民的友谊。

吴维仁爱好广泛，除了剧本创作，他还是民歌"花儿"的爱好者。他多年来从事"花儿"的研究、创作工作，深得"花儿"文化的精髓，已创作几百首具有新思想、新韵味的"花儿"作品，并发表在不同的杂志上，被广为传唱。

武汉疫情期间，由吴维仁作词、著名音乐人郭兴智编曲的《青海花儿联唱》唱响了河湟大地。吴维仁生前是青海花儿研究协会理事、江河源非遗文化研究协会理事。在花儿研究协会的协助下，他准备完成一部《唱响黄河》的"花儿"纪录片连续剧，但他的突然离世，让这部大家翘首以盼的连续剧又一次落空。

晚年的他心系佛法，怀着一颗虔诚之心，一心向善，助人为乐，精进闻思修行，广作布施，并撰写了一部《"究竟菩提的无上法门""般若波罗蜜多心经"诠释》利益众生。

每一个时代都有佼佼者，有落寞者。他是万千普通人中的一位，命运多舛，但是他是阳光的、坚韧不拔的。叹的是他竟于2021年1月21日突然辞世，踏着芳香的花瓣，一步一个印记，走向了另一个世界。

诗书相伴心若莲

——爷爷韦杰逸事

韦 璋[*]

韦氏家族世居循化县道帏乡起台堡村。我在幼年时期零零星星听说过关于爷爷的一些故事，后来还目睹了爷爷为数不多的书法作品。爷爷叫韦杰，字俊丞，生于1890年，卒于1945年，毕业于甘肃省立师范本科第二部。他终身从教，热心地方教育事业，历任教员、积石小学校长、循化县教育科科长。在循化执教多年，可谓桃李满天下，其中最有成就的学生有著名书法家黎凡、马步芳秘书长陈显荣、循化县知名学者吴绍安等。他是县内德高望重之良师，爱读书、善诗文、工书法，著有《循化县乡土教材参考》。

清乾隆五十七年（1792），循化县龚景瀚书写了《循化县志》，之后我爷爷又续写了《循化县志》，后因其他原因没能付梓成书，手稿也被丢失。

爷爷在任积石小学校长期间，一次青海统治者马

◎韦杰手迹（韦 璋 提供）

---

* 韦 璋，循化中学原校长。

步芳来校视察，要求在校学生一律实行军事化训练。爷爷坚定地认为，学校是教书育人的场所，军事化训练不符合教学规律，这与学生应以学业为主相悖，遂与地方当局据理力争，拒不执行，终因时局所迫辞职回乡务农。回家后临夏马鸿奎以优厚的待遇邀请当私塾先生，爷爷婉言谢绝，之后，爷爷哪儿也没去，在家专心务农做学问，直至终身。

爷爷终生好学，博闻善疑，尤嗜读文史。即使在回乡务农的艰苦环境中，仍书不离手，焚膏继晷，几至废寝忘食。据村里人讲，爷爷赶着毛驴去河滩驮水，常常是毛驴在前面走，自己拿着书沿着熟悉的那条小路边看边走，毛驴在泉边等了好久不见主人来，便驮着空桶返回家中。爷爷至泉边找不到毛驴，于是在河滩树林里四下寻找。农忙时节，村里人在场上晒农作物时，天空中突降暴雨，家人们忙于收拾场院，而他却任凭头顶掠过的炸雷依然边看书边收拾，不急不忙，心思全在书本里，几近痴迷，与村人手忙脚乱的场景格格不入。

爷爷对书籍如痴如醉的精神，后来成为村里人训导孩子好好念书时的典型实例常常提及。爷爷家中藏有大量书籍，装满了整个一堵墙大的书架。爷爷除了耕作之外，一有空闲时间就在土炕上看书阅读，圈点批注，每有新见，即旁征博引，著文论书。在每一本书上都有他的圈点、眉批和注解，阅读伴随了他的一生。

爷爷作为一介书生，跟历代文人一样具有爱国忧民的风骨。抗日战争时期，日本侵华战将竹田经井入关时凶狠地咆哮：

大声呼喊上酒楼，

豪气欲吞五大洲。

手握三尺龙泉剑，

挥毫先斩硬人头。

爷爷尽管是一位普通的教书先生，但内心始终关注着中华民族之兴衰，爱国爱民的情怀一直在心头激荡。当他看到恶魔滴血的号叫时义愤填膺，提起毛笔愤然作诗怒斥道：

何物叫嚣上高楼，

邪气欲灭吾九州。

龙泉岂须强人握，

自古英雄末路头。

爷爷读书阅史，洞察人间世故，从中感悟人生哲理。他为家舍北楼撰联："百尺登高方拟观书临太乙，八窗洞豁恰宜入座对青山"。撰起台堡村关帝庙楹联："一对丹凤眼看破曹氏奸胆，两条卧蚕眉锁定汉室三分。"

爷爷厅堂里常挂着一副对联："传家有道惟存厚，处世无奇但率真"，他一生与世无争，为人忠厚诚实，乐于助人。家族中一伯父韦尚公读书时，由爷爷全部供养。后来韦尚公伯父从戎并晋升为马步芳军械处的处长，之后又任民国时期海南州共和县的县长。后来我爷爷去世时，韦尚公伯父为报答他的供学之恩，专门从西宁用马匹驮回寿衣及所有丧葬用品，也尽了他的一片孝心。

我爷爷一生嗜书习字，临帖不辍，吸取诸家精华，融会贯通。其书法承袭了晋唐楷书法度，结构严谨，形态端庄，整体章法恬淡儒雅，不激不励，疏朗秀润，清新俊逸，点面清爽，分布匀称流畅，有馆阁体遗风，更散发着隽秀书香的气韵，是典型的文人书法。

时代翘楚

SHI DAI QIAO CHU

从行政法专家到中国政法大学校长

吴晓锋 *

马怀德，中国政法大学校长、教授、博士生导师；中国法学会行政法学研究会会长，我国首位行政诉讼法博士，CCTV2017 年度法治人物，"中国年度影响力人物评选"之"2020 年度法治人物"。曾赴美国耶鲁大学、波士顿大学、澳大利亚悉尼大学、墨尔本大学做访问学者。

他从贫瘠、广袤的西部走来，却敢为人先、心怀家国；他躬耕不辍，以匠心助力法治中国。不管行走庙堂还是洗尽繁华，他始终以"法治天下"的赤子情怀度量着法治中国的实现路径……

◎中国政法大学校长马怀德教授
（马怀德提供）

法治政府建设的推动者

马怀德出生于 1965 年 10 月，祖籍是青海省循化县。1984 年，他以全省高考第六名的好成绩顺

* 吴晓锋，《法制日报》记者。

利考入北京大学法律系。从那时起，他的人生好像就和行政法连在一起。在北京大学法律系读书期间，风度翩翩、才华横溢的罗豪才等先生讲授的行政法课深深吸引了他。而此时，行政法作为新兴学科展现的光明前景让他更加兴奋。

本科毕业时，恰好中国另一位行政法学先驱、中国政法大学应松年教授招收行政法学专业硕士研究生，于是，他投身应松年教授门下专攻行政法学。1990年他提前考上诉讼法学名家陈光中和应松年教授共同指导的博士研究生，1993年成为新中国首位行政诉讼法学博士，并以其博士学位论文《国家赔偿的理论与实务》而崭露头角。

由于师出名门，马怀德有机会年少出道，读书期间便跟随导师参与到《国家赔偿法》和《行政处罚法》的起草工作中。自此，马怀德的行政法学人生一路开挂，学术、立法、顾问、谏言、辩护……他的学研之路，正是这20年政府依法行政和依法治国实践的快速发展之路。马怀德以经纶治世的知识分子的使命感投身这一伟大的历史洪流，而机会也总是垂青那些奋斗者……

1998年，年仅33岁的马怀德被破格聘为教授，35岁时被遴选为博士生导师。2006年起开始担任中国政法大学副校长。

1999年，《宪法》修正案增加了"中华人民共和国实行依法治国，建设社会主义法治国家"条款。依法治国基本方略的实施，加快了行政法制建设进程，国家急需行政法律人才，一系列的行政立法需要专家，政府依法行政需要法律顾问，国家行政机关也需要咨询专家。这为马怀德施展才华和实现自己的抱负提供了难得的机遇，除去老师辈的几个专家，他渐次成为行政法领域新一代的拔尖人物。"当时，他在他的同辈中是最年轻的，他温和，却又热血；他在许多领域的研究和建树独树一帜，学术造诣深厚。所以他很快脱颖而出。"他的老同学这样评价他。

比如，他的博士学位论文《国家赔偿的理论与实务》在当时是全新的研究领域，论文答辩时基本就成了大家在问马怀德某个问题是什么意思，而不像是答辩专家与学生之间的互动或针锋相对。

在攻读博士学位期间，他全程参与了《国家赔偿法》的起草和制定过程，后来又直接参与了《行政处罚法》《立法法》《行政许可法》《监察法》等上百部重要法律法规的起草、修订工作，为完善中国特色社会主义法律体系做出重要贡献。

教学和科研工作之余，马怀德不遗余力地参与法治宣传、法治实践活动，他积极投身法治宣传，以传播法治理念和法治精神为己任。每年，他亲力亲为，在繁杂的工作之余平均要为党政机关授课 20 余次，在各种场合都留下了他忙碌的身影。此外，他先后担任过十几个部委、省、市的法律顾问或咨询委员，出任过最高人民法院和最高人民检察院的咨询委员、中纪委特邀监察员、公安部特邀监督员、国务院转变政府职能和"放管服"改革专家咨询委员会委员等。为推动中国法治建设呕心沥血、倾注了大量的心血和精力，也取得了不菲的成绩。

2005 年，他主持成立中国政法大学法治政府研究院。同年 12 月，他走进了中南海，为中共中央政治局第 27 次集体学习讲授"行政管理体制改革和完善经济法律制度"。

2007 年，他首次提出"法治 GDP"的概念，并建议将其列入官员政绩考核，用以纠正唯"经济 GDP"是图的畸形政绩观。

2010 年，法治政府研究院发起设立"中国法治政府奖"。

其间，他敏锐地捕捉到了中国法治建设的"牛鼻子"和关键性问题——法治政府建设，并在这块园地深耕细作，成为中国法治政府建设的推动者、建言者。他的学术关切总是与我国行政法学研究和法治政府建设的进路不谋而合。2011 年前后，他开始关注进一步推进行政体制改革，进一步健全行政程序和激励监督机制，进一步让信访工作步入法治轨道等问题，并一一予以回应，在社会各界产生了广泛而深刻的影响。

2013 年，他组织开展"中国法治政府评估"，每年对全国 100 个城市的法治政府建设状况进行客观、中立的评估并发布报告，成为学术机构推进法治政府建设的典范。

2015 年，针对党的十八大提出到 2020 年基本建成法治政府的任务，他提出法治政府建设应重点实现四个转变：简政放权转变职能科学化，行政权责和组织程序法定化，

◎马怀德在博士学位授予典礼上 （马怀德 提供）

监督问责常态化，法律实施和执法激励制度化。并在 2016 年提出以"放管服"改革促进法治政府建设。

2017 年 5 月 17 日，马怀德受邀参加了习近平总书记主持召开的哲学社会科学座谈会，并作为唯一的法学学者发言。

党的十九大后，他指出当前法治政府建设的着力点是法治政府建设的组织领导问题，应该抓住"关键少数"。

2017 年 12 月 4 日，在第四个国家《宪法》日，当天马怀德当选 CCTV2017 年度法治人物。2020 年 1 月 15 日，李克强总理主持召开座谈会，听取专家、学者和企业界人士对《政府工作报告（征求意见稿）》的意见建议，马怀德重点谈到法治政府建设中的"不作为"问题，建议建立健全法治政府的第三方评估机制，对不作为、乱作为的要予以问责。

2020 年 11 月 27 日，由中国新闻周刊主办的 2020 "年度影响力人物"荣誉盛典在北京举行。马怀德荣获"中国年度影响力人物评选"之"2020 年度法治人物"。

"铸治国之重器，你是大工匠。擎法治之旗帜，你是先行者。引法学之未来，你是育花人。24 载躬耕不辍，梦在前方，路在脚下！经世济民，法治中华。"这段触动人心的颁奖词，生动刻画了他几十年如一日专注法学研究和法治建设的人生轨迹，也彰显了这位布道者经纶治世、矢志不渝的家国情怀。作为"国家法治领域重大改革的参与者""新中国行政法治大厦的建设者""传播法治精神的布道者""法治政府建设的推动者""行政法学研究的领航员""卓越法律人才的授业者"，他无愧于"大工匠"的称号。

国家监察体制改革的建言者

马怀德虽是法治政府研究领域的集大成者，但他并没有把自己的研究领域局限在法治政府一隅。相反，行政审批制度改革、国家教育体制改革、司法体制改革……几乎所有国家法治领域的重大改革，都有他的参与。其中，国家监察体制改革及立法是他用力最多的领域之一。

作为中央纪委监察部特邀监察员和监察学会副会长，马怀德也一直关注和研究监察与反腐败问题，尤其当国家监察体制改革拉开序幕，马怀德便成为这项重大改革的参与者、建言者。2007年、2009年、2012年，他三度参加时任中纪委书记王岐山同志主持的专家、学者座谈会并就反腐倡廉和国家监察体制改革建言献策。他提出制度反腐的重要性，认为源头反腐需要制定《重大决策程序条例》《政务公开法》与《行政组织法》等法律，得到了王岐山同志的充分肯定。

国家监察体制改革是事关全局的重大政治改革，是国家监察制度的顶层设计。2016年11月，中共中央办公厅印发《关于在北京市、山西省、浙江省开展国家监察体制改革试点方案》，之后，国家监察体制改革加速推进，马怀德多角度、全方位对国家监察体制改革及《监察法》立法等问题进行深入分析。

就个人而言，一生能够称得上重大政治改革的事件并不多，一个法学专家赶上了这一历史赋予的课题，自然激发了马怀德经世济民的热情和担当。实践证明，他当时提出的很多建议都在后来的国家监察体制改革中得到体现，并被《监察法》立法所采纳。

2017年11月7日，中国人大网公布《监察法（草案）》，面向社会公开征求意见。一时舆论高度关注，各方积极建言献策。11月20日下午，中国政法大学国家监察与反腐败研究中心正式成立，中国政法大学终身教授、中国行政法学会名誉会长应松年教授应邀出席。仪式之后，该中心与中国法学会行政法学研究会联合举办国家监察法立法座谈会，马怀德围绕几个热点问题发表意见。针对学界普遍关注的监察立法与《宪法》

的关系，马怀德建议先修改《宪法》再制定《监察法》。

"我在相关座谈会上提出，希望修改完《宪法》之后再通过《监察法》，然后成立国家监察委员会。"马怀德如是说。对于留置措施取代过去的"两规"做法，马怀德认为这是国家监察体制改革最重要的成果，针对《监察法（草案）》，他主张应对留置对象、留置程序、留置场所等内容进一步细化和完善。

2018年3月，《监察法》正式通过后，马怀德成了宣讲员，各大报纸杂志均可见他的专访和署名文章，他的身影也频频出现在机关、单位、高校等的讲台上。

新时代法学教育的"拓荒牛"和引领者

无论是怎样游刃有余地行走于庙堂之间，无论是一个多么出色的智囊，洗尽繁华，马怀德始终淡定从容地执着于学术研究和教师角色。

他是我国行政法学领域的领航员，作为学者，他涉猎广泛、著作等身，已出版学术专著、合著40余部；在《中国法学》《法学研究》等重要学术期刊发表论文百余篇。承担多项国家社科基金重大项目和规划项目、教育部重大攻关项目、司法部及北京市科研课题。他的学术成就得到社会的认可；他是我国卓越法治人才的授业者，作为一名老师，他以德立身、以德治教、以德育人，成为学生成长、成才的引路人。系人事部等七部委"新世纪百千万人才工程"国家级人选；获得第四届"中国十大杰出青年法学家奖"，中宣部文化名家暨"四个一批"人才、"万人计划"哲学社会科学领军人才，霍英东基金会优秀青年教师奖，首都劳动奖章，北京市有突出贡献的科学、技术、管理人才，享受国务院批准的政府特殊津贴。

2019年5月22日，在中国政法大学已经31个年头，在副校长职务上13年之久的马怀德出任中国政法大学校长。

在宣布任命会上，马怀德表示将坚持"以师生为中心"的理念，坚持"问题导向和目标导向相结合"，准确把握制约学校发展的短板，强化师资队伍建设。

据悉，马怀德上任后第一件事就是走访法大的五位终身教授，问计求策，然后就是召开青年教师和学生座谈会，倾听意见建议。

"师生有所呼，学校有所应"，校园网很快出现了"网上投诉"版块，学校制定了《投诉建议处理办法》，师生对学校管理中的问题都可以在线上投诉、提出建议，职能部门必须在15个工作日内回复解决。

有法大老师私下对记者说："马校长不愧在法大做了13年副校长，对法大的管理和师资状况均非常了解。"

"之前法大的各个学科基本上都有那一领域的全国领军人才，但现在那批人都面临退休的问题，而由于一个时期不能近亲繁殖的规定，法大自己培养的优秀人才又没能留下，现在在领军人才方面有点青黄不接的感觉。这可能是马怀德履新后面临的一个大问题。"该人士称。

近几年高校的人才大战确实看得人瞠目结舌，东部有的学校已经开出了1000万元的安家费来挖一个学科带头人。很多有点分量的学者待价而沽。从全国来看，近两年来的人才大战确实让教师队伍有点人心不稳。很多有"帽子"的教师要么被看上、挖走，要么自己盯着条件更好的高校。这是当下教师队伍建设面临最大的问题。那该如何解决这一问题呢？

马怀德回答："国家对公办大学教师薪酬待遇可以考虑设定最高限，双一流高校不得向非双一流高校挖人才。同时，学校要把师资队伍建设作为最重要的工作，引进人才、培育人才和留住人才并重，学校要从情感上关心、政策上激励、制度上保障教师，形成发现人才、培养人才、尊重人才的良好氛围。要加强与教师的沟通交流，关注他们所思、所长、所需，为教师的成长发展提供最大支持。要构建多元化的教师评价体系，做到实事求是、科学评价，激发教师创新活力。"上任校长伊始，马怀德就四处延揽人才，先后引进了熊秋红、刘艳红、杨伟东等知名专家，他们成为法大"刑事诉讼法""刑法""行

◎马怀德教授在中国政法大学作报告 （马怀德 提供）

政法"等学科发展新生力量。教师们对马怀德的评价是务实肯干，不说空话。清华大学老校长梅贻琦曾云："所谓大学者，非谓有大楼之谓也，有大师之谓也。"大学者，教书育人之所，思想汇聚之地；成就大学之关键，在于大师，而非大楼。大师，乃大象无形的精神家园。而作为新时代教育领域的"拓荒牛"和引领者，大学校长，则被更多地寄予了神圣的精神光芒。

为了留住法大优秀人才，马怀德积极推动法大与周边中小学的合作，先后在中关村三小、北京市第十九中学加挂了"中国政法大学附属小学""中国政法大学附属实验学校牌子"，有效解决了青年教师子女入学的难题。此外，还积极申请人才公租房、推动将海淀校庆老教学楼，老一、二、三号楼列为历史文化建筑等，改善了青年教师的住房条件，兑现了每名教师有办公空间的承诺。

我的中国心　我的循化情

唐千红[*]

　　刚刚看完第二十四届冬季奥运会盛况之际，我突然思潮澎湃、百感交集。目睹和感受祖国翻天覆地的变化和站起来、富起来、强起来的苦难与辉煌历程，感慨自己在国外求学十几年，终于带领团队一起攻关全国精细化气象服务格点项目。研发的四大产品系列（CARAS-SUR、CARAS-HIS、CARAS-3D、CARAS-HRF）正应用于航空、环保、保险、2022年冬奥、2022年亚运会、川藏铁路建设、水文、高铁运行、农业、畜牧业、公路交通等各行各业，为气象事业添砖加瓦，为防灾减灾做了一点贡献，填补了我国气象领域的一些空白，自己数十年来孜孜以求、报效国家的中国心，也得到了慰藉和安抚。

　　回首往事，历历在目，真可谓是幸运与困难并行，心血与荣誉相伴，鄙视与自强争斗，意志与艰辛较量的人生之路；细细思量，感觉支撑和照亮自己人生之路更多的是精神动力，这种精神源自中华传统文化自强不息、厚德载物的濡养，来自中华先贤"天下兴亡、匹夫有责"的熏陶，来自中华普世价值的家国情怀，来自循化人骨子里不畏艰险、敢踏黄河浪尖的精神传承。

---

*　唐千红，中国气象局公共气象服务中心数据应用总师。

幸运的我

1962 年出生的我，比较幸运地躲过了三年全国自然灾害的苦难岁月，成长在一个和父母兄弟相亲相爱的五口之家。老照片中当年的父母都很清瘦，虽然家庭、工作担子很重，但他们尽最大的努力，没有让我们挨饿受冻，自小无忧无虑地生活长大。小时候，父母工作非常忙，哥哥唐千之和弟弟唐千里出生不久，就被带到循化白庄老家由奶奶爷爷抚养，而我因为是女孩的缘故，就没有去老家，被一个奶奶照看。因为这个奶奶也是循化人，我从小受到青海语言的熏陶，虽然母亲是河北人，但是父亲的口音始终没有改变。8 岁左右，弟弟和哥哥都先后接来一起上学，他们的循化情结一直影响着我，有了哥哥和弟弟加持，我在学校和外面的胆子也大了许多。记得小时候最喜欢到循化老家过年，年前家人们炸油饼、蒸包子、煮肉，爸爸带着我们写对联、贴对联，编辑各种对联的语言，让我们新奇无比；妈妈从回到老家开始，就整天整夜在炕上给大人、小孩做衣服，一直做到三十晚上大家都穿上新衣服了，她才下炕。我也每年都积攒一些彩色的头绳留着过年回老家送给表姐妹们。

年三十，大人、孩子们开心地穿着新衣服，放着鞭炮，吃罢年夜饭开始守岁，第二天一大早赶着头一炷香去门口的庙里，吃了早饭就跟着大人们去各家拜年，现在想起来都是小时候最开心的事。

夏天，是收获的季节，我们也学习割草、割麦子，学做一些农活。记得有一次父亲带着弟兄几个去打猎，我和弟弟千里也想跟着去，但是爷爷说一个丫头家不能去野外。父亲不受封建思想的影响，同意带着我一同去，结果打猎的时候，留下千里和我守猎物。让人意想不到的是，山里突然起了大雾，我俩被圈在大雾中，非常害怕。过了半小时后，雾才散去，回来的路上几乎走断腿了。这件事让我们至今记忆犹深，去年，弟弟又去了一趟山里，重温小时候的记忆。

我们三人在相亲相爱、打打闹闹中茁壮成长，犯过不少错误，也受了不少教训。

总的来说，在父母的教育下，我们都是比较规正地成长，哥哥后来上了卫校，走向卫生行业；弟弟学了中文，却爱上了测绘行业。我很幸运地作为78级毕业生参加了高考，由于从小学到高中成绩一直优良，顺利考取了国家重点大学——南京气象学院，自此便开启了从事科研的一生。

大学生活

父亲唐正人希望我能够学理工科专业，因为当时有一句流行语叫"学会数理化，走遍天下都不怕"。16岁上大学的我，可谓打开了我人生的第一道门。四年大学期间，不仅如饥似渴地接受了高等数学、流体力学、大气科学、气象观测学、计算机、化学、植物学、农业气象学等知识，在课余时间还跟着年长的同学初步了解了一些西方的文学、音乐、绘画、电影，大学为我这个从大山里走出来的姑娘开启了一片新的天地。那时，青海、西藏、甘肃等地大学的学生一般来说成绩都是垫底的，可能是南京氧气足，加上循化人不服输的"犟劲"儿，我暗自发愤赶追，各科综合成绩得以迅速提升。

勤奋工作

1982年7月，我从南京气象学院本科毕业后，被分配到青海气象局气象科学研究所农业气象室工作。当时的室主任是南京大学毕业的楼学道先生，他非常勤奋地带领我们开展了一系列的青海农业气象研究工作。每年3—9月我们都在川水地区下乡做农田实验。在学有所成、回馈故里的心态下，我依托专业知识理论，努力创新思维，按照科学方法，奔波在田间地头，细心观测气象条件对小麦产量的影响，进而获取了第一手宝贵的科研资料。功夫不负有心人！经过一番研究，终于揭开了青藏高原东部在灌溉充分的条件下，可以达到小麦亩产千斤的原因。弄清了在干旱气候条件下，何时灌溉、如何节水灌溉才能使小麦产量达到最高。撰写的论文《青藏高原东部农田水分的变化规律及对小麦产量的影响》获得中国气象局第二届（1986—1987年）涂长望青年气象科技奖二等奖，自己因此被破格评为西北区高级工程师。

记得1983年刚参加工作的我，就去了循化县清水乡农科院基地下乡。当时条件比较差，连厕所都没有，需要去比较远的小学里上厕所。不久循化县科协领导来调研时，看到我们严谨的工作态度和艰苦的工作环境，立刻派人搭建了一个简易厕所。吃水是从黄河挑，还需要自己做饭，由此我也顺便学成了循化人引以为傲的家常烹饪绝技——尕面片。这段时间的历练，对我的循化方言也进行了一次"回炉淬炼"，使我对循化的风俗习惯和人文精神进行了深切感受，内心深处又一次地打上了循化烙印，至今一往而情深。

经过了10年的下乡生活和工作，我深切感觉到自己知识的匮乏，需要深造学习，无奈1982年和1984年两次考研均未能成功，除了专业课的问题，还有英语成绩难以过关。于是我便开始了如饥似渴的英语学习阶段。说起英语学习，得感谢我的先生陈鹤雏，我们不仅是高中同班，还是同桌，更是不约而同地考入一个大学，毕业后又双双分配到青海气象局。他先去果洛锻炼了两年，后又回到省局，我们自始至终互相鼓励、互相帮助，一天也没有放松学习。1987年结婚后，我们更加注重英语的学习，他从青海师范大学借了很多英文版录像带，我们把字幕贴住，以便练习听力，听了各种可以搜集到的英文磁带，对英语如醉如痴，以至于当时走在大街上，听到的仿佛全是讲英文的。正当我们热火朝天地学习英语的时候，他有机会赴北京第二外语学院学习英语一年，我也在中国气象局气科院组织的全国英语培训班学习了半年英语。

机遇总是垂青有准备的人。1988年，青海省政府授予我"青海省十大杰出科技青年称号"。1990年，教育部要求各省派两名有大学本科学历的年轻人，公派赴泰国亚洲理工学院学习。各机关事业单位随即组织考试遴选留学人员，先生一举考取全省第一名，顺利赴泰国学习。一年后我也去了泰国陪读，从此踏上了我们在国外学习、生活的旅途。

闯荡泰国

赴泰国陪读既有去照顾先生的意愿，也有自己走出国门、开阔眼界、自我历练、寻求机遇的想法。验收完手上的最后一个项目后，第二天便踏上了去北京的航班，在北京经过体检等事项后，于1993年3月第一次出国踏上了泰国的土地。之前就听说过泰国人和蔼，到达之后，真的感觉他们说话轻声细语，行事慢慢悠悠，我归结为一是佛教国家，二是因为天气热，如果太着急，就得大汗淋漓了。亚洲理工学院是个非常美丽的地方，它既有泰国的热带花卉树木，又有西方的建筑和教学。因此，每个地方和角落都令我非常惊奇，大概熟悉了周围的环境和泰国的风土人情之后，我就开始学习英语，去计算机房练习打字，下游泳池学习游泳，在健身房练习健美操，后来又参加了一个绘图软件培训，心无旁骛、全力以赴的我两周后就拿到了证书。凭着这个证书和之前做项目的经历，我被招到一个国际机场项目中，派驻到曼谷市工作。

先是开始地理信息系统GIS的学习培训，这对于我来说简直是莫大的挑战，当时的我既没有耀眼的学位及在大公司的履职经历，又没有什么技能。一个月后，培训我的荷兰专家给项目领导告状，说我一不懂英语，二不懂计算机操作系统，三不懂GIS，建议把我给开除了。可是我的泰国老板人很善良务实，没有给我压力，他要求我好好完成一个月的工作。没有想到，我三天看完了整本英文版的操作手册，并且开始学习制图。一个月后，我就可以娴熟地独自作图了，渡过了在国外的第一道人生难关。此后发展就比较顺利了，后来两三家公司都找我去工作，我曾经一度兼职三个工作，收入非常高。周末常常是带着女儿和保姆一起加班，忙碌的时候，女儿直接睡在公司办公室的地板上。因为我所掌握的地理信息系统(GIS)技术为该公司带来了上百万的项目，我就被提拔为部门主管，管理公司里的泰国人、中国人、印度人等。

泰国经历金融危机时，公司大幅度裁员，老板让我提供我的部门裁员名单，我说：

"要裁就裁我和另外一个中国人吧，因为我们的
工资太高了。"老板听了只好作罢，我们部门一
个人也没有被裁。但为了缓解公司面临的危机，
只好全员降工资 1/3，还好，我们家庭生活还是
可以的。也是在此时，有一个去加拿大温哥华
参加 GIS 全球大会的机会，公司奖励我 1000 美
金，由会议组报销我的差旅费，随即我又一次
踏上了北美的土地。会议安排在风景秀丽的维
多利亚港湾，让我觉得，如果没有来北美学习，
会是人生的遗憾。会议中，我的表现得到了更
多国外专家的认可，也使我更进一步看清了自
己的优势和发展的方向。回去后，我申请了堪

◎　唐千红与家人合影　（唐千红　提供）

萨斯州立大学的研究生就读，美国导师资金充裕，需要有地理信息背景的学生，于是
我便顺利被录取。由于有在国际机构工作的经历和工作业绩表现，连 TOEFL 也没考就
入学了。

求学美国

　　2000 年 1 月 6 日，我离开家人和生活了 7 年的泰国，开始了美国的求学之旅。美
国的堪立大学历史悠久，建立于 1856 年，远离城市。37 岁的我望着堪萨斯湛蓝的天
空，有些陶醉。再次背起书包走入一群充满活力的美国大男孩、女孩聚集的教室的时候，
我感觉自己也焕发了青春。追忆着循化邓春兰等先贤求学经历的我，怀着老骥伏枥的
想法，穿梭于教室、宿舍、食堂之间，努力学习，负重爬坡。半年后，先生送 10 岁的
女儿来美国，于是又多了一份责任。除了上课、写论文，还要送孩子学习钢琴、芭蕾

舞、游泳、绘画及课外活动等，也没有多少时间想别的，每天重复着简单的生活。如此，两年半的研究生学习结束了。毕业典礼热闹隆重，先生和他的合作伙伴美国人老汤姆特地赶来参加毕业典礼，这应该是我人生中最辉煌的一个毕业典礼！记得当年先生在亚洲理工学院硕士毕业的时候，大家都穿着他的毕业服照相，要我也穿了照相，我说："我不穿，我将来要穿自己的毕业服照相！"突然发现人生是如此的奇妙，如果你有梦想，有一天说不定真的会实现呢！

圆梦博士

正如我立志要穿自己的硕士服一样，在泰国工作期间，我们做了几个大项目，但是最后提交泰语 / 英语的双语报告时，总要在我们前面加上其他博士的名字，内心有点不服气。人家有两个头衔博士（Dr）或者是先生 / 女士（Mr/Mrs），而我的头衔永远是唐女士（Mrs Tang）。当时我在泰国的科技部 / 环境部等相关领域已经算是比较有名气的两个外国人之一（另外一个是美国人，地理信息界最有名的公司 ESRI 在泰国的专家）。因此，我非常想读博士，那时我才 35 岁左右，可是这个博士梦，一直到我 44 岁时才真正实现，回想起来虽然经历坎坷，但是也十分值得。

我是 1982 年 7 月获得南京气象学院农业气象系理学学士学位，2002 年 5 月成为美国堪萨斯州立大学生物与农业工程系工程硕士。那时候，我带着 10 岁的女儿一起学习，2017 年 "三八" 妇女节，《中国气象报》在报道我的专题《唐千红：生命像是随时开始》里面写到这一段时是这样说的："最美的桥段，放在最后说吧。唐千红当年去美国深造，是带着 10 岁的女儿一起去的。那些年，妈妈和孩子，一起去上学，只是在不同的学校，读不同的年级。想想母女俩一同背着双肩包的场景，确实美好。"记得当年自己既要读书、上课写论文，还要培养女儿学钢琴、芭蕾舞、游泳、绘画等，所以，常常是开车接送女儿，还需要买菜做饭，真是忙得没有时间想其他事。

人生的路哪有那么简单，我也遇到过非常大的坎坷。2005 年我突然中断学习，人生跌到低谷，有几个月几乎每天以泪度日，还不让孩子和国内的父母知道，每周打完电话就哭好久，好想回国，也想退路。同时也反省自己过去的骄傲、自以为是……欣慰的是，上帝给我关了一扇门，也为我开了另一扇窗，让我人生再次转向。

2006 年 1 月，我再次回到大气科学专业读书，非常幸运地在我华人导师谢立安的指导下，在美国最前沿的学科里面畅游、翱翔，汲取着知识，一次次地险些被淘汰。我的博士委员会中有一个美国人，非常认真，数次差点把我"打发"回家。但是，坚强的意志使我不断地学习、听课；再学习，再听课。在老师和同学们的热心帮助下，完成了一科又一科的考试，记下了繁杂的公式，背熟了无数个定律，历经千难万苦，终于开启了科研的新思路，2010 年 8 月终于顺利毕业。我获得美国北卡罗来纳州立大学海洋、地球与大气科学系博士学位。这四年半的学习，使我的人生走向了一个巅峰。我常常说，我的博士是用眼泪泡出来的。非常感恩，那时候我遇到了我生命中更加有价值的事，使我的人生实现了反转。最后在我的答辩会上，那个美国导师坐在前排举起了大拇指，令我感动万分，答辩顺利通过！

家国情怀

很多中国学生毕业后选择了留在美国工作，而我必须回国，因为这是我父亲的盼望。父亲总说："一个中国人，要为自己的国家做贡献；一个青海人，要为青海作贡献；一个循化人，更要为循化做贡献。只要学习了本领，除了收入，回国照样有前途、能发展，况且中国需要人才。"当然，父亲也想要孩子们都在他身边。时机真的很好！ 2010 年 8 月我及时回国，父亲不幸于 2011 年 4 月去世，但总算有半年多的时间和父母亲及家人们在一起。在医院里面就好像在家里一样，睡在陪护的地板上、气垫床上，我也感觉非常温暖和开心。

2011 年回国后，我担任中国气象局公共气象服务中心数据应用总师兼高级工程师。2016 年，被评为中国气象局服务中心"十大科技人物"。同年，我的"高时空分辨率格点实况产品研发"项目获得中国气象局公共气象中心成果转化二等奖。从 2018 年至今，我是中国气象服务中心服务产品室特聘专家。从 2011 年回国工作以来，我已经研发了四类全国系列产品，也尽自己的努力通过项目帮助提升青海气象局服务中心的科技成果。但是，这些还没有真正能够帮助和惠及循化县，我盼望能够早日实现这个愿望。就像前面说过的，只要有梦想，万一能够实现呢？事实上，美好的梦想总是可以实现的，且行且努力吧！

我的家庭

我的先生陈鹤雏，是我高中同班、同桌的同学，我们不约而同地考入同一所大学南京气象学院（现南京信息工程大学），毕业后又同分到青海气象局，两人都有继续学习和深造的理想，我俩又是同年同月的，这样的巧合，不得不承认是上帝赐给的缘分。虽说有许多相同，但是在我们高中和大学男生女生几乎不说话，最后因为大学毕业分配走到一起，1987 年结婚至今，走过了 35 年的历程，真是感恩命运。我虽然事业心比较重，但是我有一个原则：要走好平衡木。"媒体在宣传一个人时，习惯于谈及此人废寝忘食、殚精竭虑。但唐千红让人看到了她智慧的一面，因为她的理念是'平衡木'理念。""在家庭和工作上，我走的是'平衡木'，不能一味牺牲家庭，工作上也会尽力为之。""在她看来，平衡好、兼顾好，才能走得不那么'拧巴'，才能把路走得更科学、更持久。"这是 1990 年青海电视台采访我时说过的话，当时我的女儿刚刚 1 岁时，我正在努力平衡家庭和事业的重心。

先生对我事业的支持是无与伦比的，他最了解我，也最支持我。我在美国求学的 10 年中，他甚至把我患癌症的父亲一次次地从死亡线上解救出来，父亲多活了 11 年，他立下了不可磨灭的功劳。他对待我的父母甚于自己的父母，和他们有非常好的内心交流，在政治、体育等方面有许多共同话题。欧洲杯时，他和我父亲半夜在比赛的中场休息时互打电话；他带着父母在杭州西湖边饮龙井茶、吃杭州菜；在我父亲北京放疗的几个月中，天天开车送父亲去北京医院做治疗，让我感动备至。我和婆婆虽然也有磨合，但是关系极好，我们彼此体贴，一起生活了 30 年。我很幸运有个会做饭、持家的婆婆，她心理上依赖我，我生活上依赖她，我们彼此已经融为一体，非常了解彼此的喜怒哀乐。公公去世 28 个年头了，我们一直和婆婆生活在一起。

女儿就不用说了，更是我们的骄傲，也如先生和我一般地爱工作，是家人的"开心果"，特别顾家，我们常常说有一个好女儿胜过十个儿子。

助力冬奥

2021 年，100 米分辨率网格气象要素实时系统是团队研发的最新产品，目前正在实时运行，双机备份，每 10 分钟出系列产品，为冬奥滑雪场、赛道、跳台等服务。冬奥会的许多比赛受到天气条件的严重制约，跳台滑雪的成绩最易受到天气的影响，尤以风的影响最为显著。瞬时风力过大，还会对运动员的安全造成威胁。因此，跳台滑雪对场地和气象条件都有严格的要求。风速超过 4 米 / 秒，运动员在空中的方向会受到很大的影响，当风速超过 5 米 / 秒就不能再进行比赛和训练了。在瞬时风速小于 3 米 / 秒、无侧风的气象条件下，运动员易取得好成绩。小于 3 米 / 秒的逆风更有利于比赛，因为逆风时，气流会将运动员的身体"托"起来，从而延缓下降速度，增加飞行距离。瞬时风力过大，甚至会对运动员的安全造成威胁。因此，运动员更偏爱"逆风飞翔"，其跳跃的距离也会比正常的无风天气时延长 10 米以上。反之，顺风成了运动员比赛的最大障碍。温度则直接影响雪地质量，过高和过低温度对于雪地的品质都会有严重影响。因此，2020 年开始冬奥赛事组就委托北京市气象局组织全国 40 多家单位研发各类产品，进入冬奥比赛测试，经过三轮测试，我们的产品全部被入选，以 99% 的导报率和 99% 的及时率得到好评，产品种类也属同类产品中最多。这个 100 米 × 100 米分辨率、每 10 分钟输出的产品也居于世界领先地位。冬奥会比赛期间，我们的手机都会实时收到各类产品的报警信息，第一时间必须处理解决。但是无论如何，能够参加到这样一个冬奥的服务，我和团队都感到无比自豪。

人生总有很多遗憾，离去的父母、兄弟已经在天上会合，留下的我们依然要砥砺前行。我的人生已经过半，快到了退休的年龄。但是，我国的很多气象服务还没有做到位。2021 年 "7·20" 郑州暴雨、甘肃马拉松事件等都令人痛心！气象作为防灾减灾的第一线，不仅要做好预警发布，更要做到最后一公里的服务。我亲爱的家人们、长辈们和下一代、二代的孩子们都是我们努力的动力，我愿将余下的生命献给这份事业和家人，帮助更多的人，做出更多的贡献，这也许就是生命的意义吧。

只为点亮那盏灯

——彭鲁达先生与积石宫的半世情缘

彭　忠

◎彭鲁达同志在老年节致辞 （彭忠 提供）

撰写文史资料是我县历届政协极具特色的一项工作。十六届政协文史资料编委会在研讨汉族卷录入人物座谈会上，"积石宫管委会主任彭鲁达"这个名字赫然在列，并指定由我来撰稿，我当场欣然接受了任务。

之后的几天里，我一直回忆着与彭主任接触的那些岁月。彭主任虽然已经远离我们而去，但他的音容笑貌历历在目，仿佛发生在昨天。彭主任身材高大，慈眉善目，说话和蔼可亲，一年四季骑着一辆破旧的摩托车东奔西跑；2018 年的老年节上，因疾病折磨、劳累过度的彭主任，看上去面容憔悴，说话声音沙哑，咳嗽比往常严重了许多。这是彭主任定格在我心头的最后形象。

原先我对彭鲁达了解并不多，只是在亲朋好友的来往中多次听人说过"彭鲁达""彭经理"的称呼。后来，一个机缘我见到了"彭鲁达"本人。其实，我早就见过"彭经理"，只是没有对上号而已。

20世纪80年代，一些有见识的人们乘着改革开放的东风兴办私营企业，率先富起来了。那时没有私家小车，一般人家拥有一辆自行车就已经很不错了。富裕了的老板们纷纷购买二轮摩托车奔驰在城乡之间，招来无数羡慕的眼光。我清楚地记得，年轻时的"彭经理"常常骑着一辆红色摩托车，他一头天生的卷发，身着西装，长相帅气，说话声音洪亮，在人群中格外吸引眼球。起初我从其长窃以为他是回族或者是撒拉族，后来在汉族宴席场上见过几次，才知道他是汉族，他就是鼎鼎有名的"彭鲁达""彭经理"。

2009年9月，积石宫管委会第二任主任吴绍安因病去世。管委会商定：一年后选举产生第三届班子。2010年10月，彭鲁达顺利当选第三任管委会主任。这一年中，积石宫内部看似风平浪静，其实激流涌动。一些文字功底较好、长年担任积石宫文件起草工作的同志由于多种原因相继离开，积石宫文字工作一度成为薄弱环节。

彭主任上任一年后，在一次饭局中我得到消息，说是积石宫印发的文件存在很多问题，除了错别字以外还闹出了不少笑话。为了加强积石宫的文字工作，彭主任打算让我担任文审工作。我收到这些消息，当时心里发怵，担心胜任不了这项工作，于是心中拿定坚决拒绝的主意。

刚过了几天，我就接到了彭主任的电话。电话里他和风细雨地足足说了两个多小时，最后才说出了让我承担积石宫"文审"职位的要求。本来三言两语说清的事，彭主任却绕了很大一个圈子，可谓用心良苦！一个古稀之年的老人以央求的口吻说服一个年轻人，着实让我心中激起阵阵涟漪，原本打定主意要"坚决拒绝"的我，听着彭老的诚挚话语，我在电话这边本来坐着的人不由自主地站了起来，边听边点头，愉快地接受了积石宫"文审"岗位。

彭鲁达担任积石宫管委会主任期间，非常重视基础设施建设，他坚持走积极争取政府项目资金支持和动员群众集资两条腿走路，使积石宫硬件建设发生了翻天覆地的变化，可谓积石宫发展史上的二次创业。

积石宫建宫之初就修建了殡仪馆。后来随着城镇化进程的强力推进，县城人口迅速增加，原有的设施远远不能满足群众操办丧事的需求。2011年7月，在彭主任的主持下重建了殡仪馆，赢得群众广泛好评。

召集贤达人士召开座谈会，征求积石宫今后的发展建议是彭主任一贯的作风。2013年的座谈会上我也在受邀之列，会上我提出了"征用积石宫北界3户农家院"的建议。当时因为种种原因，对这条建议并未引起足够重视。不到一年时间，殡葬事宜、节庆活动、日常文化娱乐等相互交织、互相冲突，引发了一系列不和谐的场景，我的建议已经成为现实需求。于是，彭主任毫不犹豫地正式把扩建积石宫院的问题列入主要议事日程。经过一年多的不懈努力，先后征得宫院北界3户农家院同意，河源大殿得以整体北移。为了感谢乡邑各族群众慷慨解囊的义举，彭主任亲自设计，力主在宫院墙壁上勒石记载，前文赞美善举，后文记录捐款者姓名和善款。之后的日子里，每每遇到积石宫成员聚会的场合，彭主任对我的建议大加赞扬。而彭主任的真实意图是，希望更多的人士为积石宫的发展多多建言献策。

彭主任常常挂在嘴边的一句话是："民族团结是自治县和谐发展的法宝，而文化在其中发挥着触及灵魂、潜移默化的作用。"为此，彭主任召集县域文化人士多次研究促进民族团结的文化载体。按照彭主任的安排，我们组建了以社会主义核心价值观为指导的《循化县家训家风学习教育读本》写作班子。此后的两个多月时间里，我们一面编写教育材料，一面搜集整理各民族中遗存的家训家风素材，最终完成了家训家风学习教育读本征编任务。内容涉及汉族宗氏家风、撒拉族吾如乎苏孜、藏族家训、现代家训，包括"父爱如山""母爱似水""读书达理""乡情悠悠""亲情博爱""感恩情怀""节俭养德""诚信为本"等章节，积石宫为全县文明家庭、和谐社会建设贡献了智慧和力量。彭主任在此基础上乘势而上，多渠道联系，得到市县民族团结进步创建办的大力支持，组织文化骨干精心策划，于2016年成功打造了体现民族团结进步的书法文化苑。

随着人口老龄化趋势的加快，加之年轻劳动力纷纷外出打工，赡养老年人已经成为当今社会面临的一大问题。"是问题，就要正视它、就要想办法解决它！"彭主任是这么想的，也是这么做的，"积石宫老年日间照料中心"项目终于如期落地建成。

彭主任可谓是求贤若渴，想尽办法通过多种渠道结识了一批可以对积石宫发展提供帮助的各族各界朋友。詹晋文先生是循化县著名的音乐人，当了20多年文化馆长，创作了百余首撒拉族歌曲，组织开展文娱活动有着丰富的工作经验。为了大力推动积石宫精神文明建设，彭主任经过精心筛选，决意聘请詹老师为"清音合唱团"艺术总监。当时詹老师还在文化馆长的任上，业务工作忙得不可开交。凡是认定了的事情非要办成不可，这是彭主任的工作决心，也是做事风格。彭主任亲自登门拜访了詹晋文先生。靠他求贤若渴的诚心、和风细雨的说词，终于感动了詹晋文先生，接受了邀请。"清音合唱团"是由退休职工、村社农民组成，文化参差不齐，年龄差距大，对这样一个群体教授音乐艺术的确困难重重。詹老师白天上班、晚上上课，就像给小学生上课一样手把手地传授技艺。上课期间，彭主任按时到岗、亲自督导，一直到下课为止，一年四季始终如一。文化活动生产不了钱，但一定是个很烧钱的项目。彭主任作为积石宫的当家人，"柴米油盐"这些家务事他当然十分上心。活动场地、桌椅板凳、服装、燃气、乐器、演出费用等都是他无法回避的当务之急。为此，彭主任赔着笑脸造访了很多部门，也遭遇了不少冷眼。这里要一点、那里借一点，总算把合唱团的架子像模像样地搭建了起来。

提高艺术水准是合唱团的生命力所在，彭主任为此付出了大量心血。他借助詹老师长期从事文化工作的人脉关系，促成了积石宫清音合唱团与省爱乐乐团"姊妹"合唱团关系，互相往来、长期交流、相得益彰。尤其是省著名钢琴演奏家索南公保被彭主任的热情和谦逊所打动，他不顾路途遥远，时不时地抽空到积石宫进行指导，使"清音合唱团"的表演从形式到质量都有了显著提升。如今的"清音合唱团"不仅在省内小有名气，而且把循化的歌声唱响在祖国的大江南北，在内蒙古全国中老年才艺邀请赛中获得两项金奖，云南第七届"孔雀杯"全国中老年才艺邀请赛中荣获特等奖和金奖各一个，全体团员靠自己的才艺把"循化撒拉族自治县"这块牌子在内蒙古草原高高举起、在"孔雀之乡"美丽绽放。

　　积石宫随着文艺活动的蓬勃开展，相对单一的民乐队已经跟不上形势的需要，队员们要求购进一批管弦音乐器材的呼声越来越强烈。可是要购进一批管弦乐器需要花费一大笔资金。钱从哪里来呢？这个问题一直萦绕在彭主任的心头。最终还是通过詹晋文先生的渠道，在 2013 年的老年节上，积石宫有幸邀请到了上海籍的青海省民盟委员、省纵横文化艺术发展有限公司董事长马金祁先生参加活动。彭主任借此机会给马总详细介绍了积石宫的基本情况、面临的困难和未来发展愿景，热情地接待了马总一行。马总是个热情豪放、非常关注地方文艺事业的人士，他观看完积石宫自导自演的文艺节目以后深有感触，席间当即表态：企业的发展得益于青海省各族百姓的支持与厚爱，企业家们应当有取之于民用之于民的情怀，他愿意为积石宫无偿援助一批管弦乐器和农村实用技术书籍。马总的这一表态对于积石宫、对于彭主任可是个雪中送炭的大喜事，引得全场一阵热烈喝彩。节后彭主任带着循化特产与马总接触了好几次，捐赠乐器和书籍的事宜终于谈成。记得当年 11 月的一天，彭主任带领积石宫的同志们在河源大殿门前早早地布置捐赠仪式会场。那天寒风凛冽，天空飘着雪花，好像寒冷的冬天提前来临。临近中午时分，马总冒着大雪把满载捐赠物资的车辆亲自运送到积石宫门前。捐赠仪式简单而热烈，共捐赠乐器和图书折合人民币达 6 万多元。会上马总发表了热情洋溢的讲话："我来到积石山下，黄河岸边，心情十分激动，看到积石宫有这么多中老年朋友热爱音乐、追求艺术感慨万千，感谢你们用艺术点缀生活，用歌声净化心灵，表达对生活的热爱。纵横文化艺术发展有限公司在今后的日子里将一如既往地关注'清音艺术团'的发展，为你们的进步加油，为你们的繁荣喝彩，祝愿你们阔步向前！"马总不愧是一位儒商，身材高大，身穿西装，一头背发，戴着一副眼镜，看上去风度翩翩，讲话不仅声音洪亮，而且出口成章，充满诗情画意，像朗诵抒情散文一般悦耳动听。会场寒风嗖嗖、雪花飘飘，但与会者此刻的心却暖意洋洋、其乐融融。

　　李循林是出生在循化、成长在循化的外籍汉族干部，后来调到省城西宁工作，先后在多个大型企业担任负责人，他对循化有着深厚的感情。彭鲁达被选举为积石宫管委会第三任主任时，恰逢李循林担任青云集团董事长，事业如日中天。彭主任从李循林身上看到了帮助积石宫发展的潜在力量。他利用在西宁的循化籍乡亲聚会之际，邀请李循林董事长参会，详细介绍了积石宫的今天和未来发展前景，席间免不了推杯换盏。彭主任患有严重的肺心病，烟酒是这种疾病的大敌。彭主任为了表示诚意，不顾身体安危，硬生生喝下了宾客的所有敬酒。合作意愿算是圆满达成，而彭主任第二天就住进了医院。之后的几年里，每逢老年节，彭主任亲自给李循林董事长送去请帖，被奉为积石宫座上嘉宾。彭主任先是将李循林聘请为积石宫顾问，接着聘请为"积石宫名誉主任"。精诚所至，金石为开。李循林董事长被彭主任和积石宫的诚心所感动，不仅他自己为积石宫慷慨捐款，还动员兄弟公司和亲朋好友献爱心，几年间爱心善款累计达 200 多万元，为积石宫基础设施建设做出了重大贡献。为了铭记创业者和仁人志士对积石宫发展做出的重要贡献，彭主任在广泛征求全体委员意见的基础上，决定立碑醒世、以励后昆，在河源大殿两侧各立了一块石碑。东西侧的碑文分别为：

福田碑

建宫之初，城垣汉族一院几户，居住狭窄，每逢丧事蜂拥不堪，建殡仪馆乃众人之愿。

甲子之春，几经协商，公举爵天筹委主任。然民贫囊啬，筹资维艰。陈公率众四处化缘，风餐露宿，终究圆满大众夙愿。筚路蓝缕，启山创业，付出之多，众口皆碑。

彼时之局，兴建庙宇时政不允，石公廷禄不负众望，力挺重压，求助四方，集腋成裘，河源宝殿落地告竣，奠定积石宫之雏形。兄弟民族赠匾庆贺，"膏泽沃土""团结世继""敬其观祭"。是年，公推其积石宫首任主任，任职九年。

贤达绍安，退休干部，民选第二任主任，履职一十二年。建章立制，倡导规范；建关工委、老年协会、文艺团队，各尽其能；筹建老年活动室、青少年文化补习室，树立文明新风；集资修建钟鼓楼，雕梁画栋，翘首矗立，造就人文景观；主编《积石宫二十年纪实》，谱写先贤创业历程。吴老爱宫如家，堪称楷模。

◎积石宫福田碑 （彭忠 提供）

彭公鲁达，建筑企业家，积石宫第三任主任，时临扩建宫院之要务。本届班子及诸委员，凝心聚力，精诚团结；各路英才，致力宫务，功载史册；清音高歌，嘹亮南北，成绩斐然；艺苑逢春，书家聚首，翰墨结缘；匡助年少，慰问耄耋，清风入怀。重建殡仪馆、征用北界民宅、后移河源大殿、再造东室，掀起基建高潮，可谓宫史二次创业，投资计七百三十八万余元。个人累计捐款二十二万余元。

拦吉庆者甘肃人也，仿古建筑企业家，任积石宫副主任。视循化为第二故乡，奉献积石宫十余载，建筑让利五十余万元，个人捐款一十四万余元。

王能新者浙江杭州人也，采矿企业家，关爱童叟，温馨有加。时逢法人更替，承诺捐资西楼。赵超，第二届管委会常务副主任，曾代行主任职责一年有余，谢坑兑诺七十万元，主持修建西侧文化楼竣工。

积石之宫，岁至而立，盛世气象，来之不易。撒藏回汉兮亲如一家，党恩浩荡兮惠风和畅；循邑父老兮爱心赤诚，才俊志士兮广种福田；造福桑梓兮善者厚报，仁义之举兮勒石铭鉴。戊戌华年，躬立玉碑，恭敬义士，激励后昆。

积石宫立彭忠撰

二〇一八年重阳节

功德碑

李氏循林，义商楷模。热忱公益，情注吾宫。十年奉献，不改初衷；拳拳之心，明月可鉴。兴建钟楼，争先捐款。建宫扩院，一诺千金。为筹资金，不遗余力。四处奔走，八方呼吁，携手贤达，挽臂名流，人脉资源，应用尽用。添珠集贝，共襄盛举。心血之劳，终结善果。

李氏循林，心怀感恩。敬老爱老，不计得失。争取福利，付诸行动。慈善真情，温暖夕阳。

李氏循林，筑梦未来。捐资助学，倾力教育。乐善施德，惠泽故里。大爱之举，点亮希望。

李氏循林，功高德厚。公益精神，如影随形。募集善款，贡献颇巨。懿行善举，令人敬仰。勒石铭记，以启后人。

积石宫立

二〇一八年重阳节

詹晋文先生是一个非常敬业、精益求精的人，也是个禀性耿直、雷厉风行的人。有一年元宵节即将来临之际，积石宫上下忙忙碌碌地准备着元宵晚会的节目，民乐队的同志们因为年龄都比较大，所以行动上有些缓慢，甚至有些许涣散。这种表现在急性子的詹老师眼里那就是工作上的懈怠，他不仅提出了严厉的批评，还执意不让民乐队在晚会上演出。这下引起了民乐队的不满，言语中颇有微词。在彭主任眼里，民乐队是积石宫的一块招牌，大家曾经为此都付出了大量心血；詹老师是无可替代的音乐指导老师，而且在他的指导下取得了显著成绩。两头都是心中的宝贝，如何平衡呢？彭主任陷入进退两难的地步。在权衡利弊后，民乐队按照原先的节目单参加了演出。那天的晚会结束以后，詹老师在微信群里发了一份《告别了积石宫》的公开信。大家看到这条信息以后，首先是一阵出乎意料的震动，继而是一片扼腕叹息声。打那天以后，詹老师一直没有出现在积石宫里，"清音合唱团"

一段时间处于停顿状态，全体团员都期盼着詹老师的回归。有一天彭主任用电话约我面谈，要我把詹老师请回来。我们俩在我办公室里商量了如何把詹老师请回来的全部细节。按照詹老师的禀性，他可以几天不吃饭、不睡觉，但不可以一天没有音乐，尤其对积石宫的文艺团队他可是付出了大量心血的啊！他不可能一走了之的，"告别了积石宫"也只不过是一句气话而已。这是我领命说服詹老师的底气所在，其实这个底气来自詹老师血管里奔涌的对音乐的挚爱、来自彭主任公而忘私、一心扑在公益事业上的人格魅力。第二天，我满怀信心地敲开了詹老师的办公室，一番寒暄、劝慰之后，乘着双方兴致较好的时机，我近乎以命令的口吻说道："积石宫需要您，'清音合唱团'离不开您，无论如何您一定要回积石宫！"詹老师一句"以后再说吧"点燃了我完成任务的希望。我接着说："您必须得回去，但不能马上回去，必须得让我跑上四五次才行。"我和詹老师的第五次见面结束时，我俩约定次日上午10点一并去积石宫。第二天，我俩如约向积石宫走去，刚踏进办公室的门，就受到大家的鼓掌欢迎，室内彭主任、各位副主任及有关团队的负责人都在场。我首先将动员詹老师的五次经过作了说明，刻意强调了劝说回归的难度，接着彭主任对詹老师近几年的优秀表现进行了一番赞扬，顺便对常玉万、毛伟、张维梅等同志常年服务于公益事业的精神给予了高度评价。其主旨在于：大家的一举一动都是为了积石宫，他们不图名、不图利，应当受到大家的尊敬。最后，詹老师作了表态性发言。在彭主任的精心设计之下，一条因为公益事业而导致的小小裂痕就这样完美地弥合了。

积石宫在完善基础设施、组建文艺团队的实践中，敏锐地意识到，循化是民族自治县，汉族人口只有6000多人，积石宫要想发展壮大有所作为，必须继承和发展与各民族团结互助、荣辱与共的优良传统，唯有如此才能赢得光辉的未来。基于此，积石宫三届领导班子将维护民族团结进步视如珍宝，贯穿于各项活动的方方面面。彭主任在这方面更是做出了表率。

积石宫党组织和管委会把民族团结作为不变的主题，以习近平新时代中国特色社会主义思想为指导，紧紧围绕《循化县创建民族团结进步先进县实施意见》，在全体党员和委员中广泛开展"三个离不开"教育，搜集发生在身边民族团结互助的照片制作成展板，长期置放于宫院醒目处，教育广大群众更加珍爱民族团结的可贵；邀请阅历丰富的老同志宣讲汉族在循化的历史，着重穿插千百年来撒藏回汉同舟共济、建设美丽家园的典型故事，强调团结是民族地区繁荣进步的法宝；组织支部党员与藏族乡村党支部联合召开组织生活会，交流经验，深化友谊；组织老年人参观少数民族创业者开办的具有现代化气息的企业，感悟改革开放对山乡带来的新变化；游览十世班禅大师故居、街子清真大寺等名胜景点，体验兄弟民族在历史上创造的辉煌。

慰问老年人、资助贫困生这两项工作虽然涉及金额不算大，但都是春风化雨的民心工程，彭主任对此尤为重视。他要详细听取每个调查组的汇报，逐个询问家庭情况、公示后的群众意见等，对稍有疑问的，他要亲自带队入户入校复查，直到精准为止。

2018年，循化县积石镇下草村一位撒拉族贫困生患上了白血症，网上发出了求助信息。彭主任得知消息后，视患者为亲人，立即召开会议作出了救助决定，向全体委员第一时间发出捐款倡议书。短短两天时间，捐得善款一万多元，将积石宫的一片心意送到撒拉族患者手中，在缓解患者家属燃眉之急的同时，也增进了两个民族之间的团结与友谊。

每年元宵节、老年节期间，积石宫都要举办隆重的庆祝活动，届时邀请县四大班子、各行政企事业单位、周边藏传佛教寺院、清真大寺、附近村社负责人参加。台上台下人头攒动，既有穿着藏袍、红袈裟的藏族同胞，也有头戴白号帽、绿盖头的穆斯林群众，各族人民同祝愿共联欢。作为嘉宾的撒拉族著名企业家韩兴旺看到此情此景后兴奋地说："我走过了祖国的大江南北，少有积石宫这样民族团结其乐融融，像兄弟姐妹大联欢一样！"刚察乡一位藏族干部主动给积石宫捐款，他回想着这些年来积石宫慰问资助藏族老人和贫困生的情景时激动地说："不管我们有多大困难，一定要给积石宫捐款，你们对我们牧民做的好事太多太多！"正是出于这份感动，多少年来，老年节活动及聚餐一直都是由汉族群众轮流做东，近几年，藏族人士主动要求争做东家，参与活动的藏族同胞越来越多，甚至还出现了撒拉族企业家请求承包活动费用的现象。

孝老爱亲,树立风尚。积石宫在各民族中开展好儿子、好媳妇、好婆婆、好女婿等"十佳孝星"评选活动,会上宣读他们的先进事迹,披红戴花地予以表彰,在场的各族群众深受教育和启发。

彭鲁达先生一生乐善好施,广结善缘,不仅在循化汉族群众中享有很高的威望,而且有不少撒拉人是他交往甚笃的老朋友。就在我撰写这篇文稿的时候,曾在省政协工作过的韩新华老师给我讲了一段他的父亲韩克明与彭鲁达交往的故事。他的父亲已过九旬,在其一生结交的汉族朋友中,与彭鲁达的友情往来是延续时间最长的。

韩新华说:"1978年左右,我父亲担任县食品加工厂厂长期间,彭鲁达承包了加工厂的一些小型维修工程。我父亲发现彭鲁达做的都是良心工程,进度快,质量好,关键是他心地干净,不是挖空心思走歪门邪道搞钱的人。彭鲁达也觉得我父亲诚信遵行好,办事干脆果断,于是彼此认定是值得交往的朋友。结果,这样的交往竟然维持了很长很长时间。我父亲退休回家后,一些朋友包括以前走得比较近的同族朋友,由于这样那样的原因渐行渐远,有些甚至断了脚步,倒是彭鲁达成了唯一的汉族朋友,并且将这种纯粹的友情维持了整整40年,直到他离世。

"每年开斋节、古尔邦节来临,彭鲁达总会在前一天约好了似的来看望我的父亲,40年年年如此。在我的印象中似乎只有一次或者两次是彭鲁达的儿子来过,说是他父亲不在循化,特意打来电话让他专门来看望老人。每当春节来临,我父亲总会打发我弟弟或我的长子元元,提前登门给彭鲁达叔叔捎去节日的祝福。平日里,彭叔叔来了,我母亲总会热茶好饭盛情款待。我弟媳、侄女每次下厨给彭鲁达做饭,尽管她们都记得彭鲁达叔叔的口味,但我母亲总会一遍遍叮嘱她们炒菜时要清淡,别放味精、少放盐。

"早些年我的父亲罹患重疾,行动不能自理,言语表达不畅,难免沮丧、烦躁、心情阴晴不定。在那些苦涩的日子里,彭鲁达叔叔是脚步最勤、探望次数最多的朋友之一。每次彭叔叔来,一进院子就高声大嗓门喊道:'聋子阿爷,我看你来了!'我父亲只要听见彭鲁达的声音,脸色瞬间就会阴转晴。彭叔叔走南闯北,经历丰富,见多识广,性格豪爽、敞亮、磊落，陪着我父亲天南海北、沟里洼里地暄上一阵，顿时会让他忘了疾患在身。每次临别时总会约定下次相见的日子，我们窃以为这不过是出于安慰需要的说辞，没想到的是彭叔叔不会超过三二日就会到清水来，有时是清晨，有时是黄昏，他虽然很忙，却从不食言。我们私下里常说，彭叔叔简直是一剂神奇的良药，朋友的牵挂和慰藉，是我们子女无法给予的。"

韩新华说："彭鲁达先生曾经在西宁承包了一段南川河治理工程。那时我的长子刚好暑期在家，彭叔叔做通了我父亲的工作，将元元带到他的工地，协助他做些力所能及的小事，说是让孩子们在这样的环境里锻炼锻炼，对个人成长，对进入社会，学习为人处世，都有莫大的好处。现在想来，元元虽中止了学业，走上了类似于职业经理人的道路，协助村里的一位老板常年在玉树、果洛管理接近亿元的庞大工程，内政外交，事无巨细，独当一面，与当年彭叔叔的用心栽培不无关系。

"在我的印象中，彭鲁达先生曾经在县上甚至在西宁搞过一些工程，但他好像又不是个'善于'来事的人，因为他善良、忠厚、仁爱、大度、乐善、好施，这样的优秀品格注定了他做不出违背良心的事，因而也注定挣不了'大钱'。所以，在我们的印象里，我们从未称他'老板'，最多叫一声'彭经理'，更多的时候就叫'彭叔叔'。而他和我父亲则一直以'囊尕'（早时对汉人的蔑称）和'聋子'（因我父亲在'文革'期间不堪忍受屈辱而以'装聋作哑'蒙混退出公职而落此外号）互称。这样的称呼在旁人听来不免有些刺耳，但他们之间自有别人无法感受的亲近和随和。有一天，彭叔叔又来看望我父亲，刚好我也在。听他说是把他一生奔波积攒的家产做了个归拢，说是按一定份额分给了姐姐和家人，对子女都做了妥善安顿。此外，还特意抽出来一部分捐给了积石宫作为以后公益开支的基金。我记得他说这笔开支时特意用了穆斯林常用的'费热则'一词。他说从今以后我是彻底做个甩手掌柜，不再为生活奔忙，把全部的时间和精力放到积石宫，为社会多做些公益事业。这让我们对彭叔叔的认识上升了一个新的高度。父亲知道彭叔叔在积石宫里担任'学董'，常常说凭你的忠厚为人，你一定可以把积石宫做成干干净净的'一碗水'。

彭叔叔也乐于唠一些积石宫里发生的众生百态相，常常引起两人共同的慨叹。"

韩新华说："曾经有一段时间，一些撒拉人对与汉族人之间的密切交往颇有微词。但我的父亲从不为这些陈词滥言所动，甚至当着我们的面说：'我一生经历过的人数不过来，像彭鲁达这样长情的人没有几个。这样的交往像泉水一样干净，要细水长流不能断！'彭鲁达先生因患急病匆匆离世，其家人忙乱中忘了通知我们。当我们知道噩耗时，已经过了'头七'，因病导致语言交流有障碍的父亲更是少言不语，闷闷不乐，可见老朋友的离世让老人的心情很是沉痛。他几次试图亲自上门宽慰彭叔叔的家人，终因行走不便作罢，只好让我们代他去宽心慰问。

"彭鲁达叔叔虽然走了，但我们的交往没有断。我们家里需要买五金杂货，宁愿舍近求远，也要专门去彭叔叔儿子开的五金店里购买，图的不是便宜，而是用这种方式延续父辈们的友情。"

我听了韩老师讲的这段温馨故事甚是感动，我看到了两位老朋友交往的亲密身影，听到了他们互称"聋子""囊尕"的昵称。从中我也明白了彭主任主政积石宫期间特别重视不同民族之间密切交往的情感来路。但愿积石山下这样暖人的故事越来越多，各民族如同兄弟姐妹一样和睦相处！

纵观积石宫发展历程，服务社会功能从范围、对象到内容发生了质的飞跃，由县城为主拓展至全县各乡镇；以汉族为主延伸至撒拉、藏、回、汉等各民族；以服务老年人为中心扩展到扶助弱势群体、留守儿童和资助贫困生；由单一的殡葬服务发展为社会服务综合性平台；由物质文明为起点跃升至精神文明高地，社会服务功能进一步凸显。可以说，积石宫风雨四十年是一部各民族团结互助的友爱史，是一部扶弱济困的爱心史，是一部倡导和谐的文明史。积石宫在自己的成长路上付出了艰辛努力，也获得了很多荣誉：先后两次被中央组织部评为"先进基层党支部"；被省老干局评为"先进单位"，被省关工委评为关心青少年成长"先进集体"。这些发展变化，这么多荣誉的获得，都离不开彭鲁达主任的"鞠躬尽瘁、死而后已"的奉献。全国关工委将"先进个人"的光荣称号授予彭鲁达同志，正是对他鞠躬尽瘁、为公益事业无私奉献情操的最高褒奖。

　　彭鲁达先生于 2019 年 4 月谢世，至今已快三年了。壬寅年正月十五之夜，当我走进火树银花的积石宫，但闻人声鼎沸，笙歌四起，独不见彭鲁达先生亲切和蔼的音容笑貌，一种深切的敬仰之情、缅怀之情油然生起！彭鲁达先生用半生心血点亮了他心中孜孜以求的那盏灯。这盏不灭的灯，点亮了积石宫的夜空，也温暖了积石人的心！

公平正义的代言人
——记著名律师慈永刚

唐 钰[*]

◎慈永刚律师 （唐锋 摄影）

青海著名律师慈永刚是循化人，但他操着一口浓重的东北话，说话声音洪亮，中气十足。所以，很多人把他当成外地人。他的外祖父叫张锡珍，是国民党八十二军二四八师副师长。出生在白庄镇塘洛尕村的慈永刚虽未见过这个外祖父，但父母受其株连，他们一家早早离开故乡到西宁谋生。这种特殊的历史背景，给他的生活、就业造成了严重影响。高中毕业后，慈永刚在西钢从事基层工作十多年。经过锻炼，便萌生了通过知识改变命运的念头。他拿起书本自学文化课程，后因一名工友酒后犯罪，遂对法律产生了浓厚的兴趣。

1984年，在阎东峰、刘树人老师的

* 唐 钰，《中国青年报》驻青海记者站原站长。

鼓励下，慈永刚参加青海电大为期三年的法律专业学习。1988年取得律师资格证书。2012年攻读中国社会科学院研究生院民商法专业取得研究生学历。至今从事法律工作35年。

剑胆琴心

和他名字一样，慈永刚骨子里带有一种刚正不阿的倔强。法律面前人人平等，这是他的信念；捍卫法律的尊严，这是一个律师的责任和义务。因此，即便是在权与法的较量中，他也从不畏惧和退却。

2003年西宁发生一起入室抢劫案，尽管案情不大，可是影响很大。首先受害人是2名厅级干部，其次作案地点是青海宾馆。事发后，一位省领导拍案大怒，这个歹徒真是胆大妄为，竟敢抢劫到我的厅级干部身上，谁能保证明天就不到省级干部家里去呢！他要求有关部门速查严办此案。于是，一审法院以"犯罪地点系中外宾客最为集中的青海宾馆院内，其犯罪后果对我省的治安安全造成了一定的负面政治影响"为由，判处任某某死刑。

慈永刚被任某某亲属聘为二审辩护律师。慈永刚知道此案的社会背景，他所面对的是一个前所未有的挑战。当然，他更没有对法律的权威性产生半点疑惑。二审法院考虑到此案的重大性和特殊性，通过青海电视台现场直播的形式公开审理了此案，这在全省尚属首次。庭审中，慈永刚律师以扎实的法学功底和情节＋结果，提出了"任某某罪不当诛"的观点。他的精彩辩护意见引起法庭的高度重视，并赢得了二审法院的支持。任某某当庭改判为死缓的事实，一时间成了各大媒体的头条新闻和人们街头巷尾议论的焦点。

在35年的律师生涯中，慈永刚曾代理了多少案子，他确实说不清楚。但有两个案例却让他记忆犹新。

一个是西宁麒麟舫大酒店仗势欺人，非法拘禁 4 名未成年人（小学生）的案件，另外一个是西宁城北区保安非法拘禁少年一案。这两个都是慈永刚法律援助的案件。

1996 年 6 月 24 日上午，4 名天真活泼的小学生放学后，在河道玩耍时钓了几条鱼，竟被大酒店保安因涉嫌"违法"而抓去洗马桶做苦力，被限制人身自由。此案报道后慈永刚挺身而出，为孩子争取合法权益。他通过实施法律援助，经过努力终于为 4 名未成年人讨回了公道。大酒店向孩子及家长公开赔礼道歉，涉嫌非法拘禁的酒店保安也受到了法律的制裁。

1996 年 9 月 5 日，西宁某学校一名初二学生因未完成作业，受到老师的批评和家长的责骂，他先吞服了从私人诊所买来的 180 片安定药片，又打开家中煤气轻生未遂。当晚，恍惚之中离家出走，迷路后在小桥集贸市场流浪。该市场的保安人员巡逻时发现，这个男孩撬了两个摊位箱子，拎着一包鞋正摇摇晃晃地走着。保安徐海斌、刘磊、李建云等人将男孩带到值班室盘问。在他难以说清缘由的情况下，徐等几个保安以"这个小孩不老实"为由，对其严刑拷打。他们将孩子踢进门里，用警棍、皮带、拳头等轮番殴打。这样还不过瘾，又扒光了孩子的衣服，用警棍在屁股上、大腿上猛打，还用烟头烫他的双手。其中一个保安把双脚搭在孩子身上，随后将孩子一脚踢出几米远，并命令其迅速爬回。打昏了，就用冷水泼醒。整整折腾了两个多小时，才将孩子铐在水龙头上。9 月 6 日早晨，此案经中央媒体报道后，引起了公安部领导的关注，由此引发了全国保安队伍的大整顿。慈永刚再次启动法律援助程序，为这名学生伸张正义。加拿大总理克雷蒂安访华时，此案还被作为中国重视和保护人权及法律援助的典型案例进行交流。关注弱势群体，维护人格尊严，推进法治进程，慈永刚因此赢得了"中国保护未成年人案优秀公民"殊荣，还被评为"全国法律援助先进个人"。

和谐使者

"上善若水，厚德载物。"这是慈永刚最欣赏的一句话，同时也成为他为人处世的座右铭。

身为律师，他深感责任和使命的重大。因为律师作为社会公众人物，常被当作是正义的化身而深受群众信赖。在慈永刚看来，律师作为法律工作者，不仅要讲政治，还要顾全大局。在青海一些民族地区经常发生地界纠纷，轻则发生言语冲突，重则出现械斗流血事件。慈永刚作为知名律师，他不仅十分注重自己的言行举止，而且在大是大非面前，始终保持一颗清醒的头脑。2012年，黄南藏族自治州尖扎县和海东地区的化隆回族自治县因为草山纠纷发生误会，双方形成"敌我"对垒状态，情势危急，箭在弦上，一触即发。面对情势，慈永刚千方百计地稳住了尖扎县的藏族群众代表，并凭借他渊博的知识和良好的口才，最终说服他们用法律渠道解决一切问题。

诸如此类劝导而放弃集体上访的事件，在慈永刚那里是屡见不鲜。

代理案件不留遗憾，力求完美，善始善终。这是慈永刚一贯的作风。

慈永刚曾代理一个尖扎县6岁藏族儿童被电击致残的案子，被告不服中级人民法院判赔40多万元的判决，扬言通过境外关系对此案进行报道。慈永刚得知这一消息后，十分不安。他知道，作为党员律师，他不可以对这种损害国家利益的行为视而不见，而且还必须要坚决制止。为此，他不畏艰辛，五下黄南，一面细致入微地做着受害人亲属的思想工作，一面积极支持受害人上诉。最终通过二审调解，圆满完结了此案。

不管是什么案子，如果能有和谐圆满的结局，那对任何一方都是再好不过的事了。

慈永刚接手的西宁某某厂联营纠纷一案很棘手。前任法定代表人与一家民营企业恶意串通，用所谓的联营方式将价值近2000万元的集体财产转移给民营企业。待职工发现时，企业财产权属已几经变更。无奈之下，企业职工到省、市政府门口静坐上访。接受委托的慈永刚明确地告诉那些工人："如果你们信任我的话，就不要静坐上访给政府添麻烦了。如果你们要保住近 200 号人赖以生存的企业及财产的活，必须听我劝告，维权打官司的事，是解决此案的唯一途径，我相信法律一定会给你们撑腰的，也会还你们一个公道的。"

职工们总算是给安抚住了，但当众许下承诺的慈永刚从此再也没有消停过。在两年多的时间里，案件经历了 6 次审理。其间，慈永刚所付出的辛劳，只有他心里清楚。事后，办案法官感慨地说："慈永刚是用他严谨的法律思维和执着赢得了这场官司的胜利。"他讨回了 1000 万元，不仅使该厂的数百号人有饭吃，同时也为构建和谐社会发挥了积极的作用。

普法先锋

律师靠打官司吃饭，但这并不意味着律师就是唯利是图的人。在慈永刚看来，作为法律工作者，律师不仅是一个维权的勇士，而且还应该成为普法的先锋。这是时代赋予律师的责任和使命。

当律师就要讲道义和良心。慈永刚最痛恨那些为了蝇头小利而忽悠当事人乱打官司、无德无良的律师。多年的律师生涯中，慈永刚痛心地发现，一些刑事案件及经济纠纷的发生，都与人们感情用事、法治观念淡薄有关，由此身陷囹圄和遭受重大经济损失的人不计其数。每每此时，慈永刚也有许多的感慨：是啊，帮人打赢一场场官司，或许能慰藉暂时的伤痛，化解一时的困惑，但却驱赶不了人们心头因为没有法治光芒普照而潜伏着的永远的迷雾。所以，慈永刚总是把每一次法律咨询当作是一次普法的"快餐"。析事明理，说法讲法，指点迷津，即便花费再多的时间，他也毫无怨言，总是想方设法地让人们慕名而来，满意而归。

资深律师慈永刚，知识渊博，阅历丰富，谈天说地，能言善辩，敢当法治宣传的旗手。多少年来，不管是房地产老板，还是学校、社区办事处，不管是新律师的岗前培训，还是少数民族企业家，只要邀请他进行法治讲座，他总是有求必应，乐此不疲，从不拒绝。因为，学法普法是公民义务、律师职责。

慈永刚先后受聘于青海省人民检察院、西宁市人大常委会、西宁市人民政府"法律咨询专家委员会委员"，他坚持以法治精神关注民生，积极参加人大立法咨询和其他社会活动，为依法治理、和谐发展献计献策，当好法律参谋，其多条依法行政的合理化建议被政府所采纳。

担任青海省律师协会副会长、西宁市律师协会会长以来，慈永刚始终高扬法治大旗，以身作则，恪尽职守，为基层群众提供优质的法律服务。他热心于律师协会工作建设，不计个人得失，无私奉献，大胆创新，为推动律师行业的健康有序发展做出了应有的贡献。

铁面无私

按理说，像慈永刚这样的资深律师，完全可以带助理律师，替他做一些繁杂的法律事务，但他至今依旧保持着这样一个工作习惯：不管大小案子，只要是自己承接的案子，就必须亲力亲为，负责到底。高调办案，低调做人，这就是慈永刚的风格。

律师打官司，难免遭遇人情案，可慈永刚却属于那种"不识时务"的人。2012年，慈永刚在共和县代理了一起房产纠纷案件。就在要开庭的前一天晚上，他突然接到一个电话："永刚吗？我是你的亲戚，是你从未见过面的姑姑。也就是你明天要在法庭上见面的被告方。明天的庭审你能不能不去了？"对方的口气强硬中带有委婉。慈永刚知道，如果答应了，当事人不满；如果不答应，就要得罪眼前的这位长辈了。可法不容情啊！权衡再三，慈永刚决定恳求姑姑："我接受了委托，如果辜负了当事人的信任和期望，就等于砸自己的饭碗。希望你老人家理解我作为一个律师的苦衷。"后来，姑姑输了官司，慈永刚上门赔礼道歉。心怀愧疚的慈永刚万万没有想到，姑姑不但没有

◎　慈永刚律师（左二）在讨论案件　（唐锋　提供　）

生气，反而有些得意地告诉他这个官司我们输得心服口服。看来对方是慧眼识金，竟然委托了我们家族的律师，实在是高！听了姑姑的这番话语，慈永刚顿觉如释重负。

　　一些当事人错误地认为，知名度很高的慈永刚必定有许多社会关系。于是，他们总希望慈永刚能够用万能的金钱作为"敲门砖"，暗箱操作，迅速搞定案件，一向对当事人和颜悦色的慈永刚唯有在这个时候却一脸严肃。"我慈永刚不是魔术师，我是律师，我只崇拜法律的至高无上！至于一些乱七八糟的事，社会上确实有，你们爱听谁的话，就找谁去。我哪有这么大的能耐，你们进错了庙门烧错了香，还是另请高明吧！"

　　慈永刚确实拒绝过那么一些人。他这不是故作清廉，而是坚持职业操守。在慈永刚看来，一个在金钱面前轻易低头的人，是一个没有人格的人，也是一个没有原则的人，慈永刚就是这样一个原则性很强、坚持初心、铁面无私的人。2013年春季，一位跟随慈永刚多年的律师，在和他联合承办玉树一位牧民的案子时，官司赢了，该律师竟巧立名目，又敲诈了当事人2000元钱。此事败露后，该律师几次检讨，表示下不为例、痛改前非，慈永刚深感痛心。共事多年，朝夕相处，情同手足，且一些同事前来说情，要求给老同志一个机会。可慈永刚心里清楚，身为手握正义之剑的律师，有些事可以原谅，但有些事绝不能容忍！于是，身为西宁君剑律师事务所主任的慈永刚"挥泪斩马谡"，将此人清除出君剑律师事务所。

◎慈永刚获得的荣誉证书　（唐锋 摄影）

无欲则刚。多少年来，慈永刚坦坦荡荡执业，与公检法及仲裁部门始终保持了一个阳光透明的规范关系。

依法直言

2014年10月的一天，青海省西部矿业集团新锌都物业公司退休职工、西宁立林装饰装潢有限公司股东、法定代表人王利欣刚从国外回到北京后，被纪委的工作人员带走。王利欣是原青海省委常委、西宁市委书记毛小兵行贿案中最后浮出的一名涉案人员，检察机关以个人行贿罪180万元将其起诉。一开始，最高人民检察院将此案移交到甘肃省高级人民检察院办理。此时，由甘肃高级人民检察院查办的毛小兵受贿案进入尾声，因警力不足，他们又把此案移交到青海省高级人民检察院。慈永刚接受王利欣委托后发现检察机关可能定性不准，便去找检察机关的办案人员交流。但办案人员认为，此案是经过甘肃、青海和西宁多级检察机关审查后交办的案件，王利欣行贿事实清楚，本人供认不讳，是谁也不可改变的铁案。

慈永刚知道，由于毛小兵案在全国产生巨大影响的缘故，现在王利欣行贿案一样受到社会的普遍关注。如果处理不当，会大大降低司法机关公信力。于是，继续找到检察的相关部门，坚持阐明"王利欣不是个人行贿"的观点。最终，人民法院采纳了慈永刚的辩护意见，以单位行贿罪判处王利欣有期徒刑 3 年。

执业 35 年来，慈永刚勤勉尽责，赢得了同行的尊重、社会的认可，先后获得了中央五部委"百位优秀公民"、司法部法律援助全国先进个人、青海省"十佳"律师、优秀律师、西宁市委优秀共产党员、优秀共产党员标兵等荣誉称号。先后被青海省人民检察院、西宁市人民检察院、青海省人民政府、西宁市人民政府、西宁市人大常委会聘为法律咨询专家委员会委员、青海省政府法律顾问专家库成员、西宁仲裁委员会专家委员会委员、仲裁员。曾担任青海省律师协会副会长、西宁市律师协会会长、律师协会党总支书记等。现任青海省律师协会名誉副会长、西宁市律师协会名誉会长、青海君剑律师事务所主任。

风雨新闻路　逐梦走天涯

唐　钰

2021 年 7 月 20 日，我恋恋不舍地办理了退休手续。我知道，自己的新闻生涯从此结束了。

走出青海日报社大门，回首深情仰望这幢淡绿色的编辑部大楼，我突然感到：40 年恍若一梦。

◎本文作者唐钰先生

撒下文学种　花开紫金川

《青海日报》是我心中一座神圣的殿堂，那里曾留下我的一个梦。尤其是《江河源》文艺副刊，是我和无数文学青年追梦向往的心灵家园和成长的摇篮。

我走向社会的 20 世纪 80 年代，是中国文学的兴盛时期。彼时，文学潮、学习潮的热浪席卷全国，爱好文学已成为一种社会时尚。酷爱文学、渴望读书的我把当作家、做诗人确立为自己的人生理想。所以，我 17 岁在道帏紫金川的古雷学校参加工作时，就自费订阅了《诗刊》《青年文学》《青海湖》《书法》等文学杂志。每逢节假日，我把自己囚禁在那所条件简陋的校园里发愤读书写作，很少回家。其实，学校离家只有 10 里路，骑自行车也就半个多小时，但狂热的作家梦激烈地吞噬了我的所有时间。

我每天都在创作，每周都在投稿。然而，一篇篇稿件被我塞进道帏邮电所的信箱后仿佛泥牛入海，总是杳无音信。那个时候，我最盼望见到和最害怕见到的人就是邮递员韦福忠。盼望他是为了得到喜讯，害怕他是担心收到退稿信。

但我又是一个不见黄河心不死的人。每次收到退稿信，总是在心底暗暗鼓励自己：加油！下一篇稿件一定会成功。也不知道是哪来的劲，越是受到退稿信的打击，越想复仇似的写稿投稿。记得有个假期，我把自己关在家中一个小房子里，一连几天不出门地写稿子，双脚像少林寺的武僧练功一般居然在地面上蹬出两道沟。母亲见状后大吃一惊，她用手指头捣着我的脑门说："尕娃，你这样没日没夜地写下去，迟早会犯错误的。你看着，你不成左派就是右派了才怪。你把自己'谋量'住。"亲娘泼来的这盆凉水，一下子点燃起我心中的理想火焰。我告诉母亲："阿妈，不信了你等着。我将来既不会当左派也不会做右派，但你的儿子一定会成为唐家门上的第一位文学家。"

文学之路越走越坎坷。我丢弃的稿纸累计起来也有一米高了。但我没有气馁，写作的劲头反而越来越大了。

1983 年 11 月 21 日，我的处女作《幽谷瀑布》在《青海日报》发表。三天后，我去道帏邮电局投稿时，陕所长一把拉住我说："你是不是给《青海日报》投稿了？我在报纸上看到了你的名字了。"我以为老陕开玩笑没搭理他。一会，老陕拿出报纸说："这是不是你写的稿件？"我一见自己的名字变成铅字，便欣喜若狂地一拿报纸，一路小跑到自己宿舍，足足把《幽谷瀑布》读了不下十遍。我生怕这是梦境，刻意掐了掐胳膊才发觉梦已成真。

1984 年，循化县文化馆举办县庆 30 周年有奖征文活动，我的游记《幽谷瀑布》荣获二等奖，并收编到《循化县庆 30 年优秀文艺作品集》。8 月 15 日，我应邀参加了韩新华老师组织举办的为期三天的首期循化撒拉族文学创作培训班，聆听了青海著名作家海风、马学义、王立道及诗人白渔的文学讲座，我这才茅塞顿开，深受启蒙。有了组织关怀，名师指点，社会认可，亲人关注，我的人生之路从此发生重大转折。

立下龙门志　另辟新蹊径

一个人的成功，还真的要经历这样一个过程：名师指点、贵人相助、个人奋斗、小人刺激。

正当我在文学的田野里小荷才露尖尖角时，几次短暂爱情的夭折深深刺伤了我的自尊。农村背景和乡下教员的身份，使经人介绍的几位对象与我还没进入热恋阶段，就熄火了。残酷的现实和失恋的打击，使我明白了一个道理：乡里人若不挺起脊梁活出精气神来，一定被人瞧不起。从此，我努力工作，拼命写作，期待着鱼跃龙门的那一天。

丑小鸭要想蜕变成白天鹅，那需要付出多大的努力啊。说真的，作为一个文学爱好者，偶尔发表一篇稿件或许不难，但在这个常住人口不足万人的弹丸之地，像我这种没有生活阅历、始才迈步社会门槛的"小白"，要想发现能在省报发表的题材实在太难了。为了不至于使自己在人们的视野中昙花一现，我除了写诗歌散文以外，也写一些古雷学校的校园新闻、道帏公社的新人新事，以求存在感。那时候，学校农户家家都有有线广播，县广播站隔三岔五播放的"本台通讯员唐钰报道"让我在小县城内有了一点知名度。有一次，我戴着一顶鸭舌帽去县城，杨景珊和他的几个兄弟们见面就叫我唐记者。后来，我的亲戚们也就跟着这样称呼。我很喜欢这样的称谓，至少它满足了我的一点虚荣心。因为，在循化人眼里：老师就是尕老师，没有地位；记者就是大记者，人们会另眼相看。尽管当记者不是我的初衷，但我还是想活得有些尊严。

1985年5月下旬的一天下午，我正在用毛笔蘸着广告色在黑板上办迎"六一"墙报时，被正在学校视察工作的县教育局局长吴绍安先生发现。他爽朗地大笑着给身边陪同的韦钧校长说："你看，我们循化师范培养出来的学生都是人才，一个是一个，能文能武。"受到教育局长的赏识，我的一些好同事都肯定地说，你的好日子不远了。可惜，大家的判断出现严重失误。当年9月，学校新任领导听信谗言将我从古雷中学发配到立伦小学。那时，我已在省级刊物和县广播站发表了很多作品。好在第二年9月1日，我接到一纸调令：调唐钰同志到循化教育局工作。吴绍安局长有着求贤若渴、爱才惜才的情怀。他把我安排到教育股专门编写《教育简报》。我的上司第五秉辉是个写材料的高手，我在他手下工作受益匪浅。

到县城上班以后，我顿感如鱼得水，很快事业爱情双丰收。因为编写《教育简报》的需要，我经常跟随吴绍安局长下乡调研采访，挖掘报道了许多教育新闻。同时，经人介绍，我与西宁皮鞋厂的一位姑娘相爱后情定终身。那时教育局里出差的机会多。每次到西宁，我和对象必去的一个地方就是三角花园。每次路过白天都亮着明灯的青海日报社编辑部大楼，我总是不由自主地慢下脚步，心中充满了无限的憧憬和向往。每次仰望那幢大楼，我总会投出教徒般虔诚的目光。有次，我对象陈鸿有拉着我的手说："唐钰，如果哪一天你能调到报社工作那该多好呀！"她不经意的一句话着实让我大吃一惊。那时的我，从乡下调到县城已算幸运至极，哪敢奢想还能调到省城，更何况是我远距离才敢仰望的青海日报社。

1987年11月，我被调派到孕楞公社开展"整党整风"工作。当时，县乡镇企业局局长徐比逊、县民宗局副局长赵超是驻孕楞公社党委整党督导组成员。我有幸和两名在县上赫赫有名的笔杆子同住公社大院。那两个月，尽管我们天天吃着公社食堂里的牛肚子而吃坏了自个的肚子，常要斯文扫地地跑好几次厕所，但我在徐、赵二位局长的带领下，在新闻采访和写作之路上又迈出了弥足珍贵的一大步。我的名字和他们的大名连在一起，频频出现在《青海日报》的新闻版上，在小县城引起不小的轰动。1988年6月，县委副书记交巴结找我谈话，拟调我去县委办公室当秘书。我诚惶诚恐地告诉交书记，我在西宁找了对象，现在正往省城调动工作。交书记有些惊讶地问："有单位了吗？如果调不成，我希望你到县委来工作。你很年轻，前途无量。"我说，我已拿到青海日报社的调令了。交书记高兴地说："祝贺祝贺，有出息。以后多为家乡人民做贡献。"

我和陈鸿有订婚之后，她的舅舅杨凯见我有写作特长，便热心联系西宁市少年宫让我去校报编辑部。我满怀期待苦等两年，结果调动一事因校领导人事变动而被搁浅。生性耿直的准岳父得知调进少年宫的愿望化作泡影，便用激将法把我美美数落了一顿。他说："屁本事没有的出溜子，写了这么多稿件，连一个编辑都没认下吗？你不会到报社找找那些老师问问吗？"挨骂受训后，我的自尊心受到极大伤害。为了证明自己还有点出息，我想起了前不久还和我约稿的两位老师：一位是《青海日报》文艺部的编辑祝咸录，另一位是《时代窗》栏目编辑房长福。那时候的编辑们真好，你的稿件若不刊用，他们会提出指导意见并寄来退稿信。如何找个借口拜访他们呢？我连夜写了两篇稿件约稿。第二天上午，我鼓足勇气第一次走进青海日报社大门。不巧祝咸录老师出差在外，接待我的是当时大名鼎鼎的才女邢秀玲老师，她热情地给我递过来一杯水，备受感动的我紧张得不知所措。邢老师看了我送去的稿子并聊起前面已发表的几篇散文，说我文字基础不错，文章有灵气。毕竟是第一次见面，我没好意思、也没勇气对那个坐在我面前的自己崇拜已久的心中偶像探问报社人员招聘之事。但邢秀玲老师和蔼可亲、为人师表，她不戴有色眼镜关爱文学新人的热情态度，坚定地鼓舞了当时绝没有底气且很自卑的我再次闯入报社编辑部大楼的勇敢决心。下午，我带着自己的作品剪贴本，去找总编室秘书、《时代窗》编辑房长福。我和房老师一见如故，说稿件，论人生，谈理想，我们聊得非常投机。最后我大胆说出心声："房老师，我想到报社来工作，不知道有没有机会？"听闻我的心声，房老师迟疑了一会儿，然后悄悄告诉我，他原来也是汽车制造厂的一名通讯员，调进报社才两年。你想进报社，必须要见两个人。我请他举荐一下。这个干脆的山东人二话没说拿起电话给总编室主任肖治业汇报了我的情况，并带我面见肖主任。肖主任看过我的作品并询问过我的基本情况后，又把我带到政教部主任赵得录的办公室。赵操着一口青海话，翻了翻我的作品剪贴本后问我，你喜欢文学还是新闻，愿不愿意当记者？听到这话，我赶紧表态：只要能进报社工作，我干啥都行。

参加考试、配合政审、接到调令，在不到两个月的时间里，我如愿调入青海日报社，完成了人生的第二次华丽转身。

梦醒编辑部　坐热冷板凳

1988年9月，我精神抖擞地走进青海日报社到政教部上班，正式开启了我的新闻之旅。兴奋之余，我发现自己的角色是机动记者。这好比我是运动场上的替补队员，只有别人被罚下场，我才有机会闪亮登场，否则就是观众。

政教部分管全省党、政、科、教、体、卫等部门的新闻，每一名记者都有自己的分工。在报社，像我这样最高学历是中专的人为数不多。和我同一个部门的老同志非常敬业爱岗，天天按时上下班，丝毫没有懈怠的样子。几名年轻记者都是刚参加工作两三年的大学生，对新闻事业有火一样的激情。在这种状况下，我等待一个见缝插针的替补机会实在是太难了。看着部门的同事们在各自岗位上日夜奔忙，闲坐办公室的我如坐针毡。一晃半个月过去，我连一篇稿件都没见报。不甘寂寞的我，自己坐班车到循化、化隆这些有熟人的地区采访，发一些豆腐块新闻报道来安慰自己。

我是带着梦想进报社的，极不习惯成天坐在办公室里喝水看报。于是，又沉溺于文学创作当中。但是，现实很残酷。我有平台，但我没有采访机会，也写不出其他作品。尽管我很勤奋努力，但是付出和回报不成正比例。渐渐地，我担心自己的名字因长期不见报而会淡出家乡人民的视野。我很在乎这一点。因为在当时，我是唯一的循化籍省报记者，所以在家乡人民当中关注度很高。

记者当不成，诗人做不了。所以进入报社的前半年，我经历了一段非常痛苦和迷茫的历程。因为我最早是个文学青年，调到报社的初衷就是为了成就做诗人或作家的梦想。因此，我一度把主要精力放在文学创作上，而把新闻采访当成是业余工作而没有上心过。这样的错误定位整整折磨了我十年。为写一首小诗，我经常抓头挠腮，有时会耗费几天几夜的工夫。实在写不下去了，我便跑到隔壁王文泸先生那里去乞讨灵感。王是青海知名的作家、学者，也是一位诲人不倦的好老师，有问必答，有求必应。我之前发表的好多诗作，都是经他点石成金后复活的作品。终于有一天，我再次去乞讨灵感时，王文泸先生一番语重心长的肺腑之言，才让我如梦初醒：

　　小唐，你积极上进、热爱文学、勤奋努力、不耻下问，这无疑都是你身上闪光的优点。但是，你进报社快半年了，也没见你写过一篇像样的新闻稿件，我都替你着急。你是新闻记者，却把主要心思放在根本看不到希望的文学创作上，真是得不偿失。文学创作是一种令人亢奋愉悦的写作过程，而你现在写得如此艰辛痛苦，是不是选错了路子？这个时候你要冷静下来思考一下。不客气地说，你这些年创作的一些风花雪月的诗篇，充其量也不过是些灵感的记录。你整天为这样的灵感碎片冥思苦想，虚掷精力，值吗？与其这样煎熬，你倒不如把心思放在新闻写作上，以你的勤奋努力，说不定早已经成为名记者了。不过，我还要提醒你，新闻也是一门学问，若不虔诚修为也难成正果。你看，报社也有一些退休的同志当了一辈子的记者，也没有留下一篇像样的新闻作品。

聆听了王文泸先生的一番真诚教诲，我终于明白了一个道理：选择不对，努力白费。于是，我果断地"弃暗投明"结束了长达十年的文学梦游，像一匹骏马一样奔驰在马拉松式的新闻赛道上。

　　政教部有四间办公室，正副主任各一间，剩下的其他人分别在相邻的两间办公室

◎唐钰在玉树抗震救灾现场采访 （万马奔 摄影）

◎唐钰采访边防战士 （唐钰 提供）

◎唐钰在玉树采访 （马千里 摄影）

办公。那时候，报社锅炉房在办公楼后面，排长队打开水成了每天上班要做的第一件事。我家离报社较近，每天下班时我先把四个办公室的四个暖瓶集中到自己的办公室里，待第二天七点半到报社后，我把开水打好，恭恭敬敬地放到它原来的地方，然后把办公室和楼道的地面拖得干干净净。我在青海日报社工作的六年当中，除了外出采访不干这些活，其余上班时间天天如此，而且风雨无阻。对于一个农村出身的人来说，干一点微不足道的体力活其实一点也不麻烦，就像锻炼身体，不过是举手之劳而已，更谈不上别人说的什么吃亏不吃亏了。比起那些披星戴月、起早贪黑的环卫工人，我可幸福得多。当然，能为我的领导、老师和同事们做点事，也是我心底非常乐意的。因为他们从来没有歧视过我这个没进过大学门槛的低学历的人，也从来没有嫌弃过我这个不修边幅的从农村进城的乡里人。我的平和心态和勤快厚道，很快博得了同事们的好感和青睐，他们为我创造了许多施展才华的机会。作为打水拖地的回报，一些编辑记者纷纷开始派我上岗干活了，这在当时来说可是个稀罕事。大家不愿带新记者其实也有一个情有可原的理由。因为带一个新人，就会牵涉到他们的稿费分配、任务计算、年终评奖和知名度提升等个人利益，所以谁也不愿意主动把自己的奶酪拱手拿给别人。对于同事们的慷慨相助，除了感恩我还很知足。当时，每次下乡采访，喜欢显摆的我乐意为大家扛包拎东西，有时在高海拔地区汽车熄火，我就主动下车帮司机推车、拔轮胎等等，我的勤劳和乐于付出给大家留下了好印象，一些领导和老师们只要下乡，总忘不了把我这个"大力士"带上，因此我比别人又多了一次下乡采访的机会。其次，是因为我的字写得好。那时候，我们的新闻稿件都是在稿纸上手写而成。我虽然能写行书楷书两种钢笔字体，但我写新闻稿件时，一直使用楷书工工整整地写作，稿面十分洁净。我对书写稿件有很高的要求，若是稿件在抄写当中出现错别字或有修改的痕迹，那么，我会把写好的稿子撕了然后重新誊写。在没接触电脑之前，我的中指因为长期写作而变形弯曲，我不懂事的儿子便嬉笑我是歪指头。我曾写过一篇 1.6 万字的报告文学，共 55 页，稿件抄完后指头都肿成萝卜了。因为我的字写得漂亮，也博得了编辑、领导和排字工人的垂爱。所以，我比别人又多了一些稿件优先见报的概率。记得有一次到排版车间参观，台面上摆的新闻稿件几乎都是我的"杰作"。大家都在惊叹，连新闻稿件都写得像字帖，可见记者的工作态度该有多好。我后来分析自己成功的秘诀，除了以上几点法宝奏效以外，还有一个更重要的绝招：那就是我写新闻稿件，从来不抄袭文件材料，即便写 300 字的短讯，也是用自己的新闻语言来表述。这为我后来形成独树一帜的写作风格奠定了基础。很多人抄材料把鲜活的新闻写死了，而我把许多平淡的新闻用生动的语言写活了。有人问我名记者和一般记者的区别在哪里？我说，一般记者把活人写"死"了，而我把许多死人写"活"了，这就是本质的区别。我常说，不怕小麻烦，就不会有大麻烦；如果害怕小麻烦，那你必定会遇到大麻烦。做人做事作文，都是如此。

20 世纪 80 年代末 90 年代初，青海日报社的工作氛围和学习风气好得令人向往和留恋。几任部门主任赵得录、肖治业、单富年、叶森都保持了尊重记者稿件的好传统。

他们修改稿件时，即便随意改动一句话、纠正几个错别字，都要把记者叫到身边一起商量探讨。身处如此欢畅的工作环境，很多同事即使下班了还舍不得早早离开办公室，总要有意无意地把当天的报纸拿出来品头论足一番，若不这样，就像抽烟的人忘了吸饭后那根烟一样。到了晚上，年轻人爱泡办公室，他们都像上夜大一样，自觉地来到办公室看书学习写作。尤其是从郑州大学培训回来的20多名大学生，一拨人齐刷刷地在私底下较劲、报面上竞争，开创了一种尊师重教、团结友爱、勤奋好学、争先创优的工作新局面。"比我优秀的人还在努力，我岂敢选择安逸！"我暗暗发誓，三年之内定要与政教部的精英们平分秋色或独领风骚。于是，我和张建、韩志坚、王萍、刘英等记者进行了面对面的竞争。我们相互欣赏鼓励，共同成长进步。那时候，只要谁写了一篇好稿件，谁也不敢落后和懈怠，不出三天，我们都有好作品相继见诸报端。1989年，张健、王萍参加全省"两会"采访。他们在董国光老师的指导下，采写出了《黄果树路在何方》（文中"黄果树"特指黄南、果洛、玉树三州）等多篇深度报道和特写。当时，我在循化采访，每见一篇张健、王萍采写的"两会"特稿，就给他们致电祝贺，有时还要把稿件得失讨论一番。在他们上会的日子里，我天天鼓励他们抢抓机遇多写精品稿件，同时也不断鞭策自己一定要发愤努力。

我原以为《青海日报》的新闻稿件不讲时效性，因为我经常看到身边的很多记者下乡采访，一般都是回到西宁后才慢慢整理材料写稿件。第一个月采写的稿件在第二个月里见诸报端，像这样的事在编辑部里并不稀奇。我的稿件还有半年后见报的情况。1989年6月上旬，政教部副主任单富年带韩志坚、张健和我去循化、化隆两地采访。单主任是一位新闻敏感性极强的上海人，善于作新闻策划，抢头条可是他的看家本领。在不到半个月的采访中，我们"两化"行采访团居然在《青海日报》发了7篇头版头条，十几篇消息通讯特写等稿件，可谓是满载而归。对我个人而言，跟着他们出尽风头固然是一份荣耀，但我此行最大的收获就是：学会了新闻的职业化操作。我是半路出家的"野"记者，进报社之前根本没接触和学习过新闻理论，新闻稿件就是凭兴趣写作，也不知道刻意去追求时效。但是，毕业于郑州大学新闻系的张健、韩志坚都是科班出身。他们的做法非常专业：新闻不过夜。即当天采访的新闻当天完成写作，绝不拖到第二天。我突然意识到，这才叫新闻！每次看到他们不写出稿件就不吃饭的动人场景，我顿生敬意，便把他们的优良传统当成自己成功的法宝。

　　1991年11月，我终于迎来了能当替补记者的大好时机：政教部负责科技口的记者李雅萍请了病假，卫生口记者鹏程请了产假，教育口记者祁瑛请了高原地区休假。我负责三个行业的新闻采访、新闻来稿的编辑和《教育园地》《卫生与健康》2个专页的出版工作。当月正好赶上全省科技大会召开，我在会场采访了30多位享受国务院特殊津贴的科技专家，并创办《科坛群英》栏目，对其先进事迹和科技成果进行了集中报道，因而在社会上产生了重大影响。这个月，我在青海日报社崭露头角，共见报新闻稿件27篇，其中有1.2万多字的长篇通讯《魂系高原——记西北高原生物研究所副研究员王维义》，此文荣获全省首届科技好新闻一等奖。从任务量来看，一般记者一月见报6至8篇稿件算是好的。然而，我竟创造了一天见报5篇稿件的奇迹。我的卓越表现立刻引起了业内人士的广泛关注。单富年副主任大赞我是政教部杀出的一匹黑马。

挑战新高度　绝处又逢生

　　1990年12月中旬，青海日报社政教部主任肖治业派我跟随省计划生育委员会的同志去湟中县群加乡采访一个全国计划生育先进村镇，同行的还有青海电视台和青海人民广播电台的记者。北京吉普车一大早把我们载向目的地。一路颠簸，同行间除了客气并没有多余的言辞。不会讲普通话的我也不敢冒昧和他们搭讪。毕竟是第一次和一些陌生的同行共同去采访一个陌生的行业。之前，我所作的新闻报道除了"两化"（循化、化隆）的教育和农牧业外，还没涉及过其他领域。因此，多少有些紧张和不安。

　　见到记者的到来，群加乡的干部们热情相迎，一面端上了热气腾腾的饭菜，一面滔滔不绝地介绍起计生工作的先进经验和具体做法。同时，还把历年各媒体报道的剪贴本摆在桌子上。我一看那个剪贴本就傻眼了：就群加乡的计生工作，本报记者董国光先生连续三年发过三篇头版头条。这对于一个新手来说，是个沉重的打击。因为，模仿和复制别人，对记者而言是一件可耻和悲哀的事。我很苦恼，前辈董国光已把这个新闻题材都吃干挖尽了，我还能写什么？除了数字的变化之外，新闻事实 (计生经验) 还是老生常谈，再也没有什么新鲜的创举能让记者眼前一亮了。沮丧的采访随着日落西山就这样结束了。

返程的路上，汽车颠簸得让人感觉肠子都快要翻出来了。我的心沉重得像是被一盘石磨压着，喘不过气来。我苦恼的是回去后如何向领导交差。第二天，我在家把群加乡的材料翻了又翻，始终找不到写作的由头和激情。当晚，青海电视台头条新闻报道了记者李洪源关于群加乡计生工作的相关新闻。那一夜，我几乎失眠了。

第三天早晨，青海广播电台记者姚海宁的报道也已播出。关在家里一心寻找稿件突破口的我更加坐立不安。

第四天早晨，主任肖治业打来电话询问采访还没结束吗？我当即撒了谎说，昨夜才回来。

我的办公室离家不到一千米，平常走路也用不了 10 分钟。但那天我却走了差不多一个小时。坐在办公室桌前，我一个劲地抽烟，思考导语怎么写，文章怎么写。这时，我耳畔突然回响起采访途中司机不经意说的一句话："群加，在藏语里意为凤凰落过的地方。"于是，灵感迸发，就从凤凰落过的地方写起，一口气写出了《群加乡计生工作见闻》。我把抄写得工工整整的六页稿纸战战兢兢地呈送给董国光老师，希望他能指点一二，让我的稿件妙笔生花。董一面眯着眼睛抽烟，一面仔细地审阅稿件，然后大笔一挥把标题改成了《走出越穷越生的怪圈》,然后用他浓重的河州口音对我说："嗯,不错,这一趟你没白跑！"

董老师很少表扬一个人的。听他这么一说，我这才松了一口气。

第二天，这篇文章在《青海日报》头条位置刊出。肖治业主任在办公室当众表扬，说我采写了一篇成功的现场长新闻。

独辟蹊径做活了新闻，这让我尝到了新闻创新的甜头。那天，一股暖流在我的心中涌动。下班回家的路上，趁小西门坡上行人稀少，我为自己的小小成功，激越地蹦了两下。

《走出越穷越生的怪圈》这篇通讯荣获了1990年度青海好新闻二等奖。此后，我不断迎接挑战，把每一篇新稿件当成是自我挑战的机会，激励自己不做材料的搬运工，不走复制模仿的写作套路，力争把新闻写出特色。

太阳每天是新的。身为记者我们每天都在接受着新的挑战。1992年10月，青海日报社与青海省委、政法委达成共识，拟联合出版一本名曰《警官法官检察官》的报告文学集。《青海日报》副总编辑温桂芬亲自挂帅在社内挑出一批精兵强将，部署了这本书的文稿写作任务。发现自己不在名单之列，我直接找到负责此书编辑工作的肖治业老师，申请参战。肖是我的顶头上司，时任周末编辑部主任，我是他的得力干将。在我的硬磨软泡之下，他勉强答应让我和张健共同承担一篇报告文学的采写任务。

那年深秋，我和张健到武警海东支队顺利完成了对主人公李生林的采访。因为当时我是《青海日报》(周末版)《人生家庭》专页的主编，张健负责周末版《法律社会》专页的编辑工作。因此，我俩只能选择在业余进行创作。

报告文学创作对我们来说是"大姑娘上轿头一回"，谁都心里没底。一连几个通宵过去，我俩一筹莫展，竟不知从何下笔。时间一天又一天地向后推移，我们带足香烟，依旧抱定"熬也要熬出来"的信念继续挑灯夜战。

痛苦和焦虑与日俱增，我们日复一日地煎熬着，急切期待着灵感的降临。

10天过去了，有的同事已经交了初稿，温桂芬副总编辑一遍又一遍询问催稿。我俩不敢说还没动笔，总拿正在修改稿件的话语来搪塞。那些天里，我们甚至害怕黑夜来临。在没有写作冲动的夜晚，我们还把自己的情书拿出来宣读，把自己的艳遇讲给对方听，希望通过这样的方式激发灵感。最痛苦的时候，我俩不停地抽打自己那双不听使唤的笨手。

每晚7点钟，我们会准时来到报社加班，直到第二天天亮回家。这样的日子持续到第十四个晚上时，我们彻底失望了。说得严重一点，就是快要崩溃了。对着月明星稀的夜空，我们沮丧地抽烟叹气。如果在仅有的两天时间里还拿不出稿子，我俩如何向领导交差？还有什么脸面在《青海日报》继续待下去？

就在万分懊恼之际，张健不知从哪里来的雅兴，竟轻声哼唱起那首熟悉的苏联歌曲："一条小路曲曲弯弯细又长，一直通往遥远的地方，我要沿着这条细长的小路，一直走到我的爱人身旁……"

一听这歌，我的灵感瞬间迸发，写作冲动汹涌而来：一条路，一条上学的路，一条走向警营的路，一条伸向蔚蓝天际的路，一条人生之路……

"张健别唱了，有了！快来写吧！"我欣喜若狂地大叫起来。紧接着我俩匆匆设定了几个小标题，我便执笔写起来。那简直是神来之笔，一发不可收拾，写着写着，我的脚底板阵阵发麻。

每写完一段精彩的篇章，张健就开始用字正腔圆的普通话朗诵起来，我们沉浸在创作的喜悦中。就这样不知不觉东方大白，初稿1.2万字的报告文学《路，伸向蔚蓝的天际》竟奇迹般地出现在40多页的稿纸上。

"我们成功了！""我们成功了！"完稿之时，我俩恨不得抱头痛哭一场。那种喜悦绝不亚于在奥运会上夺得团体冠军时的亢奋。一种成就感就像一团火焰，在心中熊熊燃烧起来。

天道酬勤。我们的作品终于受到了同人们的赞许，按肖治业老师的说法：成了压轴之作。从此，我这个无名记者立刻从一只丑小鸭变成了白天鹅，正式进入了人们的视野。

这是一场前所未有的自我挑战。我们在15个通宵达旦中，锻炼了自己，磨炼了意志。我们靠着自己的勤奋和努力，终于在报告文学的处女地里开垦出了一片属于自己的田野。至今感谢我的黄金搭档张健，感谢恩师肖治业，感谢温桂芬副总编给了我们这次挑战自我的机会。

从人民教师到省报记者，我一直没有停止自学和探索的步履，坚信勤能补拙的真理，不断提升自己的业务水平和工作能力。1987 年至 1990 年，我自学完成了青海教育学院汉语言文学专业的函授教育学习，取得了大专学历。1992 年 10 月参加中国新闻学院新闻干部进修班学习。1992 年至 1994 年，参与了《青海日报》（周末版）的改版工作，主持策划《人生家庭》专版。该版以标题醒目、内容丰富、文字活泼而深受读者青睐，致使全省兴起的"周末热"持续了好几年。

独闯重灾区　　突破瓶颈期

人们习惯地把在国内外影响巨大的《中国青年报》形象地比喻为中国新闻的"国家队"。1994 年 9 月，我以绝对的优势挫败青海省内几名高学历的竞争对手，成为《中国青年报》驻青海记者站记者。一个只有（初中）中专学历的农村孩子，从小学教师、县教育局职员、省报记者到中央媒体一员，我为自己完成了优美的"三级跳"而倍感自豪和荣光。

但后来的事实证明，我高兴得太早了。因为《中国青年报》的工作氛围和记者管理考核办法，与地方新闻单位完全不同。记者部有一份记者发稿统计表，月月在记者业务通讯上按时发布。这如同一张晴雨表，记者每月的工作业绩在这里一目了然。没有人敦促，但凡跨进《中国青年报》门槛的人，大家都不由自主地进入了"高铁"一样的快节奏时代，展开了一场又一场业务竞赛。

正当生龙活虎的《中国青年报》兄弟们你追我赶地大显身手时，天高皇帝远的我还躺在安乐窝里优哉游哉，以为只要完成报社核定的发稿任务就可以万事大吉了。所以在很多时间里，拿着高工资的我随心所欲地和朋友们喝茶聊天打麻将，整天过着衣食无忧、逍遥自在的闲适生活。但我的这种不求上进，很快被单位领导发觉。

1995年7月，我突然接到了记者部的通知：到总部值班两个月。我当时兴奋极了，以为好运从天而降。我和妻子还浪漫地编织着以后有望在北京工作和生活的美梦。

我真是太天真了。当我兴高采烈地领着岳母、妻儿来到北京，才知道"值班"原来不是什么好差事。一位好心同事偷偷告诉我：在《中国青年报》，只有工作不称职的人，才能享受这种"高级待遇"，那叫最后的考察。

一听此语，我呆若木鸡。我从头审视自己，也没找出什么特别明显的瑕疵。《中国青年报》是按季度考核评价记者工作，论任务，我确实月月完成了报社核定的见报稿数量，这怎么成了工作不称职呢？好心人再次提醒我：你跟同批进来的全国其他记者站的人相比，你不觉得自己有很大差距吗？是啊，跟他们比，我真的就是那个奔跑在队伍最后的人。

我这才警觉起来，暗自发誓要珍惜这次值班良机，好好展示一下自己的聪明才智。

我真的失算了。到了北京，我感受到了无形的压力——普通话说不好、地理环境不熟悉。我在北京人藐视天下的眼神里倍感自卑，心中有清不出的障碍。记者部主任谢湘鼓励我大胆地在北京地区采访，可那时候没有导航这样的先进工具，偌大的北京城，我像一粒尘埃，被风一吹，真的不知道东南西北。说真的，在进入《中国青年报》之前，我有两次走马观花地逛过北京，而且像地老鼠一样总是在地铁里窜来窜去的，我根本无法辨别基本的方位。再加上读师范时我的地理又学得不好。这若是在青海，我可以理直气壮、目中无人地闯进任何一个单位和地区，但在北京我确实没有勇气和底气走进任何一个地方去采访。其间，记者部终于给我安排了一次采访。我的任务是去清华大学一个国际量子材料会场采访一批海外华人科学家。我没去过不知在心中仰望多少回的中国最高学府清华大学，所以带着膜拜的心态提前一天坐地铁去熟悉地理环境。没想到，仅是清华大学的地盘就大得让我这个从山沟里爬出来的农家子弟无法想象。我从东直门到清华，若坐地铁，如果没有两三个小时的奔波肯定是无法到达。第二天，我便毫无悬念地选择乘坐出租车直奔清华大学完成了对 7 位科学家的专题采访。报道虽说发了一个整版，但我觉得在北京采访的成本高得让人无法承受。之后发生的事让我欲说无语，欲哭无泪。值班到了第十天，我突然感到满脑子迷迷糊糊，整天昏昏沉沉，瞌睡得连眼皮都抬不起来了。因为无法抗拒的醉氧，使我一日不睡十几个小时便起不了床。这样的工作状态，连我自己都感到失望，我想振作起来，但我真的很无奈。所以，我在编辑部留下了一个贪睡懒惰的不良印象。

那年夏天，我在北京东城区东直门海运仓一个叫仓夹道的胡同里，经受着高温、醉氧和考察的折磨，终于度日如年地熬到了第六十天。悻悻离开《中国青年报》编辑部时，我的心却在酷暑难熬的炎夏凉到了极点。

回到西宁后，我顶着随时被报社解聘的压力，努力调整一蹶不振的工作状态。然而，一切努力都是徒劳的，我始终无法突破快速跃升到央媒后新闻报道的瓶颈。我悲凉的心境好比一个原本只会开手扶拖拉机的人，贸然坐在已经起航的飞机舱里的驾驶座一样，骑虎难下，左右为难。

1995 年底至 1996 年初，玉树遭遇百年不遇的特大雪灾。1996 年 2 月，《青海日报》等媒体刊播玉树州委州政府的求救呼吁书之后，我立即与新华社的马千里取得联系，决定搭乘他们的采访车前往玉树灾区。那时，我的孩子才满 5 岁，爱人下岗在家。当我拿着简单的洗漱用品出门时，妻子和孩子紧紧抱住我的双腿不让出门。妻子哭着哀求道："唐钰，《中国青年报》的工作我们不要都行，在这冰天雪地里，你万一有个三长两短，我和孩子怎么办呀……"

汽车在门口焦急地打着喇叭，我一脚踹倒双手紧紧撕住我衣服的娇妻后夺门而出。走到楼下回首再望那扇无论夜晚何时回家都有一盏为我点亮的充满着期待和温暖的玻璃窗时，只见我的爱人怀抱着孩子站在窗边撕心裂肺地号啕大哭。泪如雨注的我收回多情的目光，义无反顾地踏上了不知有多艰辛的采访征途……

玉树草原被大雪覆盖，满目苍凉。成千上万的牛羊尸体抛撒在雪地、路边，野狼和秃鹫争相餐食。一拨又一拨的牧民手牵手从大雪围困的牧场中冲出来……《青海日报》、新华社等兄弟新闻单位在三五成群地团队作战，而我孤军奋战紧跟其后捕捉新闻。我没有团队依靠，也没有车辆和应急保障。我要做的是跟人套近乎，好搭乘外单位的车，去实现自己顺利采访的目的。没膝深的雪地里，汽车每走一段路，就会遇到车陷、雪堵、汽车熄火的险情，每到这个时候，我总是第一个跳下车推车、拨雪、清道，不遗余力，以求博得车主的欢心。尽管这在高寒缺氧的地方是个危险的举动，但我别无选择。

我独自扒上正往灾区运送物资的尖刀班武警战士的车辆，深入大雪围困的结隆乡灾区采访，晚上冒着零下40摄氏度的严寒和战士们同睡在水泥地坪上。此后，我又深入称多、玉树、杂多等雪灾重灾区进行采访。在去治多县采访的途中，我所乘坐的车辆在穿越高山冰层路面时突然四轮打滑失控，一车人吓了个半死。等到我们都下车时，司机吐了一下舌头惊叹道："阿拉啦，再差半米，我们就掉进万丈深渊了！"在这样极其恶劣的环境中，我坚持采访17天，采写了《雪域雄鹰》等十几篇稿件，出色地完成了玉树雪灾的报道。

当年7月，我乘坐长途客车再度前往距西宁市800公里的玉树进行采访，及时向报社发回了有关玉树重建家园的7篇报道。其中，深度报道《痛定思痛：雪灾惩罚了老脑筋》为我迎来了高光时刻。《中国青年报》内部出版的《业务通讯》对此文的点评认为，这是新记者唐钰的成名作。

在年底召开的《中国青年报》记者全会上，我因玉树雪灾报道有不俗表现受到表扬。记者部主任谢湘握着我的手说，你两次冒着生命危险独闯玉树灾区，在孤立无援的绝境中放射出了一束光芒。你是好样的！

值得欣慰的是，正当万千灾民从大雪围困的绝地被解救出来时，幸运之神也再一次眷顾到我的身边，让我奇迹般地跳出了新闻报道的沼泽地而看到希望之光……

踏平坎坷道　舍命走四方

记者不好当，中央新闻单位的记者更不好当。这是我们西部边远省区记者站记者的共同感受。

在《中国青年报》，西部记者要上一篇稿件还是有难度。这不是记者无能，而是我们所处的地理位置不具备新闻的关注点。有人说了，北京王府井烧了一把火，那可能是全球新闻，而边远省区的某个城市真的失火了，未必就能成为全国热点新闻。

身处劣势，如何长久立足于《中国青年报》这个新闻国家队的大家庭里，这是摆在我面前的一道严峻命题。

1998年7月，《中国青年报》编辑部接到一份情况反映：1993年，浙江省缙云县壶镇镇成立唐人公司侵吞了18个村集体企业——缙云缝纫机厂的资产。记者部在全国记者站"征召"记者拟前往调查。"告示"发出去几天，不知为何竟无人揭榜。早就跃跃欲试的我一马当先上去叫阵，随后广西记者站张双武响应，我们组成搭档于1998年7月14日飞往浙江丽水地区。没想到丽水市团委的领导得知我们来者不善的意图，便是好吃好喝好招待，给我们安排好了连续七天的旅游行程。面对热情的"软绑架"，我们意识到情形不妙，便采取金蝉脱壳之计进行友好回旋。上午我们刚住到京东宾馆203房间，下午就有公安前来探问行踪。为了不被纠缠，晚上我们打车去金华地区住宿。

第二天一早，缙云县上访群众用8辆摩托车、3辆桑塔纳护驾，我们开始了艰难而曲折的采访。村民代表硬是把我们捎在摩托车后面，安排了一些无关紧要的人坐在桑塔纳车上。我们不解其意，倒很乐意接受他们这样的安排。因为，7月的缙云，热浪扑面，汗流如注，像是钻进了太上老君炼丹的八卦炉里，让我这个高原人切实感受到了江南的炙热。

我们的调查采访从壶镇镇团结村开始。车抵壶镇，赫然出现在牌楼上面的一副对联着实把我们吓了一跳："春风一镇呼吸南北，盛意满壶吞吐西东。"

　　壶镇镇，人称"缙云小香港"。1976 年，缙云县白六乡联合 18 个自然村的广大农民共同创办了白六综合厂，生产农业用具。1975 年改产微型拷边机。1986 年改名缙云缝纫机厂。1992 年发展成为年产值 1500 万元、创利税 400 万元的省级明星企业。同年 5 月，白六乡连同该县的三联乡、浣溪乡、括苍乡和壶镇等四乡一镇，扩并为壶镇镇。缙云缝纫机厂亦随之划转为镇办集体企业。企业承包也改交给镇工业办公室。当时白六乡人民代表曾联名向镇人代会提过议案，要求明确缝纫机厂的产权归属问题未果。

　　1993 年底，壶镇人民政府在进行乡村集体企业产权制度改革时，以产权所有者的身份，将缙云缝纫机厂的全部产权采用协议转让的方式，低价成建制地转让给原长，回收资金归镇工业办公室。

　　1994 年 1 月 18 日，原白六乡所辖 18 个村农民联合签订著名的"18 村协议"，推举 17 位农民代表组成"维护企业资产权益小组"，向镇政府交涉未果，又向县法院起诉。此后四年半，原白六乡"维护企业资产权益小组"上访县、地、省、中央，耗资 17 万多元。其中上访镇 300 多人次、上访县、地 1000 多人次，上访省 40 多趟 100 多人次，上访中央 3 趟 20 多人次。李铁映、万宝瑞 (农业部原副部长)、宗景耀 (农业部乡镇企业局原局长)、万学远 (浙江省原省长)、李泽民 (浙江省委书记) 等多次公开批示，但悬案一直未决。

　　上访群众还一直向新闻媒体反映情况，《浙江经济报》曾关注过此事。但该报记者下来不到两天，竟被一场莫名其妙的车祸夺去双腿。此后，媒体记者一提缙云壶镇，便谈虎色变，谁也不肯染指。我和张双武是在这种背景下，才争取到了这次下江南的好差事。

　　我当记者十年多，但从未参与过这种时时提防不测、日夜提心吊胆的采访调查活动。我们像是进入了白色恐怖地带，隐秘采访，"打一枪换一个地方"，每天向编辑部报告行踪，并把每天所获得的资料和采访本通过邮局寄往编辑部。

　　采访进入第三天，我们昼夜担心的事情终于发生了。带领我们采访的团结村村支书遭遇车祸，鼻梁骨折断，汽车右前门被直接撞断，这让心有余悸的我们顿感采访危机四伏。

据统计，截至 1994 年底，壶镇镇卖光了辖区内所有乡村集体企业，共获列账收入 1947 万元。我们心里清楚，有人为了保住他们的切身利益正在暗地里玩命阻止记者采访。

《中国青年报》编辑部收到我们的大量来信和第一手资料后，催促我们赶紧飞往北京组织稿件。结束了近 10 天的采访离开缙云壶镇镇时，牌楼上另一副对联让我们忧心忡忡："一路通三洲来来往往大胆走你路，千秋共一室是是非非任人去评说。"

北京的高温天气一点不比丽水地区逊色。我和张双武在火炉般的宿舍里，终于制造出了一枚在后来产生了重大影响的新闻"原子弹"。

1998 年 8 月 4 日，《中国青年报》在头版头条刊发深度报道《缙云：万民状告镇政府》，立刻在全国引起强烈反响。因为这篇报道戳破了乡村集体企业改革的痛点：乡镇政府有没有资格和权力拍卖和转让集体企业？

哪里有新闻，哪里就有《中国青年报》记者的身影。这是我们的使命和职责。所以经历生死考验，对我而言是一件稀松平常的事，我在这里列举二三。

1998 年夏秋之际，中国南方惨遭世纪洪水袭击。深重的灾难，向世人敲响了保护长江源生态环境的警钟。当时《中国青年报》指派我采写一组关于长江源头地区生态现状的报道，我便奉命前往。当我所乘坐长途客车翻越海拔 5082 米的巴颜喀拉山时，由于班车司机在暖气管内排放尾气取暖，致使我和《青海青年报》记者海忆水等 8 人遭受泄漏尾气毒害而昏迷四个多小时，险些丧命。抵达玉树后，因为身体原因，我在玉树境内写了一篇《青海出了"绿色"活佛》的通讯匆匆交差，《中国青年报》对我这篇游离选题的稿件不太满意。为了弥补缺憾，后来我随著名环保人士杨欣带领的环保志愿者队伍，深入可可西里进行了为期 15 天的采访，最终完成 3 万字的报告文学《走向长江源》，后被《青海日报》《青海湖》等文学期刊转载。

1999 年 7 月，我和中央人民广播电台电台记者凌晨驾车去海西州乌兰县采访，返程时由于车速过快，汽车在天棚车站拐弯处连翻三个跟头，中央台青海记者站采访车当场报废，车内四人有惊无险，没有受伤。赶来救援的铁路工人说："你们几个人的命真大。我们远看车祸发生过程比电影里面的镜头还惊险，估计你们已经都出事了。"

惊魂未定也得写稿。7 月 19 日、10 月 16 日，《中国青年报》刊发了我此行采写的两篇报道《青海一治沙状元的遭遇》《百万损失谁来承担》。

比起乌兰车祸，我在甘肃岷县的采访途中遭遇的病痛折磨更为痛苦。

1999 年 7 月 24 日下午 3 时 30 分，甘肃省定西地区原岷县师范 84 届同学聚会经过岷县卧桥时突然桥体垮塌，30 余人坠入洮河，造成 18 人死亡的特大事故。我接到《中国青年报》记者部的指令后，坐班车 20 多小时抵达岷县。就在我调查垮桥事件接近尾声时，我的胆石症突然发作，致使我一夜受尽疼痛的折磨，最后竟休克在岷州大酒店里。第二天上午，病痛有些缓解。但我担心病情再次发作，在从岷县急忙返回兰州的途中，就给我爱人陈鸿有打了电话，让她速到兰州接应。胆石症就是这样，一旦细碎的石子堵塞了胆管，仿佛心口窝子插了两把刀，会痛得让你生死两难。如果小石子突然离开了胆管口，那么疼痛感就立马消失，病人也跟正常人一样，根本看不出有病的样子。这种病一般都在晚上发作，不过你根本无法预料它在哪天晚上发作。

到达兰州后，我的胆石症在半夜复发了。疼痛不断加剧。爱人在第一时间把我送进了甘肃省人民医院急诊科。医院按常规不紧不慢地进行各项检查，我已是痛得大汗淋漓、寸步难行，最后竟发出了杀猪般的尖叫声。这样的疼痛持续了两个小时，仍没有丝毫好转的迹象。在我们的再三哀求下，医生才给我间断性地注射了两针止疼针（杜冷丁）。后来挂了好几组点滴，直到下午两点剧烈疼痛才得以缓解。医生一再催促，要实施紧急手术，爱人也在身边不停地劝我。可一做手术，就意味着我的稿件只能在出院后写作了。18 条人命，多少死者亲属还在翘首期盼着一篇公正的报道，在这个紧要关头，我不能选择手术。身为记者，此时我不能失信于报社，更不能失信于关注这起重大事件的万千读者。想到这里，我便明确地告诉医生，暂不考虑做手术，还是保守治疗吧。妻子一听这话就跟我吵闹起来："唐钰,你不要命了吗?你是不是脑子进水了?都什么时候了,还这么固执己见?是工作重要还是你的命重要?"我灵机一动找了个十足的理由："你看这里人生地不熟,一旦有什么事,谁也指望不上。现在已经没事了,明天回到西宁,我就听你的,马上住院手术。"下午,我回到宾馆开始写作,并给《中国青年报》编辑部报了选题。晚上10点,稿件上传,我才坦然释怀。

8月14日,《中国青年报》在头版头条位置刊发了我采写的独家新闻《魂断卧桥18人——岷县"7·24"特大跨桥事故报告》。这篇长篇通讯发表后一石激起千层浪,在全国产生了重大反响。

第二天一早,我们返回西宁,下午去青海省医院住院治疗。后顺利做了手术,终于排除了潜藏在腹内的"定时炸弹"。

出院后,我又采写了后续报道《天灾还是人祸》《岷县"7·24"事故责任查明——跨桥系重大责任事故》《岷县"7·24"特大跨桥案开庭》《垮桥案水落石出——岷县县长等人受到党纪政纪处分》。

如果说我"先写稿件后做手术"是一个明智选择的话,那么,后来我"交代后事踏征程"的动作可以算得上是一个壮举。

真是无知者无畏。我是《中国青年报》唯一自愿报名参加"迎接新世纪曙光 中国人攀登梅里雪山"大型登山探险采访活动的记者。我奉命去北京报到后,先到中国青年报社资料室查阅中外登山队以往攀登梅里雪山的相关资料。直到这时,我才知道了这次采访活动非同寻常。因为在1991年1月,云南梅里雪山发生了震惊世界的登山事故,中日友好联合登山队17名队员遭遇雪崩,全部遇难。这是人类登山史上的第二大山难。在100多年的现代登山史上,梅里雪山也成为人类唯一无法登顶的山峰。

两天后,《中国青年报》发了一条《本报特派记者唐钰将〈中国青年报〉的旗帜高扬在梅里雪山》的消息,并配发了一张我身着登山服的照片。我的心里再次升腾起一种前所未有的自豪感。如果登顶,我就是登顶梅里雪山的世界第一记者;如果遇难,我也是被载入史册的一名中国新闻记者。

启程前夜，我考虑到会有雪崩等不测意外的发生，特意给青年记者原春琳讲述了自己的成长历程，几次泪流满面。

2000年1月4日，我依依不舍地离开中国青年报社，抱着必死的信念前往拉萨。我说必死其实一点也不夸张，首先我申报成为冲顶队员时，心里确实没底。既不知道攀登梅里雪山的艰难险峻，又不具备登山的基本条件，更不知道自己的身体能否承受。因为出发之时，离我做完胆结石手术还不到30天。我为了争取这一采访名额，向报社隐瞒了以上情况。我还拍着胸脯给报社领导说，我曾攀登过海拔4800米的高山，一点问题都没有。其实那不过是自己少年时代在农村放羊时有过的一种经历的炫耀而已，与实际意义上的竞技体育运动而言相差万里，根本无法同日而语。当我信誓旦旦地向《中国青年报》领导作出"一定要让《中国青年报》的旗帜飘扬在梅里雪山"的保证时，我很清楚此行肯定将以壮烈献身而告终。走出这一步，我已别无选择。

到了拉萨后，我们得到了西藏自治区有关人员的热情接待。第二天，我们去了西藏登山队，检查装备，接受必要的登山培训。其间，我拍摄下了几位主力登山队员的肖像照片，并见缝插针地进行零距离采访。

登山探险活动危机四伏，极富悬念，作为记者我必须要把登山家的资料在登山前发到报社，这也是职责所在。

我和中央电视台记者李潇潇被确定为跟随主力队员登顶的"冲顶队员"，所以，每天自觉进行体能训练，间歇调试通信设备。因为当时出发得比较突然，所以我对海事卫星电话、数码照相机等先进设备的操作还不太熟练。

不知是何原因，我们驻扎拉萨后，登山时间一再被推迟，我们始终处在全天候待命状态。那些天里，我们几位记者每天净身后到布达拉宫朝拜，以期获得精神上的力量和佛祖的保佑。

我母亲打来电话说，自从我离开青海，父亲每天雷打不动地到乌山庙里点燃108

盏酥油灯诵经祈祷，祈盼我早日平安归来。

终于接到登山指挥部的电话："明日启程，挺进梅里雪山。"当晚我毫无睡意。是啊，即将踏上的或许就是不归之途，谁又能高枕无忧呢？于是，我给家里打了几个电话，心中仍不平静。最后，我还是决定给好朋友张健和凌晨认真通一次电话。之所以要认真，是因为那些天无论是梦境还是感觉都非常不好。如果有一天，我想到的"万一"要是真发生了，我不能不给家里有个交代吧？这个嘱托就是如何用中国青年报社临行前为我买的 300 万元保险金去安抚我的父母和妻儿。

第二天一大早，我正信誓旦旦地准备出征，央视记者李潇潇拍着我的肩膀说，哥们，计划又发生了变化。虽然西藏登山协会积极主张活动继续进行，但中国登山家协会始终没有发出进军命令。于是，我们又进入了忐忑不安的待命状态。面对千万《中国青年报》粉丝在网上的追问，我奉编辑部之命采访了西藏登山队的四位名将：极地小愚公仁青平措、塔松德宝（帅哥）丹增多杰、雪山飞狐大其米、神秘的小其米。2000 年 1 月 8 日，《中国青年报》刊发了我采写的通讯《登山家的传奇》，再一次吊足了读者的胃口。40 天后，我怀抱必死信念满心期待的"世纪之交攀登梅里雪山的大型探险活动"无疾而终。半年后我才知道内情：本次活动因遭到国内外民间环保组织的强烈反对和阻止而被取消。

拔掉麒麟舫　消灭垃圾猪

我在《中国青年报》驻青海记者站工作的 8 年，是以"敢说真话"而著称的，那也是《中国青年报》舆论监督最辉煌的一个时期。我秉承其"呼唤公平、追寻正义、拷问良知"的办报理念，借助"本报调查""本报今日出击""社会周刊""冰点"等名栏目的平台优势，利剑出鞘直面社会丑恶现象，激浊扬清、针砭时弊，加大了对违纪违法行为、侵害群众利益行为的曝光力度。

难忘的 1996 年，是我新闻报道最为出彩的一年。5 月 4 日这天，团省委在烈士陵园举行西宁市中学生 18 岁成人仪式。宣誓完后，团组织带领 500 名学生到烈士陵园扫墓。但见这些学生像是进了游乐园里，打闹嬉戏毫无肃穆之态，有的学生竟在红军被活埋的万人坑墓碑上刻下"本少爷到此一游"的字样。我和青海电视台的记者动员几位女学生把烈士墓上面的塑料袋捡拾一下，可她们冷冷地丢下一句话跑了："我们宁肯不上电视也不愿捡垃圾。"目睹此情此景，我的心绪难以平静。垃圾掩埋墓地，烈士的英魂还能安息吗？新中国成立不到 50 年，我们对先烈存有的那份敬仰之情真的已经淡漠了吗？

5 月 9 日，《中国青年报》在头版头条位置刊发我采写的新闻观察《革命烈士离我们到底有多远》，在国内引起强烈反响。青少年道德教育危机引起了社会的广泛关注。中央人民广播电台当日转播了这篇报道。《中国青年报》将此稿评为五星级特优稿件，稿费翻番奖励。受到激励的我，工作热情一日千丈地高涨起来。之后几天，我一直查找烈士陵园垃圾满天飞的根源。终有一天，狂风大作，尘土飞扬，塑料袋满天飞舞。我以为是沙尘暴来了，甚是惊慌。一位好心环卫工人告诉我，不要紧，每天下午都要这样刮一阵风，害得我们天天要处理从南西山垃圾场飞来的垃圾。

正当我为自己的神奇发现而沾沾自喜时，几个连续不断的求助电话打乱了我的采访计划。6 月 24 日，西宁市南川西路小学 3 班的 4 名小学生中午放学后到南川河玩耍钓鱼。青海珍宝饮业有限公司麒麟舫酒店的保安将 4 名小学生抓到酒店对其拳打脚踢实施暴力，并限制其人身自由，说不交 500 元罚款不让出门。身无分文的小学生交不了"违法"钓鱼的罚金，被罚扫地、刷马桶。《西宁晚报》披露麒麟舫大酒店殴打小学生的报道后，社会舆论一片哗然，强烈谴责麒麟舫大酒店为富不仁。学生家长纷纷致电中央及省市媒体，要求伸张正义，维护少年儿童的合法权益。

建在西宁南川河河道上的麒麟舫造型独特，富丽堂皇，每到晚上，灯红酒绿热闹非凡。只是酒店菜价昂贵离谱，不断有食客怨声载道。

7月8日，我和《人民日报》驻青记者站站长马应珊、《光明日报》驻青记者站站长刘鹏、青海电视台记者郑荣、《青海法制报》记者龚志明等组成联合采访团一同踏上当时被外界称为"宰人的贼船"的麒麟舫大酒店。我们还没进门就遭到了大酒店工作人员的蛮横阻止，随后我们与酒店管理人员发生了激烈的言语冲突。一会儿，冒出一个声称是西宁市城中区检察院检察官的人，以妨碍公务为名制止记者采访，又与我们发生语言冲突。随后，我们直奔西宁市城中区检察院进行采访。到了下午，马应珊吩咐我写一篇通稿，约定新闻单位在同一天集中发表。7月10日，《中国青年报》在2版头条位置刊发我采写的报道：西宁麒麟舫事件追踪报道之一《大酒店仗势欺人　小学生挨打受罚》，其他媒体也在同一天报道了"麒麟舫事件"。新闻"集束炸弹"引爆后，顿时惊动了省委省政府的高度关注，同时，引起了社会的广泛关注。

其实，我在采访中已调查清楚，青海珍宝饮业有限公司麒麟舫大酒店是中外合资企业，也是省政府一位副省长引进的中外合资项目。港方董事长还是省政协委员，背景很深。果然，没过几天，上层出现了不同的声音：麒麟舫大酒店是中外合资企业，此事如果处理不当，将会影响青海的招商引资环境和对外形象。于是，青海地方媒体纷纷退出媒体阵营，致使这场轰轰烈烈爆发的新闻大战瞬间转入低迷的自生自灭状态。身后无人的我在此时突然发现自己已经陷入了孤军奋战的尴尬境地。正当媒体同人们犹豫不决的时候，我却发现了一个新的突破口："麒麟舫"事件的本质不是众多媒体同声谴责的为富不仁和欺负几个小学生的问题，症结在于践踏法制。我在追踪报道《麒麟舫事件引起社会关注》一文中尖锐批评麒麟舫是违章建筑：泄洪道上怎能建酒楼？并向读者释放出一个警示信号：南川河是西宁市唯一泄洪道。麒麟舫的存在就像一枚定时炸弹，时时威胁着全市人民的生命和财产安全！

报道发出，舆论哗然。

7月12日，青海省政府召开座谈会讨论麒麟舫事件。省外资管理处及港方董事长认为麒麟舫酒店是经过省市有关部门审批后才修建的，并和有关部门签订了30年的租赁合同。省法规处负责同志对此提出不同看法。他认为，根据水法 24 条，应该说建在南川河床上的麒麟舫是违章建筑。他还说，就在麒麟舫未动工前，青海省防汛办公室、水利厅法制处曾与有关部门进行过交涉，青海省一名副省长也出面反对，但麒麟舫大酒店还是无所顾忌地傲然耸立在了西宁南川河上。与会代表还提醒大家不要忘记三年前在海南州所发生的沟后水库垮坝事件的惨痛教训。

7 月 18 日，省政府再度组织相关部门召开麒麟舫事件座谈会。与会同志要求：要尽快从重从快处理麒麟舫事件。法学界的人士认为，麒麟舫事件案情清楚，情节明了，已触犯了国家四部法令。一是触犯了未成年人保护法，二是触犯了消费者权益保护法，三是触犯了行政处罚法，四是触犯了水法。此后，我穷追不舍继续追踪麒麟舫事件进展，最终"贼船"被拆。南川河麒麟舫神秘消失在人们视野之时，也是我名声大振、出尽风头的时刻。受害学生家长、西宁市民争相复印寻找《中国青年报》，口碑相传，都叫我"唐青天"。

麒麟舫战役结束后，我上南西山垃圾场查找烈士陵园环境污染源。不料竟意外地发现了另外一个重大线索：西宁市在南西山设置垃圾场后，每天有成百吨的垃圾运往这里，每天有上百人在这里捡拾垃圾。几千头猪靠吃垃圾成长，当地村民靠饲养垃圾猪发家致富。村民们从来不吃圈养在山洞里的猪，却把它养大后直接卖给西宁市场的猪贩子。我在现场目睹了令人无法接受而又永生难忘的一幕：一辆垃圾车刚翻斗倒下一车垃圾，几头垃圾猪发疯般地冲上去竟把几个死婴瞬间蚕食而尽。

一场消灭垃圾猪的战役就此打响！

1996 年 11 月 26 日，《中国青年报》刊发我采写的报道后，在全国引起轰动，并引起了国内各大媒体的高度关注。香港《大公报》等国内外报纸纷纷转载。几天后，中央电视台报道：青海、甘肃、河南、河北等地多处发现垃圾猪，饲养垃圾猪已成全国现象，消灭垃圾猪顿成全国行动。

《阴云笼罩垃圾山庄》一文所引起的反响，真是出乎我的预料。省委批示，西宁市政府召开专题会议研究部署解决方案，并将方案和此文印发到四区政府和各大新闻单位，以示西宁告别垃圾场消灭垃圾猪的决心。于是，我向报社发去了《垃圾山庄治理起步》的跟踪报道。

时隔一年有余，西宁市政府开始换届。此时，我对西宁市政府动真格消灭垃圾猪的动作心生疑惑。我再次登上南西山时，又大吃一惊：我的天！垃圾猪不但没消灭，而且个头比原来更大了。仔细一看，原来育肥猪全变成了母猪。我知道了，当地农民随行就市变育肥为繁殖，垃圾场竟成了他们繁殖垃圾猪的产业基地。这是多么可怕的事啊！

1998 年 4 月 23 日，社会周刊在显著位置发表我采写的报道《西宁"培养"垃圾猪》。肩题是"吃垃圾长大的垃圾猪，这样的猪肉你敢吃吗？"并在"编后"中说："垃圾猪问题，本报曾于 1996 年 11 月 26 日发表长篇通讯《阴云笼罩垃圾山庄》，向社会敲响警钟。1997 年 3 月 21 日，本报再次刊载报道《垃圾山庄治理起步》。尽管此事当时已引起青海省及西宁市有关领导的关注，西宁市政府也表示要综合治理垃圾场，严厉打击养殖、收购、贩卖垃圾猪的决心，但时隔两年，垃圾山庄仍然有成群的垃圾猪，治理垃圾山庄的垃圾猪举措也是雷声大，雨点小，仅仅停留在红头文件上。猪肉是一种特殊的商品，它牵涉千家万户的身心健康和生命安全。西宁市政府换届，新任领导在续抓好菜篮子的同时，能否彻底解决垃圾猪的问题呢？"报道发出后，西宁市各大市场猪肉滞销，肉价大幅度下跌。卖猪肉的个体户叫苦连天，并对垃圾猪报道提出强烈抗议。十几个屠夫举刀冲进青海日报社大院，扬言要砍了我的胳膊，剁了我的手。

《西宁"培养"垃圾猪》报道发出后，引起了新一届政府的高度重视。时任青海省委书记亲笔批示，责成西宁市彻底解决垃圾猪的问题。新任市长按照省委指示，把治理整顿垃圾山、消灭垃圾猪列上重要议事日程，带领东西南北四区领导深入基层狠抓落实，节假日都在垃圾场工作。此后，西宁市政府召开治理垃圾猪会议，逢会都邀请我列席。

5 月 14 日，《中国青年报》刊发我采写的报道《西宁市长向市民承诺：西宁于 5 月

17 日之前消灭垃圾猪》。并宣称：5 月 17 日，无论哪个垃圾场，只要发现垃圾猪就要开枪射杀。这条消息立刻吸引了记者眼球，新华社等中央及地方媒体纷纷加入垃圾猪报道战役，声势越造越大。中央电视台经济部记者刘满胜几次打来电话对我垃圾猪系列报道深表敬意，并恳求我协助他们 6 月 5 日世界环境日重大选题《西宁垃圾猪》给予协助。我便兑现诺言，为专程到西宁来采访的记者讲述自己亲历，并无偿为其提供所有材料。北京昌平区现代化垃圾焚烧设备厂与中国青年报社取得联系，决定无偿捐赠一台价值 50 万元的设备，并免去 20 万元的安装费。福建亚太科学院也发来传真，决定在西宁市上一个垃圾无害化处理生产线。

西宁消灭垃圾猪的日子越来越近。在此之前，我明察暗访过四个垃圾场，并掌握了第一手的资料。我对"上有政策、下有对策"的残酷现状还是有些担忧，但我从心底真的非常期待西宁市能够早日消灭垃圾猪。

我连导语都想好了："一声枪响，垃圾猪从此在西宁垃圾场的历史舞台上销声匿迹。"

5 月 17 日上午，当西宁市委市政府组织了浩浩荡荡的新闻大军前往四区垃圾场见证西宁彻底消灭垃圾猪的伟大时刻。城东、城西、城北几个垃圾场治理得像花园一样，媒体记者们真为西宁市的正抓实干深感欣慰。西宁城中区南西山垃圾场是最后一个点，行前一场小阵雨把这里装扮得还算整洁。西宁市一位副市长激情飞扬地向媒体记者庄重宣告：截至今日，西宁已经彻底消灭垃圾猪！在场者皆大欢喜，我也如释重负，因为我在垃圾场里泡了三年再也不想跑了。可是，正当记者和环卫工作人员准备离开南西山垃圾场时，却不知从哪里突然窜出一头垃圾猪，极速地冲破环卫人员的围追堵截，竟发疯般地闯进垃圾场上觅食，看那样子像是几天没吃东西。垃圾猪顶风作案，弄得在场的政府领导非常尴尬。一位有眼色的环卫人员为了不博市政府的面子，竟不顾场地肮脏垃圾和路途泥泞，操起棍棒跟踪追击想制服那头疯猪，却未料想弄巧成拙。由于动作太大，脱落的鞋子飞过来差点落在人群当中。当天，令很多记者大跌眼镜的是：市政府并没有向他们宣称的那样去开枪射杀那头疯狂垃圾猪，致使大家都没有如愿惊喜地见证到那惊心动魄的一幕。

市政府的相关人员不停地向记者们解释，四区政府积极治理垃圾猪为此花费了很大的精力、财力和物力，效果也是相当明显。一头猪的出现抹杀不了全市干部群众两个多月齐心协力早出晚归奋斗的成果。而且，这头猪的身份不好确定，也许还是谁家跑出的土猪呢。我清楚，这话主要是说给我听的，很多主流媒体的记者也赞同这种说法。

对于西宁市宣告彻底消灭垃圾猪这个结论的认定没有任何异议的结局，致使在场的副市长和相关领导脸上洋溢着满足和喜悦的神色。不到下午 4 点，就把所有人带到一家高档酒店盛宴款待并庆贺战斗胜利，分享胜利果实。

虽然我被请坐到上位就餐，但我有采访不沾酒、新闻不过夜的铁律，我早早离开了那个觥筹交错的庆功宴。我起身回家写稿去时还不到下午 6 点。抬头一看黄昏绚烂的彩霞，我突然萌生要去南酉山巡视一番的冲动，想让自己时时绷紧的弦在大自然中放松一下。

坐在摩的后座上，忽然想起前些日子采访时的一些有趣事情。我问过当地一些有觉悟的农民，你觉得政府真的能够消灭垃圾猪吗？嗯，我看悬。为啥？你想，你断人家财路能断得了吗？现在的人为了钱什么样的黑心事干不出来。有个知情人士还悄悄向我透露了一个绝密消息：你们电视广播报纸都说 5 月 17 日要彻底消灭西宁垃圾猪，我就是有些信不过，前两天就到火烧沟垃圾场去转了一圈。你猜，我遇到了一件什么稀奇事？啥事？快说。我最终发现火绕沟的垃圾猪被人们藏到山洞里了。为啥这么说？那天我下山时不小心踩破了一块土皮。我万万没想到在这个时候，几头垃圾猪哐地冲出人家用土块泥和的土墙墙从山洞里跳出来，把我就吓死了。心咚咚地，差点吓成神经病。我就知道，上千头猪，你让农民放弃，农民肯吗？农民可能不会明目张胆地违反政府通告，但也绝对不会马上放弃垃圾猪。道理很简单，垃圾猪也有成本。还有一个问题，如果政府不让放养的话，那你让有些人家圈养数十头垃圾猪，饲料的问题你咋解决？想到这里，我有一种预感，农民有可能白天逃避政府的检查，选择在夜晚放猪！

我之所以能够成名，在很大程度上要感谢我极强的新闻敏感度和准确的价值判断。

真是有钱难买回头看。正当我到达南西山垃圾场时，看到了自己预想的宏大场面：几百头垃圾猪在月光下正在狼吞虎咽地啃食着垃圾……

一天的奔波，搞得我筋疲力尽。如何写作这篇新闻成了我非常棘手和苦恼的问题。如果我随波逐流地违心发一篇千人一面的《西宁彻底消灭垃圾猪》的报道，肯定是皆大欢喜，然而这违背了我的道德良知和新闻操守，这是我自己接受不了的；但如果我如实报道出去，从此就得罪了西宁市政府和所有参加新闻发布会的同人。他们永远不会原谅我，因为我彻底地背叛和出卖了他们。

那是天知地知我知的事，到底怎么做，让主动权百分之百捏在我手里？对这件事的思虑让我花了比写稿子更长的时间。因为，我到中国青年报社后所发的250多篇舆论监督稿件中，将近有1/4的报道，涉及对西宁市的批评和曝光。除了得罪了不少人，作为社会关系的实际存在，这些报道在很大程度上已经威胁到了我的"生态环境"。鉴于很多友好人士的忠告，有时我也产生过放弃坚守的念头。可是，一旦理性面对被千万人宠爱有加、高山仰止的《中国青年报》，我就无法改变初心。当晚，我毅然决然地写下了继《阴云笼罩垃圾山庄》《西宁"培养"垃圾猪》之后的第三篇脍炙人口的西宁垃圾猪追踪报道著名作品《西宁垃圾猪防不胜防》。此稿发回报社，已是深夜12点之后。

5月19日是一个戏剧性的日子。西宁市政府如愿看到了包括《人民日报》在内的中央和地方各大媒体铺天盖地发布的正面消息《西宁彻底消灭垃圾猪》。唯有晚到一天的《中国青年报》却在一版显著位置刊发了我采写的独家新闻《西宁垃圾猪防不胜防》。

随后，西宁市政府把我采写的报道文章复印给四区环卫部门，认真部署、全民动员，再次打响歼灭垃圾猪的战役。5月30日，我随市政府领导巡查全市消灭垃圾猪情况，见证了西宁搬走垃圾山、消灭垃圾猪的胜利时刻。

时任西宁市市长事后对我说："垃圾猪现象在全国各地都普遍存在，唯有西宁市是全国首个消灭垃圾猪的城市。报纸的舆论监督，其实是帮政府做工作、做宣传，并给予政府解决问题的决心和信心。《中国青年报》敢于揭露问题，从舆论上给予了支持，为消灭垃圾猪立了头功。也为西宁市民办了一件实事好事。《中国青年报》这种坚持实事求是、敢说敢干的工作作风值得我们学习。"

封杀"金苹果" 护卫烈士墓

1998年6月的一天，《光明日报》驻青记者站站长刘鹏急忙从车上丢下一堆材料后告诉我，他要去北京总部开会，有个事让我关注一下。打开一看，读者所反映的问题令人发指：1998年5月22日，西宁某中学3名初中一年级的女学生因期中考试成绩不好，相约离家出走。当晚，"金苹果"娱乐园的一名三陪小姐以帮忙找工作为名，将3名女孩骗进了娱乐园，然后播放淫秽录像对其进行"岗前"培训。5月26日晚，"金苹果"娱乐园老板钱某某强迫3名女学生"上岗"，后被举报，才得以解救。

几个十几岁的中学生被黑心老板拉去做了"三陪"！我在试想，假如当时被诱骗的是我的女儿，我能接受这样的现实吗？

良知促使我必须拿起正义之剑，去戳穿丑恶的"金苹果"事件真相。我转身追到那个藏污纳垢的地方去采访时，西宁市城中公安干警和家长正在现场营救被诱骗的少女。

1998年6月15—22日，《中国青年报》在1版显著位置刊发了我采写的新闻追踪系列报道《黄祸殃及花季少年 西宁一娱乐园诱引女中学生当三陪 家长强烈呼吁维护未成年人权益》《西宁各界同声谴责"金苹果"》《"金苹果"事件难下定论》《"金苹果"事件敲响警钟》等稿件。报道见报后，西宁市城中区委、区政府、区政法委、公安局、工商局及"扫黄"打非办公室，联合召开了全区娱乐场所从业人员法制教育大会，并全面整顿全区娱乐场所。西宁市公安局城中公安分局查封取缔"金苹果"娱乐园，并对"金苹果"娱乐园业主钱某某和邢某某分别作出了劳教两年、一年，两年内不得从事公共娱乐经营的处罚，一并没收了传播淫秽物品的工具——家庭影院一套。

这年 8 月，我收到了署名"西路红军老战士"的来信《请给烈士们一块清净之地》。信中写道：西宁烈士陵园为了搞创收，居然把烈士公墓推平了。

烈士陵园作为一个特殊的场所，现在改造公墓搞创收是否合适？带着这个问题，我先后三次通过暗访，发现一件奇葩怪事：一名罪犯被枪决后家属不服认为罪不当诛，便对政府产生仇恨心理。正值烈士陵园向社会开放卖墓，他们趁机将罪犯尸体埋进了烈士陵园以求心理安慰。

1998 年 9 月 11 日，我采写的新闻调查《生难成烈士　死可享哀荣——西宁烈士陵园出卖墓穴起纠纷》在《中国青年报》和《青海日报》同时刊出。此文向读者提出了四个严肃的问题：谁在出卖烈士的名义？烈士的名义值多少钱？谁在假借烈士的名义发财？谁来捍卫烈士陵园的尊严还烈士一方净土？文章发表后，犹如一枚重磅炸弹，在青海省和西宁市掀起了轩然大波。

见报之日，也是记者受难之日。此时，我刚从长江源头采访归来，一进家门，像是发生了"世界大战"！接连不断的电话，都围绕着烈士陵园的报道。匿名电话多为辱骂、恐吓和威胁。有人问我长几个脑袋，并扬言和我见个高低、较量一番云云……

没过几天，青海省民政厅作出反应。首先，他们给省委书记、省长和省委宣传部长写了公开信，并下发"95"号文声称：西宁烈士陵园的做法是合法的、可行的。当时我很纳闷：民政厅的观点怎么和民政厅社会事务处的表态对立起来了呢？青海宏狮集团的董事长也不甘示弱，带着法律顾问很不礼貌地向记者索要当时的采访录音，并无理要求记者讲述当时的采访经过。律师声称，刘副总经理对卖墓事件的表述不准确，他的言行并不代表宏狮公司，他们将保留起诉的权利。后来我听说，青海宏狮集团决定出巨资邀请律师团队要和我打一场轰轰烈烈的官司。

触动了别人的利益，我受到了方方面面的责备和发难。此时，中央人民广播电台驻青记者站记者凌晨也对烈士陵园买墓事件进行关注。他飞往北京到国家民政部采访，以求拿到尚方宝剑——政策法规的依据。民政部官员从政策的高度，向中央人民广播电台记者凌晨传递了一个信息，青海省和西宁市有关部门的做法是错误的。也就是说，记者的新闻认知与民政部的观点并不矛盾。民政部的有关人士说，国家明令：严禁在文物保护区内建造坟墓。就这一点，就把西宁烈士陵园卡死了。更何况西宁烈士陵园还是全国重点文物保护单位、全国一百个爱国主义教育基地——中国西路红军纪念馆。它的特殊地位决定了它的严肃性。现在，你找哪个部门都没用，即便在法庭上，只有国家颁发的《殡葬条例》和国务院转发下的《关于进一步加强公墓管理的意见》通知，才是权威观点，才能发生法律效力。于是，我再写《西宁烈士陵园卖墓事件续文》，对有关方面表现出的不正常的反应进行了曝光。此文于 1998 年 9 月 25 日在《中国青年报》见报后，青海省民政厅再次下发"青民发〔1998〕111 号"文，依旧坚持原来的观点认为西宁烈士陵园的做法可行，指责我的报道纯粹是有人借助新闻媒体大加炒作。西宁市政府表示：扣上不养烈士的帽子他们担当不起，并将邀请"著名记者"介入，以达成共识。

此时，全国至少有30家新闻媒体转载了《中国青年报》关于《西宁烈士陵园卖墓事件》的报道。

面对种种威胁、谩骂、人身攻击，我便亮出舆论监督的宝剑，继续跟踪报道。1998 年 10 月 22 日，《中国青年报》刊发我采写的《西宁烈士陵园卖墓事件到底该怎么了断》一文，亮明了编辑部对这一事件要追踪到底的决心和态度。当天早晨，中央人民广播电台《新闻纵横》栏目也披露了西宁烈士陵园卖墓事件的前前后后。省民政厅在接受中央人民广播电台记者凌晨的采访时终于承认了卖墓事件是错误行为，并说他们已责成西宁市民政局终止了西宁烈士陵园和青海宏狮集团原来签订的双方合资开发公墓的协议。至此，这一轰动全国的新闻事件才算画上句号。值得欣慰的是：在这场权与法的较量中，我终于赢得了最后的胜利。

重返日报社　笔墨写春秋

2001年，我迎来人生的又一次选择。因为我快触到《中国青年报》记者工作年龄不能超过40岁的红线了。在这之前我没有想过到外地发展的想法，所以离开中国青年报社之后就毫不犹豫地回到了曾经栽培我成长的青海日报社的怀抱。

当年10月，正好赶上青海日报社干部竞聘上岗。我申报的职位是《西海商报》主编，因为没有对手竞争，所以我很快如愿上任。我从一开始高估了自己而误判了形势。别人不和我抢这个主编，并非因为我本事太大，而是商报已经陷入了入不敷出的枯井。背负着100多万元的债务，数月没领到工资的员工满怀期待盼望着我这个"名记"能够力挽狂澜、扭转乾坤。当时背靠青海日报社这棵大树的我也没有细想这些问题，安排两个副主编一个抓发行，一个抓广告，我腾出身子抓业务。为实现办报新闻理想，我霸持了夜班总编的岗位，两年坚持上夜班一手打造《西海商报》。先从社会上招来记者，然后自己讲课培训，自己带出去采访，言传身教，手把手教导。同时，我还亲自协助部门主任做新闻选题策划、打造精品重点稿件。在不到一年的时间里，《西海商报》通过机制创新、提高稿酬等手段，极大地调动了采编人员的工作积极性，致使其新闻策划、新闻栏目、新闻标题、新闻稿件彰显精气神，新闻优势直逼《西海都市报》《西宁晚报》。在"全省两会"和"郁金香节""青洽会""环湖赛"新闻大战中，《西海商报》因选题新颖、内容生动、标题醒目、表现手法灵活脱颖而出，受到了社会的广泛关注。同时，舆论监督为民解忧，深入人心。另外，我策划的专题报道《环湖赛领跑青海体育产业》《悲情可可西里》《桥是一首无言的歌》《激情金发模式》标新立异、视角独特、表现力强，在社会上产生了重大影响。由我策划组织实施的动员社会力量"为贫困群众献爱心送温暖"活动受到省委领导的表扬。时任省委宣传部长曲青山专程到《西海商报》调研后指出，全省媒体要走《西海商报》的办报路子。

在西海商报社挂帅的两年，是我全身心进行新闻办报实践的两年，是一段激情燃烧的岁月。尽管为改变报社面貌我曾做过许多努力，但终因先天不足，未能带领大家走出资不抵债的困境。

离开《西海商报》后，我当过青海日报社总编室秘书、副主任、记者部副主任。其间，我参与组织了报社诸多大型新闻策划和宣传计划及实施工作，负责处理部门日常工作。

2004年，我和恩师王文泸、好友古岳有缘组成采访团参与了青海日报民族团结大型系列报道，我们顶风冒雪、跋山涉水、进行了历时10个月的艰难采访，足迹遍及全省，行程数万公里。最主要的是，我们三大高手从采访到写作达到了完美结合和高度默契，汇聚集体智慧精心打造出了11篇精品佳作，成为《青海日报》先进典型报道的典范之作。在这次采访中我有幸执笔撰写了《娘拉的阳光》《解读刘汉洪》等6篇稿件。最后，我们强强联手完成的杰作《民族团结大型系列报道》不负众望获得2004年度青海新闻奖特等奖。

2005年被确定为《青海日报》典型报道年。不甘寂寞的我又主动请缨先后完成了《草原深处的呼唤——田青春》《大山师魂——吴延金》《一个在西部成就志向的人——林大泽》《生命的火花——雷全昌》《信念的力量——循化老干局党支部》等编前会指定的重大典型报道。其中，1.3万字通讯《草原深处的呼唤——田青春》被选入《保持先进性　高原党旗红》全省党员干部先进性教育读本，田青春成为家喻户晓的先进典型人物，在社会上引起了强烈的反响。这篇作品还荣获了第二届青海省卫生好新闻一等奖。

2008年，我带着壮志未酬的报业梦想来到青海法制报社。我是官方任命的编委、民间公认的总编，日常负责新闻中心和出版部的工作。我牵头组织了数轮报纸新闻改革和版面创新，取得了累累硕果，致使《青海法制报》在惨烈的报业大战中，经受住了风雨洗礼而成参天大树。

令我自豪的是，每到关键时刻我能挺身而出做好记者表率。2010年4月14日，玉树发生7.9级大地震。我早早做好了前往玉树灾区的准备。妻子做完胆结石手术回家才一天，我也不敢到家里去取衣服和洗漱用品。我是左右两难。进了家门，我无法面对躺在病床上的妻子。如果不上玉树，我无法面对一个记者的良知和使命。最后，我关

◎唐钰在《问道》发行仪式上 （唐钰 提供）

了手机偷渡玉树。在玉树抗震救灾的 17 天里，我以泪为墨，在孤立无援的极地绝境中放射出了一束耀眼的光芒。长篇通讯《悲情击不垮真心英雄》《一双舞动生命传奇的大手》《壮丽青春无悔人生》等一大批现场报道发出后，在社会上产生重大影响。

2013 年，我再上玉树完成了报告文学《爱是不能忘记的——追忆韩慧瑛的壮美人生》的写作。此文被收录到青海省委宣传部编著、青海人民出版社出版的《留给世界的温暖》一书，韩慧瑛舍生忘死的抗震救灾精神成为青藏高原的一座丰碑。

2013 年兰州大学出版社出版了我的作品集《问道》。我的导师王文泸写序总结了我从事新闻工作的心路历程。他是这样写的：

　　人说当记者能锻炼人。这要看什么人当和怎么当了。有人毕生当记者，除了刻板地收集信息和发布信息，毫无创造性劳动，笔耕数十年，以"本报讯"始，以"本报讯"终，仅仅扮演了一个新闻道具的角色；有人以新闻为舞台，施展才能，寄托情志，演绎人生，这又是一回事。

唐钰无疑属于后者。这个成长于循化农村、供职于道帏中学的青年教师，自20世纪80年代改行进入新闻界，如同鸟入森林，鱼游大海，找到了一方释放自己能量的新天地。随后的几十年里，腾挪跌宕，纵横捭阖，一支笔频开奇花，屡显亮点。典型报道、深度报道、社会新闻等，一再吸引读者眼球，乃至成为社会热议的话题。今日检视成果，居然集腋成裘，洋洋大观矣。而唐钰也由一个不谙世事的乡里娃，成长为熟悉五行百业、了解仕宦农商，人情练达，不拘形骸，有独立思考能力的资深新闻人。业内人士常以"河湟名记"相调侃，虽为戏谑，亦不夸张。唐钰的成长过程确实是"当记者能锻炼人"这一观点的最好例证。

在记者这个行业里，我很少见过比唐钰更热爱自己职业的人。他善于捕捉别人熟视无睹或者虽有所睹但怯于风险望而却步的重要新闻，迎难而上，主动出击。新闻采写对他来说永远是满怀激情的出发，而不是让人厌倦的同质重复。写作过程中，他从不以制造"标准件"为满足，每次命笔，总是在寻找新的突破。尽管突破并不容易，也并不是每篇稿子都能突破，但是这样一种心理态势就使他获益不少。读他的新闻作品，无论是消息、通讯或深度报道，总能感觉到他的兴奋或沉思，激愤或欣赏，叩问或仰望，绝少有新闻八股腔，绝少有钝刀子割肉般的表述。别的不说，仅从标题可见一斑。我不可能读到他的全部新闻作品，但在我读到的作品中，从来没有见到唐钰以"勇立潮头唱大风""一枝一叶总关情"之类陈词滥调做通讯标题，也从没见他在消息标题中使用过"换新颜""结硕果""良好势头""再铸辉煌"等词语，这不是出于偶然。他深谙标题对全篇的意义，总在不懈地追求标题的鲜明生动。当许多标题集中出现在一个集子里时，唐钰的新闻个性也就凸显出来了。

从一定意义上说，记者的新闻意识比采写能力更重要。新闻意识不仅使记者保持着对社会生活的新鲜感，也让他保持着对新闻素材掂量、怀疑、评判的自主能力，以免被新闻牵着鼻子走。唐钰对于社会生活既有一颗孩童一样的好奇心，又有一双商人一样善于估价的眼光。从业数十年，他的笔触几乎涉及社会各个阶层、各个行业，很少有被他漠然视之的新闻素材，也没有"捡到篮子里就是菜"的收揽习惯。热情捕捉，谨慎选择，也许就是他的特点。

在青海日报社工作的日子里，唐钰靠自己的勤奋夯实了新闻采写的基础，过了而立之年，机缘巧合，他有幸调入中央级大报《中国青年报》，被委任为驻青记者站站长。《中国青年报》素以创新精神、批评勇气和队伍活力为读者所看重。这八年，是唐钰人生砧子上一次重要的锻打过程。缘于报纸的高要求，也缘于自己的苦心磨砺，他的思想水平和业务能力获得了全面提高，唐钰迎来了一个成熟期。他的记者生涯中最具社会影响力的一些重要报道就在那个时候写成的。《中国青年报》长于舆论监督的特色为唐钰提供了放开手脚勇敢驰骋的机会，而他自己的职业自豪感、责任感则是其长盛不衰的采写动力，于是不断有典型素材奔来眼底。他东奔西走，明察暗访，废寝忘食地工作，连续推出引起强烈社会反响的报道。时隔多年，我们仍然难忘《麒麟舫事件》《"金苹果"事件》《垃圾猪事件》《烈士陵园卖墓事件》等大型报道在阅读中造成的心理冲击，以及在记者犀利的叙述中，让假恶丑曝晒于阳光底下的酣畅淋漓。一个富于正义感、无所畏惧、多谋善断的记者形象，就在那个时候走进广大读者心中。

尽管有着《中国青年报》的强大后盾，唐钰也并不是无所顾忌。在自觉接受舆论监督远没有成为文明素质的社会环境里，说假话易，说真话难；唱赞歌易，发檄文难。批评性报道很容易造成记者与采访对象的对立。唐钰面对的压力是巨大的、多方面的。唐钰的采写过程往往就是与某些利益受损或形象受损的人或团体斗智斗勇的过程。完成这样的报道，需要心劲，需要执着。

虽然有时不免气馁和忐忑，但坚持的结果，最终还是得到了正面力量的鼓励和支持。正是从这些报道中，广大读者（也包括有些对记者起初敌视最终首肯的官员）才深刻地感受到批评的力量舆论的力量是怎样积极地推进着社会文明，认识到新闻本来应该具有的功能和价值。

由于《中国青年报》对编采队伍年龄的限制，唐钰在不惑之年按惯例离开这家以新闻活力著称的报纸，回到了青海日报社，但《中国青年报》赋予他的一切，已经深深地烙印在他的灵魂之中，融化为他的基本素质。在此后的日子里，他依然把新闻做得有声有色，其源盖出于此。

唐钰是个善于总结、重视创新的人。他表面仿佛漫不经心，暗地里却不忘细心琢磨。他所总结的"慧眼识金、沙里淘金、点石成金"采写三要素，以及"素材为镜片，主题为焦点，镜片无论多少，焦点只有一个"的太阳灶理论，就是他在实践中揣摩出来的心得。每一篇成功的作品，带给他的并不是沾沾自喜。他总是要回望一下身后的脚印，做自我审视乃至自我怀疑，写出一篇篇《记者手记》。这种习惯已然坚持多年。如果说，在见诸报端的新闻作品中，我们看到的是记者以媒体的立场发出的声音，那么在《记者手记》中，我们看到的是记者坦诚的内心自白，对新闻事件的体验、感悟，以及职业责任感带来的焦灼和内心冲突。在这里，他把自己还原为一个有血有肉的普通人，和读者一起分享他的煎熬或欢愉、经验或教训，演绎了一个优秀记者不平坦的成长道路。在这个集子里，记者手记与新闻作品配在一起，如同绿叶之衬红花，相得益彰，摇曳生姿。手记是难得的采访心理笔记，初入道的记者，从这些手记中一定可以学到许多新闻教科书中没有的东西。新闻工作是实际大于理论性、个人优势大于职业优势的特殊工种。能否写出好作品，取决于记者对社会生活的融入程度、感悟程度，这与新闻理论是否学得精熟没多大关系。有人在学校的传播学考试中经常得高分，但到媒体后却写不好几百字的消息。而唐钰靠的就是多写、多想。他腿脚勤，脑子活，笔头快。从没见过他接到难度大的任务后犯怵发愁的情景。相反，遇到这种情况倒像是给他打了一针兴奋剂。面对一堆素材他很快就能理出头绪，形成写作框架。前些年，我曾和唐钰、古岳一起去边远地区采写民族团结进步的先进典型，长达半年多时间。其中绝大部分稿件是由他和古岳分别执笔完成的。他出手快，但不马虎，即使推倒重来，也不急躁。我有时对稿件的文字表达过于苛求，但唐钰有功力在身，总能曲尽人意。

唐钰是性情中人，兴趣多样。他钟情书法，热爱文学和音乐。在他下乡采访的行囊中，常常少不了一把口琴。羊肠道上小憩之时，或是与农牧民小酌之余，他的一曲独奏，扫尽连日辛苦。刚来报社时，他还一度痴迷于诗歌创作，梦想当个现代诗人，并常常为了某个意境的创设或一个比喻的产生而面壁苦思，耽搁时光。若不是我的一番忠告，他可能在那条前景不明的道路上越走越远。但凡事都有两面性，对记者来说，具备一定的文学素养绝不是坏事。文学的审美眼光、表达方式在有些情况下会使新闻增添许多感染力。从唐钰后来写的许多人物通讯、演讲稿、授奖词中，还是可以看出当初炼句炼意带来的好处。

我跟唐钰共事多年，对他的成长或许有一些影响，故而他一直把我视为师长，执弟子礼甚恭。其实人对人的影响都是双向的，我从他身上学到的东西更多。古人云："弟子不必不如师，师不必贤于弟子。"

2015年秋天，我被调回青海日报社，接受了一项光荣而神圣的任务——编纂《青海省志·报业志》，我被委任为执行副总编。这是我新闻生涯中最后的一站，也是最苦最累的一站。从设计篇目大纲到招兵买马组织实施，从三审编校到出版印刷，整整5个春秋，我与我的团队攻坚克难经受考验完成使命。

我的新闻之旅很艰辛。拼搏了 40 年，风光了一半年。但值得庆幸的是：在我的拼搏努力和引领下，唐氏家族诞生出了一个记者团队。我弟唐锋是《青海日报》记者，弟媳田娜是《西宁晚报》记者，儿子唐孟焘是青海电视台的记者。我们家成了名副其实的记者之家。

  俗话说，一个男人成功的背后都有一个默默无闻的女人。那么，我确信站在我们 4 位记者后面的那个幕后英雄就是我的妻子陈鸿有，她几十年如一日肩负家庭的所有责任，承担风险，同喜同悲，携手前行，没有她的无私奉献和全身心付出，就不会有我们成功的今天。

  新闻之旅是一场修行，就像唐僧西天取经，若不经历九九八十一难的考验和磨砺，实难修成正果。

  我的奋斗史和坎坷经历正好印证了这一点。

七

书香人文

积石小学的今生前世

彭 忠

　　循化县十六届政协文史资料编委会在研究《积石古风》框架结构时，将撰写积石小学和龙支书院的两篇文章安排给了我。这两件事情均发生在清朝年间，至今有 200 多年的历史。像我这样历史知识极度浅薄的人去挖掘如此久远的史料的确困难重重，一度心生敬畏、望而却步。然而，我作为循化汉族的文化人，去整理先祖艰难创办学堂的历史深感义不容辞。为了写好这两部史料，我先后拜访了在世的历任积石小学校长、到档案局查阅相关资料、借阅有关青海教育沿革方面的书籍等，从中零零碎碎掌握了一些相应的历史线索，其中对我帮助最大的还是《吴绍安文集》。随着手头掌握史料的日渐丰盈，我去伪存真，以时间为线索仔细甄别，逐步理出了事件演进的脉络。

　　清雍正九年（1731）循化厅筑城，设立循化营，驻兵 800 余人。营内开设文化学习班，让兵丁识字习文，其办学经费和教师薪酬从营中公项抽取支付。这个"习文学习班"尽管只针对军营兵丁，未惠及普通民众，但它开创了循化历史上学校教育的先河，具有标志性意义。后来招生学员以兵丁子弟为主。

　　清乾隆四十九年（1784），循化厅同知达桑阿禀请陕甘总督福康安转奏清廷设儒学，次年正月奉旨履准。清乾隆五十一年（1786 年），在城西南隅建立文庙，开办儒学，科岁考取文武生各若干名，其中大多为营兵子弟，也有极个别地方童生。在这之前的清乾隆四十六年（1781），受"苏四十三"事件的启发，为"应科举启蒙"和"化导回族为急"，分别在县城南后街（今县城前进街）和崖曼工开设基础启蒙教育义学各一处，主要为儒学做准备，参加科举考试。城内义学是在雍正年间营兵子弟习文班基础上延续过来的。清同治三年（1864），西北回民反清起义，上四工撒拉族起事群众攻占了循化县城，至朝廷平叛已过去十年之久，原有义学被毁无存。清同治十二年（1873），时任陕甘总督左宗棠强令地方一律兴办义学，以"兴教劝学，化其愚顽"，遂在县城南街和托坝开办义学两处。

清光绪十八年（1892），循化厅设龙支书院，这是因汉代曾设置龙支县而得名，院长为清光绪十六年（1890）秀才詹鲁邦。书院制度在我国源远流长，始于唐代，盛于宋朝，止于光绪末年。书院提倡自由研究学问，讲求身心修养的一种新型教育组织，它独立于官学教育系统之外，城郡私立，政府补济，但与私塾相比，不论课程设置，还是知识涉及范围、学习方法等又有显著不同，其地位相当于地方"大学"。由于龙支书院童生起点较高，学科专业化倾向明显，为循化培养了不少对后世有较大影响的人才，科举考试中上榜进士、举人者不乏其例。人们称为"贡爷"的贡生其实就是会试而成为拔贡者的尊称。

清光绪三十一年（1905），在"废科举，兴学堂"的新政声中，清政府被迫下诏全国"所有乡、会试一律停止，各省岁科考试亦即停止"。同年二月，循化龙支书院改为"循化厅官立高等小学堂"，坐落在厅治南街，创办人为贡生詹鲁邦。清光绪三十三年（1907），将城内义学和杨大才、詹期裕、罗凤翔教习的三所私塾改为"初等小学堂"。

改制学堂后，于民国元年（1911），循化高等小学堂改称"循化县立高等小学校"。民国四年（1915），学校从旧日的龙支书院迁至参将衙署内（原积石小学旧址），创办人赵应瑞、马殿魁、罗凤翔，校长韦杰，学生24人。民国十五年（1926）改为"县立两级小学校"，民国三十年（1941）改为"积石镇中心小学校"，民国三十三年（1944）改为"积石镇中心国民学校"。

原积石小学校产最初来源为：清光绪二十九年（1903），余赵氏（群众称作余奶奶，

没有子嗣 捐资白银 800 两、土地 3 石、大树 60 棵、西大街房屋一院的基础上修建起来的，后来又有不少志士捐款、捐地，支持学校正常运转。

新中国成立以后，积石镇中心国民学校成为县直小学，称作"积石小学"。"文革"期间顺应当时政治形势之需要，积石小学改称"东方红小学"。"文革"结束后，学校名称还原为"积石小学"到现在。

1978 年，循化县创办师范学校。创办之初，师范学校没有自己的校址，借用积石小学靠近城墙的两排教室办学，后来师范学校有了自己的校址，遂从积石小学搬出。1985 年，为了提高撒拉族女生九年义务教育入学率、巩固率及合格率，在积石小学紧邻积石大街的南面修了一栋楼，开办了撒拉族女子中学。20 世纪 90 年代中期，女子中学合并到了循化中学。

原积石小学占地面积较大，南邻积石大街，北至现在的黄河西路（原为下草村成片的庄稼地），东邻原县政府大院（今循化宾馆），西至广播站（紧靠县委原大院）。学校大门内曾经有 8 棵椿树，枝繁叶茂。椿树象征男性，8 棵椿树则寓意"八公护校"，祈愿学校永世存立，不被他人侵占，也寓意培养男生阳刚之气的办学理念。90 年代末，在拓宽积石大街时，城关的老文化人们及时向有关方面说情，说明了保护这些椿树的文化意涵，8 棵椿树才免遭砍伐。如今仅剩 3 棵椿树，有关部门在树身上挂上了文物保护的牌子。

学校大门朝南，面向积石大街，一条小路从南到北贯通校园，以小路为界，东高西低，70 年代校舍均为土木结构、两绺水瓦房。自南向北，东部校区每排有 3 间教室，西部校区每排有 2 间教室，教室与教室之间互不相连，留有通道，方便师生通行。进入 21 世纪，县城基础设施建设步入快车道，县城面貌发生了根本性的变化，积石小学也毫无例外地受到了市场经济大潮的冲击，先是占用了学校靠南绝大部分校区，学校大门无奈移至校区北边朝东的位置，不久原校址几乎全部被占用（现华联超市至今积石小学南墙），新建的校门也被拆除，现校址中仅存原来的操场在内。

积石小学历史悠久，管理严格，师资水平较高，教学质量一直处于全县领先水准，是循化县小学教育的一张名片，培养了大批优秀人才。如举人马维善、邓宗，参加辛亥革命的罗凤林，中国第一代女大学生——北大毕业生邓春兰，留美博士邓春膏、邓春霖，早年参加同盟会、20世纪30年代任青海省教育厅长的杨希尧，新一辈中清华大学研究生毕业的彭碧君等，都曾就读于积石小学。

龙支书院有故事

彭 忠

纵观我国近现代办学体制，由私塾到义学、儒学、学堂，再到小学，这些教育体制的变迁，体现着官方到民间办学思想的变化过程，受教育群体由社会上层人士向普通百姓延伸。其中书院是我国历史上极具特色的教育形式。

我国的书院制度源远流长，早在唐朝时已经建立，其制度规范宋朝时得到进一步完善和发展，至清光绪末年结束，先后约有1000年历史。书院发展有明显的地域差别，总的来说，我国南方普及广泛，北方发展缓慢。这与地方经济发展、文化教育基础关系密切。

在漫长的封建社会中，书院属于地方郡城私立，由政府募捐补济，提倡自由研究学问，传道授业，讲求身心修养的一种新型教育机构，介于官办与民办之间，独立于官学系统之外，有较大的自由空间，在我国教育史上独具特色，谱写了光辉的一页。

清朝建立以后，为了巩固其统治地位，一方面在全国实行军事统治，推行民族压迫政策；另一方面在文化教育上继续实行科举制度，以理学和八股文控制学术思想。鉴于书院自由研究学问的特点，对于书院更是大加限制，以防蓬勃兴起的书院自由讲学制度引起汉族等民族的反清思潮，动摇其封建统治。为此，清政府曾多次颁布限制书院发展的诏令。如清顺治九年（1652）下令："各提学官督率教官，务令诸生将平日所习经书义理，着意讲求，躬行实践，不许别创书院，群居结党，及号召地方游食之徒，空谈废业。"在清廷禁令之下,全国原有书院一时冷落,迅即由兴而衰,有的改换门庭,有的删减固有课程内容,书院当时先进的办学理念注入大量水分。

随着清王朝统治地位的逐渐稳固,加之明末清初一些在全国颇具影响力的大学者相继去世,直至清雍正十一年(1733),清政府择机调整学院政策,下令各省城设立书院,并各划拨1000多两银子作为开办经费。清廷由原初的抑制书院变为提倡书院,来了一个一百八十度的大转弯,这从另一个侧面体现了书院先进的办学理念在培育人才上的优势。此后各地书院逐渐增多,不仅各省城设立书院(实际成为省城"大学"),也允许各府、州、县设立书院,使书院制度在清中叶以后全面推开,振兴于全国。

清代书院的授课内容,大体包括重视义理与经世之学,以考科举业为主,以朴学精神倡导学术研究,不课八股文三类。在清王朝的影响和干预之下,这时的书院与唐宋时期相比较,办学重心已经明显转向考课,变为与科举考试更为密切的"官学"了,逐渐丧失了书院制度建立之初"自由讲学、钻研学问"的精神,大逊书院特色。

青海地处我国西部边陲,自古迄今战略地位非常重要。但青海地域辽阔,人烟稀少,历代封建统治者时废时置、兴废无常,导致青海居民崇尚气力,轻视读书,教育晚开。清代中叶,在极力倡导书院、乐育英才的大形势下,在青海大地掀起创办书院之风,先后设有三川书院、湟中书院、凤山书院、崇山书院、河阴书院、大雅书院、泰兴书院、龙支书院8所县一级书院,西宁府设立五峰书院,共计9所书院。这些书院基本上设在当时的西宁府七属地区,相当于现在的7个农业县和西宁市境内。

清光绪十八年(1892),在循化厅(今循化县)设立龙支书院。这是因汉代曾设置龙支县而得名。书院院长由光绪十六年秀才詹鲁邦担任。龙支书院是集讲学、藏书活动、学术研究于一体的新型教育机构,起初以私人创办为主,随着官方在办学经费上的支持,后来逐渐向官学化方向发展。当时,蒙学教学以识字习字为主,教材有《三字经》《百家姓》《千字文》《千家诗》等作为启蒙教育的主要内容。书院与私塾、儒学、学堂有很大的区别,并非交了薪资就可以入学,到书院读书需要经过考试,是一些程度较高的已经接受儒家初步经典的童生。主要学习四书五经、宋明理学。后来，教材内容向专业化方向发展，有历史典故、道德教育、自然常识、诗歌辞赋等内容，体现了书院特色。但受清廷影响，书院依然注重考课，成为与科举制度配合密切的官学。从龙支书院开设课程来看，不仅注重理学，也兼顾天文地理、文艺诗赋等内容，体现了清代三种类型书院特点。这说明南方文化教育发达地方注重汉学之风也传到了循化。

龙支书院贯彻我国书院"学规""学则"传统精神，重视修学规范，倡导尊崇孔道、推行理学，要求生徒行"圣贤之法"、求"诗书之精义"、明"忠孝之大端"，提倡"闭门潜修"的学风。

龙支书院的创办，为地方培养了一批文武人才。如光绪年间循化城关人马殿魁（字伯寅）由拔贡中岁考进士；马维善（字楚卿，回族），赴省考试，因骑射娴熟，以优异成绩考中武举人；起台堡人邓宗（字绍元），18岁时考入循化厅儒学廪生，而后由秀才考中文举人。还有在地方举办的科举考试中，循化籍赵应瑞（字雪堂）、詹鲁邦（字翰宗）、马殿元（字受卿，第二届省议会议员）、赵壁（字连城）、起台堡人邓富（字文卿，邓宗之兄，曾任西宁府师范学校校长）等贡于会试而成为拔贡者，统称贡生，人们尊称"贡爷"。

科举考试的功名分为三个等级：秀才、举人和进士，参加考试要从低到高一步步来。中国科举制度兴起于隋代，成熟于唐代，以后各个朝代对科举制度虽然均有所改动，不过大的框架基本上是固定不变的。在封建社会里，读书人要想有所作为，出路只有一条，那就是通过科举考试去做官。例如，宋代时，苏东坡的父亲苏洵，饱读诗书，既有学识又有思想，可是他年轻时耽误了，没有参加过科举考试，因此一直没有机会做官。后来他认识到，不做官就没有施展抱负的机会，所以在中年以后他极力寻找各种机会，试图走入仕途，一直到了50多岁才当上一个没有什么权力的小芝麻官。因此，他从自己的教训出发，要他的两个儿子苏轼和苏辙发愤读书，按部就班参加科举考试，一定要当官。有一段时间，苏轼和苏辙为了准备考试，在京城租房子居住，每日三餐极为简单，他们自称吃的是"三白饭"，即白米、白萝卜和白盐，不仅没有肉，连菜都没有，艰苦极了。在封建社会里，要做官就必须经过严格的考试和选拔，几乎没有捷径可走（皇亲国戚例外），再苦再难也得坚持。

读书人参加考试，第一步是参加他户籍所在地的"县考"，及格了再参加高一级的"府考"，又及格了再参加由朝廷派来的"学政"（俗称"学台"）主持的"院考"。经过这三次考试，全部通过后被政府授予"生员"，也就是俗称的"秀才"。读书人当上了秀才，并不能就此松懈。朝廷为了保持秀才的质量，不至于"三年秀才成白丁"，所以每三年还要对秀才考一次，这叫"岁考"。岁考如果通不过，则秀才的功名就会被取消。岁考时，考试通过的秀才们按照考试成绩被分成等级，即附生、增生、廪生和贡生。附生，意思是"县学附生"或"府学附生"，每三年一次的岁考，附生必须参加。秀才参加岁考，按照成绩分为七个等级，一、二为优等，三为中等，四、五、六等要受责罚，七等直接革除功名，不再是秀才。附生如果升不到贡生，他一辈子就得不断地考试，直到老死为止。附生如果考试成绩列入一等的，可以升为增生。由增生再考第一名的，可以升为廪生，每年由政府发给"廪粮"。"廪"本是粮仓的意思，这里，"廪生"就是得到粮食补助的生员。贡生是经过县、州、府三级考试选拔出来的优秀分子。清代制度，选拔出来的贡生选送到国子监读书，"贡"的意思是贡献出去成了国家人才了，所以叫作"贡生"。在国子监读书的又叫"监生"。

"拔贡"和"优贡"是清代才设立的。先说拔贡。学政在主持岁考时，每逢"酉年"（每隔12年）把岁考中两次获得优等的贡生举荐给中央，其中一等的可以任命为七品京官，其余可以分配到各省做知县；二等的可以做"教谕"或直隶州的"州判"；三等的可以任"训导"。教谕和训导都是教官。再说"优贡"。学政三年任期满时，组织各府、州、县推荐出的生员进行一次考试，然后和巡抚一起向朝廷推荐去首都参加"朝考"。这样选拔的生员是有人数限制的，大省六名，中省四名，小省两名，所以这样的机会实在难得。秀才如果还想进一步考举人，还要参加府一级举行的"科考"，只有"科考"通过了，他才有资格参加省一级举行的"乡试"，乡试是选拔举人的考试。乡试是由中央组织的考试，每三年一次，每逢"子、卯、午、酉"年份举行，时间是秋天，因此又被称为"秋闱"。各省的乡试由中央派员主持，一般是两人，一为主考，一为副主考。主考和副主考的身份必须是翰林院出身的科甲人员。

那些通过了乡试的人，就是举人。因为举人也是可以直接推荐做官的，一旦做了官，权势、地位不可同日而语。通过乡试中了举人的士子，在乡试的第二年，即"丑、辰、未、戌"年赴京参加"会试"。被录取的叫"贡士"，第一名叫"会元"。会试发榜后十天举行殿试。殿试是由皇帝主持的考试，地点在保和殿。参加殿试的贡士人数固定为360人。试卷先由12名"读卷大臣"评阅，将最好的前十名卷子呈请皇上御览，由皇上决定最终名次。一甲有三名，第一名叫"状元"，第二名叫"榜眼"，第三名叫"探花"。一甲的三名叫作"赐进士及第"，立即授职，状元为"翰林院修撰"，榜眼和探花为"翰林院编修"。二甲有100多名，其中第一名叫"传胪"，二甲授予"赐进士出身"。三甲有200多名，授予"赐同进士出身"。所有参加殿试的360名贡士，全部授予官职，只是根据考试成绩不同授予的官职高低不同罢了，最低的职位是七品知县。

循化汉族普遍尊重知识、敬重文化人。"贡爷"一词在人们心目当中非常响亮，那是知识和地位的象征。龙支书院培养的"贡爷"，其声名影响深远，对社会风气有着极大的引领作用——"文教日兴，士气日端，民气日厚"。

追溯起台堡教育

韦树民[*]

循化县起台堡村坐落在达力加山西侧山麓下，海拔 2920 米，起台堡建有"厂"字形城堡一座，主城建于明万历十三年（1585）。明代起台堡是驻边屯军之地，有演武厅、兵房、库房等，设守备一员，有兵丁驻防，驻兵曾达到 250 名。

清道光三年（1823），起台堡始设私塾一处，根据邓氏家谱记载，于清同治六年至十三年间（1867—1874）以世代耕读为生的邓宗之父邓效忱（1840—1929）在左宗棠治理西北时考中武举（当时仍居家务农经商）。他看到本族和起台堡村民众的子女读书困难，遂设立私塾。私塾有学房三间，地址在今陈光明家处（现已看不到遗址），学制四年，课程按光绪二十九年（1903）颁布的《奏定学堂课程》设置，后来校址迁到了城内的守备衙门。清光绪三十三年（1907）清朝解除"大学女禁"，中国第一代女大学生的邓春兰同两个姐姐邓春藻、邓春苓入起台堡初等小学堂甲班读书，首开男女同校之风气。

据新中国成立前在起台堡小学任教的韦尚谦（1922—2013）在写村志时回忆，光绪三十一年（1905）由教育世家邓富（字文）倡导，村民自愿捐钱创办了起台堡小学堂一处，校址设在关帝庙三间东厢房内。据老人讲，当时捐银 200 两，捐银人中有创办守备衙门的负责人，制作了一块牌匾，上面有创办学校捐款人名单，包括村民及衙

* 韦树民，循化县税务局退休干部。

门负责人。此牌匾原存放于学校"成绩"室内，在"文化大革命"时期被毁。

这所学校最初称"富文初级小学"，但村里人对这所学校的名称存有异议。因为这所学校最初由邓富倡导创办，村民及守备衙门负责人在创办学校时也捐了款，以个人冠名村民们都有意见，故于民国四年（1915）原守备衙门更名为起台堡初级小学。学校内设校长一名，设董事会，董事若干名，教师1~2名，会计一名。会计经管校田地租和基金（创办学校时的捐银）等账务，并负责发放教师的薪金等。校田的来源是原守备衙门训练士兵的教场，守备衙门撤销后形成了校田，是原二队现学校以西、榨门以南的那块地。学校原捐银形成了基金，基金的管理运行相当于今天的金融机构。学校的基金，本村村民和外庄村民都可以借用，但都有利息。还款时还本付息，年息一般为3分，即借用100银圆一年到期还息30银圆。校田的地租及基金利息收入用来维持学校的经费支出及教师、会计等的薪金发放。基金借用一般以房产等来抵押，如到期不能偿还本息，该拆房就拆房，该扣押变卖家具等用品就变卖，用来偿还本息，绝不含糊。有了这样的制度，才使村民自筹学校经费兴办的起台堡小学堂延续到解放。1951年"减租减息"时烧毁了原学校的田租、基金的借据等。

学校当时开设国文、数学、史地、劳作、音乐、军训等课程，每逢星期一早上，校长便带领全校师生在礼堂举行晨会仪式，师生背诵孙中山先生遗训、唱国歌等。

下面是1949年前的校长和教师：民国四年（1915）韦杰执教起台堡小学，后面的校长是韦尚德，教师有宁如海、韦尚文、韦尚谦、韦尚杰。再后面的校长是韦尚选，教师有王佐才、徐贞芳。

1949年前的教师待遇是这样：民国初，起台堡学校教师年薪白银16两、19两、36两不等，司事年薪白银2两，均从学校地租、房租、基金放账利息收入中列支。民国二年（1913）教师年薪50元、69元、71元不等，到1949年解放时学校总资产为白银333两，其中校田地折银220两，存本金113两。

正是有了这所小学堂，解放初期，起台堡的适龄儿童大都上过起台堡小学堂。与循化县其他地方比，在接受教育的适龄儿童更多一些，后来起台堡村被称为"文化村"。解放后，在人民公社化时期，先后在道帏乡各村担任会计的有十多人，担任过教师及民办教师的也有十余人。也有一部分参加了工作，体现了当地文化教育的优势。

李瑾与《起台堡村志》

刘子平

2011 年 1 月 12 日，循化撒拉族自治县道帏藏族乡《起台堡村志》发行座谈会举行，年逾古稀的编者李瑾拖着病躯，出席座谈会并就编纂此书向参会者作了详细的说明。但历来，为一村庄写志者可谓为数不多，而值得被历史记录的村落更是凤毛麟角。然则，《起台堡村志》成功发行，受到大家的一致好评。李瑾与《起台堡村志》的编纂过程也受到乡邻们的称颂。

起台堡，是循化撒拉族自治县道帏藏族乡的唯一一个汉族村落，不曾在历史上声名远播，亦未成为当下经济繁荣之地，反而在历史的长河中逐步走向没落。然，翻开她光辉的历史之册，却让人惊得目瞪口呆：她是古兵营发展而成的村落，她是邓春兰的出生地，她是循化著名的文化村……

李瑾在《起台堡村志》中就起台堡名称的由来解释道：起台堡藏语称"尖卡"，意为黑城之上一台另修筑一新城堡。由于现有的黑城遗址不能适应当时军事防御之需，故另起堡址，故名"起台堡"；另起台堡应为"旗台堡"，因营驻守备所在标志，定会有旗台，起台堡应为"旗台堡"的误写。民间尚传有不同说法，曰：起台堡中之"起台"二字，实乃"起了一台"之意。因在修屯堡之初，城墙建成后，从远处望去，其状与棺材颇为相似，为图吉利，故弃而不用，又在其北方另筑一城，也就有"起了一台"之说，故名作"起台堡"。另道帏乡藏族学者侃本从藏文记载出发，认为：从循化清水乡的大寺古村到起台堡的这段黄河谷地，依次有七个渐次升高的平台，起台堡最高故获名"七台堡"。除上述，尚有因在"起台族"活动之地带，故此以"起台堡"而命名之。然则，不论何种解释，一小小村落在村名上却有如此种种的源流，可见起台堡并非寻常农舍村居。

起台堡地处高海拔（2920 米）地区，四面有海拔 4000 米以上的渥宝琪、当荔山、五台山、雷积山、古伟山五座大山环绕，地势崎岖不平，正如起台堡的一句谚语所云："地无三尺平，出门就爬坡。"然而在历史的大风大浪中，起台堡经受住了种种考验，在不断地沉淀和积累下，把最为宝贵的财富献给了世人。

起台堡历史悠久。据清乾隆五十七年（1792）龚景瀚编著的《循化志》中记载：起台堡，在河州西二百四十里，明万历中设守备驻防。循化县城始建于雍正八年（1730），而起台营主城建于明万历十三年（1585），也就是说早在循化城建立的 145 年之前，就有了起台营，迄今有近 440 年的历史。又《循化县志》中详细记载：明洪武八年（1375），朝廷在河州边外地建立起台、保安两堡；明万历十三年（1585），在起台堡设守备驻防；如此延续到民国四年（1915），撤起台营；民国二十七年（1938），设起台乡；及至 1950 年，撤起台乡为道帏乡；1984 年，设道帏藏族乡，起台堡村属之。此虽为一简短概述，却也显出了起台堡村悠久的历史面貌。

起台堡是明清西北边陲戍边要地。起台堡周围"番族环居"，虽在关外番地，却是河曲要塞，是震慑"西番"，阻隔其进入"中原"的前线屏障。因此，明清时期的起台堡是"屯军戍边"的兵营，是官兵驻扎为镇守循化和保安的军事要地。《起台堡村志》内有详细的历代守备长名录。至民国始政治权利渐去而逐步为兵士后代们居住的村社。起台堡其实是明代戍边官兵们在前沿戍守与家属们在城内劳动生产相结合的产物。如今，唯保存完整的古城墙是最好的历史见证。

起台堡孕育了厚重的多元文化。中华人民共和国成立之初，起台堡共有 49 户，但却有关帝庙、乌山庙、土地庙、文昌阁、马王庙魁星楼、西门楼等多处庙宇楼阁，其中供奉有观音菩萨、金华娘娘、文昌爷、魁星爷、土地爷、水草爷、双面披头镇巫及精忠报国岳武穆岳飞、协天大帝关圣帝君关羽、乌山大王常遇春三位名将。这是村中祖籍山西、河南、四川、湖南、湖北、甘肃及西宁、循化、白庄等地的韦、张、邓、齐、李、付、彭等共 31 个姓氏村民文化交融而形成的结晶，而这种大融合、大发展在青海省是少有的。

起台堡赋予村民坚忍不拔、奋斗不息之精神。李瑾在《起台堡村志》中描述起台堡人们的社会生活时说：手不离粪叉，脚不离"洛提"，头不离毡帽。起台堡尚有一民谣曰：吃的杂面洋芋蛋，住的土房三间半。穿的布褂白布衫，烧的"生坡"牛粪蛋。养哈尕娃不好办，长大要当光棍汉。生个丫头也干蛋，个个长得紫脸蛋。来了客人干"了乱"，出门借不到两斤面。病了吃颗尕人丹，好与不好靠老天。此民谣，不乏为邻村或他乡之民所编以贬起台之嫌，然亦能看出起台堡村民生存环境之恶劣、社会生活之困苦。但令世人瞠目结舌之处亦为此等贫穷之地。《起台堡村志》编委会主任李瑾说："近百年来，由于起台堡先民的远见卓识，很早创办了学校，文教相比其他村庄要兴盛得多，使起台堡走出了不少人才。"其中以"邓氏六杰"和"韦家三英"最为出名。起台堡人在县、乡及周围藏族、撒拉族村庄中任职干部和从事会计工作的很多，起台堡村当时被称为"文化村"。"邓氏六杰"是邓富（早年曾任西宁师范学校校长，1823 年在起台堡首次创办私塾并执教多年）、邓宗（创办甘肃女子学校，任省里女子师范学校校长，1923 年任兰州大学评议员）、邓春霖（1927 年毕业于清华大学，1931 年获美国阿奥瓦邦农工大学兽医学博士学位）、邓春兰（1919 年给北京大学校长蔡元培写了一份《建议男女同校书》，呼吁大学解除女禁，开中国教育史上大学男女同校之先河）、邓春膏（1927年获美国斯坦福大学教育哲学专业博士学位，曾任兰州大学校长）、邓春藻（曾任兰州曹家亭女子小学校长，创办了大通女子小学、西宁东关回族女子小学、兰州女子小学等）。"韦家三英"是韦杰（毕业于甘肃省立师范本科第二部，曾任积石小学校长、循化县教育科长）、韦尚选（历任起台堡小学校长，被任命为青海省政协副主席）、韦宴（起台乡首任乡长）。这些生于起台堡的文化精英，都在不同的领域和岗位上做出了杰出的贡献，甚至在中国历史上都留下浓墨重彩的一笔。

由此观之，起台堡这个名不见经传的偏远村舍，是一方文化热土，是一块清泉港湾。因此，她便承受得起自己用甘甜乳汁哺育长大的后世之学为自己著书立传。其中，李瑾首当其冲，组织邑人乡党，堪称一片拳拳赤子之心。也正是基于上述的文化根基，李瑾将自己对故土深沉的眷恋、赞誉之情融入这 400 多年来先祖们的家国情怀之中，将先祖们于烈烈寒风中紧握的戍边长矛化为和平年代的如椽之笔，写下"生我养我"的这片热土上的过去、现在及殷切的未来。

李瑾（1937—2019），这位起台堡的后人，1955 年自甘都初级师范学校毕业后，在乡村从教，曾任道帏学区教育干事，后在积石镇从事乡镇管理工作。其早年深受邓氏先贤影响，关心家乡教育，热衷文化事业，尤其对编纂《起台堡村志》信心十足。他退休后便着手《起台堡村志》资料的搜集等事项，不曾中断，即使身患重病依然身体力行，其中翻新照片、绘制图表、查阅文献等他都要亲自着手，所以《起台堡村志》是李瑾对故土的一份满意的答卷。正如他在《起台堡村志》发行座谈会上所讲的那样："随着城市化建设步伐的加快，村民外流日趋加快，如对曾经的辉煌历史不加以抢救、整理，许多宝贵的史料就会丢失，因此本着'记忆往事、激励后生'之初衷，怀着对故乡的感恩之情和为先民后代负责的热情，经我倡议，成立了'村志'编委会，历时五载，经过搜集资料，走访知情人，查阅资料，请教有关专家、学者，编制框架、章节、编写、审稿等一系列艰苦细致的工作，使得这本'村志'得以成型，给村民一个交代，也圆了自己的一个梦想。"

据青海省地方志办公室有关人员介绍，这是当时青海省第五本村志，填补了循化县无村志的空白。

李瑾与《起台堡村志》因缘而生。他将《起台堡村志》分为"自然环境""人文环境""社会组织""民俗仪式""民间信仰""传说""历史名人""解放前后人物录""文献辑录""教育""发展前景展望"十一章三十八节，所选内容面面俱到、详细具体，将起台堡的灵和肉完美结合并得以清晰呈现，可以看得出，他在书写历史中展望未来、在记录往事中抒发故园情怀。为了让此书更能展现出家乡的文化生态，除了用文字记述外，李瑾将绘制的关于起台堡地形地貌、山脉海拔、草山地界、农户分布、发展阶段、起台营城防等 13 幅图表穿插书中，为书本增添了不少色彩。在编写过程中，李瑾和编委会成员们更是不计分文报酬，精读《青海百科全书》《循化县志》《朱元璋演义》《青海省情》《青海百科大辞典》等十几种文献资料，力求做到内容严谨而真实。这是本书中的两大特色，也是这本村志成为真正意义上的文史志书，有很好的研究和参考价值。另外，李瑾及其团队成员对文献中的相关内容进行摘抄记录、对比筛选，并进行了许多的走访和调查，向年长的老人们多次求教、求证。他们先后多次走访了青海省图书馆、青海日报社、西海都市报社、青海省档案馆、循化档案馆等部门，查找资料、寻找图片。在初稿完成之后，因没有其他村志作为样板参考，李瑾亲自到西宁拜访时任青海省社科院院长的赵宗福博士，让其进行审阅，并就本书的篇章结构进行了指导。另就书中内容多次向青海师范大学、青海民族大学、青海社科院、青海藏学研究会等单位的学者和教授电话咨询，请求指导和帮助。其实，在《起台堡村志》编写之前，李瑾及编写组成员们就已先期制作了名为《邓春兰女士的故乡——起台堡》的光盘 120 多件，这既是《起台堡村志》中的部分内容，也为后续村志的编写积累了经验、打下了基础。多少个夜深人静后的昏暗屋舍下，李瑾和那些同龄的老人们在呛人的旱烟味的熏陶下商量讨论、起草着笔、规划整理。那些努力和付出只有古老的起台堡黑城和鸡窝湾营盘是真实的见证者。

除却编纂《起台堡村志》，李瑾先生退休后还负责过乌山庙重建工作，他本着"诚心奉献、务实节俭、积极主动、精心策划"的理念，向广大乡友信众发出了"为重修五山庙捐款献劳"的倡议书，乡友慷慨解囊，村民们献工献劳，为乌山庙重修捐款及献工折款 24 万余元。本着"当年筹款、当年施工，两年竣工"的目标，近 100 平方米的乌山庙在原址建设工作如期顺利完成，使广大信众多年的夙愿得以实现。之后的2011 年，他又刻制了介绍以起台堡军营文化的城墙、风土人情、秧歌表演等为主要内容的光盘并发行。

赵宗福在《起台堡村志》的"序言"中也说："李瑾是起台堡的村落精英，他以基本的学理知识为体系，沿着村落固有的文化生态，忠实而全面地记录村落的方方面面，所以内容大多能保持原有的风貌，朴实真切，文献价值很高。而正是这种来自村落精英的不断记忆与展现，使得村落呈现出了大传统与小传统相结合，立体性综合性的文化展示。从中，我也感受到了一批起台堡人对故乡的无限眷恋和对故乡前景的忧虑期盼。"

正如上文所言,李瑾在《起台堡村志》最后一章"发展前景展望"中以"蓄势待发"和"期盼与建议"为两小节，对起台堡将来的发展作了大胆的构想和深刻的思考，这是一个文化人的社会责任，更是一个村民对村落及村民未来生活的担忧，是一片赤子之心。吴绍安先生有一首《古堡抒怀》，我想这也是对起台堡及其哺育的村民的赞誉：

> 古堡犹枕山河险，烽火兵地岁月痕。
>
> 骨延岭下度冬夏，白土坡上显精神。
>
> 风雨沧桑多先哲，寒霜凝重有后昆。
>
> 即今又见新草绿，情怀远古好风迎。

积石宫今昔

彭　忠

　　积石宫创建于 1986 年春天,位于城东汉族聚居区。那时的循化,外籍汉族干部较多,他们为循化的解放和建设事业贡献了一生, 早已把循化当作自己的第二故乡。因条件所限, 几乎所有外地干部和家属均寄居在简陋的平房公寓里。院地狭小, 即便在县城的本地汉族, 也绝大多数居住在四合院里, 一院几户, 邻里蜂拥。每逢丧葬事宜, 致志亲友众多, 原本狭窄的空间更加拥挤不堪。另外, 因故在外去世的人, 按照习俗是不能把遗体运进家门的。县城又无公用的停棺祭奠之地, 人们常常因此苦不堪言。为此, 乡众期盼建一处像样的殡仪馆, 让先尊体面地告别他们深深爱恋的这个世界。20 世纪80 年代初, 尽管人们尚未解决温饱问题, 但懂得感恩的后辈们血管里始终奔涌着对先者的敬仰之情, 悄悄地把兴建殡仪馆的事儿写进了议事日程之中。

　　积石宫第一代创业者在解决了建设用地之后, 立即着手筹集建设资金。他们进城下乡四处筹措资金, 可谓苦口婆心, 饿了啃一口干馍馍, 渴了喝一碗自来水, 夜晚投亲访友借宿, 无论如何就是舍不得多花一分公益捐款。众乡亲你 1 元、我 5 块, 把一颗颗爱心汇聚到了创业者的手心里。众人拾柴火焰高, 积石宫第一座建筑——殡仪馆终于建起来了!

　　30 多年来,共有 100 多位逝者在众人虔诚的目光护送下踏上了天堂之路。"殡仪馆"是积石宫幼年时期略带悲情的第一个名称。

据老人们讲，早在清朝初期，统治阶层为了教化民众人心向善、遵循王化、崇尚文明，在循化县城修建了关帝庙、城隍庙、禹王庙、河源神庙和文庙，用以祭祀关公、城隍、大禹、河源神和孔子。可惜的是，这些庙宇在"文革"中被无情拆除，人们为之无不惋惜哀叹。鉴于此种遗憾，积石宫第一代创业者们在修建殡仪馆时，人们潜意识里有恢复被拆除庙宇的殷殷期盼。随着百姓生活水平的逐步改善，这种心愿越来越强烈。积石宫创业者们顺应群众夙愿，向民众发出了募捐倡议，循邑乡亲一呼百应，纷纷捐款。一年多以后，一座飞檐翘首、金碧辉煌的大殿终于落成，定名为"河源大殿"。河源大殿的建成极大地抚慰了城垣汉族人民的心，弥补了那个动荡年代留下的深深遗憾，民众的凝聚力、向心力显著增强，从此拥有了教化大众走向文明的教育平台。大殿正门匾额"膏泽沃土"，恰如其分地反映了民众对大殿告竣时的心情。

在竣工典礼上，城关清真大寺送来了由李文实撰、李海观书的木刻牌匾："敬观其祭"；街子清真大寺送来木刻牌匾："团结世继。"

◎积石宫河源大殿 （彭忠 提供）

◎积石宫正门 （彭忠 提供）

筹委会将两块象征民族团结友谊的珍贵牌匾恭敬地挂在了大殿门楣正上方，如今依然熠熠发光。

大殿西侧木刻匾额"积石播惠"，表达了人民群众对美好生活的向往。

20 世纪 90 年代之后，殡仪馆在承担殡葬服务的同时，逐渐成为群众集聚的场所。日常工作以老年人事业为中心，并承办元宵节灯展、清明节炸斋、庆祝老年节、开展文化娱乐活动等内容，社会服务功能显著增强，随之将殡仪馆更名为"积石宫"。这次更名，极大地丰富了积石宫服务社会的范畴，也为积石宫今后的发展赢得了广阔的前景。

积石宫第二届管委会产生以后，他们深知，要建设美丽家园，不仅要奋斗在当下，还要着眼未来，青少年是一个地方、一个民族走向繁荣的希望所在。河源大殿建成不久，第二届管委会先后在大殿东、西两侧分别修建了青少年文化补习室和老年人活动室。每逢寒暑假，积石宫如期开办青少年假期文化培训班，聘请有丰富教学经验的老师授课，开设语文、数学、英语、思想品德等课程。假期培训班的开设，既方便了家长管理孩子，又使学生的课业得到有效训练，受到社会广泛好评。老年人避免了风吹日晒的煎熬，有了喝茶聊天、棋牌交流的理想场所。

积石宫是在殡仪馆的基础上发展起来的，原初的大门普普通通如同私家民宅，随着社会服务功能的不断拓展，汇集的民众越来越多，积石宫的社会影响力也在显著增强，小门小户已经远远不能展示它的社会形象。于是，积石宫第二届管委会开始筹划宫院大门建造事宜。但凡群众期盼的事，募集倡议就是最好的心声。各族群众积极响应、慷慨解囊，经过两年多的不懈努力，面向积石大街修建了一座高大宽阔的大门，上面建造了钟鼓楼，雕梁画栋，气势恢宏。

2010 年，在谢坑铜金矿的大力资助和全县各族各界人士的爱心支持下，积石宫拆除了宫院西侧平房，建起了三层积石文化中心楼，设立办公室、图书室、档案室、文艺排练室、棋牌娱乐室、厨房等，各类公共用房基本齐全。

积石宫实际占地面积只有 3.5 亩，加之东西南北都有房屋，院地空间十分狭窄。每逢元宵节、重阳节等节庆活动时，只能占用门前公路举行，对交通安全均造成了巨大压力，日常工作中常常出现歌舞娱乐与丧葬事宜相撞的尴尬局面。为此，在一次座谈会上彭忠先生提出了扩建积石宫的建议，建言这是解决积石宫诸多问题的根本所在。诚然，征地扩建是一件大好事，也是群众的普遍心声，但征地扩建的确需要一大笔资金，其难度堪称积石宫发展史上的"二次创业"。几度踌躇，反复酝酿，直至 2015 年，在彭鲁达的强力主导下，积石宫把征地扩建作为当年的头等大事来认真对待，一方面，向全社会发出募捐倡议，走群众集资之路；另一方面，写报告、拟方案，争取政府的项目支持。短短一年多时间，家乡父老纷纷慷慨解囊，献上了一份份诚挚的爱心；政府想民之所想、急民之所急，解决惠民资金 200 万元；积石宫临界 3 户居民顾全大局，出让家园，成就众人之愿。经过一年多的不懈努力，积石宫扩建工程完全按照建设方案全面告竣。如今的河源大殿雕梁画栋，翘首矗立，金碧辉煌；庭院由大理石铺就，宽敞平坦，洁净如洗，光亮照人。

当年修建殡仪馆时，因为资金短缺，占地面积小，设施简陋，一些必备物资无处存放，只能勉强操办丧事。昼夜操劳的家人没有休息室，连续几天下来，劳心劳力，折腾得就像大病了一场。随着群众生活水平的提高，重建殡仪馆已经成为大众普遍心声。积石宫第三届管委会把这些困难看在眼里、记在心上，很快拟定了重建殡仪馆方案，并付诸实施。值得庆幸的是，时逢国家殡葬改革大好时机，可以争取国家项目资金的有力支持。管委会一面向政府部门呈报改造方案，一面向全社会发出募捐倡议。2011 年7 月，仿古风格的殡仪馆重建告竣，包括殡仪室、休息室、公益房等共 11 间，房屋布局合理，宽敞明亮，民众称赞"功德无量"。

现代社会的发展可谓日新月异。已经解决了温饱问题的人们，心思不会止步于吃饱穿暖，开始向往更加美好的生活，眼睛总是盯着外面的世界。然而，家家有老人，人人都会老。走出去打拼固然是好事，可是家中的老人怎么办呢？大量有雄心的年轻人就是因为年迈的父母而停止了走出去闯世界的脚步。彭鲁达带领下的管委会精准把脉，将群众修建养老中心的心愿第一时间报送政府部门。2019 年 12 月，在县民政局的大力支持和中国福利彩票的强力资助下，投资 210 万元、建筑面积 767 平方米的积石宫老年日间照料中心落地建成，为老年朋友及其子女解除了后顾之忧。

几十年来，各族仁人志士为积石宫的发展做出了重要贡献。为了铭记他们的善举，管委会每建造一处设施，都要勒石记载。其中河源大殿门前立碑两块，一块为"福田碑"，记载了积石宫三代人筚路蓝缕、启山创业、走向辉煌的奋斗业绩；另一块为"功德碑"，是为青云集团董事长李循林单独设立的，记录了李董为积石宫做出的突出贡献。

随着积石宫基础设施建设的不断完善，社会服务领域随之得到迅速拓宽，涉及元宵节、老年节轰轰烈烈的庆祝活动，清明节炸斋、慰问各族老年人、救助各族贫困生、扶助弱势群体、辅导青少年、表彰孝老爱亲先进典型等内容。组建了"清音合唱团"、民乐队、夕阳红、云之裳、拳剑扇等歌舞健身队伍。积石宫服务社会的功能从范围、对象到内容均发生了质的飞跃，由县城为主拓展至全县各乡镇；以汉族为主延伸至撒拉族、藏族、回族、汉族等民族；以服务老年人为中心扩展到扶助弱势群体、留守儿童和资助贫困生入学；由单一的殡葬服务发展为社会服务综合性平台；由物质文明为起点跃升至精神文明高地，社会服务功能进一步凸显。2013 年，省民政厅在全省筛选社会服务工作试点单位时，积石宫以领先优势毫无争议地被确定为全省仅有的两个试点单位之一。随着服务内涵的进一步丰富、服务外延的不断拓展，为了与时俱进，顺应政策导向，赢得更多的发展机遇，积石宫再一次更名为"社会工作服务中心"。

循化是撒拉族自治县，"民族团结进步"是各民族和谐相处的经典法宝。每年老年

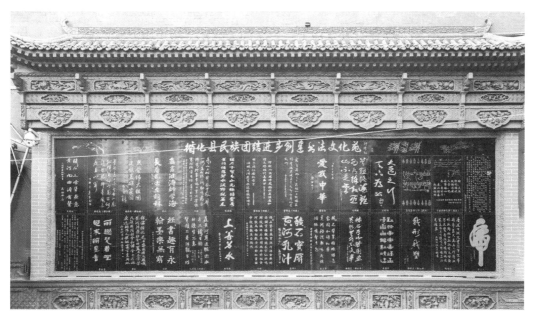

◎积石宫书法作品碑刻 （彭忠 提供）

节前夕，积石宫成员分赴各乡镇开展各民族老人慰问活动，22 年共慰问全县各民族高龄老人 2261 人(次)，累计慰问金额达 40.5 万元。一位老人握着慰问人员的手高兴地说："感谢你们惦记着我这个老人，我们多活一天就是多一天的福气啊！"持续开展各民族贫困生资助活动，14 年来共资助贫困生 1513 人，资助孤儿和留守儿童 500 人，累计投入救助金 52.9 万元，救助对象涉及 9 个乡镇，22 所学校，其中少数民族学生占 60% 以上，为寒门学子完成学业提供了力所能及的帮助。

为了赞美绽放在积石山下的民族团结之花，弘扬中华民族传统文化，用艺术装点积石宫院，激励后人读书阅史兴翰墨的志向，彭鲁达主任组织文化骨干精心策划，成功打造了"创建民族团结进步书法文化苑"，使循化县 48 位各民族书家翰墨结缘，艺苑聚首。上墙作者包括撒拉族、藏族、回族、汉族四个民族，既有已故名流，也有存世书家。尤为可喜的是，我们征得了十世班禅大师和喜饶嘉措大师的墨迹，这为"书法文化苑"大增光彩。

走进积石宫大院，首先映入眼帘的是一座座精美的仿古建筑、苍翠欲滴的松柏；环顾四周，一幅幅精妙的楹联令人深思；常常还能听到青少年琅琅的读书声、乐队悠扬的琴声和合唱团嘹亮的歌声，文化气息十分浓厚。

积石宫建成以来，省内不少知名文人墨客为其还编撰了不少绝妙楹联。现择其经典之作以飨读者。

此行千万里当有清风明月伴尔入仙山
去来本无常但留善爱慈心怀君在人间

刘瀚撰书

积石耸翠青山元脉钟灵秀
黄河浩荡碧水沃野毓英才

吴绍安撰　陈半农书

巍巍唐述烟云万壑宫馆与山水屹立
滚滚黄河波涛千重乡音共水长流传

刘瀚、张时之撰　刘瀚书

积石巍巍，览胜川原，桂殿兰宫，雕梁与画栋。风和烟岚灵气秀，雨润青野物华宝。看今朝，改革潮涌，放怀舞岁月，江天万里。

黄河滔滔，泽被吾土，长桥彩虹，春花又秋实。同拓黄土犹艰辛，共饮碧水总关情。放眼界，进击长桨，各族齐团结，风光千秋。

吴绍安撰　陈半农书

积石耸翠黄河浩荡泽被生民沃土

琼阁落凡鼓钟震远昌荣炎黄后昆

吴绍安撰　刘翰书

人生是理一心跃动一心静

物我相谐万事运行万事通

吴绍安撰　黎凡书

钟迎明月祥云起

楼满清风晓日来

吴绍安撰　黎坚白书

更上层楼胜览云烟奇秀

频传警钟欣聆晓音入神

吴绍安撰　刘瀚书

亭亭物表嘉禾繁茂只因根固

皎皎霞外大河流远更为源深

黎凡撰书

山河分青红黄绿巧绘故乡百般美

民族有撒藏回汉都是袍泽一样亲

黎坚伯撰书

旭日映笔架戚怀前贤引曙光

春风拂积石当勉后来播佳田

刘瀚撰书

馨香翰墨飒溢黄河岸
丰赡文化滋润积石人

陈剑品撰　刘瀚书

仰视山峦环峙风物壮美族群和谐文明时代逢盛世
俯瞰大河东去水流清澈节候分明高原江南别有天

董培深撰书

宫后青山千仞耸
足下黄河万古流

黎坚白撰书

造物本无私重现逝去馆阁再开胜境
悟心原不远就此故乡山水犹见故人

刘瀚撰书

到此最高看青山大河一览兼收积石景
何须更上听晨钟暮鼓齐诵放歌家园诗

刘瀚撰书

　　除此之外，原城关庙前殿有清雍正皇帝赐河源庙匾额曰："福佑安澜"。

原城隍庙有楹联云：

举念奸邪任你烧香总无意

从心正直见我不拜又何妨

作者佚名

民国三十四年（1945）循邑拔贡赵壁为河源庙题联：

天贶际昌期立宪完成共祝前方胜利

河源留古迹迎神报赛伏愿阖境其安

原娘娘庙有楹联：

红叶题诗百年姻缘因地久

赤绳系足千载恩爱并天长

作者佚名

这些文化名人的楹联，极大地提升了积石宫的文化内涵，使偏居一隅的积石宫得以声名远扬。

经过三代人的奋力拼搏，由最初的殡仪馆到后来的积石宫，再到现在的社会工作服务中心，这不仅仅是简单的名称更迭，更重要的是服务功能的不断拓展，也代表着积石宫从无到有、由小到大的发展历程。积石宫丰富多彩而又充满爱心的活动引起了社会高层的高度关注和强烈反响。早在 20 世纪 90 年代，时任青海省委书记赵乐际、青海省人民政府省长宋秀岩等领导先后前来积石宫调研指导，给予令人鼓舞的评价。

此后国家民政部、省委统战部、民盟中央青海省委、省民政厅和教育厅、省青运集团等单位，从人力、物力、财力上给予了极大的帮助和支持。一方面与青海省爱乐乐团、省纵横文化艺术发展有限公司结为兄弟关系，常来常往，友谊深厚；另一方面赢得了国家著名演员刘三姐的扮演者黄婉秋女士、旅美钢琴大师刘女士的特别关注，她们以现场表演或视频献艺的方式保持着暖暖的友情。几十年来，积石宫先后两次被中共中央组织部评为"先进基层党支部"；被省老干局评为"先进单位"，被省关工委评为关心青少年成长"先进集体"；积石宫清音合唱团在内蒙古全国中老年才艺邀请赛中获得两项金奖，在云南第七届"孔雀杯"全国中老年才艺邀请赛中荣获特等奖和金奖各一项，全体团员靠自己的才艺把"循化撒拉族自治县"这块牌子在蒙古草原上高高举起,在"孔雀之乡"美丽绽放。回顾艰辛的奋斗历程，我们深深地觉得这些成绩的取得，得益于县委、县政府的正确领导，得益于全县各民族父老乡亲的鼎力资助，得益于常年坚守在积石宫服务岗位上的无私奉献者的默默付出。

起台堡社火

韦树民

根据《循化县志》记述，起台堡城，建成于明万历十三年（1585），遂设起台营。清沿明制，至乾隆五十七年（1792），起台营兵 251 名，于民国四年（1915）1 月 18 日撤销起台营。部分营兵的后裔留此从事农耕生活，形成了现在的起台堡村。

起台堡村社火一直承袭军营习武性质的传统表演形式，主要节目有膏药灯、舞狮、搬船、杨林夺牌、太平鼓、八大光棍、杀狗劝妻、瞎子观灯、张良卖布、牧童放牛、元贵买水、孟姜女、高跷等剧目。

每到正月初九，所有演员按剧情人物化装，俗称装"身子"。装完"身子"后须到当地关帝庙、五山庙、土地庙、文昌阁、镇武阁点灯降香，正式演出称为"出马"。正月十五演完后到庙宇卸"身子"，称为"卸将"。起台堡村社火所有"身子"均为男性，有些剧目中的女性也是男扮女装而成。

"社火"在村、街、巷边走边演称"过街社火"；在村中开阔之地的演出称"坐场社火"；到接社火的人家或别村去演出的称"送社火"；村里人接"社火"到家演出的称"接社火"。

起台堡村"社火"表现了老百姓期盼国泰民安、五谷丰登的美好愿望，抒发着老百姓对美好生活的希望和信心，是中原军营文化在青海传播保留的结晶，具有非常重要的研究价值，也代表着起台堡村对军营文化艺术的创造力和审美观，是一枝民间艺术奇葩。起台堡"社火"是以歌舞为一体的表演形式。

舞　狮

"舞狮"是锣鼓伴奏节目。一般由两个人顶一只"狮子",多为一对"狮子"进行表演,前面有一个引狮者持绣球和拂尘逗引狮子舞蹈。在"狮子"表演过程中有搔痒、舔毛、打滚、跳跃、抖擞、跌仆、腾转等动作,攀桌子是"狮子"舞蹈中主要内容,"狮子"攀上桌子后从口中吐出祝福的语词。表演中"狮子"时而威武凶猛、时而嬉戏欢乐,将各种神态表现得惟妙惟肖,以寄托人们消灾除害、求吉纳福的美好愿望。

膏药灯

传说膏药灯起源于春秋时期,当时强齐围攻弱鲁,鲁国将军们便化装成卖膏药的先生,手掌炼丹炉、身背药葫芦,摇铃呐喊,吸引齐国士兵求医问药,鲁国主力随后猛烈冲击,冲出了困境。

杨林夺牌

是以中国四大名著《水浒传》中三打祝家庄为背景的剧目。"杨林夺牌"又称"打劫杨林",反映梁山好汉暗星锦豹子杨林单骑闯关,最后被祝氏兄弟摆下龙门阵用车轮阵法打败的场景。第一幕,杨林一手握虎头碑,一手持拂尘首先出场,然后祝氏四兄弟登场亮相;第二幕,杨林单骑闯关,祝氏四兄弟大摆龙门阵;第三幕,杨林独闯龙门阵,祝氏四兄弟用车轮阵法打败并活捉杨林的场面。本剧中的"身子"要求具备一定的武功,使用棍、刀,表现古战场将士的威武雄猛,充分展示了军营文化的特点。

霸王鞭

霸王鞭又称"金钱鞭"。鞭用竹或木棒做成，长均 1 米多，鞭两边嵌有铜钱，舞者执鞭的中段，舞起时以鞭击打或碰击臂、腿、肩、腰、背、脚心、膝、胯、肘、手掌等部位和地面。随着跳动的步伐，鞭两边的铜钱发出整齐有节奏悦耳的响声，步伐有立、跪、蹲、坐、卧、行进、停留、跳跃等动作，使鞭的两端交替不断地碰打自己的身体部位，也有鞭与鞭、鞭与地面撞击，以撞击声为节奏伴舞，表现具有生动活泼、军人战斗练习的特点。

太平鼓

起台堡村"社火"中的太平鼓风格独特，表演时锣、钹击节，鼓身飞舞，起落有序，整齐划一。击鼓幅度大，力度强，讲究跳跃、翻身、闪、展、腾、挪，"忽而天、忽而地"骑鼓两头，前打后击，基本动作有跳打、骑打、翻身打、举打等。打鼓姿势分为"白马分鬃""鹞子翻身""弯弓射雁""策马扬鞭""刀劈华山"。太平鼓舞姿雄健，鼓声雄厚壮阔如春雷滚滚。人们擂响这惊天动地的"太平鼓"，以表达太平盛世、国泰民安的喜悦。

搬　船

搬船也称"跪旱船"，是来自南海普陀山的慈航普渡船，寓意观音菩萨下凡普度众生，慈悲济世的美好愿望。依照船型制成船形木架，木架周围装上绘有水纹的布裙或海蓝色布裙，在船上以红绸、纸花、彩灯、明镜装饰。旱船进行中，伴着悠扬的搬船调，艄公划桨行船，做各种划船动作，而在船上的表演者，往往以快速碎步颇为形象地塑造出船行水面的情景。艄公一边摇橹,一边唱着悠扬欢快的《搬船调》。遇到"搁浅"时,艄公推船、背船、翘船,其中还有一幕用大头娃娃的头为支点翘起搁浅在沟中船的情景,幽默诙谐。

下面是关于"社火"中装扮"身子"来历的传说:很早以前,有一个清官叫庄王,他"察民情、知民俗、体民苦",得到老百姓的拥护。他在位期间朝里出了奸贼,诬陷庄王聚众谋反,皇上降旨要将庄王满门抄斩。百姓们得悉后,为了营救庄王全家,在正值正月十五闹元宵之日,就把庄王一家人化装成演社火的"身子"。庄王化装成卖膏药的,男眷化装成打鼓者,女眷化装成演戏的,儿童化装成和尚娃,其他的杂役化装成傻公子、丑婆子及帮场人物,混在社火队伍中逃出了城,庄王因而得救。所以,"社火"夫演出地的随行,是按当地突围时的情景来装扮的。

每当有人接社火到家演出时,还有这样的仪式,主人唱着说:"你左手拿八卦高灯,右手拿着青龙虎针,你进我的五花财门带来什么?"持膏药灯者唱着回答:"我进你的五花财门,一带金银财宝,二带粮食满仓,三带子孙满堂。"出门时主人问:"你出我的五花财门带出什么?"持膏药灯者唱着回答:"一带病头灾难,二带口舌是非,三带妖魔鬼怪。"

起台堡"社火"凝结了军营文化的艺术创造力和古朴的美学思想,是老百姓美学思想的体现。讲求信义、惩恶扬善、广结善缘、除暴良安、团结互助等道德标准也在"社火"中得以呈现。起台堡"社火"具有较强的中原文化特点,历史人物以老百姓喜闻乐见的形式在"社火"中传承。

八

故园春风

GU YUAN CHUN FENG

"农业学大寨"的一面旗帜

韩国俊[*]

◎韩老三先生（韩国俊 提供）

  我的父亲韩老三，1924 年出生在青海省循化撒拉族自治县濒临清水湾黄河岸边的一个农民家庭。因为当时家境贫寒没有上过学，是一个地道的文盲。解放初期，他加入了中国共产党，成为一名农村党员。他积极响应党和政府的号召，于 1954 年在循化县下滩村成立了第一个互助合作社，当时参加农业合作社的社员只有几户农民。1955 年建成初级农业生产合作社，定名为"韩老三农业社"。父亲在 20 世纪 50 至 80 年代长期担任下滩大队党支部书记，其间（1957—1959 年上半年）还担任了前进大队党总支书记。当时的前进大队包括现在的下滩、石巷、田盖、阿什匠、乙麻亥 5 个村。1959 年下半年被县委调入城镇人民公社，

---

* 韩国俊，循化县民政局退休职工。

成为国家干部。1960年任城镇公社副社长、
县委委员兼城关大队党支部书记。1962年
下滩村粮食大减产，父亲时任下滩村大队
长、生产队长，全体村民到县委强烈要求
我父亲回下滩村担任党支部书记，县委考
虑再三后批准了群众的请求，父亲欣然接
受县委指示于1963年初回到下滩村再次担
任党支部书记。后来在1979年落实政策时，

◎韩老三当选青海省人民代表大会代表
（韩国俊 提供）

在父亲档案里写着"因家庭拖累自动离职"字样，证明组织上以"自动离职"予以处理。

我的父亲是循化县第一个组建互助合作社、初高级农业社的带头人，得到循化县
乃至青海省领导的认可。为此，1958年12月国务院颁发了由周总理亲笔签发的奖状上
面写有："奖给农业社会主义建设先进单位：青海省循化县清水乡。"此奖状在清水乡
政府会议室里挂了很长时间。

1956年10月，我父亲光荣地出席了北京全国少数民族国庆参观团会议，其间受到
毛泽东主席和周恩来总理及其他党和国家领导人的亲切接见，并在人民大会堂集体合
影留念。父亲还出席了青海省第五届人民代表大会。特别值得一提的是，2021年循化
县委特将父亲在北京参加会议的照片及个人先进事迹汇入自治县庆祝中国共产党成立
100周年县党史的文章中。这是父亲的光荣，也是我们家子孙后代的光荣。

1956年，青海省召开第一次农业生产合作代表会议。在这次会议上，省委、省政
府批示清水乡下滩社、前进社，道帏乡多哇社为全省模范农业生产合作社。时序进入
20世纪60年代，伟大领袖毛泽东同志向全国人民发出"农业学大寨、工业学大庆、全
国人民学解放军"的伟大号召。那时的循化县是个以农业生产为主的县，工业、手工
业生产非常脆弱，工业产品甚少，主要靠外地供给，农业依然是农民赖以生存的基础。
在当时"农业学大寨"的号召下，下滩村掀起了治河造田的热潮，有效扩大了耕地面积。

同时充分发挥省科研所在下滩村驻地研发高原小麦良种的优势发动群众改良土壤，实行科学种田。经过几年的不懈奋斗，下滩村的农业生产连年丰收高产，对国家上缴的公粮多，社员生活也得到了显著改善，这些成绩的取得应当归功于"农业学大寨"精神在下滩村的扎实实践。70年代，青海省委、省政府在全省树立了三个"农业学大寨"先进大队，分别是循化县清水公社下滩大队、湟源县和平公社小高陵大队、贵德县河阴公社大史家大队，这三个大队的先进事迹刊登在《青海日报》上。我当时在县委落实政策办公室工作，当看到自己的父亲当书记的故土成为全省"农业学大寨"先进大队的新闻时我心中极为兴奋，一股强烈的自豪感涌上心头——父亲为农业生产多打粮食、支援国家建设付出了艰辛的劳动。

进入70年代，省政府选派省生物研究所陈集贤等三位农业专家到海拔1800米的黄河岸边的下滩村研究培育高产粮食作物。我父亲对这些专家和技术人员视如珍宝，腾出大队公房安置他们住宿，选派一位干净卫生的妇女为工作队做饭，生产队给她记工分。大队挑选最好的耕地作为良种培育基地，还抽出三位文化程度较高的社员配合专家参与田间劳作。经过五年的精心试验，在下滩村这块土地上培育出了亩产高达1200斤的"高原506"粮食新品种和无麦芒、秸秆硬、抗倒伏的阿勃麦。这些适宜高寒气候的良种为高原地区推广小麦种植开辟了新天地，后来被推广到了湟水岸边的十几个县份和劳改农场。省生物研究所科研人员和下滩大队在培育小麦良种上取得的成就归功于党和政府的正确领导，得益于下滩村全体干部社员的辛勤劳动。新良种具有产量高、耐高寒、抗倒伏、病虫害少等优点，非常适合在高原地区种植。这一成就的取得引起了省委、省政府的高度重视，曾多次组织全省农业县的领导和代表到下滩村参观学习，时任下滩大队党支部书记的父亲和省生物研究所的专家陈集贤分别向与会代表介绍了小麦新品种培育情况，受到上级领导和观摩代表的高度评价。

1976年5月，时任县委副书记的韩进才带领县域农业学大寨先进大队党支部书记一行14人前往山西省晋阳县大寨大队参观学习，他们亲眼看到了大寨大队党支部书记陈永贵同志带领社员群众苦战"七沟八梁一面坡"的生动场景。真可谓层层梯田，粮食作物麦浪滚滚，黄灿灿的油菜花漫山遍野，种植的果树刚开过花，枝头挂满了小果实，大寨大队的社员们即将迎来丰收之年。代表们听了陈永贵的介绍后，都感到他们为建设新农村付出了辛勤的劳动，取得了很大的成绩，提高了社员群众的生活水平。与会代表一致表示回去后学习大寨大队干部和社员苦干、实干的精神，改变循化县山河面貌，多打粮食，支援国家建设。

我的父亲身为共产党员，一生艰苦奋斗，吃苦在先、享受在后。可以这样说：上为政府分忧，下为百姓解难。每当县上的救济粮、救济款下来时，父亲首先考虑的是五保户和有病丧失劳动能力的困难家庭，让他们吃饱穿暖。为此，得罪了村里在外工作的干部家属，他们背地里说坏话，甚至到公社、县上告状，其结果自然是没人支持，反而遭到领导的严厉指责。当时我家有 11 口人，生活相当困难，但父亲从来不搞特权，没有要过一分救济款、一粒救济粮，用实际行动践行着党全心全意为人民服务的宗旨。党和人民群众也没有忘记他，给了他很多荣誉。

父亲在河西片 5 个大队合并后组建了前进大队，担任党总支书记两年多，虽然时间不算长，但他办事公道正派，体贴困难群众，在撒拉族社员中树立了较高威信。时常教育社员群众遵纪守法，靠劳动养活家庭，不要搞投机倒把、扰乱市场，督促子女上学，成为建设家乡的有用人才。由于他苦口婆心的教育，撒拉族儿童入学率迅速提升，许多学生还考上了大中专院校，有的后来还走上了领导岗位。

20 世纪 70 年代，清水和孟达是互不隶属的两个公社，孟达地区的稍林子湾是清水公社河东、河西七个大队共同放牧的草山，这是很早以前就划定了的。可是孟达大庄的村民以种种借口不让清水人在这里放牧，为此发生了草山纠纷。当时河东大庄大队党支部书记来下滩村求援，要求我父亲派出 30 个人随同河东人前往孟达去打仗。我父亲当即回绝了他的请求，并再三叮嘱他"打仗是要死人的，绝对不能莽撞，应该上报县政府派工作组调解"。最终如我父亲所言，经过协商解决了草山纠纷，避免了一场大规模械斗事件的发生。从这件事可以看出，父亲虽然是文盲，但遇到突发事件时还是比较冷静理智的，以大局为重、讲究方式方法、合理合法地解决问题的理念。后来河东大庄的党支部书记多次提到过这件事，感谢父亲考虑问题周全，我从中感悟到了为人处世的许多道理。

1999年5月，父亲因病去世，走完了他74个春秋的人生历程。父亲的一生曲折而艰辛，平凡而伟大。他坚韧不拔、奋斗不息的精神是我们儿女们终身受用的宝贵财富，激励着我们奋勇向前。

"金种子"背后的故事

彭　忠

　　下滩村位于循化县城以东，黄河流到风洞坡向北拐去，沿着积石山一路东流，给下滩人留下了一片开阔的风水宝地。这里尽管土地贫瘠，但地势平坦，水利条件便利，气候温和。又紧临县城，是科学种田、调整农业种植结构理想的试验基地。1957—1962年，下滩村的粮食亩产在300~400斤，除去国家征购粮、预留来年种子外，村里人自身的吃饭问题无法解决。为了增加副食产量，"公社化"时期县上将下滩村确定为蔬菜种植基地。刚刚经历过"口粮关"的人们吃饱穿暖是心里念里一等一的期盼，在他们心中粮食比什么都金贵。对即便炕头大的地块也要种上庄稼的下滩人来说，如今全部耕地统统种植蔬菜，时常饥肠辘辘的村民抵触情绪十分强烈，生产积极性一落千丈。再加上管理不善，全村农田杂草丛生，一片荒芜，下滩人又一次面临着饥饿的威胁。

　　要吃饱肚子，科学种田才是根本出路。

　　1964年，青海省高原生物研究所响应省委、省政府号召，决定在省内农村组建以研发小麦新品种为主的科研所。在全省范围内广泛调研后，最终在下滩村设立了"下滩科研所"。当时派遣到下滩科研所的第一批人员有陈集贤及其妻子赵绪兰、陈修道、刘天瑞、郜和程、陈达志等。后来，县农业局委派农技知识扎实的黄相国同志到下滩科研所配合工作，由于表现出色，得到科研所人员的肯定，后期被调到省生物研究所工作。

科研所起初设在孟家大院一座三开间土木结构无人居住的上房里，既是办公室也是宿舍。夏天，人多拥挤，酷暑难耐；冬天，气温骤降，周遭漏风，就是生着火炉依然冻得发抖。后来，这座房子年久失修成为危房，村干部研究以后，科研所搬到村民赵玉家里办公。科研人员住宿在时任党支部书记赵龙家里，工作、生活条件稍有改善。1977年，在下滩村公路南侧修建了4间土木结构的科研所，有办公室、实验室，也有宿舍、食堂，还有若干平方米晒粮食的水泥地坪，从此结束了科研人员在村民家里寄居、轮流吃饭的历史。1980年下滩科研所撤销，大老陈和老郜最后收官，之后的若干年里还和下滩村一直保持着密切联系，不少村民时不时地抽空看望他们。后来县上把科研所划归给了县科协，设立了地震观测站。可惜的是，20世纪90年代下滩村民在不知情的情况下把这块地皮转卖给了一个外村老板，如今没有任何开发，仅仅存放着一些杂物。

起初科研所经费紧缺，不具备开办食堂的条件，科研人员只好在村民家里轮流吃饭，一户一周。为了节省时间，不打扰村民，科研人员每天去村民家只吃早、晚两顿饭，吃罢早饭顺便带上一个焜锅馍馍，算是中午饭。一周满了，给村民结清伙食费，每人每天0.6元，粮票0.6斤。时间长了，孩子们称呼科研人员为"工作组叔叔"，称呼年长一点的陈集贤为"大老陈叔叔"，年轻一点的陈修道为"尕老陈叔叔"，郜和程为"老郜叔叔"。全村老少尽管叫不出他们的名字，但这样的称呼区分得清清楚楚。

庄户人家尽管十分困难，但对科研人员还是关怀有加。每每轮到科研人员吃饭的一周，刻意把屋里、屋外打扫得干干净净。家里人常常以杂粮为主，用节省的白面为"工作组"蒸馒头、拌凉面，做一些可口的饭菜，尽量改善生活。20世纪六七十年代，鸡蛋对于农村人可是个滋补身体的稀罕货，家里一年半载也难得吃上一回半回的。有一天，轮到彭辉家里吃饭，她给科研人员精心做了一顿鸡蛋面片，老郜叔叔回到驻地吐了个一塌糊涂，脸发黄，抱着双臂发呆。原来他患有胆囊炎，吃不成鸡蛋，但碍于东家的面子没敢说，闭着眼睛把饭吃了下去，"害"得他难受了好几天。还有一次，大老陈叔叔从村民家里吃罢早饭，拿着焜锅馍馍，背抄着手往回走，不料一只流浪狗一个箭步窜过来，叼着馍馍扬长而去。据说这天中午大老陈叔叔是饿着肚子度过的，村里人蹲在巷口晒太阳时把这件事说了好长一段时间。

下滩科研所试验田在韩家园子旁边，有一亩左右，土质肥沃，灌溉便利，离村子近，便于管理。整个试验田分割成了许多的条条块块，种上了不同品种的小麦父本和母本，主要任务就是传粉杂交。如小麦身秆高的与低的杂交，身秆矮的与麦穗大的杂交，高产的与抗病、抗倒伏能力强的杂交。立足青藏高原的气候、土壤自然条件，培育适合高原种植的高产、优质、抗病小麦良种。

种植良种培育试验田，干的工作首先是普通农活。科研人员与派去协助的几位村民一道耕种、施肥、浇水、除草，锄头不离手，铁锨放地头，是地地道道的农民。然而，对科研人员来说，精耕细作是最简单、最粗放的劳动。根本在于不同品种的条块布局有利于小麦父本与母本的传粉杂交，成长过程中记录每一个变化的节点和具体现象。如秸秆高低变化、传粉受制因素、麦穗长短、穗头台数和颗粒等，依照数据分析优劣，研究制定强强优化方案。盛夏时节，烈日炙烤，汗水湿透衣背，滴滴浸入泥土，脸庞、胳膊晒得黑黝黝的，披星戴月，一身泥土，来自省城的科研人员一个个成了活脱脱在行的农民形象。工作之余，"大老陈"们时时关注着村民的耕作情况，凡是违背科学的做法都要一一批评指出，讲明其中的科学道理，有时到田间地头手把手地做示范；遇到村里耽误农时的现象，科研人员不顾情面，召集大队干部批评得非常严厉。正是"大老陈"们一丝不苟的敬业精神，不但在科研方面成就卓著，而且有力地促进了下滩大队农业生产的稳步发展。

功夫不负有心人。1966年，下滩科研所培育出了小麦新品种"高原506"，制作的面食邀请下滩村民集体品尝。"高原506"具有身材矮、抗倒伏、成熟期早、产量高、面质好等优点，群众赞不绝口，得到上级科研机构和县委、县政府的高度评价，极具推广价值。为了加快繁育、提升种子产量，县上派农业局骨干技术人员赴海南省种植，一年两熟，繁育进程明显加快。再把南方收获的种子在本地扩大种植，最后在全县推广。

好的开头为继续前行点亮了希望，也积累了宝贵的经验。1967年，培育成功了"青春533"，其特点是秸秆高、叶片宽、穗头大，非常适应高寒气候，主要在我县浅山地区推广。基于"非常适应高寒气候"这一显著而稀有的特点，陈达志同志奉命前往海拔更高、无霜期更短的青海诺木洪地区试种推广，亩产竟然高达2000斤，被人们称作"吨田"。

对全体科研人员来说，一次次的成功积蓄着勇攀高峰的无限动能。1969年，再一次喜传捷报，下滩科研所成功培育出"M47"，面粉好、面质筋，是做拉面的首选原料。

下滩科研所成立以后，在"大老陈"们的带动指引之下，下滩村人逐步摒弃传统耕作方式，改良土壤，推广良种，倡导科学种田，粮食产量不断迈上新台阶。如1964年时，下滩大队粮食亩产不足400斤，总产量在15万斤左右。到1975年时，亩产千斤左右，总产达48万斤以上。在全国"农业学大寨"期间，下滩村就是因为粮食连年丰收被评为样板的。以下滩科研所为起点，以下滩大队为试验基地，其科研成果惠及全县乃至全省，为彻底解决全县人民的温饱问题做出了重要贡献。

书山有路勤为径

——我的求学之路

彭碧君 [*]

我叫彭碧君，出生在清水乡下滩村。我爷爷、奶奶是只有小学文化程度的农民，在黄土地上辛苦了一辈子，但尊重知识、敬重文化人是他们与生俱来的禀性。所以，即便在那个艰难困苦的年代，我父亲兄妹六人一个不落地进校读书，后来全部考入师范学校，成为人民教师。因此 1998 年的全县教育工作大会上被评为"教育状元家庭"，爷爷光荣地出席大会，领取了散发着浓浓文化气息的奖牌，那一年我们祖孙三代手捧奖牌第一次照了一张全家福。这一次的荣耀对我激励很大，我由衷地敬佩我的先辈们"耕读传世"的那一份情怀！如今我们生活在幸福的年代，不好好读书怎

◎彭碧君在大学毕业典礼上 （彭忠 提供）

* 彭碧君，青岛供电公司通信设计师。

能面对先辈们的殷切希望呢?

我的父亲是教师,自从我踏进学校大门的那一天起,他非常重视我的学习,老师讲新课之前他先辅导我,我对基本概念熟谙于心;在课堂上我认真听讲,少有含糊的地方我就请教老师,直到精准理解为止;课后父亲认真检查我学习情况,还给我提供大量的学习资料。父亲最大的成功在于培养了我浓厚的学习兴趣,这种兴趣促使我勇往直前、争创一流。我和我的同学时常暗暗较劲,这种竞争促使我们共同进步。在小学阶段我一直是"三好学生",在初中始终是"年级十佳"。2000年中考,我以727分的成绩获得全县第一名。

为了让我拥有更加优越的学习环境,2000年9月我转学到了乐都区二中。在那里我的成绩一直处于领先地位,没有了竞争让我反而有些不适应。正在彷徨之际,我的中考成绩不知道从哪个渠道被青海师大附中得知,发函联系我到他们学校就读。这真是一个让人兴奋的好消息!我办完所有转学手续踏进了师大附中的校园。这里竞争非常激烈,但也符合我乐于挑战的禀性。三年中我与书本对话、与灯光为伴、与一个个难题较量,我的潜能得到极大发挥,学习成绩依然名列前茅。其间,我代表学校连年参加西北赛区数学、英语奥林匹克竞赛,获得令人欣慰的成绩。临近高考时,学校领导找我谈话,让我把学籍转到师大附中,代表该校参加高考。后来由于受到县上学籍办的限制,只好作罢。

2003年,我在循化县参加高考,获得全县第二名的好成绩。当时由于填报志愿不够精准,第一志愿惨遭滑档,最终被调剂到了江苏大学。当时的我心里紧盯的是全国名牌大学,这样的结果使我一度陷于彷徨。然而在父母和亲友们的一再催促之下,我还是很不情愿地坐上了东行的列车。

从大学入学的那天起,我立志报考名牌大学攻读研究生。四年间,我在学好各门课程的前提下,早起晚睡,将大把的时间投进了图书馆里,专业水平提高很快。就在大一时我抱着试一下的心态报名了英语四级考试,居然一举通过,大三时拿到了六级证书，这为我报考硕士研究生创造了条件。

2007 年我大学毕业，参加了当年的研究生考试，结果没有被我向往的大学所录取。由于我大学成绩比较突出，考研成绩达到重点大学录取分数线，这些被青海师范大学从网上看到以后，联系我到该校任教，同时在校攻读硕士研究生。家里人都觉得这个条件十分优越，应该接受邀约。可是，我心心念念上名牌大学的梦始终占据着我的全身心，本科已经与名牌大学失之交臂，攻读研究生再也不能留下任何遗憾。于是我下定决心来年再考，婉言谢绝了青海师范大学优厚的条件。为了圆梦，我在江苏大学租了一间教工宿舍，在那里我没白没黑地刻苦读书，专业知识提高很快。饿了泡一碗方便面，渴了喝一杯开水，这样又迎来了新一年的考研季。真是功夫不负有心人。2008 年，经过与数万名考生的初试、复试和面试的层层 PK，我终于如愿以偿地考上了清华大学电子工程系硕士研究生。我还清晰地记得，在研究生面试时有位清华老师问我：

"你是青海人吗？"

我说："是的，我是青海省循化县人。"

"你祖籍不是青海的吧？"

我说："是青海的。"

他又问道："你不是在青海上的学吧？"

我说："小学、初中、高中都是在青海上的。"

听完我的回答，看上去老师们有点茫然，同时又有一点惊奇，当然更多的是赞许的目光。

就在我即将步入清华园的那一年，循化县的学子们高考中也取得了历史突破性的佳绩。在教师节庆祝大会期间，对考入重点大学的考生进行了隆重表彰，我也在受表彰之列。这次大会上我以《我的求学之路》为题介绍了我的学习经验。之后应邀到县高级中学作了三场报告，对在校高中生产生了良好的激励作用。我的发言稿摘要如下：

……

回顾近20年的求学之路，既充满艰辛又充满快乐与幸福。每当迈上一个新的台阶，总会产生一种成就感，正是这种成就感一直激励着我不断地挑战困难，勇往直前。

我的第一点体会是：打好基础，稳步向前。"万丈高楼平地起"，学习也是同样的道理。小学、初中、高中各学段的知识是有连贯性的，是环环相扣的，低年级的知识是高年级的基础，每个基础的积累就组成了知识的高楼大厦。因此，在每个阶段我们都要学好相应的基础知识，这是获取更多、更高层次知识的必要准备。各学科之间也是相互关联的，基础学科是其他学科的基础，而其他学科又对基础学科的学习提出了更高的要求。各学科之间互相影响、互相促进，是相辅相成的关系，这就要求我们面对每一门课程，不能区分所谓的"主课""副课"，要竭尽全力地学好每一门课程。只有这样，才能在高考中取得好成绩，也为将来进入大学学习专业知识做好知识储备，向更高层次的发展打下坚实的基础。

第二点体会是：用感恩的心对待父母。我的爷爷、奶奶是艰苦朴素而又老实巴交的农民，他们没有多少文化，也不懂什么大道理，只知道劳动、勤俭、鼓励儿女们努力工作。面对我们孙辈，每当考出好成绩、拿到学校颁发的奖状时，微笑着抚摸我们的头说"好好学习"。我从爷爷、奶奶布满皱纹的脸、长着硬茧的手上能读懂他们对孙辈们的希望，一句再也普通不过的"好好学习"令我热血沸腾。父母亲一心扑在儿女身上，我们学业进步时他们高兴，我们学业稍有下滑时他们为此吃不下饭睡不着觉。只要我们学得好，父母再苦再累也毫无怨言，这是何等神圣的父母心啊！细细想来，我们搞不好学习是愧对父母的，只有勤奋学习、健康成长，才是对父母最好的报答，也是最好的孝敬。

第三点体会是：专心致力于学习。随着改革开放的不断深入，城乡群众的生活正发生着巨大的变化。我们的社会变得丰富多彩，但随之而来的一些不良风气也在滋生和蔓延，这对我们学生尤其是中学生带来了很大的冲击和影响。面对这种情况，一是要不断加强思想道德修养，正确认识我们是"学生"这个身份，自觉划清什么该做、什么不该做的界线。二是明确搞好学习是我们学生的第一责任。制订学习计划，把每个日程安排得有条不紊，做到每天有收获，每天有进步，日积月累就是大收获、大进步。三是严格遵守国家法规和学校制定的各项规章制度，做到令行禁止、心中有数。四是树立精益求精、永不知足的精神。"争强好胜"的性格，在生活中往往是一个人的缺点，但在学习上争强好胜、永不服输是一种精神、一种动力。不断的竞争、不断的超越，就会有不断的进步，在竞争和超越中学习便成了一件愉快的事，实现知识的快速积累。

第四点体会是：坚定目标，奋力向前。我们每个同学在学习上都有一个前进的目标，适合自己的目标一经确定，就要矢志不渝为之奋斗到底。记得我在上初中时，在一次县庆活动上看到一辆画着邓春兰画像的彩车，了解到她是新中国第一代女大学生、出生在循化县起台堡村时，当时对我触动很大。从那时起，她就成了我心中的偶像。榜样的力量是无穷的，它将给人以信心，一路走向阳光。

近20年来，在老师们的精心培育和父母的亲切关怀下，我从一名不懂事的小孩成长为一名大学生，并即将步入清华大学这所令人向往的中国一流大学，终于圆了我名牌大学的梦。我出生于一个普通家庭，是一名普通的女孩，但我觉得名牌大学其实并没有那么遥不可及，只要付出努力，持之以恒地向着既定目标奋力拼搏，相信在座的同学们也一定能考取理想的大学，实现自己的人生理想……

金秋 9 月，我背起行囊，怀揣梦想与憧憬来到了梦寐以求的清华园，此刻的心情与收到录取通知书时相比，少了几分欣喜与激动，多了几分忐忑与紧张。还来不及多想，我的研究生生活便以暑期团校活动正式拉开了帷幕。

我有幸入选研究生新生骨干，参加了清华大学第三届研究生骨干培训暨第 24 期暑期团校活动，五天的团校生活紧张而充实，忙碌而精彩。在这里我聆听了老学长对清华历史和光荣传统的详细讲解，在这里我了解到"学术之师、兴业之士、治国之才"的研究生培养目标和杰出校友成长规律、贵在坚持的"八年现象"，在这里我与名师大咖、学术新秀近距离交流，在这里我了解到清华"自强不息、厚德载物"的校风、"行胜于言"的校训和"又红又专"的价值观，在这里我感受着清华的人和事，认识了清华的实干精神，同时也清晰地感受到作为一名清华人肩上的那份责任。

记得在研究生新生开学典礼上，时任清华大学校长的顾秉林院士要求我们以脚踏实地、求真务实的态度追求学问，希望我们自觉承担起历史使命和社会责任，立大志、入主流、上大舞台、成大事业。虽然当时听得懵懂，但后来成为我科研和择业的指路明灯。

清华作为研究型高校，对于研究生研究能力的培养和研究成果的创造非常重视。在正式开课前还专门组织了与学术新秀、优秀研究生面对面等活动，针对如何尽快完成本科生到研究生的转变、如何在学术科研和社团工作间做好平衡、如何与导师相处等方面进行了交流分享，让我对即将到来的学术科研生活强加了信心。同时，研究生业余党校对树立严谨求实、诚信治学的学术态度作了专题培训，让我提前树立了"红线"意识。

清华大学有句口号是"为祖国健康工作五十年"，这是蒋南翔校长面对 76 岁高龄却依然精神矍铄的马约翰时有感而提出的，如今已成为清华文化的一部分。身体是革命的本钱，只有保持良好的身体状况才能更好地学习和工作。学校重视体育锻炼，强调在搞好学术研究的同时要锻炼身体、强健体魄。对体育的要求也很严，不同于其他高校，清华学生体育不及格不能毕业。正因为如此，在学校的大小操场、羽毛球馆、游泳馆、乒乓球馆、排球馆、保龄球馆等都能看到老师和同学们的身影，尤其是下午5 点到 6 点、晚上 10 点到 11 点，田径场上满是跑步的师生。实验室工作再忙也会安排体育活动。在清华的几年切身感受到这并不是一句空喊的口号，而是每位清华师生共同践行的庄严承诺和永不改变的奋斗目标。

清华人习惯于把本校读研的同学称为"土著"，本硕在清华就叫"双清土著"，本硕博都在清华就叫"三清土著"。我们班硕博共 34 人，其中一半以上是"清华土著"。我们宿舍 3 个人，两位舍友都是"双清土著"。其中一位是江西省当年高考的前十，另一位是第一年高考与清华失之交臂、被北大录取却放弃北大复读一年后考取的清华（第一次听到时我非常诧异，后来的交流中得知她初中时参加夏令营活动来北大和清华参观学习，深深被清华所吸引，后来一直以此为目标，有清华情结）。清华园汇聚了全国各地的佼佼者，身边高手云集，但个个都低调谦虚、内敛朴素，完全看不出光芒。不光学生们如此，老师们也是非常低调，他们和同学们一样着装朴素，骑着单车背着书包穿梭在校园里，看似不起眼却是一群有着广博学识、深厚学术功底、硕果累累的学术大师、资深教授。

清华的课业和科研压力的确很大，大家都过着忙碌而简单的生活。我们每天骑着飞车穿梭在宿舍—教室—实验室—图书馆—食堂的路上，有时三五成群，有时单车独行，骑行路上还在讨论或思索问题。教学楼、图书馆从开门到锁门总是人满为患，很像一年前考研复习时的状态，而在清华这是常态。晚上 11 点后的校园异常热闹，这时的教学楼、图书馆已经关闭，各种社团、Project 小组等开始活跃在夜宵食堂、操场或某个宿舍楼下，或是为准备一项社团活动而策划，或是为完成一项课程 Project 而讨论，或是在以独特的方式为同学过生日。清华学生很会见缝插针，有效利用碎片化的时间。作为一个外校考进来的学生，刚开始真的难以适应这种高强度、快节奏的生活，甚至一度认为有必要这样吗？而在后续的学习和科研中慢慢发现唯有争分夺秒、刻苦勤奋才有可能留在清华完成学业。这种现象一方面在于学校极为严格的要求，另一方面在于清华学子极强的自尊心和不甘落后的那股劲。在清华，不论是本科生还是研究生都有一定的淘汰率，在读期间有 3 门挂科就会被退学，研究生课题有 20% 的不通过率，科研成果不达标（由导师确定是否达标，且通常高于学校的论文要求）将被延期甚至退学。这就像悬在头顶的利剑，促使大家努力学习，全身心投入科研，不由自主地选择了高强度、快节奏的生活。对于外校考入的我，知识结构和知识储备与学校的要求还有一定的差距。面对残酷的考核我压力重重，好不容易踏进清华的校门总不能被退学啊，不夸张地说，清华的几年比高考压力大很多倍，非常艰辛。研一为能顺利通过各科考试，早出晚归奋战在自习室、图书馆。从研二起正式承担课题，每天 13 个多小时泡在实验室看文献、建模型、做仿真，在项目关键阶段凌晨四五点赶回宿舍，眯瞪两个小时继续回实验室也是常有的。回想当年被期末考试、课程 Project 压得喘不过气，被各种编程仿真、项目汇报、学术论文折磨得焦头烂额，我曾经抓狂过、低迷过、哭泣过，但最终坚持了下来并取得了一些科研成果。

还记得研一初入实验室，导师说先从简单的干起，结果发来一堆全英文文献，让我们在上课之余抽空泛读并在一周后的周例会上进行分享，我当时就傻眼了。我英语虽然不差，大一就考过了四级，但面对这些专业文献还是很头痛，大量的专业术语、建模公式和仿真曲线让我晕头转向。但这就是任务，必须全力以赴。白天上课晚上钻研，先过文字关，再过算法方案关，最后总结比较各种算法的适用场景和优劣势，看看是否有改进空间。没日没夜地熬了一周完成了在当时看来很艰巨的任务。巨大的压力会带来巨大的动力，往往再坚持一下就会激发出自己的潜能。

实验室的科研生活中导师给予了我很多引导和帮助，热心的师兄师姐也给予了很多鼓励和建议。研二的暑假正值项目攻坚时期，我放弃假期潜心科研。功夫不负有心人，最终项目取得关键性进展，开学后的一个月顺利完成了中期答辩。

清华很大，道路纵横，有数不清的自行车；清华很大，有数不清的专家和名师；清华很大，有太多太多的牛人，不管多难的任务，只要给一个期限，总有人能把工作完成得漂漂亮亮。

清华园很美，有中西合璧的清华学堂、形象代表的二校门、庄严雄伟的大礼堂、古色古香的水木清华、镌刻着"行胜于言"的日晷，还有朱自清先生笔下的荷塘月色等。

如果要用关键词来描述清华园的生活，我会毫不犹豫地选择"艰辛""简单""痛并快乐着"，在那里我曾努力拼搏，在那里我曾挥洒青春，在那里我曾收获满满，在那里我曾结识一群优秀的师生，那里是我人生重新起航的地方。

下滩村里的甜蜜记忆

彭 忠

　　循化县清水乡下滩村曾经有一处供奉农神的庙宇，叫五谷拔扎庙，每年青苗期间举行献神祭祀活动，祈求风调雨顺，五谷丰登。20世纪50年代宗教改革中此庙被拆除，小时候我们去玩耍时，庙宇旧址上还能捡到刻有葡萄、牡丹等图案的青色瓦片。据村里老人们讲，当年修建村庙时，下滩村除了汉族人口以外，还有4户撒拉族人家。在那个年代，生产力水平极其低下，循化县没有砖瓦厂，寺庙修建所用砖瓦要到临夏购买，建筑物资主要靠牲口驮运。百年前的下滩村只有几十户人家，是个小村落，人少，牲口自然也不多，要驮运一座寺庙的建筑材料无疑是个大工程。下滩人为了修建庙宇，动用所有骡马往返于临夏驮运砖瓦，披星戴月，寒来暑往。同村的撒拉族兄弟看到汉族同胞如此艰辛，起初借出自家毛驴帮助驮运，后来连人带牲口直接加入了驮运队伍当中。经过几年的不懈努力，下滩村庙终于告竣。按照汉族惯例，举行献神祭祀活动时，寺庙神位前要敬献整口喜猪。鉴于撒拉族和汉族杂居在同一个村里，汉族群众念及撒拉族兄弟在庙宇修建中给予极大帮助的那份情谊，自庙宇竣工那天起就商定，今后献神只能用喜羊，而且由撒拉族朋友来屠宰。村民商定的事情，村里人一点也不敢马虎。祭祀活动每12户一组，划分成若干个小组轮流做东。献神后的羊肉做成烩菜，撒拉族和汉族妇女共同制作，全村人围坐在一起吃团圆饭，此情此景其乐融融，老人们每每谈起当年聚餐的场景时，都洋溢着幸福的笑容。

清水乡河西片的 5 个村，村村相连，共同拥有一条灌溉渠道，挖渠修渠一起劳动，生产、生活中来往密切，相互之间有很多"熟人"（方言，意为异地异族朋友），友情往来自然不可或缺。修建清真寺对一个村子来说，是一件大事，尤其是还没有解决温饱问题的村民更是大事中的喜事。20 世纪 80 年代初，石巷村（纯撒拉族村）修了一处清真寺，周边的部分撒拉族村因新、老教矛盾一直默不作声，而下滩村的老人们准备了牌匾、茶叶等礼物庄重地前去贺喜。当他们得知这一消息后，着实震动不小——人家汉族主动为清真寺道喜，我们同为撒拉族，遵奉的是同一本《古兰经》，岂能不闻不问呢？出于感动，他们摒弃前嫌，准备礼物纷纷前去贺喜，在你来我往中化解隔阂，友情日益加深，形成了团结和谐的局面。

在我小的时候，父亲有很多撒拉族朋友，他们互相走动很频密，三天两头聚在一起喝茶聊天。父亲非常清楚穆斯林朋友的饮食习惯，那个年代尽管茶饭很简单，但始终保证饮食上的清真。每当春节来临之际，父亲可以宰鸡宰羊，但为了做到清真，把鸡和羊带到公路边上等候过往的撒拉族朋友，让他们屠宰，这样的肉食我们和穆斯林朋友都可以食用。所以，撒拉族朋友到了我们家就像在自己家一样，吃饭上很放心。

1981 年黄河发大水，政府组织黄河沿岸的村庄临时向高处搬迁，下滩村村民搬到了村子的台子山上，有的搭帐篷，有的修建简易房屋，生活上也遇到了不少困难。面对这一情景，道帏乡的藏族群众给下滩村送来了洋芋、粮食、烧柴等生活必需品，帮助下滩村汉族群众渡过了难关。近期，道帏乡木洪村正在筹资修建村寺。据说下滩村的五谷拔扎庙历史上归木洪寺管辖，因此当下滩村得知消息以后，向全村发出了募捐倡议，将募集到的爱心捐款第一时间送到了藏族同胞手里，也送去了汉族群众的一片深情厚谊。

2020 年夏天，清水乡河东下庄村撒拉族老人韩热者布勇救 3 名落水儿童而献出了宝贵生命，其英雄事迹感动了十里八乡的各族群众。下滩村党支部、村委会组织村民募捐，群众纷纷响应，短短几天时间集资一万多元，向英雄家属送去了下滩汉族群众的诚挚问候。

　　这是发生在下滩村里各民族团结互助的故事，放眼全县，每到重大节庆时节，戴着白号帽、穿着红袈裟、身着汉服的各族群众欢聚一堂的场景处处可见，呈现出一派盛世融合景象。

古风今韵

GU FENG JIN YUN

我记忆中的搭灯棚

陈鸿年 [*]

正月十五元宵节，是中国三大传统节日之一。每逢这个节日，循化城关人不但要吃元宵，还要挂红灯、放烟火，耍"社火"，举办各种文艺活动闹元宵。

所谓"闹"，其实是热热闹闹地狂欢，闹元宵也变成了中国人的狂欢节。元宵节过后，万物复苏，农民要开始准备春耕，人们都忙着开始新一年的工作了，于是老百姓便赶着元宵节欢乐一番，放松放松。

循化人闹元宵，有自己的特点。旧时闹元宵，循化人要搭灯棚。据我叔叔陈云回忆，当时我爷爷陈显廷正值壮年，在群众中威信巨高，在青年人中可以达到一呼百应的效果，他带领青年人在县城门口的空地上搭灯棚。灯棚全部用木料搭成，木料上都有编了号的榫卯结构，相当于现在的标准件，两天之内可搭成占地面积约150平方米的灯棚。据田吉录回忆，他父亲田种玉手下还有3名工匠是扎制灯笼的民间高手。正月初十，匠人们开始扎制灯笼，扎制灯笼全是义务工，没有工资，所有用材全由百姓自己捐助。匠人们可扎制老虎灯、鱼灯、兔子灯、龙灯、走马灯，并能彩绘。灯笼扎制完成后，正月十三验收灯笼，十四下午挂灯笼试灯，为即将到来的狂欢做准备。正月十五、十六赏灯，正月十七落灯。旧时没有电影、电视，赏花灯、看"社火"、荡秋千是最佳选择，平时大门不出、二门不迈的大家闺秀都出门赏花灯，孤身青年在赏花

---

[*]　陈鸿年，循化县市场监督管理局质量监督管理科科长。

灯时节瞅准对象，在花灯下私订终生。灯棚下挂有老虎灯、鱼灯、兔子灯、龙灯、走马灯，也有《三国演义》《红楼梦》《西厢记》等故事内容的彩灯。正月十五晚最热闹，人们早早吃过晚饭，扶老携幼举家出动来赏灯。开灯前要燃放鞭炮，起"社火"，各种民俗活动轮番登台上演，赏花灯的赏花灯，看"社火"的看"社火"，摩肩接踵，直把街头挤得水泄不通。

据我的叔叔陈云回忆，搭灯棚是力气活，在我爷爷的带领下招集青年人搭灯棚。搭灯棚会产生一些费用，我爷爷便带领三四个青年，到"贡生""乡士"家募集资金。募捐来的钱款用于购买扎制灯笼原材料和颜料，一部分用于开支扎制灯笼老艺人的工资，而搭灯棚的年轻人不发工资，都是自发义务服务。灯棚搭建好后，年轻人还要轮流守灯棚，以防发生火灾和偷窃之事。搭建灯棚开始前，我爷爷就开始组织年轻人走乡串村、挨门挨户到农户家门口，敲锣打鼓讨要张罗灯棚的成本费。有钱的出钱，没钱的出馒头、出人力。沿整个村子走上一圈，被讨的人家便笑嘻嘻地递上一些钱，或者端上几个馒头。讨来的钱拿到市场上换成鞭炮、红绫等，馒头用来招待干活人。

赏完灯，正月十七就该落灯了。拆灯卸棚，表明闹元宵正式结束，人们就各忙各的去了。

随着社会的发展，时代的进步，元宵节年年有，赏灯习俗保留了下来，各种各样的声、光霓虹灯，丰富多彩，美丽好看。旧时灯棚的热闹景象，都成了往事留存在了老人们记忆中。

酒场乾坤大　杯中情谊长

唐　钰

"西北男人僵硬的表情只有到了酒场,才会展现得生动灿烂。"每每想起"花儿皇后"苏平女士的这句经典话语时，我便思念起故乡那些热爱生活的人们。

居住在白庄镇塘洛尕村的汉族群众不足百户千人，但渗透在这片土壤里的酒文化底蕴深厚，让人玩味。

塘洛尕村至今保留着酿酒的传统。他们酿酒不完全是为了生意的需要，更主要的是为了在逢年过节、婚庆乔迁等热闹场面上激情绽放。

对于这里的男人们而言，酒场犹如战场，只有鹿死谁手的角逐游戏仿佛让他们找回一种男人的尊严、自信和荣耀一样。为此，他们的巅峰对决也有了一定的程式和内涵。

入席后，每位嘉宾要经受"迎关"和"打通关"的考验。通过以猜拳行令为主要形式闯关挑战席间每一位宾客，以输拳为喝酒标准的游戏过程，叫"打通关"，那么接招的一方叫"迎关"。"打通关"有两种方式，一种是主人家委派"执客"和每一桌席上的宾客过招，另一种是每一桌席上的宾客轮流过关。不过，偶尔也会出现邻桌对垒的情况。

酒场的游戏规则很苛刻，所以一直有酒令大过军令的说法。酒宴开始前，先要选出一个"量台"，也叫酒司令，相当于球场上的裁判员。如果划拳时吐字不清或看不清出对方伸出的指头数或是因为出拳慢而发生争议时，输赢由"量台"说了算。另外，还要制定过关时猜拳行令一些章程、规则和量化指标。比如，过一关跟对手划多少拳，一拳喝几杯，等等。一般来说，过一关至少要划 3 拳，酒量小的选择输一拳喝一杯。也有选择划一拳定输赢的，赢家喝一杯，输家喝两杯，这叫一锤定音。酒量稍好一点的过关时，跟每一位宾客划 6 拳，有的闯关时选择一拳一杯，划 6 拳。如果出现 3∶3 的平拳之后，"量台"就要出面，要再加一拳定胜负，这叫拔旗，输家一般要喝两杯。也有的选择一拳两杯，三拳论输赢。还有胆大的人，一拳 2∶4（赢家喝两杯、输家喝四杯）、一拳 1∶5，以这种形式闯关。更有甚者则加大力度，一拳两杯六拳过，意思是和每一位客人猜拳行令，必须消化完这 12 杯酒。如果一桌席上有 10 人，那就要消化完 100 多杯酒了。若没有十足的把握，一般人都不敢这样斗胆挑战。

还有一种打关形式叫跑马拳，闯关者跟每一位迎关者见赢就过。这种过关方式有很多不确定因素。有时，运气好了，划一拳赢了一杯酒不喝也可以过一个人的关。拳高的人，也会创造一杯不喝打红关的奇迹，这叫一马平川。但也有点子背的人，跟第一个人交手十几个回合都过不了关，这叫马失前蹄。或者没过半圈关，自己先轰然倒下了。也有的人跑马一圈关出现输多赢少的情况,席间戏称这种结局为"穿了长袍马褂"。

过关的人一般都有话语权。像上述拳法，只要征得"量台"同意，闯关者就可以自由选择。另外，闯关的人为了防御迎关者反挑战、连战，有时在开拳之前先约法三章：一、不代。一般情况下，不管是闯关者还是迎关者，如果连输几拳后，可以求助他人代酒。但是，如果闯关者指定不可代酒的规则后，迎关者必须输多少喝多少，不可以求助席上的人友情代酒。二、不卖。通常连输几拳的人，可以和赢家商量再玩个花样。比如，现在战局是 2∶4，那么输家可以提出来，自己先喝两杯，剩下 2∶2 的酒，重新划拳。三拳两胜，要么 0∶4 喝，要么 1∶3 喝。如果约定不卖拳的话，也不允许有这样的动作。另外还可以求助他人跟赢家再划拳化解败局，这也是个反挑战，也叫挡拳。如果胜了，一卖两不喝。如果输了，双倍喝。如果事先约定好不卖拳，那么输家绝对没有反败为胜的可能了。三、不赖。顾名思义就是不能赖拳、赖酒。

过关的酒，一般是"量台"亲自执壶倒酒，至于这酒倒浅倒满，一般人都不能多嘴，这叫先酒后拳，先输者可优先选择浅的酒杯。不过，喝酒一般要求喝干。如果有人提出饮酒者没喝干时，"量台"会出面干预。一般的规则是：滴酒不罚拉线罚。如果杯底朝天，杯中酒像露珠一样，一滴一滴掉下来，那就视为喝干了，可以忽略。如果杯中酒像线一样流出来，那就算是犯规，必定要罚酒三杯。闯关者如果拳好一路过关斩将取得全胜，这叫红关。这个时候，"量台"要发话要让闯关者重新过关；反之叫黑关，也要重新过关。在好酒者看来，只有在这种执法如山的环境中，决出的胜负结果才能让人心服口服。

定好了规则，剩下的就靠自己的真本事了。塘洛尕村的男人基本上采用大拳，也就是猜拳双方伸出右手先握手示好，再任意出指头，然后从口里喊出自己猜到的两只手会伸出的指头总数。猜准者算赢家不喝酒，输拳的人按照规则喝相应的酒。小拳，指的是不喊酒令，每次出拳只伸出一个指头，然后按大拇指、食指、中指、无名指、小指比出大小。叫大压小，也叫"赶羊"，输拳者喝酒。塘洛尕村的人对小拳总是不屑一顾，认为那是娘炮拳，表现不出男人豪迈的阳刚之美。所以，在席面上很少有人猜小拳。若遇口吃结巴的残障人士，那就破例遵从，以示尊重。还有一种猜拳游戏叫"杠子打老虎"，猜拳时双方手中各拿一根筷子碰击后喊令。交战双方只能从老虎、鸡、虫、杠子中叫出一个名字。游戏规则是：杠子打老虎，老虎吃鸡，鸡吃虫，虫吃杠子，一物降一物，然后按对照规则论输赢吃酒。

塘洛尕村喝酒时的礼仪还真不敢小觑。如果过关时在席上遇到长辈，那你必须先敬长辈喝酒，以示恕罪，然后用左手掌衬托在右胳膊肘底下，方能跟长辈开拳（这与南方人敬酒时自己先干为敬截然不同）。另外，划拳时拳拳不离大拇指，以示尊重。若出代表数字零的拳时，拇指在上四指握拳。出代表数字一的拳，那你伸出夸人的大拇指就行了。出数字二的拳时，规定大拇指和中指组合，其他指头缩回。尤其是不允许大拇指和食指组合，那是大忌。出数字三的拳时，规定大拇指、食指、中指伸出，其他二指不出。出数字四的拳时，食指缩回，大拇指和其他三指伸出。出数字五的拳时，手心向上，伸出五指即可。除空拳外，若不见大拇指伸指头，都属于犯规动作会被"量台"罚酒责骂。另外，伸手划拳时，掌心一直要朝上，否则会被视为不懂礼数而被罚酒。

塘洛尕村庄不大，但猜拳行令的学问可不小。一般来说，席间所有宾客先举杯共饮三杯酒，这是序曲。等酒过三巡，第三道热菜上桌后，方能猜拳行令。这时，"量台"点将指定席间某人开始"打通关"。闯关者伸手开拳必须按顺时针方向进行。先跟"迎关"者握手致意，然后第一拳双方同时要伸出五个指头同声叫令"满堂喜"，这寓意十全十美。喜相逢的则象征着酒场战幕已经拉开。随后，挑战者和迎战者任意出拳自由发挥。但是，只要见了胜负，再开第二回划拳时，还跟起初开拳一样，依旧同出五指共呼"满堂喜"。这叫跌倒一个"满堂喜"，谁若忘了伸出五指或忘叫"满堂喜"，那就视为犯规，要罚酒一杯。

塘洛尕人划拳的唱法多以历史文学典故、吉祥祝福语组合，进行猜拳行令。

一字拳令从零到十的叫法为：宝、点、二、三、财、魁、六、巧、八、九、十。

二字拳令从零到十的叫法为：宝对、点元、二喜、三星、财发、五魁、六连、巧七、八仙、久长、满堂。

三字拳令从零到十的叫法为：宝一对、点状元、二喜子（两家好）、三星照、四季财（财发上）、五魁首、六六连、巧七梅、八仙寿、久久长、满堂喜。

四字拳令从零到十的叫法为：元宝送你（宝宝子对）、一心敬你（点点子元、点状元呀）、二喜临门（二家有喜）、三星高照（三朵金花）、四季发财、五进魁首、六连高升（高升芦苇）、巧七梅花、八仙庆寿（八福长寿）、久长富贵、满堂大喜。

五字拳令从零到十的叫法为：元宝送你者（宝宝子对呀）、一心敬给你（点状一个元、一个老神仙）、二喜临门到、三元三星照（桃园三结义、三星高照着）、四季来发财、五进魁首者、六连要高升、七贤竹林会（巧七梅花开）、八匹马儿跑、久长星官到、满堂大喜上。

六字拳令也会出现，只是在五字令上加一个语气副词"呀"，如"二喜临门到呀""巴啦啦地响呀"，等等，其实也没有多少新意，这里不作赘述。

塘洛尕很少有人去叫一字令，一字令、二字令仅作为划拳节奏中表现抑扬顿挫的一个点缀符号偶尔使用，如同乐曲中的装饰音一样。只要开拳行令，一般都划三字令以上了。因为三字、四字、五字令，既能表达出一种祝福心意，而且唱读出来更加朗朗上口、铿锵有力，富有韵味和节奏感，从而被多数好酒者青睐。有些高拳，将一到六字令任意组合应用发挥自如，让听众能体验到如同说快板书一样的悦耳效果。

在席上，过关的人与在座的各位宾客挨个过完招之后，按顺时针方向再把闯关的任务交给下一位。交关有两种，一种是文交，另一种是武交。文交就是直接向下一位闯关者汇报战况，然后请他出马上阵。何为武交？就是过关者和下一位闯关者出拳过招，一般三拳两胜。如果闯关者三拳两胜赢不了已完成任务的过关者，那还不能出招上阵，必须继续过招直到胜利为止，才有资格和满桌的人挑战过招。

"打通关"是一场短兵相接的公平角力，但酒场出彩往往在所有人打完通关之后。因为此时在场者酒量谁大谁小、拳谁高谁低，基本上已是显山露水了。最后的拳王争霸赛，将是一场更精彩的斗智斗勇的才艺大比拼。

酒喝到这个份上，勇者将选择另一种更残酷的办法将对方置于"死"地，那就是打擂台。于是，又跟"量台"调整划拳规则。比如，一拳两杯或一拳三杯或一拳六杯，划十三拳，这叫十三太保。这一招，往往能速战速决一见高低，但一般很少有人接受。

真正的智者，这时则选择一种更明智的较量，那就是对歌决胜负。基本规则：挑战者唱问，迎战者唱答。如河北民歌《小放牛》是首选的打擂歌曲。

> 天上桫椤树什么人栽，
>
> 地下的黄河什么人开，
>
> 什么人把守三关口，

什么人出家没回来（那么呀呼嘿）。

天上桫椤树王母娘娘栽，

地下的黄河老龙王开，

杨六郎把守三关口，

韩湘子出家一去没回来（那么呀呼嘿）。

赵州桥（来）什么人修，

玉石栏杆什么人留，

什么人骑驴桥上走，

什么人推车压出一道沟（那么呀呼嘿）。

赵州桥（儿）鲁班爷修，

玉石栏杆圣人留，

张果老骑驴桥上走，

柴王爷推车压出一道沟（那么呀呼嘿）。

青海民间小调《十盏灯》把民间传说和历史文学典故融入唱词当中，展示出其独特的文化韵味。这也是酒家们特别喜欢选的打擂曲目之一。

一盏灯来什么灯，

鸳鸯楼上吕洞宾，

洞宾想吃仙药酒，

连吃了三杯者醉醺醺。

二盏灯来什么灯，

二郎担山在空中，

二郎爷你把太阳赶，

才知道二郎显神通。

三盏灯来什么灯，

弟兄三人哭紫荆，

三人哭活了紫荆树，

紫荆树开花着叶叶青。

四盏灯来什么灯，

桃园结义四弟兄，

要问弟兄名和姓，

刘备关张赵子龙。

五盏灯来什么灯，

西天里取经是唐僧，

沙和尚拉着白龙马，

悟空八戒保唐僧。

六盏灯来什么灯，

三关口把着杨延景，

焦赞孟良不中用，

阵阵不离着穆桂英。

七盏灯来什么灯，

杨七郎打围在山中，

背着长枪挎着弓，

领着四狗驾着鹰。

八盏灯来什么灯，

杨八郎北国去招亲，

打扮就像鞑子样，

八姐九妹哭伤心。

九盏灯来什么灯，

九天仙女下凡尘，

董永卖身葬了父，

九天仙女配成婚。

十盏灯来什么灯，

长坂坡大战者赵子龙，

三声喊断了当阳桥，

长坂坡前逞英雄。

在这一问一答中谁若出现失误，谁就得认输吃酒。

另一种唱歌打擂就是同唱一首歌，看谁唱得准、比画得好。这个考验的是挑战双方的大脑清醒度和快速反应能力。谁若记错数字、唱错词那就要认输。如青海民间小调《数麻雀》：一呀个的个麻呀雀，一里嘛就一个头呀啊，两呀个滴个小眼睛呀明呀嘛明啾啾呀；两呀个滴个爪爪，蹬在那个墙头上呀啊，一个的个小尾巴嘛就丢在那耳后跟呀嗯哎嗨吆。以此类推，一直加数往下数，如果谁出现差错，谁就喝酒认输。这种场面一般都是非常引人注目，欢歌笑语总是此起彼伏。类似的曲目有《担上十杯酒》《尕老汉》《二十绣》等，基本上以载歌载舞的形式闪亮登场。其实在这个时候，打擂的双方已经进入了一种忘我的境界，输赢已不是他们所关心的事了，真正的重头戏还在后面。

仿佛之前所有进行的一切像是一种铺垫，正当人们酣兴正浓、醉意朦胧之时，场外的观众却在期待吴建义和张光华的拿手戏《采茶扑蝶》二人舞，这才是筵席热度的井喷时刻。在优美的闽南民歌旋律中，一个戴一顶花头巾扮着彩蝶如惊弓之鸟躲躲闪闪，一个手持扇子像采花大盗神态张扬地疯狂扑蝶。那惟妙惟肖、如梦如幻的浪漫舞蹈，却把观众带进了一种令人神往的田园爱情生活当中。

张光华《采茶扑蝶》的黄金搭档吴建义迁居县城后，上塘村村民傅好忠订阙演绎，更是妙趣横生。

塘洛尕人喜欢这出戏到了痴迷的程度，不管是在什么节什么庆，如不看到张光华和傅好忠的《采茶扑蝶》，就像是元宵节的夜空没见明月升腾、没有燃放烟花一般让人怅然失落。

我很好奇的是：为啥一首并不十分流行的福建民歌，却如此顽固地在塘洛尕这个偏乡僻壤传唱几十年也不衰减其热度呢？

总之，塘洛尕村人热爱生活，崇尚文艺。老一辈中善歌者有唐正忠、唐正孝、杨进才、张世俊等人。之后有唐正和、唐文选、唐文德、杨辉、杨明、尕迎福、唐云、唐引全、张广文、唐钧。他们喜欢演唱酒曲、宴席曲和小调，如《青溜溜调》《十盏灯》《织手巾》《孟姜女》《扳船调》《庄稼人》《小放牛》《十杯酒》《谢东家》等。塘洛尕村但凡有喜庆的场面，就自然也少不了他们纵情放歌的声音。最难能可贵的是，这种文化传承，使新老唱把式均能随机应变地现场即兴演唱各种酒曲。他们根据场景和面对的嘉宾、主人，自编自唱，总能巧妙、诙谐、幽默地表达出赞美、感谢和喜悦的心情，把欢乐的气氛营造烘托得恰到好处。尤其是每次席宴结束时，大家自发表演的《谢东家》，总是把欢乐的气氛推向高潮。这种感恩的方式，不仅让在厨房忙碌了一天的厨师们感到欣慰，而且还让东家很有面子。

我所记述的这些场景，是在尘封数十年的记忆中打捞出来的塘洛尕村 20 世纪 80 年代左右人们生活清贫简单而精神富足健康的生活状态。细品那种淳朴浓郁的乡俗民风，再看看人们如今经济富足而人情冷漠的现实生活，真是别有一番滋味涌上心头。

我常遐想，酒香不绝的故乡还会重燃起昔日真情相悦的火焰吗？

黄河岸畔有老家

刘钦明

照我老刘家家谱推算，1850 年前后，我爷爷的太爷，从黄土高原的贺兰山东麓奔流向北方的黄河岸畔。

一百五六十年前，祖辈中有人从今宁夏中卫、固原一带启程，走到了甘南的古河州，后来，再继续向西，穿越黄河峡谷，走到了积石山北麓的黄河岸畔的积石镇。

◎故乡庭院小憩 （刘钦明 提供）

到了我的爷爷这一辈，老家依然只有爷孙两个人。我爷爷是老刘家上溯三代连续单传的第三代单传。爷爷的父亲乃是清军一介兵士，在西宁后子河的某次战役中，为朝廷捐躯，爷爷遂成遗腹子，爷爷的母亲改嫁他乡。以至于在这个社会里，童年少年时代的我的爷爷没有任何亲戚，也几乎没有家庭，只有在积石镇黄河边"河沿庙"做"庙倌儿"的他的爷爷，把他拉扯长大。爷孙俩在这积石镇里相依为命。

从循化城墙西南角看向北黄河方向。我祖父、祖母建造的老家宅院就在前方城墙之内。从现在上溯 90 年，约在中华民国二十一年（1932），我的老祖父（刘廷佐，

1895.1.12—1942.11.7）、老祖母（卢守福，1904.7.2—1986.3.30）在黄河南岸的循化县积石镇城垣内西北角的"上营盘"（现积石镇劳动街北端），建造了一院当年最新式的住宅。

遥想当年，我爷爷在积石镇唯一的优势大概只有"是一个年轻人"，除此之外，在那个居民点没有任何资源、人脉。

在这种情形之下，我爷爷经过十几年的自我奋斗，终于在循化积石镇建立商号，娶妻生子，终于还能大兴土木，建筑老刘家百年温馨家园，堪称实现了人生的成功。

老祖父、老祖母当时还很年轻，二位老先人在20世纪30年代初期的积石镇上建造一座完备的宅院，毕竟不是小事儿。

想象一下，伐木、取土、干打垒、拓砖、砌墙、上梁、铺设屋顶……各种各样的物资要购买、汇集，备齐；多数的物资变成建筑材料，材料再变成建筑，都要建造者自己动手制作；木匠、泥水匠、瓦匠来了走，走了还来；随时都需要的加水和泥，取水要到黄河边，赶着毛驴，出巷道出西门，绕过城墙，穿越草滩坝村，黄河还在远处流淌，家里工头还在大声斥责催促……

只说取水这一项吧，建筑工程的用水量非常惊人，而黄河水源离我家上营盘的工地到黄河最近的岸边约有2里地。对于时刻等着要水和泥的建筑工程，这段距离很远。在那个没有任何机械工具的年代，只能用毛驴（或骡子）一趟一趟驮水。只此一项，就是多么艰辛的劳动啊！

据我姑母回忆说，修建房子最紧张的时候，我时年3岁的父亲吵闹着要啊我奶奶的奶，我爷爷就愤怒地打了他一巴掌，说："这么的火色里，这娃娃还吃奶哩？栽（滚到）一旁个去！"

建造宅院的同时，也制作了配套的家具，例如木质的大面柜，其上绘制的彩画，至今熠熠光鲜。

可以想象，90年前，在循化城里建造土木结构的整个一大院子房屋及其配套的家具等基本设施，需要解决多少繁杂问题？克服多少困难？

可惜，90 年前，老家新建的宅院没有照片留下。但当时居住在和我家"一墙之隔"（墙是城墙）的草滩坝村的美国传教士海映光先生，却把他居住的房子拍了照片。看上去和我家房子几乎一样啊。

90 年前美国传教士海映光先生家的宅院大门，看起来和我家大门也几乎一样啊，但是海映光先生的大门、上房，都不如我家的精致。

我家的这座宅院占地面积 230.8 平方米（0.346 亩），院子很方正。主体 15.51 米（南北向）×14.78 米（东西向），再加南墙根下 0.91 米（南北向）×5.15 米（东西向）的一小片。

院子北面和西面建有房屋，建筑物的面积大约 103.73 平方米（大门道不计入建筑面积）。

北房被称为"上房"，是主房。上房正面中间凹进，凹进里面的正面是四扇木门；两侧凸出的前面和内侧，是涵盖全面的花格木窗。

花格木窗又分为上下两件，上面的花窗顶端固定，从下向上揭开；下面的花窗，固定不动。花格木窗的下面或者是精心砖砌的墙面，或者是质朴无华的木板墙面。

上房左右两端的山墙，正面都向前延伸，和屋檐平齐，延伸出来和屋檐平齐的这一部分山墙，被循化人称作"垂头"。我家上房的"垂头"，质朴挺阔，令人赏心悦目。

上房的室内部地面，全部用宽木板镶嵌。90 年过去了，原木地板依然没有变形，一如从前。

北面上房中间凹进处（四扇木门前面）也镶嵌了木质地板。

四扇木门、四大四小花格木窗及全部用宽木板镶嵌的室内地面，是这种土木建筑的精华、亮点。

北面上房窗子下面的台阶上面，有由各色石头镶嵌组成的图案，其中黑色的鹅卵石尤其优雅漂亮，这些石头都是我的爷爷亲手从黄河边捡来，他老人家亲自设计铺衍的。

循化人黎淑娟女士说，当年，她的父亲黎善锦先生是我家商铺"天承福"商号的伙计，那些镶嵌在地面的石头还是她的父亲（当时十几岁）协助我的爷爷（当时近 40 岁），带着我的父亲（当时 4 岁），在黄河边寻找挑选了很多有光泽、形状规整的黑色鹅卵石，再用背篼一趟一趟背回家来的。

西面的房屋建筑，稍显简陋，进深也较浅。据说当年我奶奶带着孩子们就一直住在这里，而不使用北面的上房，为的是保护上房，使得上房一直保持簌新的状态。

院子的西北角建筑，是厨房。厨房门前的天花板是敞开的，这里形成了一块天井，好像大院子的西北角套着一个小院子。厨房是"⌐"字形，厨房门在一横，窗子在一竖，门窗都通向小天井。布局统一又错落变化。

宅院的大门在西南角。早年间的大门，留给我的印象不深，好像是一座很普通的大门。后来的大门有屋顶，正面是照壁，右手是储物间，左手是通向院子的第二道门，直接西房台阶上面。

宅院的东北角留出了一片空地，搭起一座柴棚。90年前的人们，没有建筑面积很值钱的观念，院子里的空地多，空间开朗。

南墙根下的菜畦兼小花园，由一段矮墙与院子隔开，种了各样果蔬，菜畦中间偏东生长有一棵茂盛葳蕤、年年结果的枣树。

院子西北角，上房西厢房窗前，有一株硕果累累的老梨树，据说这是原城内西北角上营盘清军军营中的遗存，迄今至少有100年了。

新居落成，二叔（1933）和三叔（1937）出生于兹。

20世纪30年代末，老祖父出门经商不归，长眠于甘肃酒泉，乃是我老刘家百年来之大悲痛……

我父亲一辈姐弟四位，在40年代后期长大成人。除了他们最小的弟弟（我的三叔），他们三位都迁居到西宁读书学习、参加工作，接着在西宁成家立业，哺育子女。我的老祖母也从1950年前后开始在西宁生活，颐养天年。

40年代，我父亲曾离开家，在兰州、西宁、临夏各地求学。在西宁上初中的几年，每个寒暑假，都步行往返西宁循化。

从循化到西宁，是从黄河流域到湟水流域。那些年代，道路艰险，要跨过黄河，翻越高耸入云的拉基山，走过漫漫不见尽头的五道岭，还要翻过青翠的青沙山，沿湟水溯流而上。如此遥远达三四百里的路程，那时候，百姓家只能步行、骑马或乘坐拉拉车。凤毛麟角的汽车，那是官家和"队伍"（军界）才使用的。

50 年代初，1950 年秋或 1951 年春，我的老祖母带着她最小的儿子即我的三叔，最后一批离开了黄河岸畔的老家。

母子俩搭上了一辆马车。马车上人货混载，我的奶奶还算挤挤挨挨地勉强坐在车上。而我的三叔，年仅 13 岁的小学生，却连个"站票"都没有，只能跟在马车后面步行。妈妈实在不能忍心看着幼小的儿子走那么远的路程，我的奶奶不断地央求赶马车的车夫"脚户哥哎，把额（我）的尕娃车上坐地一忽儿啊，孽障，尕娃走不动了啊"。脚户哥就把我的三叔抱起来跨坐在车的沿条上，刚一会儿，车夫又叫孩子下来，说"头勾（方言词，役用牲畜的通称）走不动了，尕娃哈来（下来），跟上了走！"

我奶奶带着我三叔离开循化来西宁，是一个标志性的事件：从 1850 年前后到 1950 年前后，恰好是 100 年。来自黄土高原贺兰山下的老刘家，在循化积石镇的黄河岸畔，建设了美好家园。家园建设好了，人却远走高飞，黄河岸边的老家，则完全成为"空巢"。美好家园从此空置了。

忙乱纷繁，政治空气紧张的 20 世纪 50、60、70 年代，刘家人无暇顾及黄河岸畔的老家。唯有我的慈祥的老祖母，在她老人家垂暮之年，还执意回到故乡老宅，经常悄悄地亲手和泥调浆，亲手抹泥上墙，一点一点修补经年失修的老房子。她老人家是怎样回忆着遥远的年轻时光啊？我们谁也不知道……

父亲和二位叔父，三老兄弟在 20 世纪末期对老家房子也进行过几次小型的维护。

进入 21 世纪，2003 年春天，前辈们对祖宅进行了一次大规模彻底的整缮、修葺。当时，历经整整 70 年的时光磨砺和风吹雨打，土木结构的上房向后倾斜，屋顶漏雨，墙皮脱落……老房子已经老态龙钟。

我姑姑、我父亲、我二叔、我三叔姐弟 4 位老人，团结一心，心气高，出钱出力，不为实用，不谋利益，只因对祖宅的一片浓郁情怀。

父亲和二叔、三叔，3位年逾70岁的老兄弟亲自动手劳动，穿着工作服，满身尘灰，登房顶，下基坑，住在亲戚家里，和工人同吃在工地。我三叔工作中不小心从柴棚上滑落掉下，腰部还受了伤。

前辈们摒弃了当时流行的实用主义装修风尚，当时请到的是甘青两省内有良好资质和名声的古建筑修复的建筑公司，遵循有价值古建筑"修旧如旧"的原则标准，历经2003年春天两三个月的工期，终于把土木结构的老房子换成了砖木结构的新房子，几乎重建了一个新的，但保留原样的老家宅院。

3位老人和工人师傅们群策群力，采取有效措施，使得倾斜的上房，得以扶正。所

◎　故乡的庭院　（刘钦明　提供）

有的土墙换成了砖墙，并且墙基做了混凝土浇筑，整个老家宅院由原先的"土木结构"升级改变为"砖木结构"。

三位老兄弟重新建造了宅院大门。大门被拔高，高耸大气，由青瓦黄砖装饰，层层雕花木质门楣，凝重秀美，厚重的两扇木质大门扇推动起来隆隆作响。木质大门槛下面是两级青砖台阶。大门的两侧"垂头"前，放置黄河奇石。

迈进大门，迎面是青砖砌成镶嵌图案的照壁，右手一间储物间，左手是通向院子

的"Ω"形月亮门，月亮门像一个大取景框，画面上是玲珑的木屋和葱茏的梨树。

这次大规模修葺，特别注重给老家宅院加入艺术气息。

上房的梁、柱之间的90度角处，云腾雾蒸或花枝招展的木雕装饰件，全部更新重装。上房山墙的"垂头"用上了磨制的素雅青砖，心灵手巧的匠人雕刻的装饰线条、花卉都十分美丽。重修后，我家上房的"垂头"，更耐人观赏，令人赏心悦目。

花格木窗棂下的墙壁、大门内的照壁、月亮门都以磨制的青砖砌成，壁面上装饰了雕刻的线条花卉。

经过2003年的大规模整缮修葺，我的黄河岸畔的老家更加温馨美好，高大上。南墙根下的那棵枣树有了新的故事，说可能是在1940年左右，我的嬢嬢（姑母）或者我的三爸（三叔）在城内哪个地方（一说积石小学校园）捡到了一枝枣树枝，拿到家里来，"无心插柳柳成荫"了的。

曾经长到西房屋顶上，枝叶茂密以至于影响到屋顶排水的老梨树，更加遒劲峥嵘，化作高档大型盆景中植物的样子。

院子正东台地上，增加了一株菩提树，上辈三老兄弟在2003年全面修葺老宅院时专程到乐都瞿昙寺请来的。刚种下时，超不过一人高，在我家院子里生长了近20年，早已超过院墙，树影婆娑了。

长辈姐弟四位老人，在他们的晚年，重拾他们的童年梦。办好了这件大事，四位老人家由衷地欣慰。

我的老父亲为此盛举撰写诗歌，并制为书法作品。诗云：

故园叙怀二首

之一

我言天公总关情，故园苍颜仍春华。

君问沧桑几许秋，寿翁八旬笑不答。

昨日三老添新篱，还来岁岁就菊花。

莫道明园春朝晚，满目青山万树花。

〇三年癸未春三月，循邑故园修葺圆满归来即兴一首

　　　　　　寿翁八旬即家宅已近八十年矣

注："三老"即吾、澄、溥三昆仲也。"青山万树"即明字辈十兄妹。"明园"即修葺后的家宅命名。

之二

小蛐声声去年夜，灯火窗花分外明。

欲睡无眠叙旧事，多少冷暖童时心。

最感庭前老树翁，几多春秋护院荫。

问讯南苑青青枣，原是刘郎三爷栽。

注："三爷"指溥弟于1949年栽植小枣树一株，至今果繁叶茂，已成大树。

2003年夏，老姐弟等回故乡小住，每晚纳凉叙旧事，往事历历竟无睡意，今记其景以为叙怀。

父亲晚年，他老人家对于黄河岸畔的老家，越来越依恋。我们兄弟经常开车送父母去循化老家小住，老人家在循化老家，热心于公益活动，得到父老乡亲们"热心乡梓"的美好褒奖。

他老人家还深情地为黄河岸畔的老家写下多幅端丽秀美的书法。每当我读到鹤龄八十那年的老父自撰并自书的作品"春雨杏花故乡情　河岸杨柳童年诗"，就禁不住热泪盈眶。

◎故乡庭院的建筑艺术 （刘钦明 提供）

最近 20 年来，随着私家车的普及和交通的便利，老刘家的人们可以经常去循化老家消夏度假。

岁月悠悠，时光推移，不觉间，21 世纪也过去了 20 多年。2021 年 9 月 9 日，循化撒拉族自治县人民政府发布了《关于征收积石镇西街村部分集体土地及房屋的通告》，老家的房屋及其土地都在征收范围之内。

老刘家三代人对于循化老家房子有深厚的故园感情，作为老祖父、祖母的子孙，我们决不愿意叫老家消失在我们这一代手里。所以一开始，我们写了申诉信，希望循化老家房子得以保留，或者希望能作为文物，哪怕移动到合适位置保留下来也行。我们的争取，没有结果，想把祖宅保留下来的愿望湮没于滚滚商潮中。当然没有人理解，也就不可能了。

2021 年冬天，我自己，我和妻子，我和姑母的儿子、二叔的女儿、三叔的女儿一起，多次开车奔赴循化，多次向有关部门和征迁工作小组的同志们了解情况，和他们研讨谈判。在近两个月以后，终于还是签署了老家宅院的"被征迁协议"。

签署了这个协议后，各位同志和我握手，疲惫的他们也下班了，纷纷走出院子，留下我一个人在空荡荡的宅院。风吹落叶，窸窣有声，环顾上房西房、东墙南畦，我心中五味杂陈。遥想近百年前，我没有见过面的爷爷和亲爱的奶奶，在这里带着一儿一女（我姑姑和我父亲），挥洒汗水，付出艰巨的劳动，建设起这座家园。整整 90 年后，他们的长孙我在这里签署了被征迁的协议……

祖宅即将要拆除的前夕，当我和我的一位表弟、两位堂妹 4 个人开车奔向黄河岸畔，我们分别代表老一辈的 4 位姐弟在老家上房祖宗灵前磕头祝祷，对祖宅鞠躬告别之时，我深深地不舍、痛心……

2021 年的冬天，疫情肆虐。冒着疫情的风险，我还是开车或乘中巴车往返循化几趟，为了我的黄河岸畔的老家做最后的奔忙。

我想尽可能地留下一点老家的痕迹，将来在某处还能映照出老家的影子。忽然想起上房门前的地面，镶嵌着黑色鹅卵石的图案，那是我的老祖父亲自到黄河边挑选黑色鹅卵石，亲自背负到家亲手制作的。我立即分别给循化的远房表妹黎淑娟女士和几十年的街坊好邻居张玉莲女士打电话，请她们明天一定去拆迁工地现场，设法把那些黑色的石子挖出几颗来，搬运到淑娟已经借给我家的库房里去暂存。

我打了电话以后，两位诚实的女士第二天就到拆迁工地，她们努力拨开厚厚的废墟土层，竭尽全力，挖出了一些黑色鹅卵石，放到库房里去了。

黄河岸畔的老家拆除在即，但我还是怀着深深的希望，试图找到一位有眼光的企业家，能够把我家祖宅的具有艺术因素的建筑构件拿走！无论把它们拿到哪里，只要能够重新得到存放、珍惜和展现。

我通过在省文化厅做中层领导的堂妹试图寻找到那些对文旅事业，特别是古建筑着迷的人，希望他们也像西宁大堡子那里的文旅基地"乡趣园"那样，把我的黄河岸畔的老家建筑也能收去展示。但是我得到的回应都是：疫情影响，经济下滑，旅游业尤为严重，这种事情确实很难办到啊！

正在我非常懊丧、情绪低落之际，忽然接到一位署名"阿林耶"的微信加友申请，百无聊赖中，顺手通过了验证。没想到，几个回合的聊天下来，我惊喜地发现，这是一位循化的撒拉族企业家，他在征迁工作组的同志那里了解到了我的有关情况，郑重其事地告诉我："我喜欢你家的房子，我要把它搬到红旗（查汗都寺乡）去！"我大喜若狂：终于找到了一位慧眼识珠的企业家！

我就又跑到了循化，在劳动街的拆除工地上见到了他。这位昵称"阿林耶"的微信网友，真名是马哈富组，一位戴着金丝边眼镜的中年人，在工地上像旋风一样忙碌。他进一步表达了特别喜欢我家房子的心情，描绘了将来我的房子将被他在黄河岸边的密林中"套"起来的美好远景，并已经开始邀请我到"我自己的"房子里住上十天半月。马哈富组还希望得到我的书法家父亲的书法作品挂在未来的新房子里。他甚至还让我写一个自己祖宅的简介，以后他会向游人们介绍这所房子……

终于，2021年12月13日，挖掘机开进了循化积石镇劳动街37号。黄河岸畔的老家，灰飞烟灭！

期盼我的老家，能以另一种形式——或许是马哈富组"套起来"的原样祖屋，或许只是我们心中的美丽宅院——永远屹立在黄河岸畔。

后　记

　　"循化文史丛书"全四卷《积石古风》《福天宝地》《泉润四庄》《时空回响》如期出版，是循化县政协第十六届委员会的重要工作成果，也是打造书香循化、人文循化工程取得的重大成就。

　　这套颇具统战性、史料性和可读性的丛书，选材角度宽，人物类型多，内容涉猎广，时间跨度大，真实地记录了百年来循化的重大历史事件和重要历史人物以及社会变迁的方方面面，展示了时代文明进步的足迹。这些翔实可信的文化遗产，填补了循化地区民族史料征集出版的空白，必将为存史、资政、团结、育人、弘扬爱国主义精神、繁荣文化事业、促进民族团结发挥积极的作用。

　　《积石古风》展现了循化地区汉族人文历史镜像。"循邑名宿""学界名流""风流人物"等九个栏目，展示了近现代以来的历史风云人物和新中国成立至今在教育文化等诸多领域涌现出来的时代翘楚。

　　《福天宝地》聚焦于循化藏族地区的历史文化和人文情怀。丰厚的人文精神是循化藏族地区文化的灵魂，影响着这片土地上人们的思想观和价值观。

　　《泉润四庄》的诸多史料，都是在阡陌村巷和老人们零碎的记忆里捡拾和挖掘的珍宝。这些或美好或甜蜜或悲壮或沉重的乡村记忆，再现了历久弥新的精彩瞬间和悠悠乡愁。

　　《时空回响》是综合性的史料选辑。广征博采、史海淘宝，拾遗补阙、百态纷呈是其鲜明的特色。

"循化文史丛书"自征集、编纂至出版，得到了中共循化县委的高度重视和县政府的大力支持。青海民族大学也抽调部分教授和专家学者，为丛书的编辑工作付出了极大的心血。

中国文史出版社对基层政协文史资料工作的关心和支持，促成了"循化文史丛书"在专业的文史出版部门付梓。段敏副总编、王文运主任、李晓薇编辑以其深厚的专业学养和精益求精的敬业精神，严把政治关、史实关和文字关，坚持体现"三亲"特色，极大地提升了丛书的品质。

谨此，对所有关心、指导、支持和帮助征集、编纂和出版工作的领导、编辑和撰稿人员表示衷心的感谢。

本丛书在史料征集和编纂工作中仍有不少瑕疵或不尽如人意之处，诚望各位专家和广大读者批评指正。需要说明的是，由于各种原因，征集到手的史料未能全部入选丛书，我们在对这些撰稿员的辛勤付出致以谢忱的同时也表示深切的遗憾，望予见谅。

"循化文史丛书"编委会